古代歷史文化研究輯刊

九　編

王　明　蓀　主編

第1冊

《九編》總目
編輯部編

商周指定服役制度研究
盧中陽著

國家圖書館出版品預行編目資料

商周指定服役制度研究／盧中陽 著 — 初版 — 新北市：花木
蘭文化出版社，2013〔民 102〕
目 2+256 面；19×26 公分
（古代歷史文化研究輯刊 九編；第 1 冊）
ISBN：978-986-322-183-8（精裝）
1. 兵役　2. 商代　3. 周代
618　　　　　　　　　　　　　　　　　　102002664

ISBN-978-986-322-183-8

9 789863 221838

古代歷史文化研究輯刊
九 編 第 一 冊　　　　　　ISBN：978-986-322-183-8

商周指定服役制度研究

作　　者　盧中陽
主　　編　王明蓀
總 編 輯　杜潔祥
出　　版　花木蘭文化出版社
發 行 所　花木蘭文化出版社
發 行 人　高小娟
聯絡地址　235 新北市中和區中安街七二號十三樓
　　　　　電話：02-2923-1455／傳真：02-2923-1452
網　　址　http://www.huamulan.tw 信箱 sut81518@gmail.com
印　　刷　普羅文化出版廣告事業
初　　版　2013 年 3 月
定　　價　九編 27 冊（精裝）新台幣 45,000 元

《九 編》總 目

編輯部　編

《古代歷史文化研究輯刊》九編　書目

《古代歷史文化研究輯刊》九編
各書作者簡介・提要・目錄

第一冊　商周指定服役制度研究

作者簡介

　　盧中陽（1981～），吉林四平人，陝西師範大學歷史文化學院教師。師從著名歷史學家趙世超教授，曾跟北京大學朱鳳瀚教授和雲南大學的何明教授做過訪問學者。主要研究方向是先秦史和民族學。共發表《商代王畿千里駁議》、《民族志資料所見指定服役制度研究》、《先秦河神人格化的演進》、《關於『盟』字在構形上的爭論及其新探》、《西周時期盟誓的制度化》、《由服役到官職：中國古代職官起源的新認識》、《再論貢、助、徹：孟子的理想與現實》和《從清華簡〈楚居〉多郢看先秦時期的異地同名現象》等論文十餘篇。

提　要

　　指定服役制度是人類早期國家階段的特殊產物，是指建立在超經濟強制基礎之上，分工具體、指定某部分人專服某役，且世代相傳、長期不變的服役形式。具有整體性、固定性、強制性、多樣和複雜性等特點。指定服役制度廣泛見於我國的商周時期。在商代，內外服本是指在「商」之內外服勞役，外服的侯、甸、男、衛、犬、牧與內服的亞、射、戍、馬、百工、宁等，最初都是指定服役。青銅器族徽作爲區分家族的標誌，其表現形式亦與指定服役制度有密切關係。西周時期，無論是王國分配給諸侯國的職事，王國及各

諸侯國內部的農業勞役、手工業勞役、軍事勞役、文化宗教類勞役和雜役，
還是國、野之間通過征服或歸服建立起來的服役關係中，同樣存在指定服役
的現象。春秋時期，指定服役制度逐漸解體，但是在王國和諸侯國之間，王
國與諸侯國的內部及國野之間，在一定程度上仍有存留。戰國時期，社會發
生了巨大變革，地緣關係、商品經濟和國家授田制度等開始出現，這些社會
巨變促進了指定服役制度的解體，在這一過程中，以稅、賦、役為主要形式
的新剝削體系逐漸確立。研究指定服役制度對我們探索中國早期國家階段的
剝削形式具有重要意義，同時提供了從剝削產生和發展的角度探索國家起源
的新思路。

目　次

第二、三冊　燕國史稿

作者簡介

　　彭華，字印川，四川丹棱人。1969 年 12 月生。1988～1992 年、1996～1999 年、2001～2004 年求學于華東師範大學，分別獲歷史學學士、碩士、博士學位。師從謝維揚先生。現任四川大學歷史文化學院、四川大學古籍整理

研究所教授。中國先秦史學會會員，中國蘇軾研究學會理事。

主要從事先秦兩漢史、近現代學術史以及中國儒學、巴蜀文化研究。發表論文近百篇；出版著作九部；參編著作四部。著有《燕國史稿》（2005 年）、《陰陽五行研究（先秦篇）》（2011 年）、《忠恕與禮讓──儒家的和諧世界》（2008 年，合著）、《中國文化探秘‧先秦篇》（2010 年）等，編有《王國維儒學論集》（2010 年），參編《中國古代文明起源》（2007 年）、《國史綱要》（2004 年）、《儒學文獻通論》（2012 年）等。

提 要

《燕國史稿》初版於 2005 年 8 月，本次面世的是其修訂本。與初版本相較，修訂本在以下幾方面有所改進、有所增補：一是體系的完善與自足，二是文字的校對和訂正，三是內容的擴充和拓展。

《燕國史稿》規模宏大，體系嚴整，資料詳實，內容豐富。它全面、深入、詳細地論述了燕國八百餘年（西元前十一世紀中期至西元前三世紀末期）的歷史文化，全方位地揭示了「燕國歷史文化」的種種內涵。縱向而言，舉凡燕地的「考古學文化」（西周封燕之前）以及燕國本身的歷史（開國、發展、強盛、衰落及滅亡），都巨細無遺地囊括書中；橫向而言，舉凡燕國的政治、經濟、軍事、外交、思想文化、社會生活、民族、人物，都有詳明而深入的討論和敘述。全書正文十四章，「附錄」五項（燕國世系表、燕國大事年表、燕文化研究參考論文、主要參考書目、甲骨文金文著錄書目及其簡稱）。可以說，《燕國史稿》是迄今為止關於燕國歷史文化的規模最宏大、體系最完整、資料最詳實、內容最豐富的一部區域史專著，是一項重要的學術成果。

中國先秦史學會副會長謝維揚教授說，《燕國史稿》是「一部內容豐富、資料翔實、在敘述與評論上均有新意的燕國史新作」，是「比較有份量的、深入的先秦時期區域史研究的新成果」，是「一項既吸收前人成就、又反映了十年來燕國史研究的新進展和大量新資料、並具有自身特點的新成果」，是「先秦時期區域史研究的一項新的成果」。

目 次

上 冊

第四、五冊　周秦漢出土法律文獻研究

作者簡介

　　詹今慧，臺灣苗栗人，國立政治大學中國文學系學士、碩士、博士。曾任中央研究院歷史語言研究所、資訊科學研究所計畫助理，以及耕莘健康管理專科學校國文科兼任講師，現任中央研究院資訊科技創新研究中心計畫助理。著有《先秦同形字研究舉要》（政大中文所碩士論文，2005 年 1 月）、《周秦漢出土法律文獻研究》（政大中文所博士論文，2012 年 1 月），編有《Unicode 電腦漢字及異體字研究附字典》（2011 年 1 月）。

提　要

　　本論文《周秦漢出土法律文獻研究》，擬以「西周金文」、「包山楚簡」、「睡虎地秦簡」和「張家山漢簡」的法律文獻為主。依次從「家庭」、「社會」、「國家」的角度切入，為「中國古代政治社會結構」之「因襲」與「變革」，進行規律性表述，且萃取引領其發展的「血緣倫理」精神。

　　「家庭」是「中國古代政治社會結構」的最基本單位，故〈第二章〉隨即探討與「家庭成員」密切相關之「血緣倫理」與「奴隸人權」。先從「孝道」、「家罪」、「非公室告」、「親屬相容隱」、「收孥」、「連坐」、「復讎」、「繼承」等議題，分析戰國秦漢出土法律文獻已具備「血緣倫理」的價值取向。再從戰國秦漢出土法律文獻中與「奴隸」相關的史料，論證當時的「奴隸人權」，正逐步透過國家律令獲得保障。最後討論中國古代法律規範，並不會因特重「血緣倫理」，而漠視部分「家庭成員」（如子女與奴隸）的「基本人權」。

　　〈第三章〉先將與「血緣倫理」相關的議題從「家庭」擴大至「宗族」，藉西周〈琱生三器〉所載，大宗召伯虎對小宗琱生的「法律治理權」與「土地分配權」，讓西周「宗族等級社會」的生活實貌精彩重現。其次將〈琱生三器〉依照「血緣身份」分配土地，與《張家山漢墓竹簡‧二年律令‧戶律》（簡 310-316）依照「軍功爵位」分配土地相較，探究中國古代社會結構轉型的時代意義，且觀察究竟遵循何種「分配體系」，會比較符合中國古代社會的「正當期待」。

　　〈第四章〉則將論述焦點提升至「國家政體」的層次。春秋、戰國正值國家政治體制的轉型期，此時必會呈現若干共存、競爭的中間形態。本章擬從戰國《包山楚簡》法律文獻的「地方行政權屬」，與「戰國秦漢簡牘」所載之「舍人」身分歸屬，雙管齊下地探究戰國秦漢之際的「國家政權結構」，是如何從西

周「封建」，轉型成集「封建、郡縣」為一體，最後由「皇帝專政」的新局勢。

〈第五章〉為論述「國家」形成的重要標誌——「國家」如何在「社會」，創建一個超然的「法權」機構。首先將西周金文、《左傳》、《國語》和戰國秦漢出土法律文獻中，所提及的「職官士」相較；分析中國古代「司法權」，如何在「官僚行政體系」對司法職能「專業化」的訴求下漸趨獨立。其次，從《包山楚簡・疋獄簡》與〈受期簡〉考證，〈疋獄簡〉之「原告」與「被告」，和〈受期簡〉之「負責官員」與「被告」，經分析皆包含「上級對下級」、「下級對上級」和「平等」三種關係，推論戰國時期楚國「司法」體系的「平等意識」已深植人心。

最後歸納統治階級在同族血緣的基礎上，發展跨越族群、設官分職、具政治臣屬的「國家」體制，乃大勢所趨。但是中國古代「國家」的地方行政組織，仍必須與「社會」的血緣宗族聚落融合，因為傳統中國始終以「血緣關係」作為人際交往的根柢，所以法律規範務必顧及「血緣倫理」。但「周秦漢出土法律文獻」，既然以「法律」稱之，它們還是具備「法律」應有之普世價值，譬如強制性、公開性等形式條件，與本論文曾大幅討論之對「公平、正義」的理念認同。

目 次

第六冊　秦漢西北邊地治理研究

作者簡介

　　謝紹鷁，男，1977 年 6 月出生，漢族，福建永定人。1996～2000 年在福建省漳州師範學院歷史學系歷史教育專業讀本科，獲得歷史學學士學位；2000～2004 年在福建省泉州市泉港二中擔任高中歷史教師；2004～2007 年在陝西省西北大學文博學院歷史學系中國古代史專業秦漢史方向讀研究生，獲得歷史學碩士學位，導師黃留珠教授；2007～2010 年在陝西省西北大學文博學院歷史學系中國古代史專業秦漢史方向攻讀博士學位，導師余華青教授。2010 年 7 月至今在福建省廈門市社會科學院擔任研究人員，從事中國古代史和廈門地方歷史文化研究，助理研究員職稱。

提　要

　　邊郡概念有廣義、狹義之分，邊郡與內郡生產方式的差異對社會面貌有決定性的影響。秦漢有過兩次邊郡設置的高潮，設立過眾多邊郡。邊郡有三種變化趨向：邊郡的內地化，邊郡的維持，邊郡的衰落廢棄。秦漢設置過郡、屬國和刺史等常設職官機構，還有一些特設軍鎮機構，維持對西北邊地的控制。

　　涉邊決策體制包括涉邊決策的需要、資訊收集、朝議過程、制約監督等環節。中央涉邊機構有典客（大鴻臚）、典屬國、主客尚書等，主要是進行邊政決策；地方行政系統執行決策中有很大實權，有的邊郡還代管了一些邊外事務。涉邊機構的運行有其自身的特點。秦漢文書在行政體制中有極重要的地位，涉邊文書在運行中有其突出的特色。地方長官自出條教，獨立施政創制。

官吏任用有籍貫限制，還有很強的地域性因素，存在一定的規律。邊地存在不少官職空缺，需要職務代理的情況。有許多具體規定反映出人事任免具有若干理性行政的色彩。邊地官員選任受軍事鬥爭的形勢、複雜的民族關係和武勇的社會風氣等許多因素的影響。

秦漢王朝邊地治理的功績成效各異。秦逐漸制服、蠶食義渠，典型反映了秦在邊地開拓治理中鍥而不捨的精神。西漢與烏孫關係的發展變化典型反映了西漢在邊地開拓治理中取得的巨大成就，也反映出經營西域的艱巨性和複雜性。東漢在西北對羌人長期用兵，代價巨大，典型反映了東漢在邊地治理中守成多於開拓。

國野之分、邊將權重可能是邊地治理特殊體制的歷史淵源。君主依故事而行，可能也是一種制度上的路徑依賴。秦漢地方行政體制將地方分成三類：京畿、內郡和邊郡。秦漢邊地治理存在兩套治理體系，中央對邊地有許多優撫照顧，遷徙大量的人口到邊地並進行嚴格管理，中央經常專門派出使者巡視邊地情況等，有其特點。邊地的治理也是有費用的，治理成本關係到治理成敗，邊地存廢。邊地特色在制度上有其必然性，西北邊地治理在歷史上有其典範性。

目 次

第七冊　西漢前期儒家尊君說之研究

作者簡介

　　蔡文彥，世居臺灣省高雄市，於民國九十九年七月畢業於國立高雄師範大學國文所，博士論文名為《西漢前期儒家尊君說之研究》。

提　要

　　在西漢武帝之後，董仲舒改造的儒學成爲顯學，但若論其演變，實源自先秦與漢初諸子之學。本文著力之處在儒學於西漢前期近七十年間的轉折與變化，而以尊君說爲題者其因有二：第一，論諸子思想之源，皆以維繫創造一長治久安的國家社會爲目標，而君主者，實爲當時政體之代表，故尊君即爲諸子共同的課題；其二，儒家在先秦之後，逐漸浸潤法家、道家、陰陽家等思想，其中，法家獨尊君權之說成爲後世專制政體所不能忽略，故儒家與法家的交流在漢代早有「陽儒陰法」之說。儒學在孔子、孟子之時本爲從道不從君的人文之學，在荀子之說已逐漸加重對君權的描述，而法家自申、商、愼、韓以來，所致力的無非是君權的絕對性，兩者本如涇渭，卻在漢武帝後成爲承載專制帝權馬車的雙輪。其中，戰國中晚期逐漸成形的黃老思想在漢初成爲儒、法思想交流的催化劑，其以天道與陰陽五行的觀念融匯了諸家之說，也改變了儒學的面貌。儒學與法家、黃老道家思想間的衝突與調和，將成爲本文論述的重心。本文在第一章，就研究的動機、目的、方法、範圍、進路與所謂的「尊君」義涵作一解釋，爲內容的開展先完成基礎。第二章就先秦諸子之學中之儒家與法家，針對尊君的義涵作一溯源，對兩者學說之根本處加以剖析。第三章乃著力在漢初黃老思想的探究上，無論是戰國中晚期成形的《黃老帛書》，或是淮南王劉安的《淮南子》，黃老思想對漢初儒學的催化，有顯著且深遠的影響。第四章則是將漢初儒學大家有留下著作，且地位著實重要的陸賈跟賈誼作一研究，除了分析其學說中的綱要外，更是對漢初儒學的思潮進行清楚的描述。第五章論述董仲舒的儒學，探討在陰陽五行思潮影響下，所呈現出的儒學面貌，除了有法家、黃老思想之外，董仲舒之學開啓了漢代新式儒術之門，與先秦之儒學有著面貌相同而發展根源已混雜不同的成就。第六章結論。

目　次

第八冊　孫吳國家戰略及其施展

作者簡介

　　劉東霖，1984 年生，畢業於淡江大學歷史系，其後進入國立中正大學歷史研究所，碩士畢業後，續繼於中正大學歷史研究所攻讀博士學位。主要研究方向爲三國史、魏晉南北朝史、軍事戰略等。現擔任雷家驥教授國科會計畫「北朝後期軍制之變化與影響——以都督制爲中心」兼任助理，並同時在中學擔任歷史科教師。曾發表論文〈從「進圖淮南」到「限江自保」—談孫吳後期國家戰略的轉變與萎縮（222～280）〉，收入《中國中古史研究》第 11 期。

提　要

　　「國家戰略」爲近代軍事學領域發明之術語，係指一國具統籌性質的發展決策，故範疇不單侷限於軍事。同時是支配著一國軍事國防、外交、經濟等層面，藉此整合力量，實踐國家目標。但國家戰略之成型，並非只限於國家正式建立後，部分分裂時期的政權，亦有提早出現者，如本文研究主題——孫吳即爲一例。孫吳集團創自孫堅，政權則奠基於孫策渡江。孫權繼任後將「西向征荊」的方針轉型擴充成「全據長江」的國家戰略，成爲孫吳前期第一目標。其間孫吳與曹操、劉備等勢力多番周旋，終至建立戰略構想中「劃江而治」的國家型態。因此，三國鼎立的形成，可謂是孫、劉、曹三方戰略制衡下的結果。

　　秦漢以降，「統一」即成極具標的性的政治理想，如曹操、劉備都曾明確表達追求意志，但學者對於孫吳是否「意在偏安」，歷來觀點不一。筆者認爲孫吳建國後，曾將國家戰略調整爲「進圖淮南」，簡言之，便是把奪取淮南當成追求統一的前置步驟，並具體表現在孫權北伐之上。但因吳、魏國力差距，

吳、魏攻防戰略的優劣等因素影響,「進圖淮南」未果,反使孫吳國力日衰,改行「限江自保」戰略。亦即全力固守長江防線,維繫政權。然西晉南征,成功瓦解孫吳長江防線,使「限江自保」亦不能維持,孫吳終仍覆亡。因此,筆者認為,孫吳後期國家戰略之演變,實是由積極擴張失敗,轉而萎縮成偏安的過程。如此,對於孫吳偏安疑義、以及亡國之因兩題,皆有其合理解釋,此誠本研究嘗試提出的觀點。

目　次

第九冊　漢晉時期的益州方土大姓

作者簡介

　　楊更興（1977 年 7 月），男，雲南大理人。2006 年畢業於北京師範大學歷史系，獲歷史學博士學位。現任教於雲南省大理學院政法與經管學院，主要研究方向為魏晉南北朝史。

提　要

　　本文主要研究漢晉時期益州地區發生了什麼政治變化；益州方土大姓在這種政治變化當中扮演了什麼角色；這種角色在當時的社會政治中起了什麼作用；對其後的社會有怎樣的影響；在當時不斷變化的歷史環境中，益州方土大姓自身發生了什麼樣的演變。

　　在劉焉、劉璋統治益州時期，雖然存在與東州勢力間的衝突，但總的來說，益州方土大姓在劉二牧政權中佔有很大的優勢地位。特別是劉璋統治的前期，以王商、趙韙爲首的益州方土大姓幾乎主導了益州的政局。正是由於益州方土大姓對劉璋政權的認同，使得他們對劉備入蜀持激烈的反對態度。

　　蜀漢時期，大批益州士大夫參與了蜀漢政權，但在蜀漢政權的官僚體系和權力分配中，其地位要低於荊州士大夫集團和原劉璋舊部，在蜀漢政權的內部權力鬥爭中，益州士大夫集團的影響也微乎其微。

　　蜀漢滅亡之後，司馬氏將原來流寓益州的外州士大夫遷往內地，同時對益州大姓進行了一些安撫。但總的來說，益州大姓在當地的地位和作用是進一步降低了，西晉時期值得一提的是九品中正制在當時的益、梁、寧地區的推行。

　　東漢後期今文經學、以及依附于今文經學之上的讖緯神學，在巴蜀地區經歷了一個回光返照式的輝煌。巴蜀地區出現了一個穩定的研習今文經學的儒生群體。受今文經學、讖緯神學的傳統的影響，巴蜀學者中產生了兩個心結：一個是關於漢家的「運」之說，另一個是「益州分野有天子氣」之說。這兩個心結左右著漢末三國時期巴蜀儒生在政治上的進退。蜀漢政權的建立和消亡使得巴蜀儒生的兩個心結得到了完美的解決。而蜀漢政權的干預也使得巴蜀經學完成了由今文經學向古文經學的轉變。

　　漢晉時期，爲了適應新的歷史環境，益州大姓自身也在不斷發生著演變，這種演變的核心主要是爲了適應即將出現的魏晉士族政治。與這種演變同時發生的還有士大夫群體中出現的名士化現象。

目　次

第十冊　北魏後宮制度研究

作者簡介

　　苗霖霖，女，1982 年 6 月生，黑龍江省哈爾濱市人，黑龍江省社會科學院助理研究員。畢業於吉林大學古籍研究所，歷史學博士。2008 年師從著名史學家張鶴泉教授攻讀博士學位，研究方向爲秦漢魏晉南北朝史，2011 年 6 月進入黑龍江省社會科學院歷史研究所工作，主要研究方向爲遼金史、東北古代史、北方民族史。在《史林》、《社會科學戰線》、《黑龍江民族叢刊》、《古代文明》、《北方文物》、《唐都學刊》等刊物上，發表學術論文 13 篇，並有 1 篇學術論文被《人大報刊複印資料（魏晉隋唐卷）》全文轉載。

提　要

　　後宮制度是我國古代政治制度不可或缺的內容，通過對北魏後宮制度的研究不僅可以瞭解北魏政權的民族特色，還有助於我們加深對孝文帝漢化政策實際運用情況的認識，對北魏社會史以及政治制度史的研究也有著重要的意義。北魏後宮人員可以分爲皇后、嬪妃、女官以及宮女四個等級，嬪妃、女官內部又按照品級劃分爲不同的等級。因此，後宮制度實際上是以等級制度爲中心，通過皇后、嬪妃、女官、宮女的實際生活，展現出的君臣尊卑體系。本文按照時間線索，對北魏前期、中期、後期後宮制度變化的內容和原因進行論述，並通過對後宮人員的選拔方式、乘坐的車輦、穿著的服飾、佩戴的發飾，以及死後的待遇等方面的論述，說明後宮人員的待遇與她們所處等級的關係，展現孝文帝漢化措施在後宮中的運用情況，及其對北魏後宮制度的發展所產生的影響。

目　次

第十一冊　歌謠俗語與兩漢魏晉南北朝社會

作者簡介

　　李傳軍，男，1975 年 6 月 2 日生，2002 年從師於歷史系曹文柱教授，於 2005 年 7 月畢業於北京師範大學中國古代史專業並獲歷史學博士學位。

提　要

　　歌謠是流傳於民眾中的口頭詩歌，是能歌唱或能吟誦的韻文，俗語則是一種包含和反映特定社會知識和社會現象的約定俗成、廣泛流行的定型的語句。歷史上幾乎所有的歌謠和大部分俗語都是因人而起、緣事而發的，是在一定時代、一定社會文化和政治背景之下的產物，它們反映了民眾的生存狀況和情感意願，是古代民眾生活與思想實踐的直接反映。歌謠俗語在社會上通過各種途徑和方式廣泛傳播開來，不僅能夠成為發生重要影響的公眾輿論，而且其本身也成為中國古代社會風俗和文化的重要組成部分。我國歷史上的兩漢魏晉南北朝時期廣泛存在的歌謠風議，是民眾和一部分官僚士人對現實政治和生活的反映，它們作為一種公眾輿論，表達了對時政和統治上層的批評和意見，可以看作是普通民眾參與社會政治的一種特殊手段。兩漢魏晉南北朝時期的統治者非常注重民間歌謠的輿論作用，經常派遣皇帝身邊的近侍作為風俗使者分路巡行天下，收輯歌謠。從先秦時期的采詩觀風到兩漢魏晉南北朝時期的繡衣使者和風俗巡使制度，統治者之所以特別重視民間歌謠的搜集和采察工作，正是因為他們意識到作為社會風俗重要內容的歌謠可以起到下情上達的作用。不僅如此，兩漢魏晉南北朝時期的統治者同時還賦予風俗使者一定的權力，可以根據民間歌謠風議對地方官進行監督甚至黜置，有的統治者本人也注意根據社會上的歌謠風議調整統治措施和統治方法。這樣就在普通民眾和統治上層之間通過歌謠這種介質形成了一種互動關係。這種互動對於我國古代的社會機制及其良性運轉，具有積極的意義。同

時，兩漢魏晉南北朝時期的官僚制度，特別是由於儒吏區分和選舉蝟濫等造成的貪官污吏對民眾利益的侵害，也是兩漢魏晉南北朝時期歌謠產生的重要原因。

目　次

第十二冊　宋代官場儀制研究

作者簡介

　　王鵬，山東臨朐人，獲得北京師範大學歷史學博士學位，現任教於西藏民族學院。研究領域包含宋代官制與禮制，取得系列成果。近來興趣逐步轉向民族史研究，關注點是中央王朝的邊疆民族政策。

提　要

　　本文以宋代官場儀制爲研究對象，通過對儀式與禮節的探討，重點研究宋代官員在國家禮儀制度中的角色差異。本文共計六章，前三章分別討論宋代官場相見儀、朝儀、合班儀，後三章則關注特殊群體的儀制角色問題，分別討論皇太子、宰輔群體的儀制地位，以及宋代文武官員儀制角色差異。宋代的百官相見儀制頒佈的背景是，唐五代以來的政治體制轉型。相見儀制是建立在規範官員相見禮儀的基礎之上的，儀制的變化要受到政治運作強烈影響。禮儀也不斷受到觀念與習俗的影響，儀制也保持與官場文化的互動。北宋文德殿朝儀包括常朝儀、入閣儀和月朔視朝儀。北宋文德殿常朝徹底形式化，但是直至神宗時才正式取消。宋初在文德殿舉行入閣儀，神宗時入閣儀被廢止，取而代之的是月朔視朝儀，徽宗時再次修訂，並載入《政和五禮新儀》。這一系列變化的背後是朝會制度的變革。

　　合班由朝會班位出發，進而被抽象成爲一種位階序列，作爲多種官職序

列的混合，其高下依據是人而非事，因此被認爲屬於品位分類。其與其他等級序列之間的關係，既有所區別，又互相影響，而且隨著制度變革而變化。皇太子儲君的身份，決定了其禮儀上獨特地位。對於宋代君主而言，在禮儀上壓低皇子的待遇，是爲了壓抑臣子們的政治投機。對於士大夫而言，利用禮儀來塑造儲君的政治理念，是其理想與抱負的實施途徑。宋代宰相在禮儀體系中享有最高等級，拜相、上事等禮儀都可以證實這一點。宰相的禮儀等級在某種程度上成爲一種禮儀符號，具備象徵意義和被利用闡釋的可能。宋代文官基於對其士大夫身份的自我認同，多傾向於在禮儀上貶低武臣，通常認爲壓抑武臣地位是爲了便於管理。但文武官員在國家儀制中大角色體現更多的是內外之別，而非文武之分。

目　次

第十三冊　宋代綱運研究

作者簡介

　　韓桂華，祖籍江蘇宿遷，1957 年生於台北。中國文化大學史學系、所畢業。研究所求學時，有幸得親炙名師，受錢穆、黎東方、楊家駱、蔣復璁、梁家彬、宋晞、程光裕……等先生薰陶，傳道授業之外，渠等身教言教所展現的風範，更是一生受用無窮。其間，並追隨朱重聖、宋晞教授研讀宋史，敦聘為碩士、博士論文指導教授，完成論文。曾任職於古美術品公司，於文物研究略有涉獵。目前任教於中國文化大學史學系，講授史學導論、宋史、中國手工業文明史等課程。

提　要

　　綱運之名，初見於唐，其時為漕運改革下之創新方法，即運用「綱」法，將漕運物資與人船組織行運，甚為合理而有效。宋代綱運，承唐而來，然而在「集權中央，強榦弱枝」基本國策下，政權、軍權、財權收歸中央，為應需要，全國各地每年將各類物資，如米糧、錢帛、香藥、馬匹、軍須……等，輸送上京。影響所及，綱運已有與漕運等義趨勢，甚且泛指一切官屬物資之大宗運輸。此種超越前代之發展，正顯示綱運之於宋代，有其時代意義與重要性。基於此一旨趣，本文乃廣蒐史料，參考當代學者相關著作，運用歸納、綜合、分析、比較等史學方法，並輔之以圖表，就「宋代綱運研究」為題探討之。全文凡分六章：

　　第一章「緒論」：旨在說明唐代以前漕運發展概況。以時代為經，行漕史事為緯，就上古至隋，各時代漕運大事，擇要述之，以明其脈絡淵源。

　　第二章「綱運由來與涵義」：分二節，第一節「唐代『綱運』」，將唐代漕運分為起始、興盛、衰落三時期，藉以了解綱運創立之時代背景及發展環境；再就「劉晏創立綱運」，詳述其改革漕運經過及綱運由是創立等要點。第二節「宋代綱運涵義」，先述中唐至五代十國，綱運涵義已有變化；再就兩宋時期綱運涵義，指出基於政軍情勢、財政需要，及南盛北衰經濟發展等因素主導下，漕運空前發達，於是綱運之法廣為採用，其涵義亦因而有狹義與廣義二者。

　　第三章「綱運類別與名稱」：分二節，第一節「物資類別」，分為稅物、貢品、收購物三大項，內中就各類物資詳細臚列、統計、分析，充分彰顯宋代綱運物資龐雜之特色。第二節「綱運名稱」，先指出綱運名稱，有依物資種類、品質、起解或交納地點，及運輸方式等原則而定；再論分綱準則，有依船隻數目、物資計量、綱運人數，及其他等標準而分。

　　第四章「運輸路線與方法」：分二節，第一節「運輸路線」，分就全國綱運中樞－北宋開封、南宋臨安，黃河流域、江淮、閩廣、四川等地區，及海道綱運等路線詳述之。第二節「運輸方法」，有轉般與直達二法，先述轉般法有設立轉般倉、分段轉輸與回綱運鹽及糴米代發等要點；再論轉般破壞，直達推行之經過。

　　第五章「綱運組織與管理辦法」：分二節，第一節「綱運組織」，可分為上層管理機構，職司統籌、規劃、管理綱運運作大計，包括中央之三司、戶

部與其他相關權責機構,及地方之發運司、轉運司、總領所及其他相關權責機構;中層監督單位,職司監督、催促綱運,包括催綱、提轄、巡檢等官司;下層搬運單位,負責執行實際搬運工作,包括押綱官吏以及篙工、水手、火手、裝卸、牽輓、拉拽等勞力人夫。第二節「管理辦法」,先述綱運裝發、運程及收納之制;再述依各種標準所訂立之賞罰辦法,以收酬獎懲勸之效。

　　第六章「結論」:總結前述各章論述要點,並指出宋代綱運非僅為交通運輸不可缺少之環節,更為攸關國計民生及國家興衰之關鍵。

目 次

第十四冊　蒙古民族史略

作者簡介

　　王明蓀，祖籍湖北當陽，於 1947 年在安徽蚌埠出生，成長於台灣。1970年畢業於中國文化大學史學系，1975 年獲政治大學法學碩士，1983 年獲教育部國家文學博士。曾任教於淡江、中興、佛光大學，現任中國文化大學史學系所教授。教學及研究範圍主要在於宋遼金元史、史學與思想史、社會文化史、北方民族史等。出版專書有《元代的士人與政治》、《含英咀華：遼金元時代北族的漢學》、《中國民族與北疆史論・漢晉篇》、《王安石》、《宋遼金元史》、《遼金元史論文稿》、《宋史論文稿》、《遼金元史學與思想論稿》等十餘種，學術論文八十餘篇；並有關於台灣社區營造、文化資源等文史研究數種。

提　要

　　本書為蒙古族的歷史，由成吉思汗的先世源流起始，到蒙古帝國的建立，元朝的興衰，至於明、清時期蒙古族的發展及與中國的關係，止於近現代時期的 1949 年。全書為六章，第一章，蒙古民族及其先世的歷史，敘述成吉思

汗血緣的民族源流及民族活動。第二章，蒙古帝國之建立及其早期社會，敘述成吉思汗統一蒙古草原與建立帝國的過程，以及蒙古族的社會、經濟等。第三章，蒙古勢力的繼續擴展，敘述蒙古帝國的西方、南方擴張，造成橫跨歐亞的世界性帝國，以及建立中國的元朝。第四章，帝國的盛衰，敘述元代時的中國以及四大汗國建立的國際關係。第五章，十四世紀至十七世紀的蒙古，敘述蒙古北返草原後與中國明代的關係，以及蒙古族的政治變動。第六章，近三百年來的蒙古，敘述清代時期的蒙古以及內、外蒙古的形成，至於民國初年外蒙古的獨立運動，中共與內蒙古的變動關係等。

目　次

第十五、十六冊　鄭和下西洋研究論稿

作者簡介

　　張箭，1955 年生於成都市。四川大學歷史系歷史專業本科，史學學士、碩士、博士，南開大學歷史專業博士後。四川大學歷史文化學院教授、碩士生、博士生和博士後導師。治世界中世紀近代史、中國中古史、中西交通比較交流史、中外農史、中外宗教史等。懂英俄拉丁日語（程度有不同）。發表論文二百多篇；著有《地理大發現研究》、《世界大航海史話》；主編主撰有《影響世界的猶太巨人》；二人合譯有《清末近代企業與官商關係》；（另有博士論文《三武一宗滅佛研究》。）

提　要

　　本書系研究鄭和下西洋的個人專題論文集。收入近十幾年來發表的二十好幾篇論文，分為總論、中西比較、船舶研究、動物考證、文獻研究、古籍整理、問題討論、書評樂評、附錄九個篇章。在第一篇章中，總結出下西洋壯舉中形成和體現的八種偉大精神：即愛國主義、集體主義、奉獻、創造創新、包容平等、和平、開放和科學精神。分析出中國人沒有參與地理大發現的地理原因，即所處的地理位置不佳，離待發現的美洲、黑非洲、澳洲較遠，周圍皆是文明的較強的鄰國，不似西歐地理環境得天獨厚……第二篇章進行鄭和下西洋與十五、十六世紀西班牙葡萄牙大航海比較，指出它們實為雙峰傲立、珠聯璧合、交相輝映，皆為文明史上的大事，共同開創了大航海時代。在航海術、造船術、製圖術等方面也各有千秋，難分伯仲……在第三篇章中，引入排水量、噸位、型深等概念並研究這些問題，獨闢蹊徑，使鄭和寶船大小的研究有了突破和躍進。在第四篇章中，考征、甄別出下西洋之人所見所記所引進的異獸神鹿、飛虎、草上飛、馬哈獸、麼裏羔獸、腽肭臍分別為今日之馬來貘、鼯猴、猞猁、阿拉伯劍羚、印度藍牛、小靈貓。本書原創性領先的研究還多……本書既有較大學術意義，還有弘揚鄭和精神、批評「中國威脅論」等實踐意義。

目　次

上　冊

第十七冊 思想人物與地方社會的交涉——以晚明湖北麻城、黃安為例

作者簡介

張育齊，臺灣大學歷史學系學士、臺灣大學歷史學研究所碩士，研究興趣為近代思想文化史以及探索學術變遷的脈動。

提 要

歷史人物的思想常御風而行，瞬息萬變，然而他們既生存於時代，必然與時代中的人事物有所交涉，其思想脈動也就有跡可循。本書即以地域的發展為經，人物的思想與活動為緯，嘗試敘述大時代中人與地的故事，將焦點集中在耿定向、李贄以及他們互動的地域——湖北麻城與黃安。

序章首先回顧近來晚明史研究中城市與市鎮發展、士大夫與文人社群、社會風尚與其所衍生出之文化現象幾個議題。藉由整理這幾個議題的研究概況，勾勒明代中後期的文人生活與社會面貌，鋪陳本書的時代背景。第二章將目光移到湖北的麻城與黃安，追索這兩個歷史上並不特別有名的地區於 16 世紀後的崛起。這兩地的整體發展雖不如同時代的江南，但在文教與科考上有出色的表現，也培養出許多傑出人物。第三章以耿定向和李贄為主角，敘述兩人之間的糾葛。身為黃安本地人的耿定向以及寄居麻城的李贄，分別使

黃安與麻城成爲晚明思想文化界的新據點，吸引許多人物前來；除了思想層面的討論，此章也試著重繪他們一生交往的心路歷程。第四章以李贄爲中心，討論身處麻城的李贄及其友朋群體的生命情態，觀察他們的生命特質與時代之間的關聯。結語以宏觀角度，論述耿定向及李贄兩人思想上的依存性，以及晚明王學路徑的多樣性。藉此，本研究希望能重觀思想人物的親切面貌與生命情懷。

目　次

南京教案與明末儒佛耶之爭

作者簡介

　　李春博，河南省鎮平縣人，現復旦大學歷史系圖書館員。著有《南京教案與明末儒佛耶之爭——歷史與文獻》（碩士論文），發表之期刊論文主要明清時期中外交往、學術史相關問題。

提　要

　　萬曆四十四年（1616）南京禮部侍郎沈發起的反對天主教運動，被稱為「南京教案」。利瑪竇的「補儒易佛」傳教策略引起儒佛耶之間的早期爭論，但他通過學術交流的傳教方式把爭端限制在學術範圍之內。龍華民主持中國教務後，鼓勵王豐肅在南京擴大傳教規模，儒佛耶之爭迅速激化，最終導致南京教案爆發。

　　南京教案發生後，教徒被捕，教堂被封，傳教士在經過審訊之後被遣送澳門。天主教在華傳教事業遭受重大挫折，儒佛人士對天主教展開更為深入全面的批判，明末儒佛耶之爭進一步深化。普通民眾、反教士紳、護教人士、萬曆皇帝對南京教案的不同反應，顯示出儒佛耶之爭貫穿於南京教案的始終，南京教案是儒佛力量聯合起來反對天主教的結果。

　　本文以《聖朝破邪集》為基本資料，圍繞明末南京教案發生的背景、原因、經過以及晚明社會各方反應進行考察，並對《聖朝破邪集》進行文本分析，敘述其編撰經過、內容、版本與流傳，通過對歷史與文獻的分析，透視南京教案發生前後中西方文化交流過程中發生的這次典型碰撞。

目　次

第十八冊　張居正整飭武備的基本思想

作者簡介

　　郭敬仁，華梵大學東方人文思想研究文學碩士，1951 年生，籍台灣省基隆市八斗子。1980 年司法行政部乙等調查人員特種考試及格。先後任職於台灣省稅務局、糧食局、交通部、高速鐵路工程局、電信總局、台南縣政府、僑務委員會等機關人事查核、政風單位。早歲攻讀公共行政學門於國立中興大學台北法商學院。其後，親炙何廣棪教授問學多年，受益甚深。2007 年 3 月退休後，晏居新店寂山，讀書自娛。

提　要

　　張居正，明隆慶、萬曆初期在閣，參與中樞十六年、其間主政十年。隆慶二年，在盱衡「朝廷之間議論太多，事無統紀」、「上下務爲姑息，悉從委

徇」、「詔旨廢格不行，視爲故紙」、「用人揀擇不精，名實不核」、「邊費重大，內帑空乏」、「虜患日深，邊事久廢」之國家危機中，上〈陳六事疏〉，建議穆宗省議論、振綱紀、重詔令、核名實、固邦本、飭武備。其後，逐一推行，終成「萬初之治」。歷來有關張居正之人格特質、治國理念、施政風格與籌邊應敵、統馭將吏等相關研究，幾成顯學。時人莫不希冀浸潤、增益而發用于斯，期以裨利時政、安導群生。

　　本文以張氏「整飭武備」的基本思想爲研究範圍，擇以《張居正集》爲核心文獻，並以《明史》、《明通鑑》、《國榷》、《明實錄類纂》、《大明會典》、《國朝典彙》，及時人所著《張居正傳》等爲輔助文獻。經綜納、分析、比對，除探論其思想之濫觴外，計歸結成「激發帝志」、「善用賢能」、「節約裁冗」、「邊用爲重」、「修邊設險」、「晏安是求」等數項基礎性思想，用循章節以闡述之。

目　次

第十九、二十冊　持齋戒殺：清代民間宗教的齋戒信仰研究

作者簡介

林榮澤，所屬單位：天書訓文研究中心主任，國立臺灣藝術大學、輔仁大學宗教學系兼任助理教授。

研究專長：臺灣民間宗教研究、一貫道、生命教育

相關著作：

《持齋戒殺：清代民間宗教齋戒信仰研究》（臺灣師大歷史所博士論文）

《臺灣民間宗教研究論集》（台北：一貫義理編輯苑，2007）

《天書訓文研究》（台北：蘭台出版社，2009）

《一貫道發展史》（台北：蘭台出版社，2011）

《青年八鑰：生活儒學的八堂課》（台北：一貫義理編輯苑，2011）

《一貫道藏‧聖典之部》1-20 冊（台北：一貫義理編輯苑，2009～2011）

《一貫道藏‧祖師之部》1-4 冊（台北：一貫義理編輯苑，2010～2011）

《一貫道藏‧義理之部》1-4 冊（台北：一貫義理編輯苑，2010～2011）

《一貫道藏‧史傳之部》1-2 冊（台北：一貫義理編輯苑，2010）

提　要

吃齋是清代民間宗教信眾普遍存在的現象，大部份的教派皆以是否吃

齋，作爲入教的第一步，從飲食上的改變，來達到吸收信徒的目的。官方也常以是否有吃齋作爲辨別信徒或非信徒的依據，因此吃齋者變成官方所嚴防及取締的對象。本文旨在探討此一清代民間宗教發展上的重要機制：教派的齋戒信仰活動。

齋戒信仰活動，是指利用「庵堂」、「齋堂」或「佛堂」等聚會場所舉辦之吃齋、作會、齋供等的宗教性活動。這些齋戒活動，關係著一教一派的發展。當舉辦「齋供聚會」時能否成功的吸引信眾加入，就是此一教派齋戒活動社會影響力的展現。經由本文探討可以發現，中國民間宗教爲何多重視齋戒，應不只是在修行，其真正的目的是在吸收信眾，形成以教首爲主的人際信仰圈。

目　次

第二一冊　近代香港外來移民與香港社會文化發展

作者簡介

　　蘭靜，1976 年生，歷史學博士，畢業於暨南大學文學院。現任教於暨南大學外國語學院。主要從事移民與語言文化研究。曾參與多項國家級社科項目和省部級社科項目，並在國家社科核心類期刊和海外學術期刊發表十餘篇學術論文。

提　要

　　近代香港的外來移民構成了香港城市人口的絕對主體部分。香港在近代時期的城市發展與香港的外來移民是密切相關的。

　　本書嘗試對 1841 年至 1941 年期間，香港的主要外來移民運動進行縱向梳理，復原移民路線，分析不同時期的移民類型和移民動因；同時對近代香港外來移民的人口構成和人口分佈做橫向分析。

　　基於人是城市發展建設的原動力這一點，本書分析了近代香港外來移民對香港城市港口的發展和城市交通運輸系統形成的推動和促進作用，以及城市工商業中心的分佈與外來移民分佈的關係；同時，書中對近代香港外來移民對香港的城市文化的塑造進行探討，著重分析外來移民對近代香港語言文化的影響、近代香港宗教建築的分佈與外來移民聚居點分佈的關係、近代香港外來移民在香港城市教育文化的發展和香港獨具特色的地名等方面發揮的作用等。

目　次

第二二、二三冊　中國民國服裝史

作者簡介

　　徐華龍，1948 年生，復旦大學研究生畢業。筆名有文彥生、曉園客、林新乃等，上海文藝出版社編審。上海非物質文化遺產保護中心評審專家、上海大學碩士生導師、上海筷箸文化促進會副會長、（日本）世界鬼學會會員等。

　　學術著作：《國風與民俗研究》（中國民間文藝出版社 1986 年）、《中國歌謠心理學》（新疆人民出版社 1990 年）、《中國神話文化》（遼寧人民出版社 1993 年）、《中國鬼文化》（上海文藝出版社 1991 年）、《泛民俗學》（黑龍江人民出版社 2003 年）、《鬼學》（北嶽文藝出版社 2009 年）、《上海服裝文化史》（東方出版中心 2001 年）、《非物質文化遺產與民俗》（杭州出版社 2012 年）、《山與山神》（與人合作）、《黃浦江畔的旅遊與民俗》（與人合作）等。

　　主編著作：《鬼學全書》、《中國鬼文化大辭典》、《上海風俗》等。

　　編選著作：《中國民間風俗傳說》、《中國鬼話》、《新民間故事》、《中國鬼故事》、《中國名將傳說》、《西方鬼話》等二十餘種。

提　要

　　辛亥革命是從帝制走向共和的新興力量，它以勢不可擋的氣勢改變了中國社會及其組織結構，給中國社會帶來新的活力，同時也對中華民族的文化生巨大的影響，而服裝的變革就是這種影響下的自然物。這種新的服裝文化打破了長期以來所形成的封建主義等級制度，從而新的中華民族服裝的發展奠定了堅實的基礎。

目　次

上　冊

第二四冊　清明文化的歷史傳承與意義呈現

作者簡介

凌遠清，廣西桂平市人，2001～2004 年在廣西師範大學攻讀碩士學位，2004～2007 年在中山大學攻讀博士學位，2008 年 4 月在順德職業技術學院任教至今。2005 年以來曾參與《順德民俗》、《順德龍舟》、《嶺南民間遊藝競技》（2010）、《嶺南古代誕會習俗》、《陳村‧中國花卉之鄉》、《嶺表尋春‧廣東清明節》等地方文史類文叢的撰寫。

提　要

論文以清明文化為研究物件，主要在歷史傳承、意義呈現與清明文化精神的弘揚三個方面展開論述。方法上主要結合文獻資料和田野調查材料，運用民俗學、人類學、歷史學、文化學等學科的理論，將清明文化現象置於「民間與官方、傳統與現代、現實與虛擬」多元關係的結構框架中，以此展現清明文化的演變歷程和傳承路徑。同時，通過當代清明文化在網絡社會中的巨大變遷風貌，探討空間符號、祭祀儀式與文化意義的關係問題。最後根據清明文化的發展現狀以及文化記憶的傳承理論，在弘揚清明文化精神方面進行一些思考。

清明文化就是中華民族在自然界長期的生產實踐和社會關係發展過程中，以集體潛意識方式所形成的信仰觀念和生存慣常模式，包括清明祭祖活動以及相關墓葬方式的選擇與宗族文化的建構活動。經過各個歷史時期的發展，清明墓祭的空間發生了很大的變革，這就不可避免地給祭祀方式、祭祀觀念以及祭祀意義帶來相應的變化。互聯網技術與清明文化相結合，使得傳統的祭祀方式發生根本性的改變。這種形式賦予清明祭祖的文化意義是獨特的，是中國傳統清明祭祖活動中所出現的最大變化。考察清明文化在意義內涵上的衍生過程，不僅能從生活層面感知當代社會的巨大變遷，而且也能從

其變遷軌中體會到傳統文化與時俱進的轉型動因。這些爲探索如何在當代社會中弘揚清明文化精神提供了一個很好的思路。

　　論文首先分析清明文化的產生背景、發展源流和習俗形態，並從信仰觀念因素與節日習俗活動兩個層面對其作進一步闡述。第三、四章主要闡述清明文化在歷史進程當中，民間和官方所採用的傳承手段，同時也涉及傳統習慣的沿用方式和文化權力的運行機制。第五章從符號本質和文化意義兩個層面來對清明節祭祖儀式進行分析，揭示祭祀空間的變遷形貌及其意義內涵，認爲網祭儀式也是一種尋求自我慰藉的補充手段。第六章分析文化記憶的傳承機理與清明文化的現實狀況，認爲清明文化蘊含諸多文化價值、信仰理念和傳統倫理，應該引導其信仰觀念方面的因素，管理其相關的節日習俗活動，使之能夠爲民信仰生活與民族國家凝聚力的統合提供一個文化支撐平臺。

目　次

第二五冊　劉知幾史學批評研究

作者簡介

　　趙海旺，北京師範大學歷史學博士。主要研究方向爲史學理論及史學史。已在學術期刊發表《劉知幾的史料學理論成就》、《劉知幾史學批評的基本原則》、《張舜徽與〈史通〉研究》、《從〈疑古〉、〈惑經〉看劉知幾的實錄精神》、《從〈晉承漢統論〉看習鑿齒的正統史觀》等多篇文章。

提　要

　　本文從史學批評角度研究劉知幾的史學名著《史通》。由《史通》的具體篇章入手，從第一手的原始資料出發，探究內、外篇章的差異與聯繫，分析不同的行文論述特點，從整體上把握《史通》全書的著述體系。進而聚焦各篇主題，連貫上下篇目，進行圍繞核心問題的合理分組。同時以《史通》具體篇章爲基本單元，探索劉知幾史學批評的一般論證模式，獲得對《史通》行文結構模式最微觀層面的認識。隨後從《史通》文本結構的分析深入到對劉知幾史學批評活動的整體探討，總結出史學批評活動的重要原則。最後選擇著名的「史才三長論」和具有代表性的 8 個史學批評範疇進行具體探究，作爲對整體研究的具體補充，並分析劉知幾史學批評的影響。作爲中國古代史學批評第一人，劉知幾史學批評的價值，首先體現在他提出、總結了若干史學範疇，開創了系統的中國古代史學批評理論。還體現在他的若干修史主張在後世史書編纂活動中得到了貫徹，《史通》也被四庫館臣譽爲「監史」。除此之外，劉知幾的史學批評思想還對後世一些史家影響頗深，突出表現在章學誠等人對其史學的繼承與發展。

目　次

第二六冊　唐宋《蘭亭》接受問題研究

作者簡介

　　白銳，美學博士、副研究員，畢業於中國人民大學藝術學院。現為中國書法家協會會員、中國書協婦女工作委員會委員，北京書法家協會理事，中國國家畫院沈鵬創研班助教。現就職于中國文聯。書法作品多次入展中國書法家協會主辦的各項展覽，曾獲第二屆全國草書展三等獎。數十篇書法理論文章刊於《文藝報》《美術觀察》《中國書法》《書法報》《書法導報》等，曾獲第三屆全國書法蘭亭獎理論獎三等獎。

提　要

　　素有「天下第一行書」美譽的《蘭亭序》是中國書法史上最受矚目的藝術文本，也是古典書論和現當代書學研究中頗受關注的藝術個案。本文在先賢時賢已有研究成果的基礎上，以西方接受美學為主要理論借鑒，以書學風格史的演進為內在理路，兼及唐宋政治史、社會史和文學史的相關研究，詳細梳理唐宋時期讀者接受《蘭亭序》的發展脈絡和整體風貌。全文由緒論、正文和附錄三部分組成。

　　緒論對《蘭亭序》研究的基本狀況及本文的關注點和研究方法予以闡述。

　　正文分為四章。第一章解讀《蘭亭序》文本。《蘭亭序》作為古今書體轉捩的重要代表，它的產生不是孤立的書法現象，而與書法風格史的演進、思想文化史的影響緊密相連，因此應把其還原到東晉書法史、文化史的語境之中，對其時代書風和文化要義予以全面分析；由於《蘭亭序》真不存于世，本文以最著名的《蘭亭序》摹本──神龍本為討論的核心，羅列歷代書論對「神龍本」的評價並借助形態學的分析方法對《蘭亭序》進行賞析；同時，對王羲之傳世行書墨的分析及其與《蘭亭序》的對比研究，也是本章不可或缺的組成部分。

　　第二章為唐代的《蘭亭序》接受。分為兩個方面：其一，探討制度學視閾下的唐代書學。唐太宗熱衷書學，尤重王字，醉心臨池之功以外，還在理論上大張王學，他九鼎至尊的政治霸權地位對於藝術審美的趨向起到重要的影響。同時，唐代科舉制度的吏部銓試注重楷法遒美，這無疑也會對初唐書家對《蘭亭序》的接受產生影響，最終導致唐人版的《蘭亭序》誕生。其二，從風格學的角度對虞世南、陸柬之、孫過庭和顏真卿的《蘭亭序》接受予以

分析。隋末入唐老臣虞世南對於唐太宗的「崇王運動」起到積極的推進作用；陸柬之書奴式的效法，使其終究難入山陰門徑；孫過庭力追羲之筆法之源，衝破唐法禁錮，使魏晉風韻得以真實再現；而顏真卿的「古體」行書則代表盛中唐書法對《蘭亭序》的反接受。

　　第三章為宋代的《蘭亭序》接受。在宋代書法史上，帝王和文人書法家對《蘭亭序》的態度有很大的不同。一方面，宋太祖屬意翰墨，出內府所藏法帖，敕王著摹刻拓《淳化閣帖》，實為帖學之始，二王行草書的重要地位再次被強化。而被唐人異化的《蘭亭序》也趁著王學再興的時機而成為宋太宗、宋高宗等帝王政治學意圖下「法正統」的神聖武器。另一方面，儘管北宋書法的重要方向與《蘭亭序》之間並不存在絕對的承傳，但宋代書家對《蘭亭序》的接受和反接受卻是宋代書法風格演繹和變遷的一根紐帶。五代楊凝式書風的出現，是對魏晉書法要旨的心領神會。《韭花帖》作為宋代尚意書風的楔子，開啓了北宋書法的先聲。宋四家對《蘭亭序》的接受具有不同的態度：蔡襄是《蘭亭序》的「忠實信徒」；蘇軾是「尚意」書風的開啓者，雖早年日課《蘭亭序》，但其行書與《禊帖》沒有明顯的承傳關係；黃山谷則對《蘭亭序》面恭而實倨，他不屑於一筆一畫的追慕，在他的書法中也看不到《蘭亭序》的影子。米芾是宋四家中最具有「魏晉情結」者，他的書法受益于二王雜帖，繞開了《蘭亭序》的風格陷阱。南宋書壇遠不及北宋活躍，以姜夔為代表的獨立于意識形態話語之外的失意文人對《蘭亭序》的接受為我們更好的理解南宋書法打開一扇窗口。

　　第四章為唐宋《蘭亭序》接受的文獻總結。本文以列表的形式枚舉唐宋之際《蘭亭序》的臨本、摹本和刻本。同時對宋代「《蘭亭序》學」的發軔之作——桑世昌的《蘭亭考》和俞松的《蘭亭續考》予以分析，儘管它們只是資料的彙集，而非研究性著作，但為研究唐宋兩代《蘭亭序》的臨摹、翻刻、著錄等保存了十分珍貴的資料，在「《蘭亭》學」的研究史上具有重要的學術價值。

　　附錄校勘唐人何延之《蘭亭記》。

目　次

第二七冊　清代碑學的興起與發展

作者簡介

　　胡泊（1978-），四川人，2008 年畢業於中國人民大學藝術學院，獲美學博士學位。現任教於重慶・西南大學美術學院，副教授。研究方向：中國書畫理論。在《美術觀察》、《藝術百家》、《美術與設計》、《文藝評論》、《人大複印資料・造型藝術》等刊物發表論文多篇，曾參與主持國家、教育部人文社會科學課題專案多項。2012 承擔教育部人文社會科學青年基金專案《從改革開放 30 年書法期刊看書法理論話語的演進》的課題研究。

提　要

　　清代碑學興起是中國書法史上一次重大的變革，它打破了中國傳統書法以帖為主的風格取向，形成了以取法漢魏碑刻為宗的一個書法創作群體，並重構和改寫了中國書法史的格局。

　　本文以美國科學哲學家庫恩的「範式」理論作為研究框架。「範式」，簡單來說，就是某一科學共同體以及他們所共有的理論、觀念和規則。而中國書法史上的帖學和碑學，也可以看著是兩種「範式」——帖學範式和碑學範式：帖學範式宗法晉唐以來名家墨、法帖，而碑學範式則是取法漢、魏、南北朝碑版石刻，兩者都各有其審美觀念和技法規則，並由此形成各自的書藝群體。因此中國書法從帖學到碑學的轉變，可以看著是一種「範式」的轉變，其間不僅是書法取法物件、審美觀念和技法規則的變化，更是書法藝術共同體認識觀念上的變化。

　　因此從「範式」轉換的角度來探索清代碑學的興起與發展，除了可以對清代碑學範式的內容和特點進行研究外，還可以對清代碑學書家群體興起的原因進行分析，從而全面探析清代碑學興起的內在理路和外在根由，同時也為中國書法史的研究，探索別樣的理論視角和研究方法。

目 次

商周指定服役制度研究

盧中陽　著

作者簡介

盧中陽（1981～），吉林四平人，陝西師範大學歷史文化學院教師。師從著名歷史學家趙世超教授，曾跟隨北京大學朱鳳瀚教授和雲南大學的何明教授做過訪問學者。主要研究方向是先秦史和民族學。共發表《商代王畿千里駁議》、《民族志資料所見指定服役制度研究》、《先秦河神人格化的演進》、《關於『盟』字在構形上的爭論及其新探》、《西周時期盟誓的制度化》、《由服役到官職：中國古代職官起源的新認識》、《再論貢、助、徹：孟子的理想與現實》和《從清華簡〈楚居〉多郢看先秦時期的異地同名現象》等論文十餘篇。

提　　要

　　指定服役制度是人類早期國家階段的特殊產物，是指建立在超經濟強制基礎之上，分工具體、指定某部分人專服某役，且世代相傳、長期不變的服役形式。具有整體性、固定性、強制性、多樣和複雜性等特點。指定服役制度廣泛見於我國的商周時期。在商代，內外服本是指在「商」之內外服勞役，外服的侯、甸、男、衛、犬、牧與內服的亞、射、戍、馬、百工、宁等，最初都是指定服役。青銅器族徽作為區分家族的標誌，其表現形式亦與指定服役制度有密切關係。西周時期，無論是王國分配給諸侯國的職事，王國及各諸侯國內部的農業勞役、手工業勞役、軍事勞役、文化宗教類勞役和雜役，還是國、野之間通過征服或歸服建立起來的服役關係中，同樣存在指定服役的現象。春秋時期，指定服役制度逐漸解體，但是在王國和諸侯國之間，王國與諸侯國的內部及國野之間，在一定程度上仍有存留。戰國時期，社會發生了巨大變革，地緣關係、商品經濟和國家授田制度等開始出現，這些社會巨變促進了指定服役制度的解體，在這一過程中，以稅、賦、役為主要形式的新剝削體系逐漸確立。研究指定服役制度對我們探索中國早期國家階段的剝削形式具有重要意義，同時提供了從剝削產生和發展的角度探索國家起源的新思路。

目

次

第 1 章　緒　論

1.1　指定服役制度問題的提出及研究現狀

　　關於指定服役制度的前期研究，大體經歷了兩個階段：

　　第一階段是指定服役制度理念的提出。指定服役制度是徐中舒先生自抗日戰爭時期起，主動借鑒民族材料，針對商代外服制提出來的新見解。1955年他在《試論周代田制及其社會性質》中，提出殷代的上層建築據《尚書·酒誥》有內服、外服之分，內服是王朝官吏，在王朝內服役。外服侯、甸、男、衛是四種指定服役制〔註1〕。1957年他在《論西周是封建制社會》中，進一步認為：「內服在王朝內部服役，外服在王朝外服役。所有的內服、外服，都為大奴隸主——殷王服役」〔註2〕。1960年他在《巴蜀文化緒論》中，重申：「殷代奴隸主對於部族的統治，採取的是指定服役制」〔註3〕。1982年徐先生與唐嘉弘先生合寫的《論殷周的外服制》一文中，再次指出：「殷代侯、甸（田）、男、衛四服，對於被統治的勞動生產者來說，是沒有個人意志和選擇的指定服役制的奴隸制」，並認為：「四服制不僅是一種政治方式，也是一種社會經濟方式」〔註4〕。1985年唐嘉弘先生在《試論夏商周三

〔註1〕　徐中舒：《試論周代田制及其社會性質——並批判胡適井田辨觀點和方法的錯誤》，《四川大學學報》（哲學社會科學版）1955年第2期。

〔註2〕　徐中舒：《論西周是封建制社會——兼論殷代社會性質》，《歷史研究》1957年第5期。

〔註3〕　徐中舒：《巴蜀文化緒論》，《四川大學學報》（哲學社會科學版）1960年第1期。

〔註4〕　徐中舒、唐嘉弘：《論殷周的外服制——關於中國奴隸制和封建制分期的問題》，《人文雜誌》（增刊）1982年5月。

代帝王的稱號及其國家政體》中，結合民族學資料論證了指定服役制度在原始社會末期直到封建社會均可產生，帶有一定的普遍性和共通性〔註5〕。2003年周書燦先生在《殷代外服制探討》中也曾引述「商代的外服制實質上就是一種頗為典型的指定服役的奴隸制」的觀點〔註6〕。

第二階段是把指定服役制度上升到制度史的層面。1999年趙世超先生在《指定服役制度略述》中，對指定服役制度的定義，先秦時期的指定服役現象，及其產生和存在的原因等，進行了開拓性研究，使指定服役制度第一次提升到了制度史的層面〔註7〕。其後，2009年羅華柱在其碩士論文《指定服役制度的興衰》中，對指定服役制度存在的原因，夏、商、周的指定服役現象，以及指定服役制度的衰落，也進行了一些探討〔註8〕。

前輩學者和同仁們對此問題的論述，為我們繼續研究奠定了基礎：

首先，提出了指定服役制度的理念。徐中舒先生針對商代外服制提出了指定服役的構想。唐嘉弘先生結合民族材料，指出了指定服役制度的普遍性和共通性。趙世超先生率先把指定服役制度上升到制度史的層面。從此指定服役制度便在中國經濟制度史上有了一席之地，並逐漸引起學術界的關注。

其次，對指定服役制度的認識逐漸深入。趙世超先生結合民族資料對指定服役制度的內涵作出歸納，把分工具體、指定某部分人專服某役，且世代相傳、長期不變的服役形式，稱為指定服役制度。他指出，商代的內、外服帶有指定服役的性質是十分清楚的，西周實行分封，王朝對各國的剝削，已非指定服役所能概括，指定服役制度的解體應在春秋時期。並認為指定服役制度是早期國家階段的特殊產物，與早期國家階段國土相對狹小、血緣關係仍然強固以及社會分工不發達有著密切關係。

再次，基本上確立了指定服役制度的研究方法。徐中舒、唐嘉弘和趙世超等先生對此問題的研究有一個共同的特點，就是重視文獻、考古、古文字和民族資料在論證過程中的有機結合，並強調民族資料在研究中的特殊重要

〔註5〕 唐嘉弘：《試論夏商周三代帝王的稱號及其國家政體》，《歷史研究》1985年第6期。

〔註6〕 周書燦：《殷代外服制探討》，《河北大學學報》（哲學社會科學版）2003年第2期。

〔註7〕 趙世超：《指定服役制度略述》，《陝西師大大學學報》（哲學社會科學版）1999年第3期。

〔註8〕 羅華柱：《指定服役制度的興衰》，陝西師範大學碩士學位論文，2009年。

性。能否將四者運用得恰到好處，是決定論文成功與否的關鍵。

同時前期研究也存在一定的缺陷：

一是缺乏全面深入的研究。徐中舒和唐嘉弘先生主要圍繞商代的外服制進行探討，目的是爲了說明商代奴隸制的特點。趙世超先生將其上升到制度史的層面，提綱挈領地勾畫了指定服役制度的發展藍圖。關於指定服役制度的起源和特點，以及指定服役制度研究的意義等，並沒有論及。對指定服役制度產生和存在的原因等，也沒有全面展開論述。所以，上述問題還有待進一步探討和深入挖掘。

二是對資料的掌握不夠全面。有關指定服役的資料散見於先秦典籍、出土文字資料、考古資料和國內、外的民族資料當中。前期研究並未進行過全面地搜集和整理，而對資料進行整體把握，是我們得出科學結論的前提。

三是對指定服役制度在中國乃至世界古代歷史上的地位和影響認識不夠。指定服役制度在人類歷史上普遍存在，無論是中國的先秦社會，遼代的部族，明清西南地區土司的統治。還是南美秘魯的印加帝國，非洲班湖地區的部落酋長國，日本大和國時期的部民制等，都可以發現指定服役的現象。那麼，這種制度在人類歷史上具有怎樣的地位和影響？學術界對此問題的認識和重視程度還很不夠。

總之，前期關於指定服役制度的研究帶有開創性，但遠未完善，我們將在前人成果的基礎上，對指定服役制度進行系統研究。

1.2　指定服役制度的特徵

指定服役制度是徐中舒先生借鑒民族資料，針對商代外服制提出來的〔註9〕，趙世超先生將其定義爲：「分工具體、指定某部分人專服某役，且世代相傳、長期不變的服役形式」〔註10〕。這種分工詳細，並且世代相傳地具體落實到某部分人的勞役形式，在中國民族調查材料、古代歷史記載以及國外民族資料中廣泛存在。

民族調查材料的啓示。民主改革前，雲南西雙版納傣族土司將其統治下

〔註9〕　徐中舒：《試論周代田制及其社會性質——並批判胡適井田辨觀點和方法的錯誤》，《四川大學學報》（哲學社會科學版）1955 年第 2 期。
〔註10〕　趙世超：《指定服役制度略述》，《陝西師範大學學報》（哲學社會科學版）1999年第 3 期。

的人口分爲三類：「傣勐」、「滾很召」和「召莊」〔註11〕。「傣勐」主要以村寨爲單位無償代耕土司的私莊，其中「納曼別」（「納」起頭的爲田名，下同），由曼別（「曼」字起頭爲村名，下同）耕種；「納曼共」，由曼共、曼莊嘿、曼景蚌和曼儂楓耕種；「納笙哄」，由畫儂楓耕種；「納依俄」，由曼暖耕種；「納曼眞」，由曼眞耕種；「納昌勐少勐」，由曼莊嘿耕種〔註12〕。「滾很召」則主要爲土司提供家內勞役，每個村寨固定負擔一至二項，從炒菜、做飯、搖扇、掌燈、送洗臉水、飼象、養馬、榨糖、熬鹽、織布、紡紗、製作金銀首飾與兵器，到提繡鞋、牽筒裙，以至守靈、哭喪等，各種勞役都由專門村寨負責〔註13〕。「召莊」主要是爲土司擔任警衛〔註14〕。在雲南耿馬傣族佤族自治縣，民主改革前，拉祜族是傣族的「滾很召」等級，他們也是以村寨爲單位負擔各種專業勞役，如上弄抗、班長山村負擔舂碓勞役；曼福村負擔清除糞便勞役；賀四溝、小平掌、滿落山村負擔投遞通訊勞役〔註15〕。位於雲南瀘水縣六庫區的白族，在土司統治時期，由土司指定專服某項勞役，如三家、辣子羅兩村負責爲土司抬滑杆；新村和來摩村負責舂粑粑；山瓦姑寨負責做豆腐；禾木坪村負責挖山藥；三岔河村負責削筷子〔註16〕。在雲南武定縣萬德區，在土司統治下，轄區屬於外四甲的 5 個彝族村寨專供土司役使，支臥村和泥拉溝村每年分別爲土司家舂米六個月；羅紀戛村負責爲土司及其家人出遠門時抬轎；甲臘溝村和萬宗鋪村在土司家死人時每村派一人守靈堂〔註17〕。據《麗江府志》記載，十六世紀麗江土司木德、木高統治期間，被稱爲「四山野夷」的各村寨，除交納錢糧賦稅外，還需要分別承擔木土司的馬匹、糧草、麻布、肉食、竹篾器等數十種實物貢納，以及抬轎、牽馬、推

〔註11〕 馬曜、繆鸞和：《西雙版納份地制與西周井田制比較研究》，昆明：雲南人民出版社，2001 年，徐中舒序。

〔註12〕 馬曜、繆鸞和：《西雙版納份地制與西周井田制比較研究》，昆明：雲南人民出版社，2001 年，第 272 頁。

〔註13〕 《傣族簡史》編寫組：《傣族簡史》，昆明：雲南人民出版社，1985 年，第 163 頁。

〔註14〕 《傣族簡史》編寫組：《傣族簡史》，昆明：雲南人民出版社，1985 年，第 174 ～177 頁。

〔註15〕 《拉祜族簡史》編寫組：《拉祜族簡史》（修訂本），北京：民族出版社，2008 年，第 63 頁。

〔註16〕 《民族問題五種叢書》雲南省編輯委員會：《白族社會歷史調查》，昆明：雲南人民出版社，1983 年，第 109 頁。

〔註17〕 雲南省編寫組：《雲南彝族社會歷史調查》，昆明：雲南人民出版社，1986 年，第 13～14 頁。

磨、養豬、修建、運料等各種伕役雜派〔註18〕。在一些民族和地區，農民所耕種的田也與其所服的勞役相連，如廣西壯族在土司統治時期，農民耕種的田根據所負擔伕役不同，被劃分爲「禁卒田」、「仵作田」、「吹手田」、「鼓手田」、「畫匠田」、「裱匠田」、「柴薪田」、「馬草田」、「花樓田」、「針線田」等，以至管溝、管廁，無不有田，種哪種田就要服哪種勞役〔註19〕。貴州的仡佬族在土司統治下，也要爲土司或頭人服某種特定勞役，領種的田也以其所服的勞役命名，如領種「柴火田」，要負責土司全年的柴火供應；領種「雞田」，要負責供應土司年節喜慶所用的家禽；領種「被窩田」，則專門爲土司娶媳嫁女時背被子；領種「客田」，須負責供給收租催糧者的食用；領種「豬草田」，要供應土司家庭養豬的飼料〔註20〕。貴州境內的苗族在土司統治下，農民的田分爲「兵田」、「伙夫田」、「挑水田」、「馬料田」、「針線田」、「柴火田」等不下數十種，種什麼田就要承擔什麼勞役，種「兵田」必須出人到土司衙門去當兵，種「伙夫田」、「挑水田」必須出人給土司家煮飯和挑水。如思州田氏宣慰使的屬民，種「馬院洞」的土地，要出勞力爲田氏養馬；種「鷂坪洞」的土地，要出勞力爲田氏養鷹，供其遊獵使用〔註21〕。居住在貴州境內的水族，在明代爛土司統治下，有所謂「伕田」、「鼓手田」、「筷子田」等繁多的名目，種某項田的農民，即向土司負擔某種差役或繳納某種實物，如種「伕田」的農民，在土司外出時必須爲其抬轎；種「鼓手田」的農民，在土司外出或其家有婚喪慶典時必須爲其鼓吹慶賀〔註22〕。貴州布依族在岑氏土司統治時期，土官授與服夫役的農民勞役田，產品歸耕種者所有，但必須負擔與其田名相應的勞役，這些田分爲火伕田、割路田、舂米田、柴火田、小菜田、摩公田等，名目繁多，不一而足〔註23〕。此外，還有以「旗」爲服

〔註18〕 《傈僳族簡史》編寫組：《傈僳族簡史》，昆明：雲南人民出版社，1983 年，第 16 頁。

〔註19〕 《壯族簡史》編寫組：《壯族簡史》（修訂本），北京：民族出版社，2008 年，第 52 頁。

〔註20〕 《仡佬族簡史》編寫組：《仡佬族簡史》，貴陽：貴州民族出版社，1989 年，第 57 頁。

〔註21〕 《苗族簡史》編寫組：《苗族簡史》（修訂本），北京：民族出版社，2008 年，第 87 頁。

〔註22〕 《水族簡史》編寫組：《水族簡史》（修訂本），北京：民族出版社，2008 年，第 30～31 頁。

〔註23〕 《布依族簡史》編寫組：《布依族簡史》（修訂本），北京：民族出版社，2008 年，第 71 頁。

役單位，如湖南土家族在永順土司統治之下，在軍政合一的「旗」制之外，還設置爲土司衙署守衛的「戍」旗；爲土司狩獵役使的「獵」旗；爲土司及其親屬營造各種金銀首飾、器皿的「鑲」旗；經營土司花園的「苗」旗；專事碾米的「米房」旗；供土司舉辦婚喪、節慶等紅白喜事役使的「吹鼓手六旗」；以及陪同土司外出聽從差遣的「伴當七旗」，等等〔註24〕。總之，各種勞役都是由專門的人群負責。

古代歷史記載的印證。據《史記·秦本紀》記載，西周時期秦的先祖非子，「好馬及畜，善養息之」，周孝王使「主馬於汧、渭之間」，於是「馬大蕃息」，可見秦族是負責爲周王養馬的部族。《後漢書·南蠻西南夷傳》曾說，東漢永平年間，益州刺史梁國朱輔，好立功名，威懷遠夷，使汶山以西的群蠻臣服，「舉種奉貢，稱爲臣僕」，「舉種奉貢」，就是以族爲單位向漢朝貢納物品。《周書·異域傳下》和《北史·突厥鐵勒傳》記載，突厥臣服柔然（也稱蠕蠕或茹茹）後，專門爲其負責打鐵勞役，是柔然的專職鐵工。《宋史·蠻夷傳二》，稱宋代武岡軍因「湖南盜起，征斂百出，義保無復舊制，困苦不勝，乃舉其世業，客依蠻峒，聽其傜役」，「舉其世業」和「聽其傜役」，就是按家族世代從事的職業爲當地夷蠻之人服勞役。在遼代，據《遼史·營衛志》記載：「有遼始大，設制尤密。居有宮衛，謂之斡魯朵；出有行營，謂之捺缽；分鎮邊圉，謂之部族」。這種「宮衛」、「行營」和「分鎮邊圉」等活動，大抵也是採取指定服役形式來實現的。在遼朝「斡魯朵」州縣下，各個聚落都是「宮主」們的私人小莊園。在今赤峰地區發現的《黑山崇善碑題名》的碑文上刻有許多地名，如「營作寨」、「長作寨」、「窯坊寨」、「中作寨」、「教坊寨」、「果園寨」、「糧穀務」、「柿作務」、「下麥務」、「上麥務」、「西麥務」等〔註25〕。據張國慶先生研究，這些聚落因爲長期爲各「斡魯朵」宮主提供專門的日常生活所需，從而成爲了以所服勞役命名的專名聚落〔註26〕。清代在滿族入關前，負責貴族日常生活的主要是「包衣」，「包衣」是「包衣人」的簡稱，意思是家裏的人〔註27〕。「包衣」也是以專門的人戶爲滿族貴族負擔各種勞役

〔註24〕《土家族簡史》編寫組：《土家族簡史》，長沙：湖南人民出版社，1986年，第83～84頁。

〔註25〕向南：《遼代石刻文編》，石家莊：河北教育出版社，1995年，第716～722頁。

〔註26〕張國慶：《遼代社會基層組織及其功能考探——遼代鄉村社會史研究之一》，《中國史研究》2002年第2期。

〔註27〕祁美芹：《清代內務府》，北京：中國人民大學出版社，1998年，第29頁。

的，據《滿文老檔》記載，「包衣」中有園戶負責送瓜果，如「園戶送瓜及櫻桃前來」〔註 28〕；有魚戶負責送魚，如「汗之包衣魚戶韓楚哈、顧納欽、羅多里、阿哈岱等」〔註 29〕；還有負責養豬、刺繡等事務之人，如天命七年（1622）正月，努爾哈赤將「遼東所獲養豬之漢人及繡匠等有用之漢人，收入辛者庫牛錄（身份地位最低下的包衣牛錄）新獲之五百丁中」〔註 30〕。這些「包衣」的勞役久而久之就變成了固定差苛，如河北青龍縣肖營子，原屬清代正白旗漢軍「包衣」後裔，清統治者把他們遷來此地墾獵，因其地盛產野雞，每年捕獵一些野雞向北京皇宮進貢，日久就變爲「野雞差」〔註 31〕；沿松花江流域居住的錫伯族，他們是從京城遣回的王公府「包衣」，受清宮總管內務府直接管轄，他們住在伯都訥、前郭爾羅斯錫伯屯等地，每年冬季向清朝皇帝和王公進貢鰉魚，因此被稱爲「支鰉魚差」〔註 32〕。此外，古代帝王陵墓也存在著一些爲帝王死後服務的專門人群，如今天陝西渭南市的蒲城縣，原名叫奉先，奉先是「侍奉先人」的意思。唐睿宗李旦的橋陵就在這裏，以前奉先縣城全城都爲橋陵服務，至今陵墓周邊的村落名稱，依然與其歷史上提供過的勞役有關，如栓馬村負責爲祭陵官員栓馬；墊蓋王家村專門爲祭陵製作下跪用的墊子；管門村負責管理陵區大門等〔註 33〕。元代成吉思汗死後，他的幼子拖雷從效忠大蒙古國的部落中精選出一千餘人，交由博斡兒出統領，命其守衛和祭祀成吉思汗的靈帳，這支部隊享有「不服兵役，不納賦稅」的特權。這些守陵人中，有的負責主持祭祀；有的負責籌備祭祀；有的負責演奏音樂；有的負責唱誦，等等，各司其職，並且世代相傳。這部分專司爲成吉思汗守陵與祭祀的人，有一個專有名稱叫「達爾扈特」，翻譯成漢語就是「擔負神聖使命者」〔註 34〕。

〔註 28〕 中國第一歷史檔案館、中國社會科學院歷史研究所譯注：《滿文老檔》，北京：中華書局，1990 年，第 203 頁。

〔註 29〕 中國第一歷史檔案館、中國社會科學院歷史研究所譯注：《滿文老檔》，北京：中華書局，1990 年，第 205 頁。

〔註 30〕 中國第一歷史檔案館、中國社會科學院歷史研究所譯注：《滿文老檔》，北京：中華書局，1990 年，第 292 頁。

〔註 31〕 《民族問題五種叢書》遼寧省編輯委員會：《滿族社會歷史調查》，瀋陽：遼寧人民出版社，1985 年，第 226～227 頁。

〔註 32〕 《錫伯族簡史》編寫組：《錫伯族簡史》，北京：民族出版社，1987 年，第 93 頁。

〔註 33〕 《神秘古國》創作組編著：《打開千年古墓》，長春：吉林文史出版社，2008 年，第 118 頁。

〔註 34〕 林薇：《成吉思汗的守陵人》，《華夏地理》2007 年第 8 期。

　　國外民族資料的輔證。在印度南部尼爾吉里山（Nilgiri Hills）上，居住著五個部落，他們分別是圖達人（Todas）、巴達格人（Badagas）、柯達人（Kotas）、庫里巴人（Kurumbas）和依魯那人（Irulas）。圖達人由於是這塊土地最早的主人，其他四個部落就要爲圖達人服一定勞役，如巴達格人每年都要付給圖達人一定的貢穀；柯達人爲圖達人製造樂器和宗教法器；庫魯巴人和依魯那人則供納一些林產品。圖達人內部分爲塔舍部（Tarther division）和特維里部（Teivali division）兩個半族，塔舍部地位較高，佔有全部高級的聖牛和奶房，特維里部則充當供養照料聖牛的製乳人〔註35〕。在南美洲的印加帝國時期，國家採取柯威（Corvee）原則，即用徭役的方式徵稅〔註36〕，印加王外出巡視時，抬轎子的人專門由兩個城市提供〔註37〕；國王死後由指定的詩人和歌手來讚頌其功績〔註38〕；不同省份還提供專門適合從事各種不同工作的人員，一個地區提供最善於採礦的人，另一地區則提供最精巧的金屬工匠或木匠〔註39〕。在非洲東部維多利亞湖西北，有一個名叫布幹達（Buganda）的土邦，現爲烏干達的一個省。幹達人分成三十六個外婚的圖騰氏族，國家事務都明確分配給各個氏族，如猴氏族世襲負責守衛王陵；國王的警衛來自鼠氏族；肩夫來自水牛氏族；守門人來自田菌氏族；鼓手來自河馬氏族；獺氏族要爲國王選擇一個妻子〔註40〕。此外，國王莊園裏的各種任務，也由專門的氏族世代相傳承擔，如猴氏族要供應王室用的牛油、陶器和御井看守人等〔註41〕。在日本的大和國時期，部民制是當時國家的經濟基礎。據《日本書紀》記載，至大化改新前，大和朝廷已有一百八十多個部〔註42〕。這一百八十多個部，既包括爲祭主贊辭的祝部，灼燒龜

〔註35〕〔美〕喬治・彼得・穆達克著：《我們當代的原始民族》，童恩正譯，成都：四川省民族研究所，1980年，第73～76頁。

〔註36〕〔美〕喬治・彼得・穆達克著：《我們當代的原始民族》，童恩正譯，成都：四川省民族研究所，1980年，第268～269頁。

〔註37〕〔美〕普雷斯科特著：《秘魯征服史》，周葉謙等譯，北京：商務印書館，1996年，第43頁。

〔註38〕〔美〕普雷斯科特著：《秘魯征服史》，周葉謙等譯，北京：商務印書館，1996年，第47頁。

〔註39〕〔美〕普雷斯科特著：《秘魯征服史》，周葉謙等譯，北京：商務印書館，1996年，第62～63頁。

〔註40〕〔美〕喬治・彼得・穆達克著：《我們當代的原始民族》，童恩正譯，成都：四川省民族研究所，1980年，第334頁。

〔註41〕〔美〕喬治・彼得・穆達克著：《我們當代的原始民族》，童恩正譯，成都：四川省民族研究所，1980年，第337頁。

〔註42〕《日本書紀》推古紀二十八年，聖德太子與蘇我馬子共同商議「錄天皇記及

甲占卜吉凶的卜部，在天皇周圍記言記事和傳達四方之志的史部，掌管國家財政的藏部，專門對罪犯實施各種刑罰的神刑部，掌管爭訟之事的解部等從事朝廷各種政務的部；又包括為皇室供膳的膳部，供水的水部，負責乘輦的車持部以及提供娛樂的笛吹部、犬養部、鳥養部等專門服侍天皇和貴族日常生活的部；也包括看守宮門的門部，充當天皇親衛軍的靭負部、大刀佩部等在宮廷內、外擔任侍從和守衛的部；亦包括釀酒的酒部，加工衣料和服裝的服部、錦部、衣縫部、狛染部，生產祭祀用品的鏡作部、玉作部，生產武器的弓削部、矢作部、盾部，生產陶器的陶部、土師部、泥部等從事某種專業生產的部；還包括在屯倉、田莊中從事耕作的田部、部曲〔註43〕，等等。總之，從管理國務，到供養皇室、貴族的生活；從佐政理財，到祭祀裁判；從供膳縫衣，到吹笛養鳥。事無巨細，皆有部為之。這些部民被統治者以集團的形式組織起來，分別從屬於天皇或貴族，並從事某一固定的職業。

這種指定某部分人專服某役的服役形式一般具有如下幾個特點：

一是整體性。如四川涼山彝族在利利土司統治下，以「家支」為單位承擔各種勞役，如海烈家、莫色家負責為土司推磨；阿侯家負責釀酒；蘇呷家負責製氈衣；恩扎家負責放牛放羊；甘家畢莫負責作帛送鬼；烏拋家每年貢十條牛、十套弓箭；普陀馬家負責剪羊毛；阿爾馬家負責為土司家撐屋裏的柱子；阿爾家負責調解糾紛〔註44〕。「家支」一詞是「家」和「支」的總稱，是指出自一個共同的男性祖先，具有同一名稱，並以血緣關係作為紐帶而緊密結合而成的親族團體〔註45〕。雲南西雙版納傣族土司對「傣勐」和「滾很召」的剝削，是以村寨為單位攤派各種勞役，在村寨內部則實行一種「黑召制度」，即將勞役分為「甘召」（對各級土司的勞役）、「甘勐」（全勐性地方公共勞役）和「甘曼」（村社內部公共勞役）等幾類，並按勞役時間分為一夜、一天、三天、五天、半月、一月六種，再依據勞役的性質（戰時、平時、農閒、農忙）伸縮調整，然後在村社內組成幾個循環圈，由農民依次輪流負

國記、臣連伴造國造百八十部並公民等本記」；《日本書紀》孝德紀即位前紀，記載「百官臣連國造伴造百八十部，羅列匝拜」。
〔註43〕〔日〕井上清：《日本歷史》（上冊），天津：天津人民出版社，1976年，第37～40頁；李卓：《部、部民及其區別》，《日本論壇》1986年第2期。
〔註44〕《彝族簡史》編寫組：《彝族簡史》，昆明：雲南人民出版社，1987年，第140～141頁。
〔註45〕何耀華：《論涼山彝族的家支制度》，《中國社會科學》1981年第2期。

擔，以達到平均負擔的目的〔註46〕。傣語說：「米納綴幹嘿，米維綴幹把」，即「有田平分種，有負擔共同出」的意思〔註47〕。據研究，更早的時候，傣族則是以「火很」為單位出負擔和服勞役，「火很」意為大房子或大家住的房子，亦即古代家族公社的住處。傣族土司還將西雙版納山區居住的哈尼、布朗等十幾個少數民族，劃分為十二個區域，傣語稱為「卡西雙火圈」。「卡」是奴隸的意思，「西雙」是十二，「火圈」與「版納」一樣，都是負擔勞役的單位〔註48〕。雲南滄源縣佤族在清代孟董傣族土千總管轄下，土司以佤族「戈恩」為基礎劃分為十八個圈，並向各圈征派勞役。其中帕丘、拉勐、控角和來丁四圈負擔蓋房、運輸等勞役，帕來、和林、糯良、曼來、帕良、曼行、海別、廣灑、廣弄、班良、班烏、曼莫、廣龍、曼庫、寬甸等十三圈負擔兵役〔註49〕。雲南德宏州景頗族在土司統治時期，也以景頗族固有的家族進行整體剝削，直接統治景頗族人民的依然是本族的山官〔註50〕。1949 年以前，在我國東北地區鄂倫春族社會中，仍然廣泛存在著具有村社性質的「烏力楞」，它既是生產單位，也是消費單位，生產資料和生活資料都歸「烏力楞」集體所有〔註51〕。鄂倫春人向清朝政府貢納的貂皮，也以「烏力楞」為單位供給。由此可見，勞役攤派是針對集團整體而不是個人，這和後來按照編戶齊民進行剝削是不一樣的。

二是固定性。如民主改革前，西雙版納傣族「召片領」的各種勞役都由各村寨世代承襲，恒久不變。1954 年關門節時，曼養里農民還自動到宣慰街「吹號」，經過勸說才被辭退回去〔註52〕，足見固定服役思想之牢固。在少數

〔註46〕 《傣族簡史》編寫組：《傣族簡史》，昆明：雲南人民出版社，1985 年，第 165 頁。

〔註47〕 《民族問題五種叢書》雲南省編輯委員會編：《傣族社會歷史調查》（西雙版納之二），昆明：雲南民族出版社，1983 年，第 4 頁。

〔註48〕 《傣族簡史》編寫組：《傣族簡史》，昆明：雲南人民出版社，1985 年，第 184 ～185 頁。

〔註49〕 宋恩常：《滄源佤族社會封建因素的產生》，《雲南少數民族研究文集》，昆明：雲南人民出版社，1986 年，第 230 頁。

〔註50〕 《景頗族簡史》編寫組：《景頗族簡史》（修訂本），北京：民族出版社，2008 年，第 70 頁。

〔註51〕 《鄂倫春族簡史》編寫組編：《鄂倫春族簡史》（修訂本），北京：民族出版社，2008 年，第 27～33 頁。

〔註52〕 民族問題五種叢書雲南省編輯委員會編：《傣族社會歷史調查》（西雙版納之二），昆明：雲南民族出版社，1983 年，第 16 頁。

民族中，不少寨子因爲世代專服一役，致使寨名與所服的勞役相連，如阿昌族在南甸土司統治下，勐科寨固定爲「馬伕寨」，凡土司外出必須由該村人負責抬轎；丙蓋、丙崗是「伙夫村」，凡土司家有事均由該二村負責煮飯；弄坵、關璋爲「胭粉莊」，凡土司家小姐、夫人的胭粉均由該二村供應；還有馬脖子寨爲「吹大號寨」，荒田寨爲「送柴村」，那亂寨是「洗菜莊」，瓦窰寨、老新寨是「割馬草寨」，小新寨是「送芭蕉寨」，新城寨是「吹嗩吶寨」，灣中寨是「祭樹神寨」等〔註53〕。彝族在土司轄區內，專爲土司從事某一種特定勞役的各種「奴僕村」，也以舂米、燒飯、砍柴、抬轎等不同的勞役名稱作爲村名〔註54〕。貴州松桃縣的仡佬族，曾專爲土司負擔搬板凳、看水田等勞役，至今那裏的仡佬族仍被沿用舊習之人視爲搬板凳、看水田者的子孫〔註55〕。還有沿松花江流域錫伯族的「支鰉魚差」〔註56〕，河北青龍縣肖營子的「野雞差」等〔註57〕，都是某部分人世代從事某項勞役從而形成的固定差苛。此外，在有些民族中，爲了維護指定勞役的正常進行，對不同等級和職事之間的通婚也有嚴格規定。在西雙版納，土司爲了維持統治和保證剝削收入，便要求統治下的人口在本等級內部通婚，規定「傣勐」等級只能與「傣勐」等級通婚，「滾很召」等級只能與「滾很召」等級通婚。對負擔不同職事的人群間的通婚也有嚴格的規定，如「召片領」曾明令禁止孟麻（負責養馬）等級的男子與非孟麻等級的女子通婚，如果孟麻等級的男子到非孟麻等級的村舍從妻居，則會導致無人爲「召片領」管馬〔註58〕。以上這些例子都說明這種勞役形式具有固定性，輕易是不會調整的。

三是強制性。指定服役從根本上說是一種超經濟強制〔註59〕，如在西

〔註53〕《阿昌族簡史》編寫組：《阿昌族簡史》，昆明：雲南人民出版社，1986年，第69頁。

〔註54〕《彝族簡史》編寫組：《彝族簡史》，昆明：雲南人民出版社，1987年，第157頁。

〔註55〕《仡佬族簡史》編寫組：《仡佬族簡史》，貴陽：貴州民族出版社，1989年，第56頁。

〔註56〕《錫伯族簡史》編寫組：《錫伯族簡史》，北京：民族出版社，1987年，第93頁。

〔註57〕《民族問題五種叢書》遼寧省編輯委員會：《滿族社會歷史調查》，瀋陽：遼寧人民出版社，1985年，第226～227頁。

〔註58〕宋恩常：《西雙版納傣族的封建婚姻》，《雲南少數民族研究文集》，昆明：雲南人民出版社，1986年，第517頁。

〔註59〕「超經濟強制」是馬克思提出來的，本文所說的「超經濟強制」是指建立在

雙版納，馬曜先生研究傣族史後認爲，從歷史上看，大多數勐「召勐」（土司）統治的形成，都是在該勐被征服以後，由召片領把自己的宗室親信直接派到各勐作「召勐」，從而建立起來的一種統治與被統治、剝削與被剝削的關係〔註60〕。與此同時，對於山區被征服的哈尼、布朗、基諾等其他民族，也是以征服爲基礎的。據說西雙版納地區定居最早的民族是補角、布朗，其次是愛尼，傣族是最後來的，當時平壩裏已經住著布朗族和愛尼族。傣族征服了他們，所以傣族稱他們爲「卡」（奴隸），他們稱傣族的上層爲「波朗」，稱一般傣族的成年男女爲「依波」（我父）或「依咩」（我母）。在布朗族與愛尼族雜居的地方，愛尼族受布朗族管轄，愛尼族稱布朗族頭人爲「波藤」或「召藤」，即山主之意。他們都要向傣族交納貢賦，但愛尼族要交兩份，傣族波朗和布朗族波藤各得一份。在這裏形成了一種多層級的征服與被征服、統治與被統治的關係。14 世紀中葉，傣族繼拉祜族之後遷入了臨滄地區，傣族因爲與中央政府從征有功，相繼被朝廷授爲土舍、勐緬長官司等官職，成爲臨滄地區最大的土司。臨滄拉祜族部落首領曾多次舉兵反抗傣族土司統治，後兵敗遷徙到雙江、耿馬、滄源、瀾滄和孟連等地。上述地區拉祜族因屢受挫折，力量單薄，便集體淪爲所在地區傣族土司的隸屬民〔註61〕。日本的部民制，也產生於大和國家向外征服的過程中，一些歸順和被征服的部落，集體成爲王室或貴族的部民〔註62〕。所以從本質上來說，這種勞役形式是一種超經濟剝削〔註63〕，如雲南西雙版納基諾山上的基諾族，他們

軍事征服和武力威懾、家族內部的分工、宗教和巫術的力量等非經濟因素的基礎之上的建立起來的強制剝削關係。

〔註60〕 馬曜：《西雙版納傣族社會經濟調查總結報告》，民族問題五種叢書雲南省編輯委員會編：《傣族社會歷史調查（西雙版納之二）》，昆明：雲南民族出版社，1983 年。

〔註61〕 《拉祜族簡史》編寫組：《拉祜族簡史》（修訂本），北京：民族出版社，2008 年，第 23～24 頁。

〔註62〕 馬世力認爲：「所謂部民制，實際上是在征服過程中形成的一種體制」，見馬世力：《世界經濟史》，北京：高等教育出版社，2001 年，第 92 頁；吳廷璆認爲：「部民制產生於 4 世紀統一國家的征伐戰爭過程中」，見吳廷璆主編：《日本史》，天津：南開大學出版社，1994 年，第 33 頁；李卓也認爲部民制是「將征服的居民以集團的形式組織起來，從事某一固定的職業，分別從屬於天皇或貴族」，見李卓：《部、部民及其區別》，《日本論壇》1986 年第 2 期。

〔註63〕 本文所述的「超經濟剝削」是指不以土地的直接佔有爲基礎，即不以經濟爲杠杆，而且建立在軍事征服和武力威懾、家族內部的分工、宗教和巫術的力量等基礎之上超越經濟力量的剝削形式。

是山區土地的實際開發者，「召片領」對山區基諾族傳統土地的使用並不干預〔註64〕，但卻集體向「召片領」提供勞役。20世紀前後，怒江地區的傈僳族，土司對所管轄地區的統治方式仍保持著管民不管土的形式，所謂「管民不管土」，即土司只從政治上管轄當地農民，土司不佔有土地，土地表面上仍爲農民佔有〔註65〕。20世紀，瀾滄一部分拉祜族在三佛祖的統治下，用武力征服了西盟佤族，在這一地區劃分了四個「馬腳」（行政區劃單位），並派人分別進行管理，而有些地區的拉祜族群眾還要向佤族交納「地皮稅」〔註66〕，這條材料明確的說明了這種剝削關係的形成，並不是以對土地直接佔有爲前提的。在雲南西雙版納，民諺說：「增加戶口，頭人喜歡；增加寨子，召勐歡喜」，「增加寨子，召勐歡喜」，是說土司直接剝削的對象是村寨，村寨數量決定了土司剝削收入的高低。故而一般村寨都歡迎外來戶，認爲「多了一戶，飄起一點，少了一戶，沉下一點」〔註67〕。在西雙版納凡是「召片領」統治下的「人民」，都是「火丁給馬兵卡悶松板卡召，烹總喝先信兵瓦兔召納信」，意即每個人「頭腳落地是召的奴隸，億萬根頭髮都是召的財產」〔註68〕。這些材料說明，由某部分人專門負責的指定勞役並不是完全基於土地，即不以經濟爲槓杆，而是一種建立在軍事征服和軍事威懾等基礎之上的超經濟剝削。

四是多樣和複雜性。剝削的多樣性主要體現在剝削因統治者的直接需要而設，分工詳細具體，如雲南西雙版納「召片領」的全部生活，從衣食住行到生老病死都由村社「包幹」了〔註69〕，「滾很召」等級的各種專業勞役，在景洪地區瞭解到的即有106種之多〔註70〕。廣西侗族在土司統治時期，管

〔註64〕 《基諾族簡史》編寫組：《基諾族簡史》（修訂本），北京：民族出版社，2008年，第83～84頁。

〔註65〕 《傈僳族簡史》編寫組：《傈僳族簡史》，昆明：雲南人民出版社，1983年，第56頁。

〔註66〕 《民族問題五種叢書》雲南省編輯委員會編：《佤族社會歷史調查》（一），昆明：雲南人民出版社，1983年，第9頁。

〔註67〕 《傣族簡史》編寫組：《傣族簡史》，昆明：雲南人民出版社，1985年，第152頁。

〔註68〕 民族問題五種叢書雲南省編輯委員會編：《傣族社會歷史調查》（西雙版納之二），昆明：雲南民族出版社，1983年，第1頁。

〔註69〕 民族問題五種叢書雲南省編輯委員會編：《傣族社會歷史調查》（西雙版納之二），昆明：雲南民族出版社，1983年，第17頁。

〔註70〕 《傣族簡史》編寫組：《傣族簡史》，昆明：雲南人民出版社，1985年，第163

廁、管溝等雜役達幾百種，項目多並且具體〔註71〕。貴州泗城府的布依族在
岑氏土司統治時期，凡燒飯、種菜、打柴、舂米、撐船擺渡、打掃道路等勞
役，均由種相關田地的農民擔負〔註72〕。居住在貴州境內的水族，在明代爛
土司統治下，凡土司家庭的一切靡費，都逐項攤派在農民身上，從雞、鴨、
棉花、柴草以至辣椒、蝦醬和吃飯用的筷子，都分別規定由各村寨農民定期
繳納〔註73〕。複雜性主要體現在根據控制程度和依附形式不同，導致了剝削
程度的差異，如在雲南西雙版納，「傣勐」是當地的土著，是建寨最早的人，
當地人普遍認為「先有傣勐後有官家」，「召的土地是傣勐開的」，因此「傣
勐」專門為土司負責種田勞役。「滾很召」階層因為是喪失土地和人身自由
而隸屬於土司的被統治集團，他們沒有土地，土地的獲得以承受負擔為前
提，當地人認為「滾很召」的「土地是召給的」，「先有召，後來才有滾很召」，
「召有吃的，滾很召也有吃的」，所以他們專門為土司承擔家內勞役，所承
擔的勞役也往往比「傣勐」重。而「召莊」是貴族的支裔，被稱為「官家的
親戚」或「官家的子孫」，故而他們常被免除一般負擔，專門為土司擔任警
衛〔註74〕。在「滾很召」等級中，有些原來是「召」的家奴；有些是犯罪的
人；有些是收容外地來投奔的人；有些是買來的奴隸；有些是被征服的少數
民族；有些是戰爭的俘虜；也有些則是由「傣勐」轉化而來的。他們由於身
份地位，佔有土地的多寡，負擔勞役的種類和先來後到等不同，被統治者劃
分為五種人：一是「領囡」，「召勐」的武裝；二是「冒宰」，「召勐」的炊事
員；三是「滾乃」，「召勐」的家奴；四是「郎目乃」，「召勐」的政治「隴達」；
五是「洪海」，主要服各種卑賤勞役〔註75〕。這些勞役不僅內容廣泛，而且
根據控制程度和依附形式的不同，在剝削程度上也有差異，所以我們說這種

頁。

〔註71〕全國人民代表大會民族委員會辦公室編：《廣西僮族自治區凌樂縣僮族社會歷
史情況調查（初稿）》，全國人民代表大會民族委員會辦公室，1958年，第10
頁。

〔註72〕貴州省編輯組：《布依族社會歷史調查》，貴陽：貴州民族出版社，1986年，
第45～56頁。

〔註73〕《水族簡史》編寫組：《水族簡史》（修訂本），北京：民族出版社，2008年，
第30～31頁。

〔註74〕《傣族簡史》編寫組：《傣族簡史》，昆明：雲南人民出版社，1985年，第174
～177頁。

〔註75〕民族問題五種叢書雲南省編輯委員會編：《傣族社會歷史調查》（西雙版納之
二），昆明：雲南民族出版社，1983年，第11～12頁。

勞役具有多樣和複雜性。

　　由上可知，指定服役制度是建立在超經濟強制的基礎之上，分工具體、指定某部分人專服某役，且世代相傳、長期不變的服役形式。具有整體性、固定性、強制性、多樣和複雜性等特點。簡單說來，判斷指定服役制度，一要有承擔勞役的群體，二要由這個群體固定負責。所以整體性和固定性也是判定指定服役制度的首要條件。這種勞役形式，從服役地點上說主要包括兩種，一是到統治者的住地服役，二是由於自然地理條件等原因必須在服役者的當地服役。後一種勞役形式從結果上看來，則表現爲由服役者提供一定的物品，如河北青龍縣肖營子負責的「野雞差」，沿松花江流域錫伯族的「支鰉魚差」，鄂倫春人負責向清朝政府貢納貂皮，阿昌族的弄垱、關璋兩寨爲「胭粉莊」，荒田寨爲「送柴村」，瓦窯寨、老新寨是「割馬草寨」，小新寨是「送芭蕉寨」，雲南瀘水縣六庫區白族的禾木坪村負責挖山藥等。但從本質上來說，它們也是由具體的勞役轉化而成，都屬於指定服役。

1.3　選題的意義和採用的研究方法

1.3.1　選題的意義

　　首先，有利於探索先秦時期的剝削形式。關於這一時期的剝削形式，古文獻中大體包含兩大體系：一是針對各級諸侯及附庸的「畿服」制度；二是針對實際生產者的「貢」、「助」、「徹」制度。

　　關於「畿服」制度，古文獻中說法不一，有「內、外服制」，「三服制」，「五服制」，「七服制」和「九服制」（詳見附錄一）。近代學者對此認識也各不相同，如金景芳先生認爲，《尚書・康誥》等篇和金文中所說的「侯甸男衛」是殷商的舊服，而《國語・周語上》之五服制是周人的新制〔註 76〕。楊寬先生在承認《國語・周語上》所述服制的基礎上，認爲「蠻夷」和「戎狄」分成「要服」和「荒服」是不確切的，應都屬於「荒服」的範圍〔註 77〕。而郭沫若先生則認爲，在大禹時代這種四方四正的五服制度不可能有，地上自有人類以來，無論任何民族都不曾有，《周官》所說的九畿只能是一種紙上的規模，周代並沒有那樣廣泛的疆域，周代彝銘中連「畿」字都還未見。五服和

〔註 76〕金景芳：《中國奴隸社會史》，上海：上海人民出版社，1983 年，第 124 頁。
〔註 77〕楊寬：《西周史》，上海：上海人民出版社，1999 年，第 453～454 頁。

九畿完全是東周以後的儒者所捏造〔註78〕。徐中舒先生認為,《國語・周語上》所謂的「先王之制」,並不是殷、周之制,它是春秋、戰國之際的觀念,已經不是本來的原意。至於《禹貢》所說的「五服」,《周禮・夏官》「職方氏」所說的「九服」,都是根據殷、周的「四服」和「五服」,而對古代歷史進行規範化和理想化的結果,它們出現的時間,當在《國語・周語》之後〔註79〕。可見,除了古文獻中關於服制記載混亂外,近代學者對此認識也是焦灼難同。

「貢」、「助」、「徹」制度是到《孟子》一書才被系統起來的,書中說:「夏后氏五十而貢,殷人七十而助,周人百畝而徹」。由於文中記載簡略,語焉不詳,所以後人對此的解釋也歧義百出,如徐中舒先生認為,「貢」是貢納,「助」是服役,「徹」是服一定限度的勞役。「貢」、「助」是適應於奴隸社會的制度,「徹」是適應於封建社會的制度〔註80〕。楊向奎先生認為,「貢」是公社向國王交納的貢賦,「助」是勞役地租,「徹」是實物地租,王畿鄉遂用「貢」,都鄙和邦國用「助」〔註81〕。王玉哲先生認為,「野」中實行「助」法,「國」中實行「徹」法,對於國中的自由民則實行「貢」法〔註82〕。可見,學者們對「貢」、「助」、「徹」所指的內容和適用範圍,同樣是各執己見,莫衷一是。

我們認為造成對先秦時期剝削形式認識方面混亂的原因,是由於古文獻記載中既存在理想的成分,又包含現實的因素,致使後人越是設法調停,反而越是增益其分歧。然而,我們在關於「畿服」和「貢」、「助」、「徹」的記載中,都可以找到指定服役的影子,所以研究指定服役制度有利於理清二者理想和現實的因素,還原歷史的本來面貌。

其次,有利於從剝削形式的角度探討國家起源和成熟的過程。國家起源是中國當前學術研究的重要課題,同時也是一個世界性的課題。目前研究國家起源主要有兩種傾向:一是喜歡套用西方的理論模式;二是認為中國國家

〔註78〕郭沫若:《中國古代社會研究》,北京:人民出版社,1964 年,第 234~237 頁。

〔註79〕徐中舒、唐嘉弘:《論殷周的外服制——關於中國奴隸制和封建制分期的問題》,《人文雜誌》(增刊) 1982 年 5 月。

〔註80〕徐中舒:《試論周代田制及其社會性質》,《四川大學學報》(哲學社會科學版) 1955 年第 2 期;徐中舒:《論西周是封建社會》,《歷史研究》1957 年第 5 期。

〔註81〕楊向奎:《試論先秦時代齊國的經濟制度》,《文史哲》1954 年第 11、12 期。

〔註82〕王玉哲:《兩周社會形態的探討》,《中國的奴隸制與封建制分期問題論文選集》,北京:三聯書店,1956 年。

起源具有特殊性，強調中國獨特的國家發展歷程。這兩種傾向固然各有其長處，但也都存在問題。

關於西方的理論模式，目前最流行的是酋邦和早期國家理論，且不說它們是否符合中國的實際，就理論模式本身而言就存在兩方面不足：

第一，不存在學術界公認的定義。有關酋邦的定義各家看法不相一致，斯圖爾德根據社會領導者的地位、利益和特權來確定是否為酋邦。奧伯格則以政治等級和領土的控制區分酋邦。塞維斯將酋邦定義為：「具有固定的中央協調機構的產品再分配的社會」。卡內羅主張：「酋邦是一種自治的政治單位，由若干村莊或公社所組成，並服從於一個最高酋長的固定統治」〔註 83〕。對於國家而言，也根本不存在為整個學術界所公認的國家定義，克賴森指出：「幾乎每位學者都會提出他（她）自己的國家定義，他的定義與別人的那些定義，不可避免地有這樣那樣的細微差別。當然，有一些定義代表著對問題近似的看法，因而這些定義的持有者被認為屬於同一學派。但是，要想歸納各派觀點而得出統一的國家定義事實上是不可能的」〔註 84〕。

第二，各種理論模式之間的界限並不明確。科迪指出酋邦與國家之間的區別較難分辨，特別是介於兩個類型或階段之間過渡型社會往往兼有低級階段的特點〔註 85〕。桑德斯和馬里諾認為：「最困難的問題，即在於識別酋邦與國家的界限」〔註 86〕。特里格將早期國家和複雜酋邦看作是可以互換的稱呼，並將二者統稱為早期文明社會〔註 87〕。由於這兩方面的問題，在國外對許多具體問題的認識上就存在一定差異，如關於夏威夷群島的統一政體，厄爾把它看作是一個超級酋邦，而塞維斯則認為這個超級酋邦已經可以看作是一個原始國家了〔註 88〕。對解決中國問題而言，張光直先生曾指出：「三代劃入酋邦或國家階段都存在一些矛盾」，「商代的資料提出了一些難題，讓人無法判

〔註 83〕童恩正：《人類與文化》，重慶：重慶出版社，1998 年，第 480 頁。

〔註 84〕H．J．M．克列遜（克賴森）、P．斯卡爾尼克：《關於早期國家的各種學說和假說》，中國世界古代史學會編：《古代世界城邦問題譯文集》，北京：時事出版社，1987 年，第 289 頁。

〔註 85〕陳淳：《文明與早期國家探源：中外理論、方法與研究之比較》，上海：上海書店出版社，2007 年，第 103 頁。

〔註 86〕童恩正：《人類與文化》，重慶：重慶出版社，1998 年，第 356 頁。

〔註 87〕陳淳：《文明與早期國家探源：中外理論、方法與研究之比較》，上海：上海書店出版社，2007 年，第 324～325 頁。

〔註 88〕陳淳：《文明與早期國家探源：中外理論、方法與研究之比較》，上海：上海書店出版社，2007 年，第 336 頁。

定它是酋邦還是國家」〔註89〕。關於中國獨特的發展歷程，日本學者宮崎市定提出氏族制度、城市國家（春秋時代）、領土國家（戰國時代）、古代帝國（秦漢）的發展形態〔註90〕；我國學者蘇秉琦先生提出古國（距今五千年前後）、方國（距今四千年前）、帝國（公元前兩千多年前）發展的三部曲〔註91〕；石興邦先生提出史前時代（公元前 3500 年以前）、原始時代（公元前 3500～公元前 2000）和文明時代（公元前 2100 以後三代時期）的發展階段〔註92〕；田昌五先生提出洪荒時代（從生物人到社會人的進化階段）、族邦時代（氏族社會到戰國）和封建帝制時代或帝國時代（從戰國開始至清朝滅亡爲止）的新構想〔註93〕；嚴文明先生提出了準備期（公元前 10000～3500 年）、走向文明（公元前 3500～公元前 2600）、初期文明（公元前 2600～公元前 2000）和成熟文明（約公元前 2000 年開始的青銅時代早期）的文明發展歷程〔註94〕；王震中先生提出邦國（龍山時代）、王國（三代時期）、帝國（秦漢以後）三種國家形態的演進〔註95〕。這些發展歷程，優點是更貼近中國歷史文獻記載，更容易爲中國學者所接受。但缺點也是顯著的，首先是各階段的區分標誌不夠明晰，如蘇秉琦先生將古國定義爲：「古國指高於部落以上的、穩定的、獨立的政治實體」，稱方國爲：「與古國是原始的國家相比，方國已是比較成熟、比較發達、高級的國家，夏商周都是方國之君」〔註96〕。王震中先生指出：「我們就不知道所謂『成熟』『發達』『高級』的標誌是什麼？這似乎也有點概念上的模糊和主觀隨意性」〔註97〕。而王震中先生認爲：「邦國較史前的『分層社會』其最顯著的區別是強制性權力機構的出現，而邦國與王國的區別則在

〔註89〕張光直：《中國青銅時代》，北京：三聯書店，1999 年，第 350～351 頁。

〔註90〕 〔日〕宮崎市定：《中國古代史概論》，中國科學院歷史研究所翻譯組編譯：《宮崎市定論文選集》，北京：商務印書館，1963 年，第 3～31 頁。

〔註91〕蘇秉琦：《中國文明起源新探》，北京：三聯書店，1999 年，第 130～156 頁。

〔註92〕石興邦：《中國文化與文明發展和形成史的考古學探討》，《中國考古學與歷史學之整合研究》（中央研究院歷史語言研究所會議論文集之四），1997 年，第 85～129 頁。

〔註93〕田昌五：《中國歷史發現體系的新構想》，《歷史研究》2000 年第 2 期。

〔註94〕嚴文明，《東亞文明的黎明——中國文明起源的探索》，《農業發生與農業文明》，北京：科學出版社，2000 年，第 139～142 頁。

〔註95〕王震中：《邦國、王國與帝國：先秦國家形態的演進》，《河南大學學報》（社會科學版）2003 年第 4 期。

〔註96〕蘇秉琦：《中國文明起源新探》，北京：三聯書店，1999 年，第 131、145 頁。

〔註97〕王震中：《邦國、王國與帝國：先秦國家形態的演進》，《河南大學學報》（社會科學版）2003 年第 4 期。

於有無王權的存在」〔註98〕，但是這種「強制性權力機構」和「王權」，仍很難做出明確的定性和區分。此外，氏族制度、城市國家、領土國家、古代帝國；史前時代、原始時代和文明時代；準備期、走向文明、初期文明和成熟文明等提法都在一定程度上存在標誌不明確的問題。二是過分強調中國國家起源的特殊性，而將中國置於普遍的歷史法則之外。當前國際學術界雖然沒有公認的國家概念，但並不意味著對國家的看法沒有共識。過分強調中國國家起源的特殊性，就使我們的研究很難與國際學術界接軌。

　　合理的方法是，既採用國際學術界關於國家概念達成的共識，又根據各國或各地區的特點，探索各自國家發展演變的過程。目前國際學術界關於國家的共同認識是國家代表一定的政府形式，如克賴森把國家定義爲「一個特定類型的社會政治組織形式」，並認爲國家包含三個要素，即一定數量的人口，一定範圍的領土，以及一個特定的政府形式。其中政府形式是國家的關鍵性特徵〔註99〕。恩格斯稱之爲公共權力，他在談到國家與氏族組織的兩點不同時，其中一點就是「公共權力的設立」〔註100〕。國外也有人稱此爲合法的暴力機構，如塞維斯認爲酋邦「沒有正式的、合法的暴力鎮壓工具」，而「國家制度化的約束手段就是使用暴力」〔註101〕。桑德斯和普萊斯都認爲：「國家階段的主要特徵是合法的暴力機構」〔註102〕。各家稱法不一，但都可以歸結爲一定的政府形式。這種政府形式既代表權力，又履行管理職能。權力主要是指對他人行爲起決定性影響作用的能力，管理職能則是對國家事務的處理〔註103〕。羅曼・赫爾佐克曾說過：「如果沒有一個對所有『國家公民』或者至少是對大多數國家公民都有好處的目的，那麼世界上的國家就都不過是一些巨大的盜匪團夥而已」〔註104〕。

　　在國家形成過程中，考察政府形式固然重要，弄清這種政府形式賴以存

〔註98〕 王震中：《邦國、王國與帝國：先秦國家形態的演進》，《河南大學學報》（社會科學版）2003 年第 4 期。

〔註99〕 邢穎：《早期國家的結構、發展與衰落》，《世界歷史》2006 年第 5 期。

〔註100〕 中共中央馬克思恩格斯列寧史達林著作編譯局編：《馬克思恩格斯選集》（第四卷），北京：人民出版社，1995 年，第 170～171 頁。

〔註101〕 易建平：《部落聯盟與酋邦——民族・專制・國家：起源問題比較研究》，北京：社會科學文獻出版社，2004 年，第 197 頁。

〔註102〕 張光直：《中國青銅時代》，北京：三聯書店，1999 年，第 350 頁。

〔註103〕 邢穎：《早期國家的結構、發展與衰落》，《世界歷史》2006 年第 5 期。

〔註104〕 （德）羅曼・赫爾佐克：《古代的國家：起源和統治形式》，趙蓉恒譯，北京：北京大學出版社，1998 年，第 93 頁。

在的基礎同樣必不可少，政府的出現要靠一定的剝削收入來支撐，正如恩格斯所說：「爲了維持這種公共權力，就需要公民繳納費用——捐稅」〔註105〕。克賴森稱此爲「互惠關係」，即被統治者爲統治者勞動，統治者則施以保護、給予利益和精神層面的義務〔註106〕。卡扎諾夫認爲：「早期國家的一個特別應當關注的特點是它直接通過徵稅來實施強制性勞役和其他義務以剝削生產者」〔註107〕。謝維揚也認爲：「辨別一個社會是否有正式的行政和政治機構存在的標誌之一是稅收」〔註108〕。故而，研究作爲先秦時期主要剝削形式的指定服役制度，對探索國家起源和發展具有重要意義。哈贊諾夫說：「唯一可行的辦法就是把早期國家的一些特性或不同特徵，以及與之有關聯的過程分析出來，隨著這些特徵和過程的逐漸消失，國家就變得愈益發展，也即不再成爲『早期』國家了」〔註109〕。所以，我們研究指定服役目的就是要從探索我國稅收的起源和演變的角度，進而來探討國家的起源和成熟過程。

1.3.2　採用的研究方法

多重證據法。王國維先生最早提出古史研究的「二重證據法」，即「吾輩生於今日，幸於紙上之材料（指古書記載）外更得地下之新材料（主要指甲骨卜辭和金文）。由此種材料，我輩固得據以補正紙上之材料，亦得證明古書之某部分全爲實錄，即百家不雅馴之言亦不無表示一面之事實。此二重證據法惟在今日始得爲之」〔註110〕，一直以來被史學家奉爲古史研究的不二法門。徐中舒先生發展了王國維先生的古史二重證，在此基礎上提出了多重證據法。他指出：「過去不少歷史學家在研究中國古代歷史時，著眼於文獻史料的專研，這當然是完全必要的和應該如此的；但是，如果忽視了考古學上的出土資料，包括甲骨卜辭和銅器銘文，忽視了人類社會歷史的『活化石』——民族學資料，往往導致或多或少的局限性，難於對有關社會歷史問題進行深

〔註105〕中共中央馬克思恩格斯列寧史達林著作編譯局編：《馬克思恩格斯選集》（第四卷），北京：人民出版社，1995年，第171頁。

〔註106〕邢穎：《早期國家的結構、發展與衰落》，《世界歷史》2006年第5期。

〔註107〕陳淳：《文明與早期國家探源：中外理論、方法與研究之比較》，上海：上海書店出版社，2007年，第154頁。

〔註108〕謝維揚：《中國早期國家》，杭州：浙江人民出版社，1995年，第47頁。

〔註109〕A・M哈贊諾夫：《關於早期國家研究的一些理論問題》，中國世界古代史學會編：《古代世界城邦問題譯文集》，北京：時事出版社，1987年，第269頁。

〔註110〕王國維：《古史新證：王國維最後的講義》，北京：清華大學出版社，1994年，第2～3頁。

入的全面的分析與綜合，同時對於古代文獻上的費解之處難於作出合乎歷史
實際的解釋」〔註111〕。楊向奎先生也說：「昔陳寅恪先生謂王國維先生治學之
特點，是以古器物與古文獻結合，因而成績斐然。但今日視之，仍有不足，
必須與民族學結合。文獻、考古、民族學之綜合研究，遂爲治中國古代史之
不可缺者」〔註112〕。本文在前輩學者的指引下繼續秉承多重證的研究方法，
結合文獻、考古、出土文字和民族資料對指定服役制度進行論證，尤其注重
以民族學的材料爲藍本。

　　比較研究法。本文所採用的比較研究法包括縱向比較和橫向比較兩種類
型：縱向比較是對指定服役制度在先秦時期不同階段的發展變化進行比較，
以弄清指定服役制度的來龍去脈，從而揭示其歷史演化的規律性。橫向比較
是對在人類歷史演化過程中，同處於早期國家階段的地區或民族所採取的剝
削形式進行比較。哈贊諾夫曾經指出：「不但原始的國家是早期的，而且那
些在已經存在的國家的影響下，作爲對其提出的挑戰做出一種反應而建立起
來的國家也是早期的，特別是那些還保留它們固有特徵的國家，更是如此」
〔註113〕。我們將通過對不同地區、不同民族在早起國家階段的剝削形式進
行橫向比較，從而總結出指定服役制度的特徵和適用範圍，並對指定服役制
度產生和存在的原因進行分析。

　　文化人類學研究法。本文所採用的文化人類學研究方法，主要指通過對
同一歷史階段各民族、各地區的比較研究，從而針對一些歷史問題提出一種
或幾種理論模式或假說。徐中舒先生指出：「許多歷史現象說明，在人類社
會歷史的演化過程中，在一些民族社會當中，出現了許多帶有共性的事物，
歷史學家從而能夠在其中找出了各式各樣的規律，能在一些淺演或後進的民
族社會裏面找到人們經歷過來的社會歷史影子」〔註114〕。謝維揚先生也認
爲：「關於前國家社會中政治組織的發展和國家的形成問題，人類學和民族
學都形成了一些用於解釋的理論模型。這些模型應當爲早期國家研究者所借

〔註111〕馬曜、繆鸞和：《西雙版納份地制與西周井田制比較研究》，昆明：雲南人民
　　　　出版社，2001年，徐中舒先生序。
〔註112〕胡家聰：《管子新探》，北京：社會科學出版社，2003年，楊向奎序。
〔註113〕A・M哈贊諾夫：《關於早期國家研究的一些理論問題》，中國世界古代史學
　　　　會編：《古代世界城邦問題譯文集》，北京：時事出版社，1987年，第270頁。
〔註114〕馬曜、繆鸞和：《西雙版納份地制與西周井田制比較研究》，昆明：雲南人民
　　　　出版社，2001年，徐中舒先生序。

鑒」〔註 115〕。我們強調民族資料的作用，並不是沒有限制和條件的簡單類比，也不是用孤證來說明一般，而且建立在普遍性和發展階段的共時性基礎之上的科學論證。在這裏我們還要強調的是，民族資料是歷史研究的必要條件，並不是充要條件。當我們利用民族資料說明某一歷史時段的社會現象時，必須要以該時段自身的特點爲基礎。即利用一些民族資料提出一種或幾種理論模式或假說，但這種理論模式或假說是否符合古代歷史的實際，還需放入具體歷史環境中進行檢驗。

本文以歷史事實爲基礎，合理利用多重證、比較和文化人類學等研究方法，對先秦時期的指定服役制度進行研究。

〔註 115〕謝維揚：《中國早期國家》，杭州：浙江人民出版社，1995 年，第 111 頁。

第2章　商代以前的指定服役制度

　　指定服役制度在商代以前就已經產生了。

　　在史前社會，如《左傳》昭公十七年所記，早就有少皞氏以鳥名官的情況，「鳳鳥氏，曆正也。玄鳥氏，司分者也；伯趙氏，司至者也；青鳥氏，司啓者也；丹鳥氏，司閉者也。祝鳩氏，司徒也；鴡鳩氏，司馬也；鳲鳩氏，司空也；爽鳩氏，司寇也；鶻鳩氏，司事也。五鳩，鳩民者也。五雉，爲五工正，利器用、正度量，夷民者也。九扈爲九農正，扈民無淫者也」〔註1〕。這裏記載的各種職官不同於後世的官職，實際上是各個部族之間的分工。「官有世功，則有官族，邑亦如之」，是說官職最初實際上是一個氏族團體世代從事的專門分工，這種分工同時也是氏族需要承擔的勞役。據學者研究，少皞氏包括四個胞族，每個胞族又包括不同的氏族，而每個氏族又有不同的分工（見附錄二）。同樣地，「黃帝氏以雲紀，故爲雲師而雲名」；「炎帝氏以火紀，故爲火師而火名」；「共工氏以水紀，故爲水師而水名」；「大皞氏以龍紀，故爲龍師而龍名」，它們當與少皞氏相類。區別僅是少皞氏以鳥名官，而黃帝氏、炎帝氏、共工氏和太皞氏，分別以雲、火、水和龍名官。究其實質，都應是在不同族氏前，冠以不同的名號，並由不同族氏負擔相應的勞役。《左傳》文公十八年，記載高陽氏有才子八人：蒼舒、隤豈、檮寅、大臨、龍降、庭堅、仲容、叔達，高辛氏有才子八人：伯奮、仲堪、叔獻、季仲、伯虎、仲熊、

〔註1〕　這種鳥名官的現象在歷史上也曾出現過，據《魏書·官氏志》記載，鮮卑人
　　　　早期，「每於制定官號，多不依周漢舊名，或取諸身，或取諸物，或以民事，
　　　　皆擬遠古雲鳥之義。諸曹走使謂之鳬鴨，取飛之迅疾；以伺察者爲侯官，謂
　　　　之白鷺，取其延頸遠望。自餘之官，義皆類此，咸有比況」。

叔豹、季狸。文中稱這十六人爲「十六族」。到了帝堯時期，帝堯不能舉薦他們。舜臣服了帝堯以後，舉薦八愷、八元，又流放了「四凶族」：渾敦、窮奇、檮杌、饕餮，把他們趕到邊緣地區。從此，帝舜時代「無廢事也」，「無廢事」就是說沒有荒廢的事務，顯然八愷、八元，這十六族是具體職事的承擔者。《左傳》昭公二十九年，蔡墨記述古代人養龍，「國有豢龍氏，有御龍氏」。到了有颷氏的叔安時，有個後代叫董父，很喜歡龍，能夠按照龍的嗜好要求來飼養它們，所以龍多歸之。於是董父加以馴服，並以此「服事帝舜」。到了孔甲時期，孔甲沒有找到豢龍氏。這時陶唐氏的後代，有個叫劉累的人，向豢龍氏學習過馴龍，能飲食之，並以此「事孔甲」。夏后嘉獎他，賜氏「御龍」，以代替豕韋的後代。蔡墨就此認爲：「夫物，物有其官，官修其方，朝夕思之。一日失職，則死及之。失官不食。官宿其業，其物乃至」。且不說上古時期龍是否眞實存在，就這段話本身而言，我們可以得到如下一些信息。董父「服事帝舜」，劉累「事孔甲」，「服」和「事」都是服役的意思，這兩句話反映了他們爲統治者服役的性質。命以「豢龍氏」或「御龍氏」，「豢龍」和「御龍」是他們的職事。稱「氏」，說明這一職事應是由其家族承擔。而依蔡墨看來，要想龍眞正到來，必須「官宿其業」，就是說要由其世代承續其業，所以「豢龍」和「御龍」的職事應該由其族氏世代固定承襲。另外，蔡墨還說：「少皞氏有四叔，曰重、曰該、曰修、曰熙，實能金、木及水。使重爲句芒，該爲蓐收，修及熙爲玄冥，世不失職」，少皞氏的四叔，以上文例之，傳說中的人物既是氏族酋長名，也是氏族之名，所以四叔應該是指四個氏族。「實能金、木及水」，表明這四個氏族在這幾個方面較有特長。「世不失職」，是說既然他們在這方面做得好，就讓他們世代承襲這項職事。《左傳》昭公元年，記載從前金天氏有個後代叫昧，爲「玄冥師」，「玄冥」，杜預注：「水官」。生了允格和臺駘。臺駘「能業其官」，疏通汾水、洮水，堵住大澤，以居住在廣闊的高平地區。顓頊因此嘉獎他，把他封在汾川。沈、姒、蓐、黃四國世代守護著他的祭祀。臺駘「能業其官」，說的就是金天氏臺駘這一支系，能世代承繼水官這一職事。《國語·周語上》記載周「先王世后稷，以服事虞、夏」，是說周之先王世代承襲「后稷」這一職事，即負責農業勞役，並以此服事過虞、夏兩代。這裏並不是說周先王在虞、夏做官，而是他率領族人爲虞、夏服役。這些記載雖出自春秋時人的追述，甚至有些玄幻，並且可能滲入了後來人改

造的成分。但從這些傳說資料中我們還是可以看出，傳說時代的職官，是根據氏族在某方面較有特長，故而被命以相應的職事。這些職事主要爲處於統治地位的氏族首領或部族提供某項專門服務，並由被統治的氏族世代固定承襲。所以他們所擔任的職官，就是氏族所從事的指定勞役。

　　到夏代，我們同樣可以看到一些關於指定服役的記錄，如《左傳》定公元年說「薛之皇祖」奚仲，曾居薛爲夏朝「車正」；《國語·魯語上》說：「冥勤其官而水死」。韋昭注：「冥，契後六世孫根圉之子也，爲夏水官。勤於其職，而死於水也」。冥的職官據《今本竹書紀年》，是指「水正」一職〔註2〕；據《左傳》哀公元年，當「太康失國」後，夏人曾一度失去主宰地位，少康和他的母親依附於有仍，「爲仍牧正」，又逃奔有虞，「爲之庖正」。依照現代學者的解釋，這些「車正」、「水正」、「牧正」、「庖正」就是幾種官職的名稱。然而，當時國家的發達程度尚低，設官分職遠未完善，我們很難想像一個部族的首領會完全脫離本部族，而到其他部族所建立的朝廷中作官。所以，與其說「車正」、「水正」、「牧正」、「庖正」是官職，不如說是對被指定專服某役的家族首領所加的稱呼。《左傳》襄公二十五年，子產追述陳國的先祖虞閼父「爲周陶正，以服事我先王。我先王賴其利器用也」。「服事周先王」和「先王賴其利器用也」，說明「陶正」既是官職，又是具體負責燒陶之事的服役者。《尚書·酒誥》記載：「文王誥教小子有正有事」，「庶邦庶士越少正御事」。「有正」和「有事」並列，「少正」與「御事」同提。「有事」即有事務的意思，「御事」據學者研究是「迎接事務」的意思〔註3〕，故而，「有正」或「少正」也當與服事有關。所以，夏代的多「正」，既是職官，又是被指定提供某役的服役者。

　　夏王朝曾對夷人進行征伐，據《古本竹書紀年》記載，夏啓曾經征伐西河。帝相元年，征伐淮夷，二年，征伐風夷及黃夷，七年，於夷來賓。後少康即位，方夷來賓。柏杼子征於東海。后芬即位，三年，九夷來禦，曰畎夷、于夷、方夷、黃夷、白夷、赤夷、玄夷、風夷、陽夷。后泄二十一年，曾經冊命畎夷、白夷、赤夷、玄夷、風夷、陽夷〔註4〕。《後漢書·東夷列傳》曰：

〔註 2〕　《今本竹書紀年》記載少康即位後，恢復了管理水利工程的官——水正，任命商侯冥爲水正，即「使商侯冥治河」。

〔註 3〕　王貴民：《說御史》，胡厚宣：《甲骨探史錄》，北京：三聯書店，1982 年，第322 頁。

〔註 4〕　方詩銘、王修齡：《古本竹書紀年輯證》，上海：上海古籍出版社，2005 年，

「夏后氏太康失德，夷人始畔（叛）。自少康已後，世服王化，遂賓於王門，獻其樂舞。桀為暴虐，諸夷內侵」，所記夷人對夏王朝的叛服與《古本竹書紀年》略有出入。但無論如何，夏代國家的發展史與夷人有著重要聯繫則可以肯定。一些夷人被征服後，自然就與夏王朝建立起了一定的臣服和剝削關係，如《尚書‧禹貢》記載，冀州之野，「島夷皮服，夾右碣石入於河」；揚州之野，「島夷卉服，沿於江、海，達於淮、泗」。「島夷」，《史記‧夏本紀》和《漢書‧地理志》都作「鳥夷」。據學者研究，《禹貢》原作「鳥夷」，是唐玄宗天寶年間，衛包依據《偽孔傳》才改「鳥」作「島」。《開成石經》依照這個定本，然後各本《尚書》就都作「島夷」了〔註5〕。「鳥夷皮服」，歷代注釋家的解釋大體可分為兩種：一種認為是被服容止皆象鳥者，如偽孔傳：「居島之夷還服其皮」；孔穎達疏：「島是海中之山……夷居其上，此居島之夷，常衣鳥獸之皮，為遭洪水，衣食不足，今還得衣其皮服，以明水害除也」。一種認為是搏食鳥獸者，如鄭玄云：「鳥夷，東方之民，搏食鳥獸者也」。而《禹貢》作者的政治目的是臚列各地方的特產，以供最高統治者剝削，並不在於敍述各族的生活狀態，所以後一種解釋是正確的。「鳥夷皮服」，應該是指生長於冀州的夷人，他們依靠打獵為生，並為夏王朝專服貢納皮毛的勞役。「鳥夷卉服」，蓋《禹貢》一篇中包含兩個鳥夷，一個在冀州，一個在揚州。以「鳥夷皮服」例之，「鳥夷卉服」當是指揚州鳥夷的貢納。《說文》云，「卉，艸之總名也」。顏師古注：「卉服，絺葛之屬」。「鳥夷卉服」是指生長於揚州的夷人，為夏王朝專服貢納絺葛一類的勞役。青州之野，「萊夷作牧，厥篚檿絲。浮於汶，達於濟」。「萊夷」，春秋時期見於《左傳》，稱「萊」或「萊人」，其國君稱為「萊子」〔註6〕。偽孔傳云：「萊夷，地名。可以放牧」。「牧」，當指放牧，「萊夷作牧」，是指生長於青州的夷人，為夏王朝專服放牧的勞役。徐州之野，「淮夷蠙珠暨魚，浮於淮、泗，達於河」。偽孔傳云：「淮、夷二水出蠙珠及美魚」，「淮夷蠙珠暨魚」，是指生長於徐州的夷人，為夏王朝專事貢納珠、魚一類的勞役。這裏鳥夷、淮夷為夏王朝生產特定的貢品，但從所提供的物品稱「服」來看，也應與指定服役有一定的關係。在人類社會早期，勞役和貢

第3〜16頁。

〔註5〕 顧頡剛：《鳥夷族的圖騰崇拜及其氏族集團的興亡》，西安半坡博物館：《史前研究》，西安：三秦出版社，2000年，第150頁。

〔註6〕 見於《左傳》宣公七年、九年，《左傳》襄公二年、六年等。

納可以相互轉換。一部分人或是由於路途遙遠，大量轉移人力花在路上的時間過長；或是由於某些地方是原料的產地，統治者允許其在當地生產，因此這部分指定勞役就轉化成了貢納。但就其起源和性質而言，仍然可以劃入指定服役的研究範圍。所以這些夷人無論是爲夏王朝生產特定的貢品，還是從事某種專門的服務，都是建立在軍事強制基礎之上的指定勞役。

由上可知，無論是傳說時代的職官、夏代的多「正」，還是夷人爲夏王朝生產特定貢品或從事某種專門服務，從本質上看它們都是以氏族或家族爲單位，世代承襲的專門勞役，這與我們所歸納的指定服役的基本特徵完全一致。

這一時期指定服役制度產生的途徑主要有以下有三種：

一是氏族內部的分工。在氏族社會中，由於生產力低下和社會分工不發達等原因，一個獨立經濟體所能承載的人口數量是有限的。當人口達到一定的規模後，就會分離出新的經濟體，如我國拉祜族社會的基層組織是「卡」，它最初是指同一血緣或同一地域內的氏族群體。隨著人口增加和遊獵遷徙的制約，每個「卡」發展到一定規模後，在生產生活中就產生諸多困難。原來「卡」中，就會有一部分遷出去到有豐富資源的地方另建新「卡」﹝註7﹞。類似的分化同樣產生於永寧納西族社會中，納西人口較多的母系家族僅有二三十人，較少的僅有十幾人﹝註8﹞。在世界其它地區，氏族人口的規模也都不是很大。易洛魁人的塞納卡部落，3000 人平均分屬 8 個氏族，每個氏族約合 375 人。鄂吉布瓦部，15000 平均分屬 23 個氏族，每一個氏族約 650 人。切羅基部，每一個氏族的人數平均在 1000 人以上。摩爾根認爲，就印第安部落的現狀而言，每一個氏族的人數大約在 100～1000 人之間﹝註9﹞。南美洲亞馬遜地區，至今仍過著原始部落生活的雅諾馬莫人，每個部落最少不少於 40 人，由於抵禦外族入侵的戰爭時有發生，人數再少便有被全殲的危險，但最多也多不過 125 人，因爲人數太多了，部落首領們就難以駕馭了﹝註10﹞。這樣我們就不難理解，《左傳》文公十八年，高陽氏才子八人和高辛氏才子

﹝註7﹞　《拉祜族簡史》編寫組：《拉祜族簡史》（修訂本），北京：民族出版社，2008年，第 43～44 頁。

﹝註8﹞　嚴汝嫻、宋兆麟：《永寧納西族的母系制》，昆明：雲南人民出版社，1981 年，第 156 頁。

﹝註9﹞　摩爾根：《古代社會》（上冊），北京：商務印書館，1977 年，第 83 頁。

﹝註10﹞　（委）科恩特拉斯特：《雅諾馬莫人：亞馬孫地區僅存的部落民》，張學謙譯，《世界民族》1992 年第 6 期。

八人，共稱爲「十六族」。帝鴻氏不才子渾敦，少皞氏不才子窮奇，顓頊氏不才子檮杌，縉雲氏不才子饕餮，被稱「四凶族」了，他們應該都是由父系氏族分離出去的子氏族。《左傳》昭公十七年，少皞氏以鳥名官，少皞氏下面的氏族都以鳥爲圖騰，所以應該都是由少皞氏分離出去的子氏族。由於氏族長有支配氏族財產的權力，這些財產既包括物也包括人，在文獻中它們可以合稱爲「帑」〔註11〕，所以這些被分出去的子氏族要承擔某項勞役，如少皞氏這個部落，從定曆、行政，到手工業和農業生產等工作，都由其下的氏族分別承擔。這樣的實例同樣見於我國少數民族材料當中，如雲南西盟佤族自治縣的佤族，民主改革前在大的部落內部，由於人口增加通常形成新的政治中心。這在馬散部落最爲突出，馬散部落分成班哲、莫斯美、阿莫和來斯努音四個親屬部落，在他們之間仍存在著一定的血緣隸屬關係，這種血緣隸屬關係通常表現爲某種形式的貢納關係〔註12〕。雲南滄源佤族自治縣的佤族，民主改革前由於氏族人口增加而不斷分裂出新的氏族村落，但父系氏族的血緣紐帶仍繼續發揮著作用。他們根據血緣關係，將村落區分爲「央梅見」和「央冠恩」，即母村和女兒村，如糯良、民良、拉勐和夏多等村落從羊布利分出來，他們要定期向羊布利呈交祭祀犧牲和半開，羊布利則爲這些分出來的成員提供軍事保護〔註13〕。這些例子說明，父系氏族與其分離出去的子氏族之間存在一定的隸屬關係，並且會形成某種特定的服役關係。

　　二是通過武力征服。恩格斯說：「在原則上，每一個部落只要沒有同其他部落訂立明確的和平條約，它同這些部落便都算是處在戰爭狀態」〔註14〕。如據《史記‧五帝本紀》記載，上古時「炎帝欲侵陵諸侯」，於是黃帝「教熊羆貔貅貙虎，以與炎帝戰於阪泉之野，三戰然後得其志」。後來蚩尤作亂，不用帝命，於是黃帝乃征師諸侯，與蚩尤戰於涿鹿之野，擒殺了蚩尤。這些都屬於恩格斯所說的這種情況。誘發戰爭的原因可能是多種多樣的。有的是對財富的覬覦，由於鄰人的財富刺激了各民族的貪欲，在這些民族那裏，掠奪

〔註11〕趙世超：《說「室」》，《考古與文物》1992年第3期。

〔註12〕宋恩常：《西盟佤族氏族制度的解體》，《雲南少數民族研究文集》，昆明：雲南人民出版社，1986年，第105頁。

〔註13〕宋恩常：《滄源佤族社會封建因素的產生》，《雲南少數民族研究文集》，昆明：雲南人民出版社，1986年，第220～222頁。

〔註14〕中共中央馬克思恩格斯列寧史達林著作編譯局編：《馬克思恩格斯選集》（第四卷），北京：人民出版社，1995年，第91頁。

在他們看來比勞動獲得更容易甚至更光榮〔註 15〕。有的是血親復仇，據《古本竹書紀年》記載，商先公王亥曾被有易之君綿臣殺害，後來上甲微假師於河伯以征伐有易，滅亡有易，殺了有易的君主綿臣〔註 16〕。這樣的例子在民族學資料中更是屢見不鮮。由戰爭所導致的直接後果是一部分戰敗者的臣服，如《鶡冠子·世兵》曰：「黃帝百戰，蚩尤七十二，堯伐有唐，禹服有苗」。《呂氏春秋·召類》曰：「兵所自來者久矣。堯戰於丹水之浦，以服南蠻；舜卻苗民，更易其俗；禹攻曹、魏、屈驁、有扈，以行其教。三王以上，固皆用兵也」。這些雖出自戰國以後的記載，但在人類歷史上，由戰敗而導致的臣服者固然不少。也有一部分部族雖不曾發生過戰爭，但卻因屈於強大武力的威懾而主動臣服，如《左傳》哀公七年，記載「禹合諸侯於塗山，執玉帛者萬國」。這些執玉帛的萬國，就應該多是屈於武力的臣服者。《國語·魯語下》曰：「昔禹致群神於會稽之山，防風氏後至，禹殺而戮之，其骨節專車」，不僅說明防風氏臣服於禹，而且還表明大禹掌握著對臣服方國首領的生殺大權。《大戴禮記·少閑》曰：「昔虞舜以天德嗣堯，布功散德制禮。朔方幽都來服；南撫交趾，出入日月，莫不率俾，西王母來獻其白琯。粒食之民昭然明視，民明教，通於四海，海外肅慎北發渠搜氐羌來服」。這四海之內的臣服者，也並不完全是靠武力征服。《墨子·節用中》記載：「古者堯治天下，南撫交阯，北降幽都，東西至日所出入，莫不賓服」，這一「撫」一「降」，說明二者是有差別的。還有一部分部族是由於尋求武力保護等原因的自願歸服者，如《左傳》哀公元年，記載夏后帝相失國，依附於兩個斟姓國。夏朝寒浞之子澆，用師滅了斟灌和斟鄩，滅亡了夏后氏。相的妻子后緡正懷有身孕，從城牆的小洞中逃了出來，來到有仍部落，生了少康，少康後來作了有仍的「牧正」。澆又派遣椒來尋找少康，少康就逃奔到有虞的部落，作了那裏的「庖正」。少康為有仍「牧正」，後來逃奔有虞為「庖正」，究其目的而言都是為了尋求武力保護。再如《左傳》宣公十一年，記載「眾狄疾赤狄之役，遂服於晉」，狄人各部族憎恨赤狄對他們的奴役，於是歸順了晉國，其目的也是為了尋求晉的軍事庇護。在民族資料中，據《北史·突厥鐵勒列傳》記載：「魏太

〔註15〕中共中央馬克思恩格斯列寧史達林著作編譯局編：《馬克思恩格斯選集》（第四卷），北京：人民出版社，1995 年，第 164 頁。

〔註16〕據《山海經·大荒東經》郭璞注，見袁珂：《山海經校注》，上海：上海古籍出版社，1980 年，第 352 頁。

武皇帝滅沮渠氏，阿史那以五百家奔蠕蠕。世居金山之陽，爲蠕蠕鐵工」。阿史那氏部落爲了躲避北魏的進攻，投奔蠕蠕（柔然），並爲蠕蠕專服打鐵勞役。西雙版納景洪市的「傣勐」老寨曼達，民主改革前該寨有七個附屬寨子，這些寨子多半是由外地搬來依附的。他們稱老寨的頭人爲「召勐囡」（小土司）或「召納」（田主），自稱爲「魯農」，本義是指「子女」、「小輩」，引申爲「僕從」或「奴隸」，可以泛指一切有隸屬關係的人。曼達全寨性的各種事務都要徵召他們去服勞役。他們獵獲野獸，也要送給曼達頭人一條腿的肉〔註17〕。由上可知，這些由武力征服而導致的臣服，不管是戰爭的戰敗者、屈於武力的臣服者，還是尋求武力保護的自願歸服者，都與戰勝者或提供保護者之間有一定的經濟義務，這些經濟義務在商代以前主要表現爲各種形式的指定服役。

三是利用巫術和宗教的力量。在人類早期社會中，巫術和宗教力量對維繫社會具有重要作用，如在良渚文化中，墓葬規模最大，隨葬品最豐富者，往往是玉琮、玉璧齊備，如浙江余杭反山 M14、M20、M23 就是這樣的墓葬〔註18〕。根據《周禮・春官・大宗伯》曰：「以蒼璧禮天，以黃琮禮地」。玉琮和玉璧是祭祀天地的禮器，所以隨葬琮、璧的墓主人應該是巫術或宗教權力的掌有者。紅山文化中的女神廟和祭壇，更向人們說明了宗教在這一社會中的重要地位〔註19〕。山西襄汾陶寺墓地已發掘的 1000 多座墓葬中，只有最大的幾座大墓主人才能擁有蟠龍紋陶盤這種神聖的祭器〔註20〕。這些考古資料說明了統治者對宗教祭祀權的控制和獨佔。《國語・楚語下》曰：「及少昊之衰也，九黎亂德，民神雜糅，不可方物」。而顓頊以後，「乃命南正重司天以屬神，命火正黎司地以屬民，使復舊常，無相侵瀆，是謂絕地天通」。這一事件標誌著一個新時代的到來，專職而且互有分工的神職人員開始出

〔註17〕 馬曜、繆鸞和：《西雙版納份地制與西周井田制比較研究》，昆明：雲南人民出版社，2001 年，第 176 頁。

〔註18〕 浙江省文物考古研究所反山考古隊：《浙江余杭反山良渚墓地發掘簡報》，《文物》1988 年第 1 期。

〔註19〕 郭大順、張克舉：《遼寧省喀左縣東山嘴紅山文化建築群址發掘簡報》，《文物》1984 年第 11 期；遼寧省文物考古研究所：《遼寧牛河梁紅山文化「女神廟」與積石塚群發掘簡報》，《文物》1986 年第 8 期。

〔註20〕 中國社會科學院考古研究所山西工作隊、臨汾地區文物局：《1978～1980 年山西襄汾陶寺墓地發掘簡報》，《考古》1983 年第 1 期。

現，溝通天地變成了統治階級的特權。《國語・周語上》亦云：「古者，先王既有天下，又崇立上帝、明神而敬事之，於是乎有朝日、夕月以教民事君」。這種現象在世界上其他國家和地區也廣爲存在，如在埃及，法老起初是與鷹神（Horus）互相等同的，他被認爲是太陽神的兒子，法老是至高無上的諸神在人世間的惟一代表〔註21〕。在希臘，「basileús」一詞究竟譯爲「國王」，還是譯成「祭司」，僅僅是因地點和時間的不同而互相變換〔註22〕。早期蘇美爾人的「國家」和「神廟」兩個名稱表示的是同一事物，只是各城鎮有著不同的叫法而已〔註23〕。這種巫術和宗教的權力一旦被統治者佔有後，就使得統治階級的剝削具有了某種合理性，如《詩經・周頌・載芟》云：「載芟載柞，其耕澤澤。千耦其耘，徂隰徂畛」。據詩中所言，其所收穫的「萬億及秭」，是爲了「爲酒爲醴，烝畀祖妣，以洽百禮」。《國語・周語上》，在談到籍田的目的時說：「夫民之大事在農，上帝之粢盛於是乎出」。《墨子・貴義》亦曰：「今農夫入其稅於大人，大人爲酒醴粢盛以祭上帝鬼神」。這些例子說明，統治者以宗教作爲幌子，從而掩蓋了剝削的本質。在民族資料中，民主改革前西雙版納傣族祭祀勐神（地方神）是全勐各村社共同的事務，祭祀所需勞務和實物都由相關村社分擔。其勞務分工是：龍勒挑祭品到祭祀地點，曼秀負責挑飯，曼達負責端盆，曼兩傘負責抬篾桌。祭祀時，曼破、曼養派人去值勤，曼達、弄罕派一人去看守祭祀用的牛，曼宰派二人去看守拴牛、拴白馬的樁子，曼達負責搭祭勐神的祭台。祭品的分擔是：曼桑負責出土鍋、扇子，曼破、曼養負責出湯鍋、菜碗、竹筒、竹碗、竹飯盆、拌糯米飯用的木盆等，曼景臉、曼景罕負責飯碗和洗牛用具，曼宰提供酒、米〔註24〕。此外，西雙版納傣族還把「表彰」稱爲「賧」，即向佛獻禮或向佛祈福。又稱爲「蘇瑪」，即獻禮贖罪或請人祝福。每年關門節、開門節和過年等節日，各寨都要準備一些臘條、米、油、茶、錢、雞、魚、水果等禮品，奉獻給他們所隸屬的土司，請他們說上幾句吉利話，叫作「賧召片領」、「賧召勐」、

〔註21〕　（德）羅曼・赫爾佐克：《古代的國家：起源和統治形式》，趙蓉恒譯，北京：北京大學出版社，1998 年，第 123～124 頁。

〔註22〕　（德）羅曼・赫爾佐克：《古代的國家：起源和統治形式》，趙蓉恒譯，北京：北京大學出版社，1998 年，第 120 頁。

〔註23〕　（德）羅曼・赫爾佐克：《古代的國家：起源和統治形式》，趙蓉恒譯，北京：北京大學出版社，1998 年，第 108 頁。

〔註24〕　曹成章：《傣族社會研究》，昆明：雲南人民出版社，1988 年，第 35～36 頁。

「睒波郎」，或者是「蘇瑪召片領」、「蘇瑪召勐」、「蘇瑪波郎」，因爲他們都是「神、佛的化身」，故而要向他們去「贖罪」和「祈福」〔註25〕。這些材料說明巫術和宗教的力量也是指定服役產生的重要途徑。

總之，商代以前指定服役制度就已經產生了，具體表現爲以氏族或家族爲單位，並且由其專門固定承襲。指定服役制度產生的途徑主要有三種：一是氏族內部的分工，二是通過武力征服，三是利用巫術和宗教的力量。在這三種途徑當中，越在早期，基於氏族社會內部的分工與利用巫術和宗教的力量越起主導作用。後來隨著氏族不斷壯大，通過武力征服建立起來的被征服者或歸服者，往往會與征服者之間形成一種擬血緣關係，這樣征服者便把氏族內服已經成熟了的剝削形式應用到被征服者和歸服者當中，在這一過程中，後者就成爲剝削得以順利進行的重要條件。

〔註25〕馬曜、繆鸞和：《西雙版納份地制與西周井田制比較研究》，昆明：雲南人民出版社，2001年，第190頁。

第 3 章　商代的指定服役制度

商代是指定服役制度發展的重要階段，在這一章中我們將從商代內、外服以及青銅器族徽兩個方面來探討它們與指定服役制度的關係。

3.1　商代內、外服與指定服役制度

3.1.1　商代內、外服新解

關於商代內、外服的記載，最早見於《尚書·酒誥》，文中總結殷人滅亡的歷史教訓時說：「越在外服，侯甸男衛邦伯，越在內服，百僚庶尹惟亞惟服宗工越百姓里居，罔敢湎於酒」。對於內、外服的理解關係到商代國家結構、官制和統治方式等一系列重要問題。學術界傳統觀點認為內、外服應以王畿為劃分標準。王畿以內為內服，王畿以外為外服〔註1〕。進而認為內服是百官，外服是諸侯〔註2〕。還有學者根據宋人的宗廟樂歌，及戰國和漢代文獻〔註3〕，

〔註1〕　《尚書·酒誥》孔穎達《正義》：「畿外有服數，畿內無服數」，文中「畿外」即外服，「畿內」即內服；「所謂『內』與『外』，是以王畿為限。王畿以內為內服，王畿以外為外服」，見金景芳：《中國奴隸社會史》，上海：上海人民出版社，1983年，第58頁；「商朝王畿在古文獻中稱為『內』，與此相對的諸侯國稱為『外』」，見王宇信、楊升南：《甲骨學一百年》，北京：社會科學文獻出版社，1999年，第514頁；「所謂的『內』、『外』是指天子所直接統治地區和諸侯國地區」。見王宇信等著：《中國古代文明與國家形成研究》，北京：中國社會科學出版社，2007年，第321頁。

〔註2〕　《尚書·酒誥》偽孔傳：「於在外國侯服、甸服、男服、衛服國伯諸侯之長」；「於在內服治事百官眾正及次大夫服事尊官」；「內服為百官百僚、百辟，外服為列國邦伯」，見金景芳：《中國奴隸社會史》，上海：上海人民出版社，1983

從而定出了商王畿的範圍〔註4〕。根據前人的研究，商王畿涵蓋了目前行政區劃的河南、河北、陝西、山西、湖北及山東等省的全部或部分地區。那麼，商王畿果真就是劃分內、外服的標準嗎？商王畿真的像後來人所描繪的那樣大嗎？如果不是，內、外服的劃分又是怎樣的呢？本節將以商代卜辭為基礎，參照金文、歷史文獻和民族資料對此進行探討。

要瞭解商代王畿的情況，還得從卜辭中關於「商」的記載入手。

「入商」與「入某」。卜辭常有「入商」的記載，如「王其入商」（《合集》27767）；「王入商」（《屯南》4514）；「貞我㞢（有）事，入商」（《合集》21595）；「〔敔〕其入商」，「敔弗〔入〕商」（《合集》7773）等。有時也稱「入于商」，如「貞王入于商」（《合集》7772正）；「貞今二月王入于商」（《合集》7774）；「貞王于生七月入于商」（《合集》7776）；「貞王于八月入于商」（《合集》7780正）等。還可以徑直稱「入」，如「貞今七月王入」，根據下文「貞來乙巳王勿入于商」（《合集》7785），可知入的地點應是「商」。有一片卜辭首次占問「……王于……入〔于〕商」，接下來繼續問「壬午卜，入」，「甲申卜，入」，「乙酉卜，入」（《合集》7807），這些入的地點顯然也是「商」。「入商」或「入于商」就是指進入「商」，由此可以推知，「商」代表一定的地域。卜辭中與「入商」語言結構相同，還有「入某」或「入于某」，如「乎人入于雀」，「乎人不入于雀」（《合集》190反）；「貞令眾人耤入絆方奠田」（《合集》6）；「貞

年，第58頁；「外服，即外官，指諸侯。侯甸男衛邦伯，即侯甸男衛之邦伯」，「內服，即內官」，見周秉鈞：《尚書易解》，長沙：嶽麓書社，1984年，第186頁。

〔註3〕《詩經·商頌·玄鳥》：「邦畿千里，維民所止，肇域彼四海」；《戰國策·魏策》：「殷紂之國，左孟門，而右漳滏，前帶河，後被山」；《史記·吳起列傳》：「殷紂之國左孟門，右太行，常山在其北，大河經其南」。其中，《詩經·商頌》據王國維先生考證，應為西周中葉宋人所作祭祀其先王之詩，詳見王國維：《說商頌下》，《觀堂集林》，北京：中華書局，2006年，第117頁。《竹書紀年》、《戰國策》和《史記》是戰國和漢代的作品。

〔註4〕「西段南界是沁水，西界北段大約以太行山為界。南界即宋，在今商丘以北。東界應在曲阜以西，北界無確證」。見李學勤：《殷代地理簡論》，北京：科學出版社，1959年，第95～97頁；「西以太行山為界，東臨浚縣一帶古黃河西側，南至輝縣、新鄉，北迄河北石家莊附近」，見韋心澄：《殷墟卜辭中的「商」與「大邑商」》，《殷都學刊》2009年第1期；「商朝的『王畿』大致包括今河南全省、河北南部、陝西東部、山西南部、湖北北部及山東西部的黃河中下游地區」。見王宇信等著：《中國古代文明與國家形成研究》，北京：中國社會科學出版社，2007年，第341頁。

其入歔」(《合集》17334);「貞叀(惟)卓令寏入〔繼〕」(《合集》8180)等,以「入商」例之,「入某」也應該是進入某地。張政烺先生在解釋「入羊(絆)方衰田」時就認爲「羊方有自己的疆界」〔註 5〕。「入商」與「入某」語言結構相同,且各有屬於自己的地域,說明卜辭中「商」和「某」地應該是有各自獨立的區域。

「至商」與「至某」。卜辭也有「至商」的占卜,如「至商凡父乙」(《合集》914 反);「貞今歲龜不至茲商」(《合集》24225)。有時也稱「至于商」,如「……鉚(御)父乙,至于商彭」(《合集》2199 正);「貞至于商」(《合集》2731 正);「貞其執以至于商」(《合集》32183)等。還有時單稱「至」,隱含「至商」於其中,如占問「〔龜〕其至」,同板卜辭占問「今歲龜不至茲商」(《合集》24225),說明在所「至」地點明確的情況下,也可以省略不寫。卜辭中「己酉雀至」(《合集》4146);「貞今二月師般至」(《合集》4225);「余令日方其至」(《合集》40839);「〔貞〕今十三月購至」(《合集》4679)等,所「至」的地點都應該是「商」。「至商」就是到達「商」,可見「商」指一定的地點。卜辭與「至商」和「至于商」句法相同,還有「至某」和「至于某」,如「貞至罕亡(無)囝(咎)」(《合集》21728);「至盂,湄日亡(無)〔戈(災)〕」(《合集》29085);「貞占方不至于舀」(《合集》17360 正);「貞乎〔乎〕往西,至于卒」(《合集》8190 正)等,「至某」就是到達某地。「至商」與「至某」言語結構相類,且都指到達某地,但「至商」與「至某」卻有不同的目的地。

「自商」和「自某」。卜辭也有關於「自商」的占問,如「貞其〔出(有)來娃(艱)〕自商」(《合集》7085);「甲□允出(有)來齒自商」(《合集》17300 正);「貞王步自商亡(無)災」(《合集》24228)等,「自商」就是從「商」地而來的意思。卜辭與「自商」句法結構相同有「自某」,如「王不行自雀」(《合集》21901);「貞其自卓出(有)來娃(艱)」(《合集》557);「貞自今六日出(有)至自束」(《合集》4089);「出(有)至自米」(《合集》8109 正);「其先行至自戉」(《合集》4276)等,以「自商」例之,「自某」也應是來自某地,但「自商」與「自某」的出發地又顯然有別。

「在商」與「在某」。卜辭中還有「在商」的記錄,如「于庚申彭夆用才(在)商」(《合集》33127);「貞才(在)商亡(無)囝(咎)」(《合集》7814 正);「貞才(在)獄天邑商公宮衣」(《合集》36541)等,「在商」應該是指

〔註 5〕　張政烺:《卜辭衰田及其相關諸問題》,《考古學報》1973 年第 1 期。

身在「商」地。與「在商」相類還有「在某」，如「才（在）罗」、「才（在）鏖」（《合集》20584）；「才（在）罛」（《屯南》4514）；「才（在）樂」，「才（在）喪」，「才（在）向」（《合集》36537）等，這些「在某」應與「商」屬於不同的地點，如在同一片卜辭中，占問「才（在）罗」，「才（在）鏖」後，又占問「入于商」（《合集》20584）。另一片卜辭，占問「才（在）罛」，接下來又卜問「王入商」、「王入」（《屯南》4514），這證明「在某」與「在商」的地點是各自獨立的。

卜辭中「商」往往稱「邑」或「大邑」，如「東方受禾，□方受禾，大邑受禾」（《佚》653），這片卜辭不完整，補全應該是「東方受禾，南方受禾，西方受禾，北方受禾，大邑受禾」。而卜辭中有占問「商受〔年〕，東土受年，南土受年，西土受年，北土受年」（《合集》36975），還有占問「南方，西方，北方，東方，商」（《屯南》1126），可見「大邑」就是「商」。所以卜辭有時也稱「大邑商」或「天邑商」，如「告于大邑商」（《合集》36482）；「才（在）大邑商」（《合集》36530）；「才（在）獄天邑商公宮衣」（《合集》36542）等。文獻中還常常稱其為「商邑」，如《尚書·酒誥》：「辜在商邑」；《詩經·商頌·殷武》：「商邑翼翼」；《逸周書·度邑解》：「王乃升汾之阜，以望商邑」等。由此可知，「商」只不過是指一個「邑」而已。卜辭中「入某」、「至某」、「自某」和「在某」之地往往也是指邑，如前文提到的「入歓」，卜辭又稱為「入邑歓」（《合集》9733 正）。「舌方不至于鬲」，同板卜辭又占問「茲邑亡（無）屋」（《合集》17360 正），這說明「歓」、「鬲」都是邑。其他地點雖然沒有直接稱「邑」，但從其有自己的農業區來看，也應屬於邑，如前文提到的「雀」，卜辭占問「雀受年」（《合集》9760）；「雀不〔其受〕年」（《合集》9761），「受年」就是卜問「是否有好年成」，說明「雀」有自己的農業區，應該屬於邑。「罗」，占問「罗受年」、「罗不其受年」（《合集》9774 正）；「戈」，有占問「戈受〔年〕」（《合集》9806）等，這些都應是邑。「邑」字甲骨文作「𠱸」，《釋名·釋州國》云：「邑，人聚會之稱也」，羅振玉先生說：「邑為人所居，故從口從人」〔註6〕，所以「邑」本是指人聚居的地方。「商」與「入某」、「至某」、「自某」、「在某」的地點都稱邑，也進一步說明了「商」與其他地點之間是各自獨立的。只是因為「商」較其他邑面積大些，且直接為王所領有，故而又稱為「大邑」或「王邑」（《合集》39998）。

〔註6〕 于省吾：《甲骨文字詁林》，北京：中華書局，1996 年，第 343 頁。

在這些不屬於「商」的邑中，有《尚書・酒誥》中稱爲「亞」的「亞某」，如「亞雀」，卜辭有「貞隹（惟）亞雀眔〔我〕」（《合集》21624）；「貞于翌丙告于亞雀」（《合集》22092）等。「亞𠂤」，卜辭有「亞𠂤以人」（《合集》32273）；「亞𠂤其步十牛」（《合集》32987）。「亞束」，卜辭有「先亞束𤟹」（《合集》22137）；「祝亞束用十豕」（《合集》22130）等。此外，還有「」稱「小耤臣」（《合集》5603、5604）；「𠂤」稱「射𠂤」（《合集》165）等都應屬於內服。由上可知，「亞」在《酒誥》中明確被稱爲內服，「亞某」的屬地都獨立於「商」之外，應不在王畿的範圍，所以用王畿內、外來套內、外服是站不住腳的。

那麼，「商」的範圍到底有多大呢？據史籍記載西伯戡黎曾經引起祖伊恐慌，即《尚書・西伯戡黎》之「西伯既戡黎，祖伊恐」。這個「西伯」，傳統認爲是周文王，而近出的《清華簡・耆夜》記載西伯戡黎在武王八年〔註7〕，「西伯」應該是指武王。黎侯國在哪裏？僞孔傳曰：「在上黨東北」，孔穎達疏：「黎國，漢之上黨郡壺關所治黎亭是也」。壺關故城在今山西長治市壺關縣，從壺關縣縣城到河南鶴壁市淇縣縣城〔註8〕，直線距離僅有 100 多公里，如果今天驅車走省道和 107 國道，只有 3 個小時左右的路程，全長約 170 多公里。難怪祖伊會如此恐懼奔告於王，而紂王卻以「我生不有命在天」爲由，篤信天命不予理睬。其實根本原因在於黎國只是商的重要與國，西伯戡黎並沒有觸及「商」的本體，故而紂王並不那麼緊張。在接下來的一場決定商、周興替命運的戰爭中，才眞正把戰火燒到了「商」。據史籍記載，這場大戰發生在公元前 11 世紀某個甲子日的早晨，武王率領他的軍隊來到商郊牧野舉行誓師，《尚書・牧誓》曰：「王朝至商郊牧野，乃誓」。武王到了商郊，即已到

〔註 7〕清華大學出土文獻保護中心編，李學勤主編：《清華大學藏戰國竹簡（壹）》，上海：中西書局，2011 年，第 150 頁。

〔註 8〕據史籍記載商紂王的都城在朝歌，《左傳・定公四年》分封康叔「命以《康浩》，而封於殷墟」。杜預注：「殷墟，朝歌也」；《後漢書・郡國志》也記載：「朝歌。紂所都居，南有牧野」。朝歌的位置，據《史記・衛康叔世家》，封康叔於「河、淇間故商墟」，《水經注・淇水》記載：「淇水東經朝歌城北」，《詩經・衛風・淇奧》、《衛風・氓》、《竹竿》和《庸風・桑中》等篇中都談到淇水，說明朝歌應該在河南淇縣淇河附近。據《尚書・盤庚》序，孔穎達疏曰：「蓋盤庚後王有從河有亳地遷於洹水之南，後又遷於朝歌」。近年來也得到了考古上的證實，對淇縣的調查表明，淇縣境內發現的晚商遺址特別多，其中淇縣東北部、淇河以南、以西，晚商遺址分佈密集。見夏商周斷代工程朝歌遺址調查組：《1998 年鶴壁市、淇縣晚商遺址考古調查報告》，《華夏考古》2006 年第 1 期。

了「商」的邊境線上，郊以內即「商」之本體的所在〔註9〕。關於牧野到商都的距離，史傳中有多種說法：僞孔傳認爲：「紂近郊三十里地名牧」，《尚書大傳》認爲：「牧野在紂都近郊三十里」，我們不妨稱此爲三十里說；《逸周書‧克殷解》：「周車三百五十乘陳於牧野」，孔晁注：「牧野，商郊。紂出朝歌二十里而迎戰也」，這可以稱之爲二十里說；《史記‧周本紀》正義引《括地志》云：「衛州城，故老云周武王伐紂，至於商郊牧野，乃築此城」，又云：「紂都朝歌在衛州東北七十三里朝歌故城是也」，杜子春認爲：「五十里爲近郊，百里爲遠郊。紂都朝歌，牧在朝歌南七十里，是遠郊之內，近郊之外」，這個姑且稱爲七十里說。不管怎樣，其半徑都在百里以內，這與後代文獻中記載的「湯以七十里，文王以百里」；「古者湯封於亳，絕長繼短，方地百里」；「湯以亳，武王以鄗，皆百里之地也」；「昔湯封於贊茅，文王封於岐周，方百里」等，所述的情況相當〔註10〕。所以可以得出結論，「商」的直接控制區大體包括在以百里爲半徑的範圍之內。

在「商」以外，還有面積廣大的荒僻地區，就是「野」〔註11〕。在這些荒野之中野獸橫行，常常出來禍害莊稼，所以商人經常進行田獵活動，如「乙未卜，今日王戰（狩），田率，罩（擒）。允隻（獲）虎二、兕一、鹿十二、豕二、兔百廿七、□二、兔廿三、〔雉〕七」（《合集》10197）；「允隻（獲）麋八十八、兕一、豕卅屮（有）二」（《合集》10350）。這些被擒獲的動物數量巨大、種類豐富，既有麋鹿一類的食草動物，也有老虎之類的猛獸，這也從另一個角度說明了當時荒野的大量存在。這些荒野之地不僅爲野獸滋生提供了土壤，還爲殷都的屢次遷徙提供了前提。殷都的遷徙自商之先祖契以來素有「前八後五」之說，如《尚書‧盤庚》曰：「不常厥邑，於今五邦！」《尚書序》曰：「自契至於成湯八遷」，「盤庚五遷」；《史記‧殷本紀》也記載：「盤庚渡河南，復居成湯之故居，迺五遷無定處」。這種「不懷厥攸作，視民利用遷」的頻繁遷徙活動，沒有廣大的空地作爲保障是不行的。在「商」以外，雜廁著許多與王朝並立或敵對的方國，他們常常對「商」構成威脅，如「方

〔註9〕　《國語‧齊語》韋昭注：「國，郊以內也」。趙世超先生也說：「郊與國城的關係源本密不可分，凡指國也應包括郊區在內」，見趙世超：《周代國野制度研究》，西安：陝西人民出版社，1991年，第13頁。

〔註10〕　分別見於《孟子‧滕文公上》、《墨子‧非命上》、《荀子‧王霸》、《商君書‧賞刑》。

〔註11〕　趙世超先生指出，野是指郊區以外的廣大地域。見趙世超：《周代國野制度研究》，西安：陝西人民出版社，1991年，第13～17頁。

其臺大邑」（《合集》6783）；「方臺商」（《合集》6781）等，「臺」是「撻伐之意」〔註12〕，方臺「大邑」或「商」，就是方國對商進行軍事征伐。卜辭還有「方其正（征）于商」（《合集》6677）；「方正（征）〔商〕」（《合集》20440）等，「正」通「征」，「方其征于商」或「方征商」，都是言方國對「商」進行征伐。有時商人還召集力量到「商」抵禦方國的進攻，如「〔貞〕乎钾（御）方于商」（《合集》20450），「钾」通「禦」，是抵禦的意思，「禦方于商」就是在「商」進行抵禦。方的進攻可以直達「商」，想必距離「商」也不會太遠。這些方大概與西周時期活動在今天汧水流域的矢國，以及春秋時期衛莊公登城望見的戎州性質差不多〔註13〕。所以商王國應該是以「商」為中心，包含臣屬於商的眾多邦或邑，在邦和邑之間還雜廁著許多敵對方國。故而反映在商代國家的地理結構上，就只會有分散於各地的一些「點」，不可能將整個領土聯成廣大的「面」〔註14〕。這些臣屬的邦或邑可以統稱為「四土」或「四方」。卜辭中的「四土」或「四方」是指四方之邦或四方之國，如「貞弜囚（咎）不喪在南土」，同板卜辭有言「弜克貝，纂南邦方」（《合集》20576正）；西周金文《逨盤》曰：「敷有四方」，又稱「用奠四國萬邦」（《新收》757）；《尚書・多方》曰：「告爾四國多方」，「四國」與「多方」並稱；《詩經・大雅・崧高》：「四方」與「四國」，「南土」與「南國」、「南邦」互相通用，可見「四土」、「四方」即「四國」或「四邦」。卜辭中有占問「四土」受年（《合集》36975）。占問「四方」，「米」、「王弜米」（《屯南》1126），「米」、「弜米」與「受年」相類，當是問是否收穫糧食，這反映商王國與「四土」或「四方」有密切關係，所以應該屬於商的屬國。類似於《左傳》昭公九年周詹桓伯所說的「魏、駘、芮、岐、畢，吾西土也」，「蒲姑、商奄，吾東土也；巴、濮、楚、鄧，吾南土也；肅慎、燕、亳，吾北土也」。「西土」、「東土」、「南土」、「北土」，都是指西周的屬國而言。

　　綜上所述，「入商」、「至商」、「自商」、「在商」與「入某」、「至某」、「自

〔註12〕于省吾：《甲骨文字詁林》，北京：中華書局，1996年，第1938頁。
〔註13〕矢國距離宗周只有二三百里的地方，大約在今天汧水流域，有一矢王，遺留有銘銅器包括《矢王方鼎》（《集成》2149）、《矢王簋》（《集成》3871）、《矢王觶》（《集成》6452）等，見盧連成：《西周矢國史跡考略及其相關問題》，人文雜誌編輯部：《西周史研究》，1984年，第241頁；戎州一事，見《左傳》哀公十七年。
〔註14〕王玉哲：《殷商疆域史中的一個重要問題——點和面的概念》，《鄭州大學學報》（哲學社會科學版）1982年第2期。

某」、「在某」，語言結構相同，且都指的是邑，所以「商」和「入某」、「至某」、「自某」、「在某」之地應該是各自獨立的。而在這些地點有被稱爲內服的「亞某」、「小耤臣」、「射某」等，所以用王畿內、外來劃分內、外服是沒有根據的。「商」的實際控制範圍不是很大，大體應該包含在百里爲半徑的範圍內。所謂商代國家的地理結構，也只會有分散於各地的一些「點」，不可能將整個領土聯成廣大的「面」。

既然用王畿內、外劃分內服和外服不合適，那麼內、外服是按什麼劃分的呢？我們將從商代卜辭和文獻記載出發對其進行分析。

首先，卜辭中外服多表現爲「在某」，而內服則多提及「入商」和「至商」。商代外服常出現「在某」，如「田」有：「才（在）及田武」（《合集》10989 正）；「才（在）龐田封」（《屯南》2409）；「才（在）姞田萑」（《合集》9608 正）；「才（在）斬田龍」（《合集》29365）等。「衛」有：「才（在）🦅衛」（《合集》32937）；「才（在）陷衛」（《合集》28009）；「在尋衛」（《合集》28060）等。「在某」的地點往往與他們所從事之職業相關，如「田」，《逸周書·職方解》孔晁注：「甸，田也，治田入穀也」，卜辭中「田」所在的地點，往往是商代重要的農業區，如「在龐」，有占問「龐不其受年」（《合集》9771）；「黍于龐」（《合集》9538）等。「在姞」，有「姞受年」、「姞不其受年」（《合集》9741 正）；「貞王乎黍在姞，受出（有）〔年〕」（《合集》9517）等。所以「在某田」，應該是被商王指定在商都以外某地從事農墾任務。「衛」，《逸周書·職方解》孔晁注：「衛，爲王捍衛也」。所以「在某衛」，應該是被商王指定在商都以外某地擔服保衛任務〔註15〕。「侯」，雖然在卜辭中沒有發現「在某侯」，但有占問「侯于某」，如「貞侯于……」（《合集》34442）；「……侯于……」（《合集》23558）。這與金文《克罍》、《克盉》之「侯于匽（燕）」（《近出》987、《近出》942）；《宜侯夨簋》之「侯于宜」（《集成》4320）；《麥方尊》之「侯于井（邢）」（《集成》6015）等，如出一轍。「侯」，《逸周書·職方解》孔晁注：「侯，爲王斥候也」。所以「侯」應該是被商王指定在商都以外某地負責「斥候」任務。與外服「在某」不同，內服則多提及「入商」或「至商」，如卜辭「〔戲〕其入商」，「戲弗〔入〕商」（《合集》7773）；「己酉

〔註15〕「在某」參照了裘錫圭先生的觀點，詳見裘錫圭：《甲骨卜辭中所見的「田」「牧」「衛」等職官的研究》，《文史》（第十九輯），北京：中華書局，1987年，第9頁。

雀至」（《合集》4146）；「貞今二月師般至」（《合集》4225）；「貞今日聯其至」
《合集》4605 正）等，都是占問是否到「商」，什麼時候到「商」。而「入商」
或「至商」多與服事有關，如「貞我屮（有）事，入商」（《合集》21595），
「屮（有）事，入商」，說明應該是到「商」服事。還有「貞乎𥏬入卹（御）
事」（《合集》5558）；「乎購冢㝵入卹（御）事」（《合集》5560）；「〔乎〕山
入卹（御）〔事〕」（《合集》5562）等，「卹事」即「御事」，據學者研究是「迎
接事務」的意思〔註16〕，這裏入的地點都是「商」，所以「乎某入御事」，應
該是到「商」來接受事務。「在某」服役與「入商」、「至商」服役，同文獻
和金文中所說的商之內、外是一致的，如《尚書・牧誓》記載殷紂王崇信四
方罪逃，「俾暴虐於百姓，以奸宄於商邑」，《左傳》成公十七年，曰：「亂在
外爲奸，在內爲軌」，「奸宄於商邑」，說明「商」爲「內」，「商」以外即「外」。
西周晚期《毛公鼎》銘文記載，「䎽䎽四方大從不靜」，周王命毛公厝「辥我
邦我家內、外」（《集成》2841），銘文中「我邦我家內、外」即指周都內、
外而言。所以從服役地點上看，在「商」外服役即「外服」，到「商」服役
即「內服」。

　　其次，在商代家和國不相分別的情況下〔註17〕，還表現爲內服多爲同姓、
姻親和異姓舊臣，而外服多是被征服的異姓氏族。內服如前面提到的「亞卓」、
「亞雀」、「亞束」和「𠂤小耤臣」等，都是與商王有血緣關係的同姓氏族。「亞
卓」，卜辭又稱爲「子卓」，如「貞翌……子卓其……糸子十……羌十牢……」
（《合集》335）；「貞爵子卓」（《合集》3226 正），「卓」還經常參與殷先公、
先王的祭祀，如「重（惟）卓令贲（燎）于夒（《合集》14370 丁）；「貞卓以
牛其用自上甲汎大示」（《屯南》9）等。根據「神不歆非類，民不祀非族」，「鬼

<hr>

〔註16〕 王貴民：《說御史》，胡厚宣等著：《甲骨探史錄》，北京：三聯書店，1982 年，
第 322 頁。

〔註17〕 在商周時期，「邦」、「國」和「家」是不想分別的，如《尚書・盤庚》：「肆上
帝將復我高祖之德，亂越我家」，「亂越我家」即光大我家，這裏「我家」即
「我國」；《毛公鼎》：「我邦」、「我家」、「我國」相對；《大克鼎》「諫辥王家」
與「保辥周邦」並提（《集成》2836）；《叔向父禹簋》「我邦」和「我家」同
稱（《集成》4242）。《尚書・大誥》「弗弔天降割于我家」、「天降威，知我國
有疵，民不康，曰：予復！反鄙我周邦」。《詩經・小雅・瞻彼洛矣》、《黃鳥》、
《南山有臺》、《我行其野》，《大雅・思齊》和《周頌・載芟》等篇中，「家室」、
「家邦」、「邦族」和「邦家」互稱等，這些都是「邦」、「國」和「家」不分
的佐證。

神非其族類，不歆其祀」的原則〔註18〕，卓應該是某位商王的兒子。以卓例
之，雀曾攘災于「父乙一羌一宰」（《合集》413）；𠂤曾以「二南于父丁宗」
（《合集》32700）；束稱「子束」（《合集》13726）等，都應該是商王的同姓
氏族。在「非我族類，其心必異」的思想指導下〔註19〕，商王身邊用同姓任
職，乃是所有處在早期階段的國家機構之通例〔註20〕。《左傳》昭公十一年，
曰：「親不在外，羈不在內」，無非是這一制度在春秋時期的孑遺。內服還包
括商王的姻親，這在卜辭稱「婦某」或「某婦」，如「王重（惟）帚（婦）〔好〕
令征尸（夷）」（《合集》6459）；「貞勿令帚（婦）井」（《合集》2760正）；「甲
戌卜，王，余令角帚（婦）屮朕事」（《合集》5495）等，「帚」即「婦」。《尚
書‧盤庚》篇盤庚告誡群臣曰：「汝克黜乃心，施實德於民，至於婚友，丕乃
敢大言汝有積德」。「婚友」即婚姻和僚友，可見姻親也是從遷於殷的對象，
應該屬於內服。《左傳》襄公二十六年，聲子謂：「雖楚有材，晉實用之」，楚
令尹子木曰：「夫獨無族姻乎？」「族」是指同姓家族，「姻」就是指姻親，「族
姻」連用，說明姻親與一般的異姓「楚材」是有差別的。此外，內服還包括
異姓舊臣，《尚書‧盤庚》曰：「古我先王，亦惟圖任舊人共政」，又說「人惟
求舊」，這些「共政」的「舊人」就包括異姓貴族。據《史記‧殷本紀》記載，
商湯的重臣伊尹是有莘氏媵臣，曾服過庖宰一類的賤役，後來得到湯的賞識，
受到了重用。《左傳》宣公十二年記載，楚國國君「內姓選於親，外姓選於舊」，
被認為是「舉不失德」，可見外姓舊臣也應屬於內服。與內服相反，外服多是
被征服的異姓氏族，如周在商代某一時期被稱為「周方」，時常受到殷的征伐，
「貞令多子族從犬侯𤞤周，屮王事」（《合集》6812正）；「貞王重（惟）周方
正（征）」（《合集》6657正）等，後來周臣服了，被封為「周侯」，如「今周

〔註18〕分別見於《左傳》僖公十年和《左傳》僖公三十一年。

〔註19〕見《左傳》成公四年。

〔註20〕《尚書‧呂刑》周王誥命曰：「伯父、伯兄、仲叔、季弟、幼子、童孫，皆聽
朕言」。《詩經‧大雅‧公劉》：「食之飲之，君之宗之」。《尚書‧堯典》：「克明
俊德，以親九族。九族既睦，平章百姓。百姓昭明，協和萬邦」等都是說明治
理家族、宗族和國家的一致性；直到近代，在低族的班洪部落，衙門中的主要
任職人員，還多是協助「王子」辦事的近親貴族，見張亞初：《商代職官研究》，
《古文字研究》（第十三輯），北京：中華書局，1986年，第100頁；這一現象
並非中國所特有，在古希臘提秀斯改革的一項就是：把氏族首領和富裕人士結
成一個單獨的階級，使其「擁有居要職以管理社會的權利」，見馬克思：《摩爾
根〈古代社會〉一書摘要》，北京：人民出版社，1956年，第185頁。

侯今生七月亡（無）田（咎）」（《合集》20074）。卜辭中有一「戈方」，如「貞
重（惟）黃令戈方」（《合集》8397），「戈方」屬於商的敵對「多方」，可能是
因為其臣服了，所以才可以「令戈方」。「戈方」後來被稱為「戈任」，如「貞
戈任疾亡（無）〔田（咎）〕」（《合集》3929），「任」即「男」〔註21〕，「戈任」
即「戈男」，所以也應是臣服後被命以職事。在卜辭中，還常常會見到外服被
征伐的例子，對「侯」進行征伐，如「令雀㞢侯」（《合集》20509）；「令雀伐
㞢侯」（《合集》33072）等。也有對「田」進行的征伐，如「癸卯卜，丘令征
田 ，㞢」（《合集》21099）。對「任」進行征伐，則如「……歸人正（征）
任」（《合集》7049），有時還捉拿「某任」，如「貞使其執盧任」（《合集》5944）。
這說明外服建立在武力征服基礎之上，其非商之同族明甚。《左傳》文公十八
年，記載帝舜舉八元，「使布五教於四方，父義、母慈、兄友、弟共、子孝，
內平外成」。「內平外成」，竹添光鴻箋：「此以一家言，則內謂家，外謂鄉黨」，
按照竹添光鴻的意思，內是指血緣親屬，外是指異姓，這與我們的結論不謀
而合。所以，從血緣關係上看，內服多與商血緣關係親近，而外服多是異姓
被征服者。

　　再次，在征伐戰爭中，外服參戰常常用「比」，而內服卻從來只用「乎」、
「令」不用「比」。「比」殷商卜辭中作「 」，早期多釋為「從」，據學者研
究，「比」字從二「匕」，與「從」判然有別〔註22〕。在有外服參加的軍事征
服中，由王親自率軍作戰，常稱「王比某」或「余比某」，如「貞王比侯告」
（《合集》3339）；「余其比多田于（與）多伯征盂方伯炎」（合集 36511）等。
王派他人執行此項任務則常稱「王令某比某」，如「貞重（惟）象令比倉侯」
（《合集》3291）；「貞王令帚（婦）好比侯告伐尸（夷）」（《合集》6480）；「貞
令多子族比犬侯 周， 王事」（《合集》6812 正）等。與外服不同，內服從
來只用「乎」、「令」不用「比」。有學者據此指出，使用「比」反映了一種地
位上的對等性，商代應該是一個方國聯盟的王朝，商王是聯盟的盟主〔註23〕。

〔註21〕《尚書‧禹貢》：「二百里男邦」，《史記‧夏本紀》引作：「二百里任國」；《尚
　　　　書‧酒誥》的「侯甸男衛」，《白虎通‧爵》將其引作「侯甸任衛」，可見「任」
　　　　與「男」可通用。所以《禹貢》：「二百里男邦」，偽孔注：「男，任也」。《逸
　　　　周書‧職方解》：「又其外方五百里我男服」，孔晁注：「男，任也，任王事」。
〔註22〕林澐：《甲骨文中的商代方國聯盟》，《古文字研究》（第六輯），北京：中華書
　　　　局，1981 年，第 69～70 頁。
〔註23〕以上參考了林澐先生的觀點，詳見林澐：《甲骨文中的商代方國聯盟》，《古文

也有學者依據文獻中「比」有「輔佐」的意思，並且卜辭中都是商王或受商王令的王臣「比」諸侯，而無相反的例證。從而認為「商王是這些軍事行動的主導者，諸侯是處於從屬的地位」〔註 24〕。二者結論截然不同，然就殷商卜辭而言，外服終究也有用「令」的例子，如「貞王令倉侯伐」（《合集》41499）；「貞令犬侯屮王事」（《合集》32966）等。《尚書·多方》曰：「簡畀殷命，尹爾多方」，「尹爾多方」，就是管理你們「多方」的意思。所以把「比」外服，說成是方國聯盟似乎有些不妥，故以商王是軍事行動的主導者之說法見長。無論如何，由「比」可以反映出外服具有一定的獨立性則是肯定的。在征伐戰爭中，王或內服「比」外服，可能起到對外服監視和控制的作用。總之，外服用「比」，內服用「令」、「乎」，可能是控制程度上的差別，即用「比」，表明控制程度弱；用「令」、「乎」，表明控制程度強。這種差別也可能反映直接控制與非直接控制的關係，如西雙版納傣族的議事庭有內、外之分，由「召片領」直接控制的稱為「內議事庭」，由召景哈主持的稱為「外議事庭」〔註 25〕。「滾很召」等級的領囡、冒宰、滾乃等也有內、外之別，由「召片領」直接控制的稱為「領囡乃」、「冒宰乃」、「滾乃乃」，「乃」就是「內」的意思；由其他人管轄的稱為「領囡諾」、「冒宰諾」、「滾乃諾」，「諾」就是「外」的意思〔註 26〕。在雲南寧蒗和鹽源左所，納西族百姓等級「責卡」也區分內、外，由土司直接控制的稱內責卡，由各個管人管理的稱外責卡〔註 27〕。所以從控制程度上看，對外服的控制相對而言較弱，而對內服則較強。

綜上所述，內、外服之間的劃分，既表現在服役地點上的差別，又表現在血緣關係和控制程度上的不同。而且「服」之本字作「𡏮」，像一手按跽一人使其跪伏，本義是指制服，從而引申為服役之義〔註 28〕。所以外服應該

字研究》（第六輯），北京：中華書局，1981 年，第 82 頁。

〔註 24〕 楊升南：《卜辭所見諸侯對商王室的臣屬關係》，胡厚宣主編：《甲骨文與殷商史》，上海：上海古籍出版社，1983 年，第 151 頁。

〔註 25〕 《民族問題五種叢書》雲南省編輯委員會編：《西雙版納傣族社會綜合調查》（二），昆明：雲南民族出版社，1984 年，第 3 頁。

〔註 26〕 《民族問題五種叢書》雲南省編輯委員會編：《傣族社會歷史調查》（西雙版納之五），昆明：雲南民族出版社，1983 年，第 6～7 頁。

〔註 27〕 《納西族簡史》編寫組：《納西族簡史》（修訂本），北京：民族出版社，2008 年，第 88 頁。

〔註 28〕 徐中舒：《論西周是封建制社會——兼論殷代社會性質》，《歷史研究》1957

是在「商」以外服役，控制程度相對較弱的異姓氏族；內服就應該是在「商」服役，控制程度較強的血緣親族。

弄清了內、外服的劃分後，下面讓我們來分析一下內、外服制產生和存在的原因。

商代基本的社會單位應該是族。在卜辭中，有「王族」，如「雀其乎王族來」（《合集》6946 正）；「勿乎王族凡于疒」（《合集》6343）等。有「多子族」，如「王族爰多子族立」（《合集》34133）；「重（惟）多子族令」（《合集》5450）等。也有稱爲「某族」，如「令犬征族褒田于〔虎〕」（《合集》9479）；「重（惟）三族馬令」；「眔令三族」；「重（惟）一族令」（《合集》34136）；「五族弗雉王眔」（《合集》26879）等。還有大量沒有明確稱族，但從人名、地名相同的情況，推知也應是族名，如前面提到的「亞雀」，占問「入于雀」（《合集》190反）；「雀受年」（《合集》9760）。「亞卓」，有占問「自卓𠚢（有）來婨（艱）」（《合集》557）。「𡥀小耤臣」，占問「往于𡥀」（《合集》8111），這些都應該是地名、族名和人名三位一體〔註 29〕。這些族，應是大家族，還有些甚至一邦即是一族。

這些家族的大量存在，決定了當時基本的社會關係應該是血緣關係。在周代，「庸勳親親，暱近尊賢」，被認爲是「德之大者」〔註 30〕。春秋時期，「親親」，被認爲是盟主是否稱職的標準之一〔註 31〕。而不「親親」，則被認爲「犯五不韙」〔註 32〕。「族盡親叛」，會被世人恥笑爲「無主」於國〔註 33〕，所以要「教之《訓典》，使知族類」〔註 34〕，由此可見，家族關係在周代社會生活中的重要性。在商代，「親親」表現爲惟有內服的同姓家族才有祭祀商之祖先的權力，如「乎子窒卯（御）𠚢（侑）母于父乙」（《合集》924 正）；「乎子漁

年第 5 期。
〔註 29〕朱鳳瀚先生認爲：「一個集體，既已與一定的地域相結合，且與地名同名號，最恰當的解釋，即是這個集體實爲一種族氏組織」。見朱鳳瀚：《商周家族形態研究》，天津：天津古籍出版社，2004 年，第 34 頁；裘錫圭也曾指出，「在商代，地名、族名和人名往往是三位一體的」。見裘錫圭：《釋祕》，《古文字研究》（第三輯），北京：中華書局，1980 年，第 15 頁。
〔註 30〕《左傳》僖公二十四年。
〔註 31〕《左傳》昭公十四年。
〔註 32〕《左傳》隱公十一年。
〔註 33〕《左傳》昭公十三年。
〔註 34〕《國語·楚語上》。

㞢（侑）于祖乙」（《合集》2972）；「乎〔子〕央㞢（侑）于（有）㞢〔祖〕」（《合集》39686）等，而外服卻被認爲是「鬼神非其族類，不歆其祀」，被排斥在外。其根本的目的就是要修五教、親九族，即《左傳》桓公六年，「修其五教，親其九族，以致其禋祀」。「五教」，杜預注：「父義、母慈、兄友、弟恭、子孝」。「九族」有兩種說法，一種認爲是有親屬關係的異姓，即外祖父、外祖母、從母子及妻父、妻母、姑之子、姊妹之子、女子之子、並已之同族；一種認爲是同姓，從高祖至玄孫的九代人〔註 35〕。從歷史發展的眼光看，早期的「九族」應該是指血緣關係親近者。所以，內服的同姓家族參與祭祀就是爲了鞏固「親親」。而「親親」的目的是爲了「扞禦侮」，如《左傳》僖公二十四年，曰：「扞禦侮者莫如親親」；《詩經·小雅·常棣》言：「兄弟鬩於牆，外禦其侮」。在商代，內服親族常常是商對外征服的主要力量，如「貞令多子族比犬侯𩇕周」（《合集》6812 正）；「王族其章尸（夷）方」（《合集》2064）；「貞登婦好三千登旅萬，乎伐□」（《合集》39902）等。從而我們就不難理解《禮記·祭統》篇說「凡治人之道，莫急於禮。禮有五經，莫重於祭」的原因了。所以，劃分內、外服正是爲了更好的保存自己和加強對外征服的有效手段。

綜上所述，商代基本的社會單位是族，基本的社會關係是血緣關係，商代區分內、外服正是爲了利用血緣關係，對外服進行有效控制，從而加強國家統治。

本節通過對卜辭中「入商」、「至商」、「自商」、「在商」與「入某」、「至某」、「自某」、「在某」的對比，發現「商」與其他一些地名是各自獨立的地點，換句話說，「商」不包括這些地點在內。而在這些地名中，有被稱爲內服的「亞雀」、「亞卓」、「亞束」等，這說明用王畿內、外來劃分內、外服不成立。「商」的實際控制範圍不是很大，大體應該包含在百里爲半徑的範圍內。在「商」外還有面積廣大的荒地，並且充斥著大量的敵對方國，所以商代地理結構的空間表現，只會有分散於各地的一些「點」，不可能將整個領土聯成廣大的「面」。外服在卜辭中常出現「在某」，而內服多是「入商」和「至商」，說明在「商」外服役即外服，到「商」服役即內服；在家、國不分的情況下，內服多爲同族、姻親和異姓舊臣，外服多是被征服的異姓氏族；征伐戰爭中，外服參戰用「比」，而內服卻只用「乎」或「令」，說明商王國對外服的控制

〔註35〕詳見《左傳》桓公六年杜預注和孔穎達疏。

相對較弱，而對內服則較強。簡而言之，商代的內、外服既表現爲服役地點上在「商」之內、外，又表現爲血緣關係的親疏和控制程度的強弱之分。商代由於家族大量存在和血緣關係占主導地位等原因，按照血緣親疏區分內、外，正是爲了加強對外服的控制和維護國家統治的需要。

3.1.2　商代外服所見指定服役制度

關於外服與指定服役制度的關係，已有學者進行過研究〔註 36〕，但由於當時內、外服劃分標準尚不明確，以至只局限於對《尚書・酒誥》所提供的侯、甸、男、衛四種服制進行了探討。另外，先前的研究多從文獻入手，對甲骨資料少有涉及。本節即立足於商代卜辭，以《酒誥》的侯、甸、男、衛爲基礎，並以服役地點上出現「在某」或征伐戰爭中是商王「比」的對象，作爲判斷外服的標準，對商代外服所見指定服役制度進行研究。

（1）侯與指定服役。侯在卜辭中有稱爲「某侯」，如「 𦍒 侯」（《合集》10923）；「虢侯」（《合集》697 正）；「倉侯」（《合集》3286 正）；「 𡿦 侯」（《合集》3310）等。也有稱爲「侯某」，如「侯豹」（《合集》3297 正）；「侯專」（《合集》3346）；「侯光」（合集》20057）等。有時也可以直接稱「侯」，如「壬戌卜，乙丑用侯屯」（《合集》32187），「用侯屯」，就是用侯貢納的卜骨〔註 37〕。這些「侯」可統稱爲「多侯」，如「多侯」（《合集》20592）；「多侯歸」（《屯南》3396）等。據學者統計，商代甲骨文稱「侯某」者有 18 位，稱「某侯」有 31 位〔註 38〕。

卜辭雖然沒有發現「在某侯」，但有關於「侯于某」的記載，如「貞侯于……」（《合集》34442）；「侯于……」（《合集》23558），這與金文中《克罍》、《克盉》：「令克侯于匽（燕）」（《近出》942、《近出》987）；《宜侯矢簋》：「侯于宜」（《集成》4320）；《麥方尊》：「侯于井（邢）」（《集成》6015）；《伯晨鼎》：

〔註 36〕 見徐中舒：《試論周代田制及其社會性質——並批判胡適井田辨觀點和方法的錯誤》，《四川大學學報》（哲學社會科學版）1955 年第 2 期；徐中舒：《論西周是封建制社會——兼論殷代社會性質》，《歷史研究》1957 年第 5 期；徐中舒、唐嘉弘：《論殷周的外服制——關於中國奴隸制和封建制分期的問題》，《人文雜誌》（增刊）1982 年 5 月等文章。

〔註 37〕 曾毅公和肖良瓊謂「一屯」即「一對」，見于省吾：《甲骨文字詁林》，北京：中華書局，1996 年，第 3318～3323 頁。

〔註 38〕 王宇信、楊升南：《甲骨學一百年》，北京：社會科學文獻出版社，1999 年，第 463 頁。

「侯于甀（垣）」（《集成》2816）等相似，都是被派駐在某地作侯。侯經常是征伐戰爭中商王「比」的對象，如「貞叀（惟）象令比倉侯」（《合集》3291）；「貞王叀（惟）侯告比正（征）尸（夷）」（《合集》6460 正）；「貞令多子族比犬侯🀀周」（《合集》6812 正）等。侯有時也是被征伐的對象，如「令雀戈侯」（《合集》20509）；「王比東戈🀀侯，戈」（《合集》33208）；「伐侯」（《合集》39482）等。據學者研究，「戈」是征伐的意思，多指征伐的結果〔註 39〕，所以「侯」屬於外服。

侯的職事。《逸周書‧職方解》：「其外方五百里為侯服」，孔晁注：「為王斥候也」；《周禮‧夏官‧職方氏》：「其外方五百曰侯服」，賈公彥疏：「侯之言候，為王斥候」；《尚書‧禹貢》：「五百里侯服」，偽孔注：「侯，候也。斥候而服事」，可見侯本職是「斥候」。《左傳》襄公十一年，晉侯以諸侯的軍隊征伐鄭國，鄭人使王子伯駢行成，於是諸侯聯軍「赦鄭囚，皆禮而歸之。納斥候，禁侵掠」。楊伯峻先生注：「斥候即偵察兵或巡邏兵」。《史記‧李將軍列傳》：「然亦遠斥候，未嘗遇害」。司馬貞《索隱》引許慎注《淮南子》云：「斥，度也。候，視也，望也」。所以有學者指出，從文字上看，「候」字是由「侯」分化出來的。但是，從語言上看，諸侯之「侯」卻應該是由斥候之「候」這個詞分化出來的〔註 40〕。卜辭中有「牧于某，某侯屮鄙」，如「戊戌，貞屮（有）牧于屮，攸侯屮啚」，「中牧于義，攸侯屮啚」（《合集》32982）。據學者研究，「屮」是協理事務的意思〔註 41〕，到某地放牧，攸侯負責在邊鄙輔事，概取其斥候之本職。卜辭中還有許多到「某侯」種田的記載，如「貞乞令受田于芳侯」（《合集》10923）；「辛□，貞〔王〕令□裒田于□侯」（《合集》33278）；「癸□〔卜〕，□，貞□令受裒〔田〕于🀀侯」（《合集》9486），有學者稱此為「寄田」〔註 42〕，是指到「旁國」種田。也有學者認為「商王派『田』駐在侯、伯的封域內，大概是為了就近取得侯、伯的武力的保護」〔註 43〕。商代地廣人稀，敵對勢力充斥其間，到「某侯」種田

〔註 39〕張政烺：《釋戈》，《古文字研究》（第六輯），北京：中華書局，1981 年，第 140 頁。

〔註 40〕裘錫圭：《甲骨卜辭中所見的「田」「牧」「衛」等職官的研究》，《文史》（第十九輯），北京：中華書局，1987 年，第 9 頁。

〔註 41〕王貴民：《說御史》，胡厚宣：《甲骨探史錄》，北京：三聯書店，1982 年，第 329 頁。

〔註 42〕張政烺：《卜辭裒田及其相關諸問題》，《考古學報》1973 年第 1 期。

〔註 43〕裘錫圭：《甲骨卜辭中所見的「田」「牧」「衛」等職官的研究》，《文史》（第

或「在某田」，應該就是發揮其斥候的職責。

這些侯有各自的地域，屬於獨立的政治經濟實體。如「攸侯」，有「壬申卜，才（在）攸，貞出（有）微臿告啓」（《合集》35345）；「貞今日步于攸」（《合集》36825）。「杞侯」，有「貞王其田，亡（無）災。才（在）杞卜」（《合集》24473）；「貞王步于杞，亡（無）災」（《合集》36751）。「𢀛侯」，有「勿令周往于𢀛」（《合集》4883）；「貞今夕亡（無）囚（咎）。才（在）𢀛」（《合集》24361）等。「在某」、「步于某」和「往于某」，說明它們都是獨立的地點。有時也占問「侯受年」，如「癸卯卜，㪡，貞王于黍，侯受黍年」（《合集》9934正），「侯受黍年」，就是占問侯是否有好年成。這些資料說明，侯應該是獨立的政治經濟實體。

綜上可知，侯在卜辭中有「侯于某」，是商王征伐戰爭中「比」的對象，說明侯屬於外服。侯的職事是「斥候」，並且是獨立的政治經濟實體，所以「侯某」或「某侯」應該是被指定在「商」以外負責斥候任務的服役者。

（2）甸與指定服役。「甸」即「田」，在卜辭中有稱爲「田某」，如「田武」（《合集》10989正）；「田黃」（《合集》28196）；「田豐」（《屯南》2409）；「田萑」（《合集》9608正）；「田龍」（《合集》29365）；「田𢀛」（《合集》21099）等。這些「田某」可以統稱爲「多田」，如「多田亡（無）𢦏（災）」（《合集》27892）；「以多田伐」（《合集》27893）；「以多田、亞、任」（《合集》32992反）等。

這些田在卜辭中常稱爲「在某（地名）田某」，如「在及田武」（《合集》10989正）；「才（在）𠦪田黃」（《合集》28196）；「才（在）龐田封」（《屯南》2409）；「才（在）姄田萑」（《合集》9608正）；「才（在）斬田龍」（《合集》29365）等。田是商王征伐戰爭中「比」的對象，如「丁卯王卜，貞今囚（咎）巫九各，余其比多田于（與）多白，正（征）盂方白炎」（《合集》36511）；「甲戌王卜，貞〔令〕靇莊盂方、西鉞，典西田，□妥余一人，比多田，屮正（征）」（《合集》36181）等。有時也對田進行征伐，如「癸卯卜，丘令征田𢀛，𢦏」（《合集》21099），所以田屬於外服。

甸的職事。《逸周書・職方解》：「又其外方五百里爲甸服」，孔晁注：「甸，田也，治田入穀也」；《周禮・夏官・職方氏》：「又其外方五百里曰甸服」，賈公彥疏：「甸之言田，爲王治田出稅」；《尚書・禹貢》：「五百里甸服」，僞

十九輯），北京：中華書局，1987 年，第 6 頁。

孔傳曰：「爲天子服治田」。可見「甸」就是「田」，是負責爲王治田入穀之
職。卜辭「在某田某」，「在某」的地點往往是重要的農業區，如「在龐」，
有「龐不其受年」（《合集》9771）；「貞黍于龐」（《合集》9538）等，說明「龐」
是一個農業區。「在姐」，有「姐受年」，「姐不其受年」（《合集》9741 正）；
「貞王乎黍在姐，受屮（有）〔年〕」（《合集》9517）等，可見「姐」也是一
個農業區。所以甸應該是被商王派駐在商都以外某地從事農墾之職。

這些甸有各自的地域，屬於獨立的政治經濟實體。如「田萑」，有「貞王
往萑耤，征往」，「貞勿往」（《合集》9501），「耤」就是「籍田」，「王往萑耤」，
就是占問王是否到萑舉行籍田。「帚（婦）井黍萑」（《合集》9598）；「帚（婦）
井黍不其萑」（《合集》9599）。「帚井黍萑」和「帚井黍不其萑」，是占問婦妍
到萑地去種田。也有占問「萑」是否受年，如「庚子卜，萑受年」（《合集》
9758 正），「萑受年」是占問萑是否有好年成，可見萑有固定的地點，有農業
區，應該屬於獨立的邑。「田龍」，也有占問「黍在龍囿杢，受有年」（《合集》
9552）。這些資料說明，「田某」應該是獨立的政治經濟實體。

綜上可知，田在卜辭中有「在某田」，是征伐戰爭中商王「比」的對象，
說明田屬於外服。田的職事是服種田勞役，「田某」是獨立的政治經濟實體，
所以田應該是被商王指定在「商」以外某地從事種田任務的服役者。

（3）男與指定服役。「男」在卜辭中出現的次數不多，有的稱爲「某男」，
如「卜，貞雀男受〔又（佑）〕」（《合集》3452）；也有單稱「男」，如「不其
受男……」（《合集》3455），「貞男芍取，亡（無）戕」（《合集》21954）；「翌
甲辰屮（有）上甲男……」（《合集》3453）；「〔貞〕男不其……」（《合集》3451）
等。「男」也可稱爲「任」，如《尚書·禹貢》：「二百里男邦」，《史記·夏本
紀》引作：「二百里任國」；《尚書·酒誥》：「侯甸男衛」，《白虎通·爵》將其
引作：「侯甸任衛」，可見「任」與「男」可通用。故有學者認爲：「任本商制，
男乃周名」〔註44〕。據學者統計，見於甲骨文中的「任」有 15 位〔註45〕，如
「𦷸任」（《合集》7049）；「㠱任」（《合集》7854 正）；「戈任」（《合集》3929）；
「而任」（《合集》10989 正）等。這些「任」可以統稱爲「多任」（《合集》19034）。

卜辭中沒有發現「在某男」或「在某任」，但「某任」卻是征伐戰爭中商

〔註44〕丁山：《甲骨文所見氏族及其制度》，北京：中華書局，1988 年，第 46 頁。
〔註45〕王宇信、楊升南：《甲骨學一百年》，北京：社會科學文獻出版社，1999 年，
　　　　第 466 頁。

王「比」的對象，如「……日……比任」（《合集》34409），「而任」有時也稱
爲「而伯」，商王曾與而伯「比」伐方國，如「貞王重（惟）而白龜比伐□方」，
「貞王勿隹（惟）而白龜（龜）伐□〔方〕」（《合集》6480）等，「重（惟）
而白龜比」，就是比而伯龜。「某任」與商有時也互相攻伐，如「丁卯卜，曰𡥈
任𤊾（有）正（征）。允正（征）」（《合集》7049），這條卜辭的意思是丁卯這
一天，占卜𡥈任是否會來征伐，結果𡥈任果然前來征伐，所以商王立即「歸
人正（征）𡥈任」（《合集》7049）。有時也捉拿「某任」，如「貞使其執盧任」
（《合集》5944），所以男或任應屬於外服。

男的職事。《逸周書・職方解》：「又其外方五百里爲男服」，孔晁注：「男，
任也，任王事」；《周禮・夏官・職方氏》：「又其外方五百里曰男服」，賈公彥
疏：「言『男』者，男之言任也，爲王任其職理」；《尚書・禹貢》：「二百里男
邦」，僞孔傳曰：「男，任也，任王者事」。孔穎達疏：「『任王者事』，任受其
役，此任有常，殊於『不主一』也」。可見，由漢至唐的注釋家都認爲「男」
的職事是任王事。

卜辭中任有各自獨立的地域，如「戈任」，有占問「戈受年」（《合集》8984）；
「王其省戈田」（《屯南》1013）。「而任」，有占問「貞翌庚子步于而」（《合集》
8281）；「己未卜，雀隻（獲）虎，弗隻（獲），才（在）而」（《合集》10201）。
「折任」，有占問「……才（在）折……」（《合集》7924）。這些「任」有自
己的疆域，並且有自己的農業經濟，說明是獨立的政治經濟實體。

綜上可知，男或任，是征伐戰爭中商王「比」的對象，說明男屬於外服。
其職事是任王事，並且是獨立的政治經濟實體，所以男應該是被商王指定在
「商」以外某地爲王任某事的服役者。

（4）衛與指定服役。「衛」在卜辭中可以寫作「衛」、「衛」、「衛」或「衛」
等。衛有稱爲「某衛」，如「貞令〔𠤕〕衛比……」（《合集》32999），也有直
接稱「衛」，如「甲寅卜，永，貞衛𠂤𨊫（僕）率用」，「貞衛𠂤𨊫（僕）勿
率用」（《合集》555 正）；「貞乎衛比𦭴北」，「貞勿乎衛〔比𦭴北〕」（《合集》
7565 正）等。

衛在卜辭中稱「在某衛」，如「□亥，貞才（在）𠁣衛來」（《合集》32937）；
「丁亥卜，才（在）隋衛彫，邑𩷍典晉𤊾（有）牟方豚，今龜王其〔事〕……」
（《合集》28009）；「□巳卜，才（在）尋衛……」（《合集》28060）等。「貞
在𠁣衛來」，占問是否讓在𠁣地的衛來到「商」，「在隋衛彫」，占問是否讓在

隉地的衛進行彭祭。衛稱「在某衛」與「在某田」相似，所以衛屬於外服。

衛的職事。《逸周書・職方解》：「又其外方五百里爲衛服」，孔晁注「衛，爲王捍衛也」；《周禮・夏官・職方氏》：「又其外方五百里曰衛服」，賈公彥疏：「言『衛』者，爲王衛禦」。在卜辭中「衛」作動詞用，多是守衛的意思，如「貞令射倗衛」（《合集》13）；「貞乎多犬衛」（《合集》5665）；「貞令戔眔鐃斥工衛，虫（有）坒（擒）」（《合集》9575）；「王其乎衛于罖，方出于之，虫（有）戠」（《合集》28012）等。所以衛應該是被商王派駐在商都以外某地負責保衛之職。

這些衛有各自的地域，屬於獨立的政治經濟實體。卜辭有占問「伐衛」、「往衛」、「自衛」，如「貞方（伐衛）」（《合集》8674）；「……自衛……」（《合集》9437 反）；「貞自往衛亡田（咎）」（《合集》7888）。這些資料說明，衛應該是獨立的政治經濟實體。

綜上可知，衛在卜辭中稱「在某衛」，說明衛屬於外服。衛的職事是爲王捍衛，並且是獨立的政治經濟實體，所以衛也應該是被商王指定在「商」以外某地負責保衛任務的服役者。

（5）犬與指定服役。犬在卜辭中可稱爲「犬某」，如「犬中」（《合集》27902）；「犬𡧛」（《合集》27907）；「犬皁」（《合集》27925）；「犬鑫」（《合集》27914）；「犬大」（《合集》27910）等。有的也可以直接稱「犬」，如「在淒犬中」（《合集》27902），可稱爲「在淒犬」（《合集》27901）；「盂犬𡧛」（《合集》27907），也稱「盂犬」（《合集》27921）；「牢犬大」（《合集》27910），亦稱爲「牢犬」（《合集》27920）等。這些犬可以統稱爲「多犬」，如「貞乎多犬網鹿于蝥」（《合集》10976 正）；「貞多犬及冎長」、「貞多犬弗其及冎長」（《合集》5663）；「貞乎多犬衛」（《合集》5665）等。

這些犬卜辭中常稱爲「在某（地名）犬某」，如「在淒犬中告麋」（《合集》27902）；「王其比在成犬皁，弗每（悔），亡（無）戋（災）」（《合集》27925）；「叀（惟）在牢犬大比，亡（無）戋（災），坒（擒）」（《合集》27910）等。也有「在某犬」，如「在淒犬告狐」（《合集》27901）；「在盂犬告虫（有）〔鹿〕」（《合集》27919 反）。「在某犬某」或「在某犬」也可以省作「某犬某」或「某犬」，如「叀（惟）成犬皁比，亡（無）戋（災）。坒（擒）」（《屯南》2329）；「叀（惟）牢犬言比」（《合集》27923）；「盂犬告鹿」（《合集》27921）等。同時，這些「犬」還經常是商王田獵時「比」的對象，如「王其比盂犬𡧛」（《合

集》27907）；「叀（惟）成犬龕比，湄日亡（無）𢦏（災）」（《合集》27914）；
「叀（惟）才（在）𠬝犬壬比，亡（無）𢦏（災），毕（擒）」（《屯南》625）；
「王其田，叀（惟）成犬匕（比），毕（擒），亡（無）𢦏（災）」（《合集》27915）
等，所以犬應該是外服。

　　犬的職事。犬的職事與「犬」有關，卜辭中「犬」作「𤝆」，是犬的象
形。它常與牛、羊、豕等連用，如「貞方帝一羌、二犬，卯一牛」（《合集》
418 正）；「貞今日𡙇（燎）三羊、二豕、三犬」（《合集》738 正）；「叀（惟）
犬、羊、豕」（《合集》20679）等，所以「犬」本是指犬類動物。犬是捕獵
的能手，如「臭」，從犬從自，《說文》謂：「禽走，臭而知其跡者，犬也」。
在先秦時期狩獵經常有犬的身影，如《詩經・秦風・駟驖》敍述秦君帶著兒
子去打獵的時候，「輶車鸞鑣，載獫歇驕」，高亨注：「獫，長嘴巴的犬。歇
驕，短嘴巴的犬」[註46]。《詩經・小雅・巧言》曰：「躍躍毚兔，遇犬獲之」，
可見犬是狩獵的能手，在打獵過程中必不可少。在東北，獵犬是鄂倫春人狩
獵中的重要助手，獵犬不僅能發現和跟蹤野獸，還能夠追捕野獸並與之搏
鬥，因此，一個好的獵手往往都有幾條獵犬作為其在深山密林中的伴侶和狩
獵的助手[註47]。作為職事的「犬」多與狩獵有關，卜辭中有言「比某犬」
進行田獵，如「王其比盂犬𦥑，田戠，亡（無）〔𢦏（災）〕」（《合集》27907）；
「叀（惟）𩠂，犬𤝶比，田殻，亡（無）𢦏（災），毕（擒）」（《合集》27905）；
「王其田叀（惟）成犬匕（比），毕（擒），亡（無）𢦏（災）」（《合集》27915）
等，這裏的「田」指田獵[註48]，「田某」就是到某地去田獵。「比某犬」進

〔註46〕　高亨：《詩經今注》，上海：上海古籍出版社，1980 年，第 165 頁。

〔註47〕　《鄂倫春族簡史》編寫組編：《鄂倫春族簡史》（修訂本），北京：民族出版社，
2008 年，第 31～32 頁。

〔註48〕　卜辭中田也可作為田獵之義，如「王往田，毕（擒）」（《屯南》2298）；「貞王田
盂，往來亡災」（《合集》29088）；「叀盂〔田〕，毕（擒）」（《合集》29152）等。
田本義是農田，用作田獵之意與田獵有對農田保護的性質有關。在商代田獵之
地通常也是重要的農業區，如「盂」有占問其是否受年的記錄，如「惟盂先，
受有年」（《合集》28216）；「王其往二盂田，旬受禾」（《合集》28230）；「才（在）
酒、盂田，受禾」（《合集》28231）等。當時野獸眾多，農田往往受其踐躪，
如《春秋》莊公十七年，「冬，多麋」，杜注「麋多則害稼，故以災書」。《豳風・
東山》：「町疃鹿場，熠耀宵行」，戰士遠征不歸，田園竟廢為鹿場，所以田獵
往往帶有為農田除獸害的作用。《左傳》隱公五年，「春蒐、夏苗、秋獮、冬狩」，
鄭玄注：「苗，為苗除害也」，《禮記・月令》說孟夏之月要「驅獸毋害五穀」，
《後漢書・劉般列傳》記載劉般曰：「夫漁獵之利，為田除害，有助穀食，無

行田獵，說明「犬」的職事與田獵相關。卜辭也有言「犬告鹿」，如「盂犬告鹿，其比，毕（擒）」（《合集》27921）；「乙酉卜，犬來告：屮（有）鹿，王往逐。弗毕（擒）」（《屯南》997）；「貞才（在）𤔪，犬𧯋告𤉲鹿，王其比射，往來亡（無）災」（《合集》37439）等，「告鹿」就是向商王報告有鹿，「毕」是擒獲的意思，可見「告鹿」與狩獵有關。同時，「在某犬某」之「在某」的地點，往往是商王的重要田獵區，如「在淒」，有「王重（惟）淒田，湄日亡（無）戈（災）」（《屯南》762）；「貞今日王其田淒，不遘大雨」（《合集》37787）。「在盂」，有「王其田盂至戴，亡（無）戈（災）」（《合集》28885）；「貞王田盂，往來亡（無）災」（《合集》29088）。「在成」，有「重（惟）成田，亡（無）戈（災）」（《合集》29334）；「重（惟）成田亡（無）災，毕（擒）」（《屯南》4327）。所以犬應該是被商王派駐在商都以外某地負責管理田獵事務之職。

這些犬有各自的地域，屬於獨立的政治經濟實體。卜辭有占問「田于犬」或「至于犬」，如「辛卯卜，壬王其田，至于犬壘東，湄日亡（無）戈（災）」（《合集》29388）；「壬戌〔卜〕，□，貞王其田〔于〕犬，亡（無）災」（《合集》29389）。「犬某」，卜辭中也有稱爲「在某」或「步于某」，如「犬蠢」，有「甲寅卜，才（在）蠢，貞今日王步〔于〕夒，亡（無）災」（《合集》36752）；「辛亥王卜，才（在）否貞，今日步于蠢亡（無）災」（《合集》41777）等。也有占問「犬受年」，如「貞犬受年」（《合集》9793）；「辛〔酉卜〕，□，貞犬受年」（《合集》9794）等。同時，「犬某」還有明確稱「族」，如「戊子卜，宁，貞令犬延族裒田于〔虎〕」（《合集》9479）。所以犬應該是獨立的政治經濟實體，並且可能以一族之人負責犬之職事。

綜上可知，犬在卜辭中有「在某犬」，是商王田獵中「比」的對象，說明犬屬於外服。犬的職事是負責田獵，屬於獨立的政治經濟實體，所以應該是被商王指定在「商」以外某地從事田獵任務的服役者。

關二業也」等，都是說狩獵有爲莊稼除害之責。在雲南少數民族中，刀耕火種農業的田間管理主要是同各種鳥獸災害進行鬥爭，鳥獸可以在一個短暫的時間裏，使全部生產物歸於毀滅。所以主人必須住在地旁，一面保護作物，一面進行狩獵，見宋恩常：《雲南少數民族的刀耕火種農業》，《雲南少數民族研究文集》，昆明：雲南人民出版社，1986年，第184頁。基諾族在山地作物成熟時，爲了防止成群的野豬、猴子侵害莊稼，往往舉行集體圍獵，其狩獵活動帶有護秋性質，見《民族問題五種叢書》雲南省編輯委員會：《基諾族普米族社會歷史綜合調查》，北京：民族出版社，1990年，第44頁。

　　（6）牧與指定服役。「牧」在卜辭中寫作「牧」、「𤘽」、「𤛱」，也可寫作「牧」、「牧」等。對於甲骨字形中從牛與從羊，羅振玉先生解釋說：「《說文解字》：『牧，養牛人也，從攴從牛。』此或從牛，或從羊，牧人以養牲為職，不限於牛羊也。諸文或從手執鞭，或更從止以象行牧」〔註49〕，即從造字本義上講，「牧」是指牧牛，如《左傳》昭公十年，曰：「牛有牧」，杜預注：「養牛曰牧」。卜辭中，牧羊應是「𤘽」或「𤛱」。但從飼養牲畜的角度上講，二者都是負責放牧的職責，所以後來就只取「牧」來代替牧牛和牧羊等活動了，如《詩經‧小雅‧無羊》曰：「誰謂爾無羊？三百維群。誰謂爾無牛？九十其犉。爾羊來思，其角濈濈。爾牛來思，其耳濕濕」。接下來又說：「爾牧來思，何蓑何笠，或負其餱。三十維物，爾牲則具。爾牧來思，以薪以蒸，以雌以雄」，可見所牧之牲畜既有牛又有羊。

　　「牧」在卜辭中可稱為「某牧」，如「貞盂牧〔冉〕冊」（《合集》13515）；「貞莧牧」（《合集》5625）；「叀（惟）尭牧」（《屯南》2191）等。也有稱為「牧某」，如「貞屮（有）牧𤙕告啓」（《合集》35345）；「癸酉卜，戉伐，屮（有）牧𤙕敗尸（夷）方，戉屮（有）𢦏」（《屯南》2320）等。還可直接稱「牧」，如「牧入十」（《合集》14149）；「牧亡（無）𡆥（擒）」（《合集》41561）；「牧隻（獲）羌」（《合集》39490）等。也有稱「幾（數字）牧」者，如「貞□三牧〔告〕」（《屯南》1024）；「九牧告」（《天理》519）等。

　　「牧」在卜辭中有「在某牧」，如「甲戌卜，宁，貞才（在）易牧獲羌」（《珠》758）；「辛未，貞才（在）丂牧來告」（《合集》32616）；「甲辰卜，才（在）爿牧徙微屮（有）……疫……。在澅」（《屯南》2320）；「□□〔卜〕，才（在）爿牧……」（《合集》36969）等。卜辭中也有比某牧，如「莧牧」，有「庚申王卜，在𤞢，貞其比莧北洮……」（《合集》36758），「比莧」應該就是「比莧牧」，所以牧屬於外服。

　　牧的職事。《周禮‧地官‧牧人》有「牧人」之職，「掌牧六牲而阜蕃其物，以共祭祀之牲牷」，鄭玄注：「牧人，養牲於野田者」。卜辭中「在某牧」之「在某」，常常是商代的重要牧區，如「在丂牧」，有「□□卜，戈才（在）丂牧」（《合集》35240），「戈在丂牧」，就是讓戈族在丂地放牧，丂應該是重要的牧場。「在爿牧」，有「戊戌，貞屮（有）牧于爿，伙侯屮啚」（《合集》32982），「牧于爿」，就是到爿地放牧，可見爿也應該是牧場。所以牧是被商

〔註49〕于省吾：《甲骨文字詁林》，北京：中華書局，1996年，第1531頁。

王指定在商都以外某地負責畜牧之職。

　　這些牧有各自的地域，屬於獨立的政治經濟實體。如「莧牧」，有「貞翌庚戌步于莧」（《合集》8235）；「丁巳，貞王步自莧于繠，若」（《合集》33147）等。「尧牧」，有「王叀（惟）南田省，征往于尧，弗每（悔）」（《合集》29240）；「翌日戊王叀（惟）尧田，亡（無）戋（災）。毕（擒）」（《合集》29243）等。卜辭還有占問「牧鄙」，如「癸酉卜，叀，貞乎从取虎于牧啚（鄙）」（《合集》11003），牧有鄙，說明牧應該是獨立的邑。同時，卜辭還經常占問「牧獲羌」或「某牧毕（擒）」，如前面提到的「牧隻（獲）羌」（《合集》39490）；「隢鹿其南牧毕（擒）」，「其北牧毕（擒）」（《合集》28351）等，可見牧有自己的武裝。所以牧也應該是率領著族人或從屬爲商王服役的。

　　綜上可知，牧在卜辭中有「在某牧」，是商王「比」的對象，說明牧屬於外服。牧的職事是放牧，屬於獨立的政治經濟實體，所以牧應該是被商王指定在「商」以外某地從事畜牧業的服役者。

　　總而言之，侯、甸、男、衛、犬、牧等，都是在「商」以外某地服役，是商王征伐戰爭中「比」的對象，所以都屬於外服。它們分別由具體職事演變而成，如侯爲王服斥候勞役，甸爲王服種田勞役，男是任王事，衛爲王捍衛，犬爲王服田獵勞役，牧爲王放牧。此外，侯、甸、男、衛、犬、牧的服役者有各自的地域，屬於獨立的政治經濟實體。所以，侯、甸、男、衛、犬、牧最初都是指定服役，冠有這些職事的部族，就是被商王指定在「商」以外從事某役的服役者。這些商代的外服，在後代文獻中有時被概括稱爲「侯甸男衛」，如《尚書・酒誥》：「越在外服，侯甸男衛邦伯」，《尚書・康王之誥》：「庶邦侯甸男衛」；有時可以概括爲「侯甸男」，如《尚書・召誥》：「周公乃朝用書命庶殷侯甸男邦伯」；有時還可概括稱「侯甸」，如《尚書・君奭》：「小臣屛侯甸」，《大盂鼎》：「隹（惟）殷邊侯、田（甸）雩（與）殷正百辟」（《集成》2837）。這些都是舉外服中較重要者總括言之。在外服中，侯的地位最重要，掌握的武力也最強（註50），所以後代常常用「諸侯」來統言外服，如西周早期的《夨令方尊》和《夨令方彝》：「諸侯：侯、田、男」（《集成》6016、《集成》9901），同樣是西周早期的《小盂鼎》：「盂曰（與）諸侯罘侯、田（甸）、

〔註50〕據學者研究卜辭所見的侯，一般都已經具有諸侯的性質。見裘錫圭：《甲骨卜辭中所見的「田」「牧」「衛」等職官的研究》，《文史》（第十九輯），北京：中華書局，1987年，第9頁。

男□□從盂征」（《集成》2839），「諸侯眔侯、田、男」，即「諸侯：侯、田、男」。而外服稱諸侯，應該是周初大分封以後的事情了。

3.1.3　商代內服所見指定服役制度

關於內服與指定服役的關係，學術界還沒有人對此進行過專門研究。本節即立足商代卜辭，以內服多是商王的同姓，可以參加商先公、先王的祭祀，以及商王對內服只用「乎」、「令」，作爲判斷標準，對商代內服所見指定服役制度進行探討。

（1）亞與指定服役。亞在卜辭中有稱爲「亞某」，如「亞卓」（《合集》32272）；「亞乞」（《合集》43）；「亞雀」（《合集》21624）；「亞旁」（《合集》26953）；「亞束」（《合集》22137）等。也有單稱「亞」，如「貞重（惟）亞以眾人步」（《合集》35）；「貞亞亡（無）不若」（《合集》5690）；「貞亞亡（無）囚（咎）」（《合集》5692）等。這些亞可以統稱爲「多亞」，如「庚辰卜，令多亞乎犬」（《合集》5677）；「貞其多亞若」（《合集》5678）等。

卜辭中的「亞某」多是商王的同姓，可以參與商先公、先王的祭祀。「亞卓」，卜辭中稱爲「子卓」，如「戊辰卜，韋，貞爵子卓」（《合集》3226 正）；「貞翌……子卓其……糸子十……羌十牢……」（《合集》335）。卓可以祭祀商先公、先王，如「貞乎卓先卸（御）夒（燎）于河」（《合集》177）；「丙〔申〕卜，貞卓尊歲羌三十，卯三牢，葡一牛，于宗用」（《合集》320）；「貞重（惟）卓乎屮（侑）上甲」（《合集》4047 反）；「丁未，貞卓以牛其用自上甲汎大示」（《屯南》9）等，河是商的先公〔註51〕，所以「卸（御）夒（燎）于河」，就是讓卓對河進行御、燎的祭祀。「重（惟）卓乎屮（侑）上甲」，就是讓卓對上甲進行祭祀。「亞雀」，卜辭有「甲申卜，卸（御）雀父乙一羌、一宰（牢）」（《合集》413）；「卸（御）雀于父乙」（《合集》4114）；「丙午卜，勿卸（御）雀于兄丁」（《合集》4116），「卸」即「御」，有攘除災禍之義〔註52〕，所以御雀于父乙或兄丁，是占問是否讓父乙或兄丁爲雀攘除災禍，所以雀應該是商王的同姓。卜辭中雀還可以對商先公進行祭祀，如「貞乎雀酚河五十〔牛〕」（《合集》672 正）；「辛未卜，爭，貞翌癸酉乎雀夒（燎）于嶽」（《合集》4112）

〔註51〕卜辭稱之爲「高祖河」，如「貞屮禾高祖河，于辛巳酚夒（燎）」（《合集》32028），「高祖河」與「高祖亥」（《屯南》2105）相似，應都屬於商的先公。
〔註52〕楊樹達：《釋御》，《積微居甲文說》，上海：上海古籍出版社，1986 年，第 30 頁。

等，嶽與河一樣都是商的先公〔註 53〕。「亞束」稱爲「子束」，如「貞子束亡（無）疾」（《合集》13726）等，這都說明「亞某」應該是商王的同姓。卜辭中商王對「亞某」常常只用「乎」、「令」，如「亞卓」，有「貞王令卓以眾嵞伐召」（《合集》31973）；「貞王令卓伐」（《合集》33113）；「貞勿乎卓先卆（御）尞（燎）」（《合集》177）等。「亞雀」，有「令雀嗖侯」（《合集》20509）；「貞亦乎雀尞（燎）于雲尨」，「乎雀用三牛」（《合集》1051 正）等，所以亞屬於內服。

亞的職事。「亞」，舊注多釋爲次等、副職之義。《尙書‧酒誥》：「惟亞惟服」，僞孔傳曰：「次大夫服事尊官」；孔穎達疏：「『惟亞』，傳云『次大夫』者，謂雖爲大夫不爲官首者，亞次官首，故云『亞』」；周秉鈞注：「亞，次也，正官之次」〔註 54〕。卜辭中亞與衛、射、甸、任等職名連用，如「……廼乎歸衛、射、亞」（《合集》27941）；「……以多田、亞、任……」（《合集》32992 反）。據前文可知，衛、甸、任代表一種職事，所以亞也應該是職名。在商代，亞的職事常常與征伐之事有關，卜辭中關於亞參與征伐的例子很多，如「貞王〔令〕□亞其比𡿺白伐……方，不啚嗖」（《合集》36346）；「〔貞〕亞伐□亡（無）災」（《合集》39973）；「貞亞克興屮（有）疾」、「弗其克」（《合集》13754）等。在後世的文獻中，「亞」也常與軍事活動相連，如《尙書‧牧誓》，王曰：「司徒、司馬、司空，亞旅、師氏，千夫長、百夫長，及庸，蜀、羌、髳、微、盧、彭、濮人。稱爾戈，比爾干，立爾矛，予其誓」，文中所列「亞旅」、「師氏」等職，都與武王伐紂活動有關。《臣諫簋》銘文曰：「隹（惟）戎大出于軝，井（邢）侯尃（搏）戎，延（誕）令臣諫□□亞旅處于軝」（《集成》4237），這裏「亞旅」參與抵抗和征伐戎人的活動。《晉侯蘇鐘》：「晉侯夆迲（厥率）亞旅、小子、戜人，先敍（陷）入，折首百，執喿（訊）十又一夫」（《近出》35～42），「亞旅」也出現在晉侯所率領的軍隊當中。亞參與軍事征伐，說明其職事當與軍事有關。

這些亞有各自的地域，屬於獨立的政治經濟實體。如「亞卓」，有「貞其自卓屮（有）來娷（艱）」；「貞不自卓屮（有）來娷（艱）」（《合集》557）。「亞雀」，有「乎人入于雀」，「乎人不入于雀」（《合集》190 反）；「……雀受年」（《合集》9760）；「……雀不〔其受〕年」（《合集》9761）等。「亞旁」，有「癸

〔註 53〕陳夢家：《殷虛卜辭綜述》，北京：中華書局，1988 年，第 342～344 頁。
〔註 54〕周秉鈞：《尙書易解》，長沙：嶽麓書社，1984 年，第 186 頁。

亥王卜，才（在）旁，貞旬亡（無）𢧜（咎）」（《合集》36945）；「丁亥卜，〔在〕旁，貞〔王〕其田，〔衣〕逐〔亡（無）災〕」（《合集》37791）等。卜辭也有占問亞受年和省亞田等，如「貞亞受年」，「貞不其受年」（《合集》9788 正）；「叀（惟）亞田省」（《合集》29374）等。「叀（惟）亞田省」，即省亞田，就是對亞田進行視察。這些「亞某」，有「自某」、「入于某」、「某受年」、「在某」，亦有占問「亞受年」和「叀（惟）亞田省」等，說明亞應該分別有自己的地域，屬於獨立的政治經濟實體。

綜上可知，「亞某」多是商王的同姓，經常參與商先公、先王的祭祀，商王對「亞某」只用「乎」、「令」等，說明亞屬於內服。亞的職事與軍事征伐有關，並且是獨立的政治經濟實體，所以「亞某」應該是被指定在「商」負責軍事任務的服役者。

（2）射與指定服役。射在卜辭中有稱為「射某」，如「射𬙊」（《合集》165）；「射允」（《合集》24156 正）；「射倗」（《合集》13）等。有時也可單稱「射」，如「貞射伐羌」（《合集》6618 正）。這些射可以統稱為「多射」，如「貞多射不矢眾〔人〕」（《合集》69）；「貞翌己卯令多射」（《合集》46 正）；「〔乎〕多射共人于皿」（《合集》5742）等。

卜辭中的「射某」參與商先公、先王的祭祀，如「貞射𬙊以𢦏（羌）用自上甲」（《合集》32023）；「貞射𬙊以羌其用叀（惟）乙」，「貞射𬙊以羌其用自上甲汎至于……」（《屯南》9）等。卜辭中商王對「射」常常只用「乎」、「令」，如「貞其令射𬙊即竝」（《合集》32886）；「貞令射倗衛」（《合集》13）；「貞令多射衛」（《合集》33001）；「貞勿令多射」（《合集》5733）；「貞乎多射衛」（《合集》5748）等，所以射屬於內服。

射的職事。卜辭中射與衛、亞連用，如「……廼乎歸衛、射、亞」（《合集》27941），衛和亞都是職名，所以射也應該代表一種職事。卜辭中，射多與軍事活動有關，如「貞射𬙊獲羌」（《合集》165）；「貞射允𢦗方」，「貞射𢦗方」（《合集》24156 正）；「貞令射倗衛」（《合集》13）；「貞令多射衛」（《合集》33001）等。「射」字形作「𠂤」，像矢在弦上之形，作動詞用多與射獵有關，如「乎射鹿，隻（獲）」（《合集》10276）；「王其田游，其射麋，亡（無）𢦏（災），𢦜（擒）」（《合集》28371）；「戊辰卜，在淒犬中告麋，王其射，亡（無）𢦏（災），𢦜（擒）」（《合集》27902）等，所以射可能是被指定以射箭為主要職務者，類似於後來的弓弩手。卜辭中常稱「三百射」，如「貞王令三百射」（《合集》

5775 正）；「貞令𡇱羌三百射」（《合集》5770 丙）；「重（惟）三〔百射〕令」（《合集》34136），這裏提到的「三百射」，可能是射的一個軍事單位的編制。

射有各自的區域，屬於獨立的政治經濟實體。卜辭中「射𡇡」，有占問「至于𡇡」或「不至于𡇡」，如「貞舌方其至于𡇡」（《合集》6131 正）；「貞舌方不至于𡇡」（《合集》17360 正）。也有「往𡇡」，如「貞多射往𡇡，亡（無）田（咎）」，「乎多尹往𡇡」（《合集》31981）。還有占問「𡇡受年」，如「貞𡇡受年」（《合集》9791 反）；「貞𡇡不其受年」（《合集》9791 正），說明「射𡇡」應該是獨立的政治經濟實體。卜辭「貞王迍于射，往來亡（無）災」（《合集》36775），楊樹達先生謂：「迍于某，猶言往于某」〔註 55〕。所以「王迍于射」，應該是王往于射。同板卜辭有占問「貞王步于𡴎，〔亡（無）〕災」，與之語言結構相同，𡴎指一定地域〔註 56〕，射也應為一定的地域無疑。射指一定的地域，推測其應該是獨立的政治經濟實體。

綜上可知，「射某」參與商先公、先王的祭祀，商王對「射某」只用「乎」、「令」，說明射屬於內服。射的職事是以射箭為主要職事者，是獨立的政治經濟實體，所以射應該是被指定在「商」以射箭為主要職務的服役者。

（3）戍與指定服役。戍在卜辭中有稱為「戍某」，如「戍朱」（《合集》6）；「戍屰」，「戍何」（《合集》26879）；「戍辟」（《合集》26895）；「戍夙」（《合集》26897）等。也有單稱「戍」，如「戍亡（無）戈（災）」（《合集》26888）；「貞重（惟）戍乎執」（《合集》28011）；「重（惟）戍圅，㔾（擒）」，「重（惟）王以戍圅，㔾（擒）」（《合集》27968）等。

在卜辭中「戍某」有時也稱為「子某」。「戍何」稱「子何」，如「貞令𡇱允子何」，「勿令𡇱允子何」（《合集》12311 正）。「戍辟」稱「子辟」，如「戊午卜，王，于母庚祛子辟」（《合集》19964）；「己未卜，钾（御）子辟小王不」（《合集》20023）；「戊午卜，王，勿钾（御）子辟」（《合集》20024）等。同時商王對戍常常只用「乎」、「令」，如「王其乎眾戍春受人，重（惟）高土人眾劧人又（有）戈（災）」（《合集》26898）；「弜令戍干衛」（《合集》28059）；「弜令戍，其每（悔），弗戈（災）」（《合集》27967）等。而卜辭從不見「比戍某」，所以戍屬於內服。

〔註 55〕楊樹達：《釋迍》，《積微居甲文說》，上海：上海古籍出版社，1986 年，第 15 頁。

〔註 56〕卜辭有「壬午卜，才𡴎，貞王田于□，往〔來〕亡災」（《合集》37797）。

戌的職事。在卜辭中，戌多與軍事活動有關，如「王其乎戌征衛，弗每（悔）」，「弜乎戌衛」（《屯南》728）；「戊辰〔卜〕，戌執征殺方，不往」（《屯南》2651）；「戌弗及叡方」，「戌及叡方，戈」（《合集》27995）；「戌雋弗雉王眾」，「戌衛不雉眾」（《合集》26888）等。戌，卜辭作「祁」，像人立於戈下之形，《說文》云：「守邊也。從人持戈」。在文獻中，《詩經·小雅·采薇》曰：「我戌未定，靡使歸聘」；《詩經·王風·揚之水》云：「彼其之子，不與我戌申」等，都表示戌守的意思，所以「戌」應該是以戌守為主要職責的兵種。卜辭有稱為「右戌」、「中戌」、「左戌」，如「又（右）戌不雉眾」，「中戌不雉眾」，「左戌不雉眾」（《屯南》2320），「右戌」、「中戌」、「左戌」，可能是戌的軍事編制，這與商代的右、中、左三師是一致的，如「貞王作三師：屮（右）、中、左」（《合集》33006）。

戌有各自的區域，屬於獨立的政治經濟實體。卜辭中，「戌朱」，有占問「貞𡆥往追龍，從朱西」（《合集》6593）；「貞共牛于朱」（《合集》8935 正）等。「戌𡴪」，有占問「貞立事于𡴪」（《合集》5511 反）；「貞乎田于𡴪」（《合集》10961）；「丁酉卜，才（在）𡴪緣芳，弗每（悔）」（《合集》37517）等。「戌興」，有占問「貞王其田〔興〕，亡（無）戈（災）」（《合集》33564）。這裏朱、𡴪、興，都是指一定的地點而言。也有占問「戌某」受年，如「戌夙」，有占問「夙受年」（《合集》9804），所以「戌某」屬於獨立的政治經濟實體。並且這些「戌某」很可能是以族為單位從事戌守這一職業，如同板卜辭言「戌𡴪弗雉王眾」，「戌𤔲弗雉王眾」，「戌𦅫弗雉王眾」，「戌逐弗雉王眾」，「戌何弗雉王眾」，接下來又說「五族其雉王眾」（《合集》26879）。另一版卜辭也說：「五族戌弗雉王〔眾〕」（《合集》26880）。這五族，指的就是𡴪、𤔲、𦅫、逐、何。「戌某」或「五族戌」之「戌」，是這五族的職事。

綜上可知，「戌某」稱「子」，商王對「戌某」只用「乎」、「令」，說明戌屬於內服。戌的職事是以戌守為主要職責的兵種，是獨立的政治經濟實體，所以戌應該是被指定在「商」以戌守為主要職責的服役者。

（4）馬與指定服役。馬在卜辭中常單稱「馬」，如「亡申卜，令馬即射」（《合集》32995）；「叀（惟）馬乎射，毕（擒）」（《合集》41348）；「丁酉卜，馬其先，弗每（悔）」（《合集》27946）等。這些馬可統稱為「多馬」，如「貞多馬菁戎」（《合集》5715）；「王令菁以多馬」（《合集》32994）；「叀（惟）多馬乎射，毕（擒）」（《合集》27942）等。

在卜辭中，商王對馬只用「乎」、「令」，如「其乎馬先」（《合集》27965）；「乎多馬逐鹿，隻（獲）」（《合集》5775 正）；「令馬」（《屯南》243）；「令多馬」（《合集》5719）；「令馬即射」（《合集》32995）等。有時也占問馬是否有咎，如「貞翌丁亥多馬亡（無）〔囚（咎）〕」（《合集》5722）；「貞多馬、亞其凷（有）囚（咎）」（《合集》5710），占問馬是否有咎，說明馬與商王的關係親密。所以馬屬於內服。

馬的職事。馬的職事與作爲動物的馬有關，卜辭中馬寫作「𩇵」，是動物馬的象形。卜辭有稱「來馬」，如「屮來馬」，「不其來馬」（《合集》945 正）；「貞奚來白馬」，「貞奚不其來白馬五」（《合集》9177 正）。也有稱「畜馬」，如「王畜馬在茲𠂤……母戊，王受〔凷（侑）〕」（《合集》29415）；「□畜馬在茲𠂤……」（《合集》29416）。也有時「車馬」連用，如「小臣凷車馬硪𡖊王車」（《合集》10405 正）等，這些都是指馬匹之馬。以馬爲職事，可能最初與養馬有關。如秦的先祖就曾爲周孝王服養馬的職事。馬被人類馴服後，以其具有其他動物不可比擬的速度和耐力，非常有利於戰爭中的奔襲和突擊。這些養馬的部族，由於深諳馬的稟性，故而也常常被用來參與軍事活動，如「貞令多馬衛于北」（《合集》5711），「衛」在這裏作動詞用，是保衛的意思。「令多馬衛于北」，就是讓多馬在北進行防衛。「貞令菁𢀛多馬〔衛〕𥄳」（《合集》5712），菁應該是人名或族名，「𢀛多馬〔衛〕𥄳」，就是讓菁率領「多馬」在𥄳地防衛〔註57〕。「貞其令馬、亞射糜」（《合集》26899），卜辭中有「多馬」，也有「多亞」，馬、亞都是職名〔註58〕。「貞令多馬羌𨑎方」（《合集》6761），「多馬羌」，應該是指擔任「馬」這一職事的多個羌族。「𨑎方」，是抵禦方的進攻。《說文》云：「馬，武也，象馬頭髦尾四足之形」；《左傳》襄公六年，「司武而梏於朝，難以勝矣！」杜預注：「司武，司馬也」。稱「馬」爲「武」，說明馬與戰爭有密切關係。在商代，馬參與戰爭，可能已經成爲重要兵種，如卜辭中，馬分左、中、右，如「貞卅馬左、又、中人三百」（《合集》5825）；「貞其利又（右）馬」，「貞其利左馬」，「〔貞其〕利□（中）〔馬〕」（《合集》24506）。左、中、右馬，應該是馬的軍事編制，與右、中、左戍（《屯南》2320）和右、中、左師（《合集》33006），是一致的。

〔註57〕王宇信、楊升南：《甲骨學一百年》，北京：社會科學文獻出版社，1999 年，第 459 頁。

〔註58〕陳夢家：《殷虛卜辭綜述》，北京：中華書局，1988 年，第 508 頁。

　　馬在卜辭中也稱爲「族馬」或「族」，如「重（惟）族馬令往」（《合集》5728）；「重（惟）三族馬令」，「眾令三族」，「重（惟）一族令」，「乙酉卜，于丁令馬」（《合集》34136）。惟三族馬令，即令三族馬，惟一族令，即令一族。馬稱族，說明應該是以家族來承擔馬的職事。也有「往馬」或「勿往馬」，如「王往馬」（《合集》14735 正）；「貞王勿往馬」（《合集》8208），這裏「馬」可能是指那些負責與馬有關職事之家族的居住地。所以馬應該是獨立的政治經濟實體。

　　綜上可知，商王對馬只用「乎」、「令」，馬與商王的關係密切，說明馬屬於內服。馬的職事與養馬和戰爭有關，是獨立的政治經濟實體，所以馬應該是被指定在「商」以養馬和戰爭爲主要職責的服役者。

　　（5）「百工」與指定服役。「工」在卜辭中作「占」或「工」，有稱爲「某工」，如「貞令才（在）北工共人」（《合集》7294 正）；「貞令叡眾戱奶工衛，虫（有）𡴏（擒）」（《合集》9575）等。也可單獨稱「工」，如「□亥〔卜〕……工來……羌」（《合集》230）；「貞乎取工竊以」（《合集》39483）；「〔貞〕……工入卻（御）……」（《合集》25997）等。這些工可以統稱爲「多工」，如「甲寅〔卜〕，史，貞多工亡（無）尤」（《合集》19433）；「……多工亡（無）尤」（《合集》19434）等。「多工」有時也稱爲「百工」，如「癸未卜，虫（有）𡆥（咎）百工」（《屯南》2525）。

　　卜辭中有占問「令某工」，如「庚寅卜，爭，貞令叡眾戱奶工衛，虫（有）𡴏（擒）」（《合集》9575）；「貞令才（在）北工共人」（《合集》7294 正）等。也有占問「入商工」或「共宗工」，如「丙申卜，貞訓既入商工」（《合集》21607）；「□戌卜，〔貞〕共眾宗工」（《合集》19）；「庚□〔卜〕，貞共〔眾〕宗工」（《合集》20）等。《詩經・大雅・公劉》提到：「食之飲之，君之宗之」，毛傳曰：「爲之君，爲之大宗也」。卜辭中的大宗應該是指商王，所以「商工」或「宗工」應該是指商國或商王之工。對工只用「乎」、「令」，以及工要「入」和「共」，所以「百工」屬於內服。

　　卜辭中，「多工」或「百工」應該是不同工種的統稱，如從考古資料上看，商代手工業分工，大的方面包括鑄銅、製骨、琢玉、製陶等不同行業，如鄭州商城有南關外鑄銅基址；紫荊山北鑄銅基址；銘功路製陶作坊；紫荊山北的骨料坑等〔註 59〕。殷墟有苗圃北地及孝民屯的鑄銅作坊；大司空村及北辛

〔註 59〕楊錫璋、高煒主編；中國社會科學院考古所編著：《中國考古學・夏商卷》，

莊的製骨作坊；小屯西北宮殿區的玉石器作坊等〔註60〕。在每個手工業部門內還有更爲細緻的分工，鑄銅業中，如鄭州商城南關外鑄銅作坊裏的工具和武器範以鑹爲最多，鏃、刀次之，另有斧、戈等；而紫荊山北鑄銅作坊裏的工具和武器範則僅有刀、鏃兩種〔註61〕。殷墟苗圃北地鑄銅作坊以鑄造禮器爲主，孝民屯西地鑄銅作坊以鑄造工具和武器爲主〔註62〕。製陶業中，如鄭州銘功路西側製陶作坊的殘毀陶器多係泥質陶，如盆、甑、簋、甕之類，尤以盆、甑爲最多，而缺乏夾沙陶，有人認爲這個作坊是專門燒製盆、甑等泥質陶的〔註63〕；河北邢臺賈村遺址發現的一座商代陶窯，窯址附近只有鬲及其殘片，有人認爲這一處可能是專製陶鬲的作坊〔註64〕。製骨業中，如1954年，在鄭州商城的北牆外新華社河南分社院內，發現了1座長1.9米，寬1米的長方形豎井窖穴，坑內出土1000多件骨器的成品、半成品、骨料及廢料，骨器的成品和半成品大半是鏃和笄，也有少量的錐和針，可見附近應有1處以製造鏃、笄爲主的作坊〔註65〕。

　　商代的「百工」除了少部分手工奴隸外〔註66〕，主要是指平民工匠。卜

〔註60〕 楊錫璋、高煒主編；中國社會科學院考古所編著：《中國考古學·夏商卷》，北京：中國社會科學出版社，2003年，第225頁。

〔註60〕 楊錫璋、高煒主編；中國社會科學院考古所編著：《中國考古學·夏商卷》，北京：中國社會科學出版社，2003年，第408～421頁。

〔註61〕 河南省文物研究所：《鄭州商代二里崗期鑄銅基址》，《考古學集刊》（第6輯），北京：中國社會科學出版社，1989年。

〔註62〕 楊錫璋、高煒主編；中國社會科學院考古所編著：《中國考古學·夏商卷》，北京：中國社會科學出版社，2003年，第421頁。

〔註63〕 北京大學歷史系考古教研室商周組編：《商周考古》，北京：文物出版社，1979年，第48頁。

〔註64〕 河北省文化局文物工作隊：《1958年邢臺地區古遺址古墓葬的發現與清理》，《文物》1959年第9期。

〔註65〕 楊錫璋、高煒主編；中國社會科學院考古所編著：《中國考古學·夏商卷》，北京：中國社會科學出版社，2003年，第417頁。

〔註66〕 卜辭有，「戊辰卜，今日雝己夕，其乎𠂤𫝐工」、「弜乎𠂤𫝐工，其乍尤」（《屯南》2148）、「……𫝐工□作尤」（《合集》26974）等，𠂤當是人名或族名。「𫝐」在卜辭中有兩種用法，一種爲名詞，作戰俘解，如「習龜卜。𡵈來𫝐，其用于……」（《合集》26979）、「其用𫝐，王受𡵈（佑）」（《合集》26980）、「丁丑卜，才義田，來𫝐𠂤，王其于□□、大乙、祖乙，𡵈正」（《屯南》2179）。一種爲動詞，可能與「執」字相當，如「己未卜，弗𫝐缶」、「己未卜，𫝐缶。二月允𫝐」（《合集》20385反）等。所以「𫝐工」，當是捉拿工的意思。卜辭還有占問「……喪工」、「……其喪工」（《合集》97正），「喪工」就是喪失工匠，這些工都應爲奴隸。

辭中的「多工」或「百工」隨著近些年來考古發掘的進展，逐漸證實它們應該屬於商代的平民。1969 年～1977 年，在安陽小屯村西，發掘了八個墓區共939 座殷代墓葬，在這一批墓中，有六十多座墓的隨葬品中有銅錛、銅鑿、銅刀、銅錐、陶紡輪、磨石、陶拍等手工工具，這些出土手工工具的墓葬與墓主人從事的手工業勞動有關，如第八區出工具的小墓 13 座，該區位於北辛莊殷代製骨遺址的旁邊，墓中所出銅刀、錐的形制與遺址所出的很相似〔註67〕。在孝民屯遺址清理的 1200 餘座墓葬中，有隨葬銅削、鼓風管等與鑄銅有關的工具，發掘者認為這批墓葬的墓主可能與鑄銅作坊有關〔註 68〕。這批小墓一般都有棺，或有棺有槨，並有成組的陶器或一兩件青銅酒器，說明墓主人應該屬於當時社會的平民階層。

這些工有各自的地域，屬於獨立的政治經濟實體。卜辭中有「在某工」、「自工」、「于多工」等，如「貞令在北工共人」，「貞勿令在北工共人」（《合集》7294正）；「□卯卜，〔貞〕……自工……」（《合集》19432）；「……于多工」（《合集》32981）等。在殷墟的一些村落遺址和墓葬中經常出土一些農業生產工具，說明這些人並不脫離農業生產勞動，如在殷墟西區有十座墓葬出土過農具，發掘者認為這些墓的主人生前是從事生產勞動的〔註69〕。孝民屯墓葬 M17 發現了一個殘長 6.2 釐米、刃寬 4.3 釐米的穿孔石鏟〔註70〕。殷墟居住遺址，還發現刀、鐮、鏟、钁、鋸、顏料器和紡輪等生產工具。其中發現刀約 20 件，鐮一百六十多件，這些工具大部分是實用之器〔註71〕。俞偉超先生說：「這種城市聚落內雖已集中了當時規模最大的、技術最複雜的手工業生產，但許多居住區的出土物內容，同當時的一般村落遺址一樣，也有許多農具，不少居民顯然就近進行農業生產」〔註72〕，所以工屬於獨立的政治經濟實體。並且很可能是由家族世代為統治者

〔註67〕中國社會科學院考古研究所安陽工作隊：《1969～1977 年殷墟西區墓葬發掘報告》，《考古學報》1979 年第 1 期。

〔註68〕殷墟孝民屯考古隊：《河南安陽市孝民屯商代墓葬 2003～2004 年發掘簡報》，《考古》2007 年第 1 期。

〔註69〕中國社會科學院考古研究所安陽工作隊：《殷墟西區發掘報告》，《考古學報》1979 年第 1 期。

〔註70〕殷墟孝民屯考古隊：《河南安陽市孝民屯商代墓葬 2003～2004 年發掘簡報》，《考古》2007 年第 1 期。

〔註71〕中國社會科學院考古研究所：《殷墟的發現與研究》，北京：科學出版社，1994 年，第 399 頁。

〔註72〕俞偉超：《中國古代都城規劃的發展階段性》，《文物》1985 年第 2 期。

從事手工業這一職業，如孝民屯遺址南區東部和東南部各有一片相對集中的墓葬，頭向均朝南，且大多在南側二層臺上隨葬一個外表有大量煙炱痕跡的陶鬲，還有隨葬銅削、鼓風管等與鑄銅有關的工具〔註73〕，所以可能是從事鑄銅業的家族。1969～1977 發掘殷墟西區的八個墓區，被考古學者認為是八個不同族的墓地〔註74〕，有些墓區所出的工具與另一些墓區的工具在種類上有一定的差別，如第七區墓葬的工具以鏟、鑿為主，沒有錐。而第八區則以錐、刀為主，沒有鑿〔註75〕，這種差別很可能是因為家族分工不同造成的。還有《左傳》定公四年提到的「殷民六族」：條氏、徐氏、蕭氏、索氏、長勺氏、尾勺氏，以及「殷民七族」：陶氏、施氏、繁氏、錡氏、樊氏、饑氏、終葵氏等，有學者指出陶氏是陶工；施氏是旗工；錡氏是釜工；長勺氏、尾勺氏是酒器工，還有索氏是繩工；繁氏是馬纓工；樊氏是籬笆工等〔註76〕，這些都表明商代手工業是由某些家族世代相襲的。

綜上可知，卜辭對工只用「乎」、「令」，又稱為「入商工」、「共宗工」等，說明工屬於內服。商代工主要是指平民工匠，「百工」是不同工種的統稱，這些工有各自的地域，屬於獨立的政治經濟實體，由家族世代從事某一手工業勞役，並且這些手工業家族並不脫離農業生產，所以「百工」屬於被商王指定到「商」負責手工業勞役的服役者。

（6）宁與指定服役。宁在卜辭中寫作「宁」或「宁」。有稱為「某宁」，如「豦宁」（《合集》3099）；「亳宁」（《合集》7061 正）；「員宁」（《合集》40818）；「宁宁」（《合集》21896）。也有稱為「宁某」，如「宁壴」（《屯南》539）。有時也單稱「宁」，如「貞宁亡（無）疾」（《合集》4711）；「宁入」（《合集》6647 反）；「宁不其隻（獲）」（《合集》10844）等。這些宁可以統稱為「多宁」，如「貞翌乙卯，多宁其征阞疫自……」（《合集》19222）；「甲戌貞乙亥彡多宁于大乙豐五、卯牛，祖乙豐五、小乙豐三」（《合集》41474）；「貞其多宁王禹」（《合集》13569）等。

在卜辭中，宁經常參與商先公、先王的祭祀，如「癸丑，貞多宁其征，屮

〔註73〕殷墟孝民屯考古隊：《河南安陽市孝民屯商代墓葬 2003～2004 年發掘簡報》，《考古》2007 年第 1 期。

〔註74〕中國社會科學院考古研究所安陽工作隊：《1969～1977 年殷墟西區墓葬發掘報告》，《考古學報》1979 年第 1 期。

〔註75〕肖楠：《試論卜辭中的「工」與「百工」》，《考古》1981 年第 3 期。

〔註76〕李亞農：《殷代社會生活》，上海：上海人民出版社，1955 年，第 50 頁。

（侑）彳歲于父丁，牢屮（侑）一牛」（《屯南》3673）；「〔貞〕叀多宁以邕于大乙」，「貞多宁以邕叀于丁」，「貞乙〔亥〕彫，多宁以〔邕〕，□于大乙〔邕〕五，卯……五，卯牛一。小乙邕〔三〕，卯牛□」（《屯南》2567）；「貞敫多宁以邕自上甲」（《合集》32113）等。商王對宁同樣只用「乎」、「令」，如「宁壴」，有「叀（惟）宁壴令省向」（《屯南》539）；「貞勿乎宁壴眔」（《合集》3508 反）。「叀（惟）宁壴令省向」，就是令宁壴省向。還有「〔貞〕令宁夆皐（擒）」（《合集》6048）；「貞令多宁眔方」（《合集》41011）等，所以宁也應該屬於內服。

宁的職事。從字形上看，宁小篆寫作「宁」，《說文》曰：「辨積物也，象形」；羅振玉認爲：「上下及兩旁有播柱，中空可貯物」〔註77〕；張亞初認爲宁與治藏之職有關〔註78〕；陳絜認爲宁是指專司儲藏的職官〔註79〕。可見「宁」字最初爲貯物之形，其職事可能與貯藏有關。卜辭中有「貞令亳宁雞貝……邕」（《合集》18341），這裏的「宁」應該是動詞，「亳」應該就是指「亳宁」〔註80〕，「雞」、「貝」、「邕」應該是貯藏的物品，所以宁應該是以貯藏爲主要職事。

宁有自己的地域，屬於獨立的政治經濟實體。如卜辭中「宁壴」，有「貞翌丁丑王步于壴」（《合集》14732）；「貞王步自壴」（《屯南》2100）；「己未□在壴」（《合集》20576 反）等。「員宁」，有「……田于員」（《合集》10978）。「亳宁」，有「王征人方才（在）亳」（《合集》41753）；「其牵于亳土」（《屯南》59）等。「宁某」或「某宁」有占問「步于某」、「自某」、「田于某」、「在某」等，說明宁應該有自己的地域，是獨立的政治經濟實體。

綜上可知，「宁某」參與商先公、先王的祭祀，商王對宁只用「乎」、「令」，說明宁屬於內服。宁的職事是負責貯藏，並且是獨立的政治經濟實體，所以宁應該是被指定在「商」以貯藏爲主要職責的服役者。

總而言之，亞、射、戍、馬、百工、宁等，多屬於商王的同姓，商王對其只用「乎」、「令」，所以它們都應該屬於內服。它們分別是由具體的職事演變而成，如亞、射、戍、馬等與軍事活動有關，射負責射箭，戍負責戍守，

〔註77〕于省吾：《甲骨文字詁林》，北京：中華書局，1996 年，第 2855 頁。
〔註78〕張亞初：《商代職官研究》，《古文字研究》（第十三輯），北京：中華書局，1986年，第 91 頁。
〔註79〕陳絜：《商周姓氏制度研究》，北京：商務印書館，2007 年，第 148 頁。
〔註80〕「貞乎取亳宁」（《合集》7061 正）。

馬負責養馬或戰爭活動，亞的職事與征伐有關，百工是指從事不同工種的手工業者，宁負責貯藏。此外，亞、射、戍、馬、百工、宁的服役者有各自的地域，屬於獨立的政治經濟實體。所以它們都屬於指定服役，是商王指定在「商」內從事某役的服役者。

3.2 青銅器族徽與指定服役制度

在青銅器上，有一類近似圖畫的文字符號。它們或是鑄刻在銘文的首尾，或是單獨出現在銅器上，學術界習慣上稱其為族徽〔註81〕。在族徽中，有一部分與家族所從事的職事密切相關，以往學術界對此也曾給予過一定的關注〔註82〕。那麼這類族徽的表現形式如何？職事類族徽與指定服役制度有什麼關係？職事族徽的認定對認識族徽之性質具有怎樣的意義？這些都是本節所要探討的主要問題。

3.2.1 族徽的功能

族徽的功能是區分群體本身及其所有物的標誌。

在商代和西周時期，族徽是區別家族的標誌。如 1969 至 1977 年，安陽工作隊在殷墟遺址西部的白家墳、梅園莊、北辛莊、孝民屯之間，發掘了 939 座殷代墓葬，發掘者將這批墓葬分為八個墓區〔註83〕，其中在五個墓區出土的銅器上，各有其他墓區不見的族徽，說明當時不同墓區是不同族氏的墓地〔註84〕。1979 到 1985 年，河南省考古工作者在羅山縣蟒張鄉天湖村和後李

〔註81〕 這種說法最早由郭沫若先生提出，認為是「古代國族之名號」，亦即「族徽」。見郭沫若：《殷彝中圖形文字之一解》，郭沫若著作編輯出版委員會編，《郭沫若全集·考古編·第四卷》，北京：科學出版社，2002 年，第 16 頁。

〔註82〕 汪寧生：《從原始記事到文字發明》，《考古學報》1981 年第 1 期；白川靜：《金文的世界：殷周社會史》，溫天河、蔡哲茂譯，台北：聯經出版事業公司，1989年，第 17～22 頁；張光直：《商文明》，瀋陽：遼寧教育出版社，2002 年，第 223 頁；何景成：《商周青銅器族氏銘文研究》，濟南：齊魯書社，2009 年，第 46～70 頁；林沄：《對早期銅器銘文的幾點看法》，《古文字研究》（第五輯），北京：中華書局，1981 年，第 44～46 頁；洪家義：《從古代職業世襲看青銅器中的徽號》，《東南文化》1992 年第 3、4 期。

〔註83〕 中國社會科學院考古研究所安陽工作隊：《1969～1977 年殷墟西區墓葬發掘報告》，《考古學報》1979 年第 1 期。

〔註84〕 俞偉超：《中國古代都城規劃的發展階段性》，《文物》1985 年第 2 期。

村，共發掘了 25 座晚商墓葬，其中有 12 座墓出土帶「■」形族徽的銅器，鑄有此族徽的銅器往往成組出土於一座墓中，發掘者認為是「■」族的墓地〔註85〕。1976 年和 1985 年，山西省文物工作者在山西省靈石縣旌介村進行的兩次發掘中，發現了三座商代墓葬，共出土有銘銅器 52 件，其中帶有「■」形族徽的銅器占 34 件〔註86〕。三座墓分佈集中，且年代相近，應該屬於以「■」為族徽的家族墓地。在山東省滕州市官橋鎮前掌大村商周墓地，出土了大量的銅禮器和兵器，其中有銘銅器占了 81 件，在這 81 件銅器中，帶「■」形族徽的占 61 件〔註87〕，佔有銘銅器 75%強。這些「■」形族徽，散見於墓地當中，所以該墓地應該是以「■」為族徽的家族墓地。這些在不同墓地占主導作用的徽識，一方面說明族徽與這個家族墓地的關係，另一方面這些不同的族徽也將不同家族區別開來。

　　以一定的標誌塗鴉在本族領地或所有物上以表明對其所有權，在歷史和民族資料中也很常見。如《左傳》定公十年，魯駟赤和侯犯出奔，邱人止之曰：「子以叔孫氏之甲出，有司若誅之，群臣懼死」。駟赤曰：「叔孫氏之甲有物，吾未敢以出」。杜預注：「物，識也」。叔孫氏之甲有標記，可見這種標記應該是為叔孫氏所特有。據《北史》卷九十八記載，古代高車人「其畜產自有記識，雖縱在野，終無妄取」。所謂「自有記識」，就是各部族以自己特有的標記標識自己的牲畜。有了這種徽記，雖然牲畜在草原上無人看管，也不會認領錯誤。古代滿族人在從事遊獵的時候，在箭桿上銘刻特定的記號，以標識其所從屬的社會集團〔註88〕。以前哈薩克族每個部落都有自己的印記，草原上各部落結盟、締結協約等，都以印記為遵約信誓的標誌。同時各部落集會、協商，大都在聚會地點的山崖石壁上鑴刻自己部落的印記。哈薩克各氏族部落旗幟上印有自己的印記，以區別其他氏族部落，一看到旗幟上的印記，不問便知是哪一部落的人。人死之後，也將本部落的印記刻在一塊長方

〔註85〕河南省信陽地區文管會、河南省羅山縣文化館：《羅山天湖商周墓地》，《考古學報》1986 年第 2 期；信陽地區文管會、羅山縣文化館：《羅山蒃張後李商代墓地第三次發掘簡報》，《中原文物》1988 年第 1 期。

〔註86〕山西省考古研究所、靈石縣文化局：《山西靈石旌介村商墓》，《文物》1986 年第 11 期。

〔註87〕中國社會科學院考古研究所：《滕州前掌大墓地》，北京：文物出版社，2005 年，第 207～333 頁。

〔註88〕張小萌：《滿族由部落到國家的發展》，北京：中國社會科學出版社，2007 年，第 47 頁。

形石塊上，立在死者的墳墓旁作爲標記〔註89〕。平時他們還把這種印記烙印在自己的所有物上，遊牧民族最珍貴財產是牲畜，所以他們將本族的印記烙印在牲畜身上，以此作爲與他族區分的憑證。這些民族徽記不管其形式如何，其所體現功能是一致的，就是將不同部族以及其所有物相互區別。所以，有學者認爲：「單存此等圖形文字者僅作器者之自標其徽識而已。此意猶今人於所有物或所造物上蓋章或簽名」〔註90〕。也有學者認爲：「使用這種標識只是爲區別彼此，表示自己的一種行爲，即以諸多氏族之一員而標示本族的地位」〔註91〕。

由上可知，無論是遙遠的商代族徽，還是歷史和民族資料中，家族或部族間互相區分的印記，它們雖然時代不同、形式各異，然而就其功能來講都是群體本身及其所有物之間相互區別的標誌。

3.2.2 青銅器族徽所見家族職事

下面讓我們來看一下族徽與家族職事的關係。

冊，在族徽中有的稱「某冊」，如《纍冊鼎》：「纍冊」（《集成》1373）；《臣辰 彳 冊方鼎》：「臣辰 彳 （先）冊」（《集成》1942）；《允冊簋》：「允冊」（《集成》3110）；《麝冊鼎》：「麝冊」（《集成》1355）等。也有稱「冊某」，如《冊 ㄉ 宅鼎》：「冊 ㄉ 宅」（《集成》1737）；《冊融方鼎》：「冊融」（《近出》222）；《冊告卣》：「冊告」（《集成》4872）等。也可單稱「冊」，如《冊爵》（《集成》7575）；《冊尊》（《集成》5463）；《冊卣》（《集成》4803）等都是單獨一個「冊」字。族徽中的「冊」，是指「作冊」，銅銘中鑄有「冊」形族徽的銅器主人常常擔任「作冊」一職：

銅器名	族徽	銅器主人	備註
《作冊大方鼎》	龑（雋）冊	作冊大	共有四器，見於《集成》2758、《集成》2759、《集成》2760、《集成》2761

〔註89〕《哈薩克族簡史》編寫組：《哈薩克族簡史》（修訂本），北京：民族出版社，2008年，第20～21頁。

〔註90〕郭沫若：《殷彝中圖形文字之一解》，郭沫若著作編輯出版委員會編，《郭沫若全集·考古編·第四卷》，北京：科學出版社，2002年，第17頁。

〔註91〕白川靜：《金文的世界：殷周社會史》，溫天河、蔡哲茂譯，台北：聯經出版事業公司，1989年，第17頁。

《作冊般甗》	[圖] 來冊	作冊般	《集成》944
《作冊夨令簋》	[圖]（雋）冊	作冊夨	共有二器，見於《集成》4300、《集成》4301
《作冊翻尊》	[圖] 肖冊	作冊翻	《集成》5991
《作冊翻卣》	[圖] 肖冊舟	作冊翻	《集成》5400
《作冊折尊》、《作冊折方彝》、《作冊折觥》	[圖] 木羊冊	作冊折	見於《集成》6002、《集成》9895；《集成》9303

　　由上表可知，綴有「冊」字族徽的銅器主人常常肩負「作冊」一職，所以「冊」與主人「作冊」職事有關，應該是「作冊」的省稱〔註92〕。「冊」甲骨文寫作「[圖]」，是指簡冊，所以「作冊」本來的職事應該是負責各種文書的起草工作。從銅器族徽中看，作冊的職事往往由家族固定承擔，如《作冊大方鼎》：「公賞作冊大白馬……用作祖丁寶尊彝，鼀（雋）冊」（《集成》2758）；《作冊夨令簋》：「作冊夨令尊宜于王姜，姜商（賞）令貝十朋、臣十家、鬲百人……令敃（敢）辰（揚）皇王宝，用作丁公寶簋……[圖]（雋）冊」（《集成》4300），作冊大與作冊夨令，是不同的作器者，所以「雋冊」應該是指家族徽號，表明雋這一家族負責冊這一職事。1976 年 12 月陝西扶風縣法門公社莊白村出土的微史家族青銅器，《牆盤》（《集成》4462）、《作冊折尊》（《集成》6002）、《登爵（豐爵）》（《集成》9080）等銅器銘尾，均鑄有「木羊冊」族徽，據學者研究，折、豐、牆屬於三代人〔註93〕，表明微史家族世代固定承襲冊的職事。由上可知，族徽中「冊」是指「作冊」的職事，並且由家族世代承襲，族徽中帶有「冊」，應該是指以起草文書為職事的家族。

　　亞，在族徽中有稱「亞某」，如《亞址鼎》：「亞址」（《近出》216）；《亞牧父戊鬲》：「亞牧」（《集成》502）；《亞弜鼎》：「亞弜」（《集成》1393）；《亞吳鼎》：「亞吳（疑）」（《集成》1426）；《亞醜鼎》：「亞醜」（《集成》1433）；《亞獸爵》：「亞獸」（《集成》7802）；《亞其爵》：「亞其」（《集成》7831）；《亞告鼎》：「亞告」（《集成》1410）等。有時也稱「某亞」，如《眔亞祖癸鼎》：「眔亞」（《集成》1816）；《明亞乙鼎》：「明亞」（《近出》241）；《冀亞秫爵》：「[圖]

〔註92〕張懋鎔：《試論商周青銅器族徽文字獨特的表現形式》，《古文字與青銅器論集》，北京：科學出版社，2002 年，第 3 頁。

〔註93〕張懋鎔：《試論商周青銅器族徽文字獨特的表現形式》，《文物》2000 年第 2 期。

（裘）亞稅」（《集成》8771）；《告亞卣》：「告亞」（《集成》4820）等。也可
單稱「亞」，如《亞鼎》（《集成》1144）；《亞簋》（《集成》3509）；《亞角》（《新
收》259）；《亞觚》（《新收》254）等都是單獨一個「亞」字。族徽「亞」與
軍事征伐有關，如殷墟郭家莊 M160 出土 44 件青銅禮樂器，有 41 件有銘文，
其中「亞址」33 件；「亞胡（寏）址」3 件；「亞胡（寏）止」5 件，所以發掘
者認爲亞址就是 M160 的墓主〔註94〕。在這個墓葬中隨葬有大量的兵器，共有
230 件，占全部青銅器的 78%，在這些兵器中出土了長 34 釐米，寬 39 釐米，
重 3.5 公斤的銅鉞〔註95〕。青銅鉞是軍事統帥權的象徵，據《尚書·牧誓》：「王
左杖黃鉞，右秉白旄以麾」，僞孔傳云：「鉞，以黃金飾斧。左手杖鉞，示無
事於誅」，孔穎達疏：「鉞以殺戮，殺戮用右手，用左手杖鉞，示無事於誅」，
可知鉞是征伐戰爭中權力的象徵。殷墟花園東地 M54 出土的青銅器中，有銘
銅器 27 件，除一件銅爵銘文爲「長」，以及兩件分檔鼎銘文「亞某」不清晰
外，其他均爲「亞長」二字〔註96〕。在這個墓中出土 7 件青銅鉞，從其骨骼
鑒定情況分析，墓主生前可能多次出征，因而身上有多處鈍器擊傷或利刃砍
傷的傷口，並且最終致命的也可能是戰爭創傷，所以發掘者認爲 M54 墓主，
是由於生前衝鋒陷陣，最後戰死疆場〔註97〕。由此推知，「亞」的職事當與軍
事征伐有關。從銅器族徽中看，亞的職事往往由家族承擔，如《中觶》：「中
作匕（妣）己彝，亞址」（《集成》6482）；《觥觚》：「觥作母丙彝，亞址」（《近
出》930），「中」和「觥」是不同的作器者，所以「亞址」應該是家族徽號。
《傳尊》：「傳作父戊寶尊彝，亞牧」（《集成》5925）；《都簋》：「都牧作父乙
寶尊簋，亞牧」（《周原銅》9.1883），「傳」和「都」是不同的作器者，「亞牧」
應是家族徽號。《禽鼎》：「禽作文考父辛寶鼎，亞束」（《集成》2408）；《嫵娵
進方鼎》：「王在葊京，王易（賜）嫵娵進金……用作父辛寶齋，亞束（刺）」
（《集成》2725），「禽」與「嫵娵進」是不同的作器者，「亞束」也應該家族

〔註94〕 中國社會科學院考古研究所：《安陽殷墟郭家莊商代墓葬》，北京：中國大百
科全書出版社，1998 年，第 125 頁。

〔註95〕 中國社會科學院考古研究所：《安陽殷墟郭家莊商代墓葬》，北京：中國大百
科全書出版社，1998 年，第 126 頁。

〔註96〕 中國社會科學院考古研究所：《安陽殷墟花園東地商代墓葬》，北京：科學出
版社，2007 年，第 229 頁。

〔註97〕 中國社會科學院考古研究所：《安陽殷墟花園東地商代墓葬》，北京：科學出
版社，2007 年，第 229 頁。

徽號。所以，址、牧、束等家族徽號中出現「亞」，說明他們是以「亞」爲職事的家族。由上可知，族徽中「亞」的職事與軍事征伐有關，並且由家族承擔，族徽中帶有「亞」，應該表示以軍事征伐爲職事的家族。

宁，在族徽中有稱「某宁」，如《美宁鼎》：「美宁」（《集成》1361）；《鄉宁鼎》：「鄉宁」（《集成》1362）；《赫宁鼎》：「赫宁（荔宁）」（《集成》1365）；《酉宁鼎》：「酉宁」（《集成》1366）；《鳥宁祖癸鬲》：「鳥宁」（《集成》496）；《獸宁爵》：「獸宁」（《集成》8210）等。也有稱「宁某」，如《宁戈鼎》：「宁戈」（《集成》1448）；《宁矢鼎》：「宁矢」（《集成》1453）；《宁羊父丙鼎》：「宁羊」（《集成》1836）；《宁朋觚》：「宁朋」（《集成》7011）；《宁壺觚》：「宁壺」（《集成》7031）等，有時也可省略爲「宁」，如《宁鼎》（《集成》1166）；《宁爵》（《近出》803）；《宁觚》（《集成》6625）；《宁戈》（《集成》10716）等都記單獨一個「宁」字。關於「宁」的涵義，《說文》云：「辨積物也」。洪家義認爲「宁」是貯藏器的象形，甪形內含有各式各樣的物品圖形，個別的甪形之上附有某種徽號，甪形是府藏分職的徽號〔註98〕。陳絜先生也認爲「宁貝」、「宁酉」、「宁戈」、「宁矢」、「宁羊」等族相互之間並無必然的族屬聯繫，此類名號只能算作是單一族名，是以任職某種儲藏官而得名〔註99〕。準此，族徽宁當表示貯藏的職事。從銅器族徽中看，宁的職事往往由家族承擔，如《子出鬲》：「子出作父乙尊彝，宁」（《新收》1797），「子出」是作器者，「宁」應該是族名。另如《延尊》：「戈宁冊，延作父乙寶尊彝」（《集成》5944），「延」是作器者，「戈宁冊」也應該是家族徽號。所以這些族徽中的「宁」，表示是以「宁」爲職事的家族。由上可知，族徽中「宁」是指負責貯藏職事，並且由家族固定承擔，所以族徽中帶有「宁」，應該是以貯藏爲職事的家族。

射，在族徽中有稱「某射」，如《鹿射爵》：「鹿射」（《集成》8215）；《丫射爵》：「丫（襄）射」（《集成》8246）等。也有稱「射某」，如《射獸父癸鼎》：「射獸」（《集成》1895）；《雍伯原鼎》：「射亼」（《集成》2559）等。也有單稱「射」，如《射戈》（《集成》10791）；《射戟》（《集成》10792）；《觥簋》（《集成》3654）；《射爵》（《集成》7634）等都出現一個「射」字。關於「射」的涵義，金文《趩簋》，王命趩作「冢司馬，啻（適）官僕（僕）、射、士」（《集成》4266），這裏「射」是受冢司馬管理的一類人的總稱。金文《害簋》，王

〔註98〕洪家義：《從古代職業世襲看青銅器中的徽號》，《東南文化》1993 年第 3、4 期。

〔註99〕陳絜：《商周姓氏制度研究》，北京：商務印書館，2007 年，第 149～151 頁。

命其「官司尸（夷）僕、小射、底魚」（《集成》4258），「小射」也是一類人的稱謂。「射」在金文中作動詞用就是指射箭的意思，如《十五年趞曹鼎》：「王射于射盧（廬）」（《集成》2784）；《令鼎》：「王射，有司眔（暨）師氏、小子卿（佮）射」（《集成》2803）；《伯唐父鼎》：「〔用〕射兕、戠虎、貉、白鹿、白狐于辟池」（《近出》356）；《麥方尊》：「王射大龏（鴻）禽」（《集成》6015）等，所以「射」當與射箭有關，可能相當於後代軍隊中的弓弩手。從銅器族徽中看，射的職事往往由家族承擔，如《覞簋》：「覞作父壬寶尊彝。射」（《集成》3654），「覞」是作器者，「射」應該是家族徽號。《雍伯原鼎》：「雄（雍）白（伯）原作寶鼎……，射佘」（《集成》2559），作器者是「雍伯原」，「射佘」也應該是家族徽號。所以族徽中帶有「射」，是表示以「射」為職事的家族。由上可知，族徽中「射」當與射箭有關，並且由家族固定承擔，族徽中帶有「射」，應該是以射箭為職事的家族。

箙〔註100〕，在族徽中有稱「某箙」，如《串鼎》：「戈葡（箙）」（《集成》2319）；《毌子弓葡卣》：「弓葡（箙）」（《集成》5142）；《蠆葡父辛尊》：「蠆（衛）葡」（《集成》5748）；《羊葡鼎》：「䍩葡（羊箙）」（《新收》161）；《牵葡爵》：「牵葡（箙）」（《集成》8242）等。也有稱「箙某」，如《葡貝卣》：「葡（箙）貝」（《集成》4882）；《◇葡畢方瓿》：「葡（箙）畢」（《集成》7188）；《葡🏃爵》：「葡（箙）🏃」（《集成》8140）；《葡⚥爵》：「葡（箙）⚥（先）」（《集成》8241）；《葡參父乙盉》：「葡（箙）帛（參）」（《集成》9370）等。也可單稱「箙」，如《葡鼎》（《集成》1215）；《葡父乙鼎》（《集成》1539）；《葡父庚鼎》（《集成》1625）；《葡盂》（《新收》11934）；《葡爵》（《集成》7635）等都出現一個「葡（箙）」字。關於「箙」的涵義，《說文》「箙」字注云：「弩矢箙也」。《詩經·小雅·采芑》和《詩經·小雅·采薇》之「魚服」，鄭玄箋：「服，矢服

〔註100〕 箙的本字作「」、「」或「」等，也可通作「葡」，如《詩經·小雅·采芑》：「簟茀魚服」，《詩經·小雅·采薇》：「象弭魚服」。《毛公鼎》（《集成》2841）和《番生簋蓋》（《集成》4326）「魚服」寫作「魚葡」；《周易·繫辭下》：「服牛乘馬」，《說文》犕注引作「犕牛乘馬」；《左傳》僖公二十四年，「伯服」，《史記·鄭世家》引作「伯犕」。所以「服」、「箙」與「葡」、「犕」可以相互通假。王國維認為「葡，即古箙字，卜辭寫作」。于省吾：《甲骨文字詁林》，北京：中華書局，1996年，第2556頁。羅振玉認為矢箙之初字，全為象形。字乃由轉而為葡和犕，又由犕而通假作服，又加竹而為箙，於是初形全晦。于省吾：《甲骨文字詁林》，北京：中華書局，1996年，第2556頁。

也」。並且在《毛公鼎》(《集成》2841) 和《番生簋蓋》(《集成》4326) 中，「魚葡（箙）」作爲物品被賞賜。所以箙應該指矢服，即盛矢器。以箙作爲族徽者，有學者認爲是做箭服者〔註101〕，此說可從。從銅器族徽中看，箙的職事往往由家族承擔，如《串鼎》：「串作父丁寶鼎，戉葡（箙）」(《集成》2319)；《隹尊》：「隹作父己寶彝，戉葡（箙）」(《集成》5901)；《啓尊》：「啓作祖丁旅寶彝，▮（戉）葡（箙）」(《集成》5983)，「串」、「隹」、「啓」是不同的作器者，「戉葡（箙）」應該是家族徽號。族徽中的「箙」，表明是以「箙」爲職事的家族。在卜辭中，箙有時也稱爲「多箙」，如「貞勿共多葡（箙）」(《合集》5802)；「……〔共〕多葡（箙）」(《合集》5803)，也有占問葡受年，如「葡（箙）受年」(《合集》9741 正)，「葡受年」，說明箙應該有自己的地域，屬於獨立的政治經濟實體。由上可知，族徽中「箙」當與做盛矢器有關，並且由家族承擔，族徽中帶有「箙」，應該表示以做箭箙爲職事的家族。

犬，在族徽中有稱「某犬」，如《史犬爵》：「史犬」(《集成》8188)；《▮犬父乙爵》：「▮（櫨）犬」(《集成》8867)；《車犬爵》：「車犬」(《近出》864)；《天犬壺》：「天犬」(《集成》9489)；《丁犬卣》：「丁犬」(《集成》4826) 等。也有稱「犬某」，如《戌嗣子鼎》：「犬魚」(《集成》2708)；《犬山父乙爵》：「犬山」(《集成》8866) 等。也可單稱「犬」，如《犬爵》(《集成》7524)、《集成》7525、《集成》7526；《犬觚》(《集成》6647)；《犬父己卣》(《集成》4957)；《犬父丙鼎》(《集成》1565) 等都出現一個「犬」字。關於「犬」的涵義，如《師毀鼎》，王冊命師毀（晨）：「疋（胥）師俗司邑人，隹（惟）小臣、膳夫、守、〔友〕、官、犬，眔奠（甸）人、膳夫、官、守、友」(《集成》2817)。「犬」與「膳夫」、「小臣」等連用，應該是指一種的職事。郭沫若認爲《周禮·秋官》有「犬人」，「凡相犬牽犬者屬焉，掌其政治」者〔註102〕。楊樹達先生則認爲《周禮》「犬人」職掌犬牲，與狩獵無涉，殷人犬職蓋與《周禮·地官》之「跡人」相當〔註103〕。從卜辭中看，當出現獵物時，犬負責向王報告，並導王往獵〔註104〕。金文《員鼎》：「王獸（狩）于眎（視）戠（廩），王

〔註101〕張光直：《商文明》，瀋陽：遼寧教育出版社，2002 年，第 224 頁。

〔註102〕郭沫若：《兩周金文大系考釋》，《郭沫若全集·考古編·第八卷》，北京：科學出版社，2002 年，第 115 頁。

〔註103〕楊樹達：《釋犬》，《積微居甲文說》，上海：上海古籍出版社，1986 年，第 31 頁。

〔註104〕李學勤：《殷代地理簡論》，北京：科學出版社，1959 年，第 6～7 頁。

令鼎（員）執犬」（《集成》2695），可見狩獵時，確有執犬從獵之人。從銅器族徽中看，犬的職事往往由家族承擔，如《戍嗣子鼎》：「王商（賞）戍嗣子貝廿朋……用作父癸寶鼎（餗）……犬魚」（《集成》2708），作器者是「戍嗣子」，「犬魚」應該是家族徽號。《子觶》：「子作父戊彝，犬山取（刀）」（《集成》6496），作器者是「子」，「犬山取（刀）」應該是家族徽號。所以族徽中的「犬」，表示是以「犬」為職事的家族。由上可知，族徽中「犬」是職司獵物的人員，並且由家族承擔，族徽中帶有「犬」，應該表示以狩獵為職事的家族。

保，在族徽中有稱「保某」，如《保束爵》：「保束（刺）」（《集成》8170）；《保亯爵》：「保亯（亯、享）」（《集成》8171）等。也有稱「某保」，如《亯保鼎》：「亯保」（《新收》1714）；《子保瓠》：「子保」（《集成》6909）；《糸保瓠》：「糸保」（《集成》6996）等。也可單稱「保」，如《保鼎》（《集成》1001）；《保爵》（《集成》7404）；《保父己罍》（《集成》9214）；《保父丁簋》（《集成》3180）等都出現一個「保」字。關於「保」的涵義，族徽中「保」作「」，像人背小孩之形。西周初年，成王年幼，召公曾擔任過太保。《大戴禮記·保傅》解釋說：「保，保其身體」。《周禮·地官》也有「保氏」一職，「掌諫王惡，而養國子以道，乃教之六藝」。可見「保」最初的職事可能與教養國子和保其身體有關，古代「太保」之職可能即起源於此。從銅器族徽中看，保的職事往往由家族承擔，如《弢卣》：「弢作父丁尊彝，保」（《集成》5275），作器者是「弢」，「保」應該是家族徽號。所以族徽中的「保」，表示以「保」為職事的家族。由上可知，族徽中「保」的職司是掌養國子和保其身體，並且由家族承擔，族徽中帶有「保」，應該表示以掌養國子和保其身體的家族。

此外，據學者研究，有些族徽也與家族職事有關，如張光直先生認為：「」是商人；「」、「」是運輸者；「」是廚師；「」是牧者；「」是弓匠；「」是做箭者；「」是刀匠；「」是製戟者；「」是製盾者；「」是屠夫；「」是弓手；「」是持戟者；「」是劊子手；「」是製車者；「」是造舟者；「」是築房者；「」是鑄鼎者；「」製爵杯者；「」是製絲者；「」是果園管理者等〔註105〕。洛有倉先生研究動物類族徽，指出其中有反映擒殺動物有關的族徽，進而認為用「」為族徽，是一個與獵虎有關的部族；以「」為族徽，是一個與捕象有關的部族；

〔註105〕張光直：《商文明》，瀋陽：遼寧教育出版社，2002年，第224頁。

以「」爲族徽，是一個與負責養牛有關的部族；以「」爲族徽，是從事養豕或祭祀宰豕有關的部族；以「」爲族徽，是一個與負責養羊有關的部族〔註106〕，等等。

3.2.3　職事族徽與指定服役的關係

由上可知，在青銅器族徽當中，「冊」、「亞」、「宁」、「射」、「箙」、「犬」、「保」等，都與一定的職事有關，「冊」是指「作冊」；「亞」與軍事征伐有關；「宁」負責貯藏；「射」與射箭有關；「箙」與做盛矢器有關；「犬」掌導王往獵；「保」掌養國子和保其身體。這些職事作爲家族的族徽出現，應該反映他們的某種特殊職業。換句話說，這些特殊職業由某些特定家族負責。這與文獻的記載可以相互印證，如《左傳》定公四年，分給魯周公「殷民六族」和分給衛康叔「殷民七族」，學術界一般認爲陶氏是陶工；施氏是旗工；錡氏是釜工；長勺氏、尾勺氏是酒器工；還有索氏即繩工；繁氏是馬纓工；樊氏是籬笆工等〔註107〕。趙世超先生指出：「把他們說成是專業的手工業工人，也是犯了用後世眼光臆測往古的錯誤，較大的可能是，在農業、手工業仍然緊密結合的前提下，某族在製造某種產品方面較有傳統，乃至大眾竟以其馳名遠近的傳統產品稱呼該族，所以就被指定擔負他們最擅長的勞作，分別爲侯國公室生產繩索、酒器、陶器、旌旗、馬纓或負責編製籬笆等」〔註108〕。所以，通過青銅銘文中職事族徽的研究，可以得出家族以職事名爲族徽，是一種指定服役制。有一點需要說明的是，西周時期由於殷商覆亡，大量的殷移民被遷往各地，加之社會分工和商品經濟的發展，使得有些家族職事已不能完全操持昔日的職守，有的可能已變成一種榮職，如洪家義指出，「亞」作爲一種出身標誌延傳後代，但實際職守卻在不斷變化〔註109〕。

〔註106〕洛有倉：《商周青銅器族徽文字綜合研究》，陝西師範大學博士學位論文，2006年，第168～179頁。

〔註107〕李亞農：《殷代社會生活》，上海：上海人民出版社，1955年，第50頁；中國歷史研究會編：《中國歷史簡編》（上），北京：華北新華書店，1948年，第38頁；白壽彝主編：《中國通史》（第三卷），上海：上海人民出版社，1989年，第632頁。

〔註108〕趙世超：《指定服役制度略述》，《陝西師範大學學報》（哲學社會科學版）1999年第3期。

〔註109〕洪家義：《從古代職業世襲看青銅器中的徽號》，《東南文化》1992年第3、4期。

　　總之，族徽作爲區分家族及其所有物的標誌，其表現形式與家族職事有密切關係，家族以職事名爲族徽也是指定服役制度的體現。

第4章 西周時期的指定服役制度

　　周人偏居西部邊陲，自太王時期起就開始實行的翦商計畫，到武王方才實現。對殷商傳統的勢力範圍如何統治，是擺在西周統治者面前最緊迫的問題。周王爲了鞏固統治，便在全國要衝「封建親戚，以蕃屏周」。這些同姓或姻親諸侯與其他諸侯雜廁相居，改變了「國」外，即「四土」、「四方」的面貌。同時分封疆土的時候還「授民」，所授民中包括大量的異姓之民，他們有些同樣居住在國中，使得國內居民成分也發生了顯著變化，從而再也不能簡單地用商代內、外之分來概括周代的國家結構了。西周的剝削關係大致可以求之於三個方面：一是王國與諸侯國之間 [註1]，西周把大量的同姓或姻親家族分封到各地藩屏周室，加強了對諸侯的控制。從有關朝會、納貢、從征、獻器等記錄分析，諸侯對周王的臣屬關係已經確立，諸侯國與王國之間顯然存在剝削關係；二是王國及各諸侯國的國中，居於國中的家族長們均握有支配子女、親屬和家族財產的權力，而家族財產，除卻器用財賄，還指具有奴隸身份的臣妾，在每個家族內部，包含有家長制的奴役和剝削，便顯而易見。又由於政治關係和宗法關係的雙重制約，所有的家族更以不同形式分別從屬於王室或公室，從而在占主導地位的家族和占從屬地位的家族之間形成剝削關係；三是國和野之間，西周時期國的範圍依然不是很大，在國之外仍存在廣大的野。對於生活在野中的部族，雖還不能完全建立起有效的統治，但以國治野的剝削關係或較爲鬆散的支配關係卻已經存在。

〔註1〕　趙世超先生說：「彼時所謂國，實爲散佈於茫茫土海中的一些統治據點，相互間無由聯接，也沒有嚴格的國界可言」，見趙世超：《周代國野制度研究》，西安：陝西人民出版社，1991年，第259頁。所以本文講到的「王國」都是指周王實際控制的區域，不包括諸侯國在內。

4.1 王國與諸侯國之間的指定服役制度

周初分封諸侯仍然冠以侯、甸、男的名義，如《左傳》桓公二年，「今晉，甸侯也」，說明晉本爲甸服而稱侯者；《左傳》定公四年，「曹爲伯甸，非尙年也」，曹是伯爵而爲甸服者；《左傳》昭公十三年，「鄭伯，男也」，說明鄭伯本爲男服；《左傳》隱公八年，宿稱男；《左傳》莊公十六年，許也稱男；《國語·鄭語》：「妘姓鄔、鄶、路、偪陽，曹姓鄒、莒，皆爲采、衛，或在王室，或在夷狄，莫之數也」，說明這些諸侯國最初應該受封爲采服或衛服。但是，西周時期這些職事已經失去了其本來的意義，這表現爲侯、甸、男可以統稱爲諸侯，如西周初年的《矢令方尊》和《矢令方彝》，記載明公來到成周：「舍（捨）三事令，罙（暨）卿旟（事）譽（寮）、罙（暨）者（諸）尹、罙（暨）里君、罙（暨）百工、罙（暨）諸侯：侯、田、男，舍（捨）四方命（令）」（《集成》6016、《集成》9901），楊樹達先生說：「文本當云：舍四方令，罙諸侯：侯田男，而文卻倒言之，致文字錯綜，不相配稱，令人迷惘」〔註2〕。侯、甸、男稱諸侯，這與周人「藩屛周室」的目的有關。作爲周的屛藩，諸侯對周王負有進納土貢、隨從征伐和奉獻戰利品等義務。從征即屬於指定服役，除此之外，周王還會指定諸侯服特定勞役，這仍是重要的剝削形式。如《左傳》襄公二十五年，記載「昔虞閼父爲周陶正，以服事我先王。我先王賴其利器用也」。虞閼父爲陳之先祖，此處的「先王」指周武王，這說明陳國在周初曾被指定擔負爲周王室生產陶器的勞役。《左傳》昭公十二年，楚國右尹子革曰：「昔我先王熊繹，辟在荊山，篳路藍縷，以處草莽。跋涉山林，以事天子。唯是桃弧、棘矢，以共御王事」，即用桃弧、棘矢等簡陋的武器跋山涉水以奔走於王室。此外，《國語·晉語八》中記載，叔向曰：「昔成王盟諸侯於岐陽，楚爲荊蠻，置茅蕝，設望表，與鮮卑守燎，故不與盟」，楚人還有在盟會上安置縮酒用的束茅、豎立昭示位次的木表和看守庭燎的勞役。《史記·秦本紀》記載，秦先祖非子居犬丘，「好馬及畜，善養息之」。於是犬丘人言於周孝王，孝王「使主馬於汧渭之間」，致使馬大蕃息。孝王曰：「今其後世亦爲朕息馬，朕其分土爲附庸」。由此可見，秦國曾被指定爲周王服養馬的勞役。《詩經·小雅·大東》：「大東小東，杼柚其空」。《詩序》曰：「刺亂也，東國困於役而傷於財，譚大夫作是詩以告病」。譚國「困於役」，

〔註2〕 楊樹達：《矢令彝三跋》，《積微居金文說》，北京：中華書局，1997年，第7頁。

說明譚國要爲周王室提供各種織物，這些貢納稱「役」，說明也是指定勞役轉化而來。

這些勞役有時也被稱爲服、事或職，如《榮簋》：「王令焂（榮）罘（暨）內史曰：葦（介）井（邢）侯服（服）」（《集成》4241），「葦」，學者或假借爲「更」，意與《班簋》「更虢城公服」相同〔註3〕；或以爲是「介」，假「介」爲「匃」，訓爲「予」〔註4〕；或以爲當讀爲「匃」，訓「與」，謂與邢侯以職事〔註5〕；或以爲讀「害」若「割」，訓「分」〔註6〕。榮和內史是兩人，不能二人同時擔任一個職務。所以，不應該訓「更」，其他三說意思基本相同，即給予、分給之義。「服」，本字作「 」，像一手按跽人使其跪伏，所以「服」的本義是指由於被制服或征服等原因，從而爲統治者服役或服事。這句的意思是，王讓榮和內史冊命邢侯服一定的職事。《燕侯旨鼎》：「匽（燕）侯旨初見事于宗周」，「見事于宗周」，與《作冊魖卣》：「見服（服）于宗周年」（《集成》5432）語例相同。「服」和「事」可以通用，《爾雅・釋詁》謂：「服，事也」。「見事于宗周」，當是指燕侯到周王朝獻上其所應服的職事。《左傳》定公四年，分封康叔殷民七族，「封畛土略，自武父以南，及圃田之北竟（境），取於有閻之土，以共王職」，「王職」就是指周王最初下派給諸侯的職事。《國語・周語中》，晉文公勤王後，在一次朝會上，襄王曰：「若由是姬姓也，尚將列爲公侯，以復先王之職，大物其未可改也」，這裏的「先王之職」亦是指「王職」。《左傳》僖公五年，晉國「假虞滅虢」後，滅亡了虞國。於是「修虞祀，且歸其職貢於王」，「職貢」是指由虞國固定承擔的勞役或貢納。這裏「職貢」並稱，說明貢和職之間有著密切的關係，甚至可以互相轉換，如《左傳》僖公十一，楚國因「黃人不歸楚貢」，征伐黃人，而《左傳》僖公十二年記載此事曰：「不共楚職」。所以這種原來由諸侯國所服的職事，由於路途遙遠或其他原因，轉化而成的貢，也是指定服役制度所要研究的範圍。通過這些資料我們可以看出，西周時期諸侯國仍然要爲周王服一定的職事。

西周時期還建立起了一套對諸侯職事的考績制度，即巡狩和述職，如《左傳》昭公五年，「小有述職，大有巡功」；《周禮・夏官・職方氏》曰：「王將

〔註3〕　郭沫若：《兩周金文辭大系圖錄考釋》，郭沫若著作編輯出版委員會編：《郭沫若全集・考古編・第八卷》，北京：科學出版社，2002年，第39頁。

〔註4〕　陳夢家：《西周銅器斷代》，北京：中華書局，2004年，第82頁。

〔註5〕　楊樹達：《井侯彝跋》，《積微居金文說》（增訂本），北京：中華書局，1997年，第89頁。

〔註6〕　馬承源：《商周青銅器銘文選》（三），北京：文物出版社，1988年，第45頁。

巡守，則戒於四方曰：各修平乃守，考乃職事，無敢不敬戒，國有大刑」；《孟子·梁惠王下》曰：「天子適諸侯曰巡狩。巡狩者，巡所守也。諸侯朝於天子曰述職。述職者，述所職也」。通過巡狩和述職，以達到維護王國與諸侯國之間職事的目的。

這些職事往往由諸侯國長期固定承襲。春秋時期，齊桓公「糾合諸侯而謀其不協，彌縫其闕而匡救其災」，被稱為是「昭舊職也」〔註7〕；晉文公為踐土之盟，盟書曰：「凡我同盟，各復舊職」〔註8〕；平丘之會，尋舊盟曰：「無或失職」等〔註9〕，這些職事稱「舊職」，或通過盟誓來使其不失職，說明諸侯之職事是由其固定承擔的。這些諸侯被指定專門服某種職事，並且由諸侯國長期固定承襲，所以我們說，西周時期周王冊命諸侯的職事屬於指定服役。這些指定由諸侯承擔的勞役，是按《周禮·夏官·職方氏》所說的，「制其職，各以其所能；制其貢，各以其所有」，為分配勞役的原則，並不是按照距離遠近作為劃分標準。所以「三服」、「五服」、「七服」和「九服」諸說（詳見附錄一），那種整齊劃一的臣服和貢納關係在周代是絕不可能實現的，但這些服制中稱「服」，說明它們與指定服役有著一定的關係。那樣地整齊劃一，則是後來儒家將其呆板地系統和條理化的結果。

4.2 王國及諸侯國內部的指定服役制度

在王國及諸侯國的內部，我們根據職事的內容，分為農業勞役、手工業勞役、軍事勞役、文化宗教類勞役和雜役五大類，並分別探討其與指定服役的關係。

4.2.1 農業勞役

西周時期有公田和私田之分，如《詩經·小雅·大田》曰：「有渰萋萋，興雨祈祈。雨我公田，遂及我私」。「私」與「公田」相對，當指「私田」。「公田」主要是指統治者之田，學術界基本沒有異議，問題主要出在對「私田」的解釋上。《孟子》將「私田」解釋為農民之田，故而將《大田》詩句與其「方里而井」的設想統一起來。《孟子·滕文公上》曰：「方里而井，井九百畝，

〔註7〕《左傳》僖公二十六年。
〔註8〕《左傳》定公元年。
〔註9〕《左傳》昭公十九年。

其中爲公田。八家皆私百畝，同養公田」。即九百畝爲一井，中間的一百畝爲公田，周邊的八百畝分給八家作爲私田。然而我們結合先秦文獻和民族資料考察，實際情況與此圖景相去甚遠。

首先，「私田」並非農民之田。《詩經》大、小雅多數是貴族官吏的作品〔註10〕，即大、小雅中的「我」多數應該是指貴族。《呂氏春秋·務本》曰：「《詩》云：『有渰淒淒，興雲祁祁，雨我公田，遂及我私。』三王之佐，皆能以公及其私矣」。可見，在《呂氏春秋》的作者看來，《大田》所說的「我私」，是指像「三王之佐」等貴族之田。又從《詩經·小雅·甫田》：「我取其陳，食我農人」，「我田既臧，農夫之慶」。相對於「農人」和「農夫」的「我」和「我田」，就應該是指統治者和統治者之田。所以袁林先生指出：「本級貴族佔有的『田』即『私田』，而上一級貴族所佔有的『田』即爲『公田』，大概下一級貴族要爲上一級貴族代爲管理這些『田』，因此才有了『雨我公田，遂及我私』的詩句」〔註11〕。這種公田和私田的區分亦見於民族資料當中，如我國的仡佬族在土司統治時期，一些比較肥沃的田土都由土司自己直接控制，稱爲「官莊」或「公土」，另將若干土地劃給其屬官作爲俸祿，稱爲「頭人莊田」或「私土」〔註12〕。這裏的「公土」和「私土」，與《詩經》中的「公田」和「私田」道理是一致的。

其次，就公田的面積而言，也非《孟子》中的百畝可以比擬。《詩經·小雅·大田》：「大田多稼，既種既戒，既備乃事。以我覃耜，俶載南畝。播厥百穀，既庭且碩，曾孫是若」。「大田」之上莊稼眾多，並且種植多種作物，這種「大田」的面積想必不會太小。「大田」即《詩經·小雅·甫田》之「甫田」，《詩》云：「倬彼甫田，歲取十千」。毛傳曰：「倬，明貌。甫田，謂天下田也」。鄭玄箋：「甫之言丈夫也。明乎彼太古之時，以丈夫稅田野」。而清代馬瑞辰據舊疏引《韓詩》作「菿彼甫田」，「菿，卓也，亦大也」。又據《說文》：「倬，大也」。進而提出：「圃、甫古通用，甫田爲大田，則倬宜爲大貌」〔註13〕。高亨先生也認爲：「倬，大也，即面積廣闊。甫，大也」〔註14〕，可

〔註10〕 高亨：《詩經簡述》，《詩經今注》，上海：上海古籍出版社，1980 年，第 4 頁。
〔註11〕 袁林：《兩周土地制度新論》，長春：東北師範大學出版社，2000 年，第 95 頁。
〔註12〕 《仡佬族簡史》編寫組：《仡佬族簡史》，貴陽：貴州民族出版社，1989 年，第 57 頁。
〔註13〕 （清）馬瑞辰：《毛詩傳箋通釋》，北京：中華書局，1989 年，第 713 頁。
〔註14〕 高亨：《詩經今注》，上海：上海古籍出版社，1980 年，第 329 頁。

見「甫田」就是指《詩經‧小雅‧大田》之「大田」。據《毛詩序》謂《甫田》曰：「刺幽王也」，孔穎達疏：「經言成王庾稼，千倉萬箱，是倉廩實，反明幽王之時，倉廩虛也」。可見此詩所述之「甫田」是指成王之田。另外，因爲公田的面積大，故而產量相當可觀，如《甫田》：「倬彼甫田，歲取十千」，「曾孫之稼，如茨如梁。曾孫之庾，如坻如京。乃求千斯倉，乃求萬斯箱」。「茨」，是指草屋的頂。「梁」，是指水上的大堤，一說是橋。「庾」，是指堆在露天的糧囷。「坻」，是指小丘。「京」，是指大丘。《周頌‧載芟》：「載獲濟濟，有實其積，萬億及秭」。「億」，周代十萬爲億。「及」，古廄字，其也。「秭」，指米穀的量名。《周頌‧良耜》：「其崇如墉，其比如櫛」。「墉」，是指城牆。「比」，是指繁密。「櫛」，是指篦子。這些「茨」、「梁」、「庾」、「坻」、「京」、「億」、「墉」、「櫛」等，都是形容公田上收穫量之大。故而《詩經》所描繪的豐收場景，應該都是公田上的收益。而就百畝田的收成而言，即使到了戰國時期鐵質農具出現，生產力獲得了提高以後，產量仍不是很多。據李悝計算，「一夫挾五口，治田百畝」，平年畝收一石半，除上繳什一之稅十五石以外，所獲養活全家尚缺四百五十錢，而且「不幸疾病死喪之費及上賦斂」，還並不計算在內，只有豐年才略有盈餘〔註 15〕。這就是說，百畝耕地平年總收入除去十一之稅而外，只能養活農民之家五口或略有損益。《孟子》一書中說：「百畝之田，勿奪其時，八口之家可以無饑矣」，「百畝之田，匹夫耕之，八口之家足以無饑矣」〔註 16〕，也只不過是養活八家而已。所以西周時期的公田，決非《孟子》中說百畝的規模。

由上可知，西周時期的公田和私田都是指統治者之田，這種田面積大，產量可觀，並非《孟子》所說的公田百畝可以比擬。

這些田往往指定由某些家族集體耕種，如《詩經‧周頌‧載芟》：「載芟載柞，其耕澤澤。千耦其耘，徂隰徂畛。侯主侯伯，侯亞侯旅，侯彊侯以」。毛傳曰：「主，家長也。伯，長子也。亞，仲叔也。旅，子弟也。彊，強力也。以，用也」。孔疏云：「其所往之人，維爲主之家長，維處伯之長子，維次長之仲叔，維眾之子弟，維強力之兼士，所以傭賃之人。此等俱往畛隰，芸除草木，盡家之眾，皆服其勞」。從「載獲濟濟，有實其積，萬億及秭」的收穫量上來看，這首詩描繪的應該是在公田上耕作的場面，也爲我們展現了特定

〔註 15〕《漢書‧食貨志》。

〔註 16〕分別見於《孟子‧梁惠王上》和《孟子‧盡心上》。

的家族，在家族長的帶領下「或往之隰，或往之畛」，東一群、西一群去為統治者服勞作的宏大場面。在《散氏盤》銘文中，矢侵害了散的邑，作為賠償把一塊「田」給了散。在參與交割的人員中，除「矢人有司」數人和「散有司十夫」外，還有豆人、小門人、原（原）人、堆人的代表，從「履田」實際過程來看，如「原（原）人」對應「原衛（原道）」的「原（原）」；「堆人」對應「堆莫（墓）」的「堆」；「豆人」對應「豆新宮」的「豆」（《集成》10176）。這些人員居住於待交換之田的附近，並且要參與矢、散的土田交割。合理的解釋就是，這些人應當是承擔該田耕作勞役的被剝削集團的代表人物。故而伊藤道治先生認為：「田的贈與同時是邑和邑人的贈與」〔註17〕。曲英傑先生也認為，矢付田地予散，同時包括生活於其上的居民，豆、小門、原、堆等地之人，即聚族生活勞作於此田地，「他們受治於族長和當地的首領（有司之類），同時又要受到其上屬的統治者（如矢王等）的管轄」〔註18〕。在西周金文中常言及賜田，（詳見附錄三），袁林先生對這些賜「田」的性質進行分析時得出：「『田』是專門用於實現剩餘勞動、生產剩餘產品的耕地。只有這樣理解，受賜『田』者的經濟收益才比較合理，受『田』數額也不顯其小」〔註19〕。另外，這些專門用於實現剩餘勞動的「田」，金文中常言及「于某」，如西周早期的《旟鼎》，王姜賞賜旟「田三田于待劃」（《集成》2704）；西周中期的《卯簋蓋》，周王賜卯「于乍一田，于𡧛一田，于隊一田，于戫一田」（《集成》4327）；西周中期的《大克鼎》，周王賜給膳夫克「田于埜，田于渒，田于峻，田于康，田于匽，田于陣原（原），田于寒山」（《集成》2836）；西周晚期的《十月敔簋》，周王賜敔「于敓（拎）五十田，于早五十田」（《集成》4323）；西周晚期的《卌二年逨鼎》，周王賜逨「田于鄭卅田，于陸廿田」（新收745）等，這些田也應該由某地附近之人集體耕種。此種耕作形式亦見於春秋時期，如《國語・晉語四》，記載晉文公平定王子帶之亂，襄王「賜公南陽陽樊、溫、原、州、陘、絺、組、攢茅之田」，陽人不服。《國語・周語中》記載倉葛呼曰：「陽不獲承甸，而衹以觀武，臣是以懼」，這裏「甸」與前面賜田相對，當即治田入穀之義，由此推斷陽人應該負有為周王在陽樊服耕種勞役的職責。類似事

〔註17〕〔日〕伊藤道治著：《中國古代王朝的形成：以出土資料為主的殷周史研究》，江藍生譯，北京：中華書局，2002 年，第 154 頁。

〔註18〕曲英傑：《散盤圖說》，《西周史研究》，《人文雜誌》（叢刊）第 2 期，1984 年。

〔註19〕袁林：《兩周土地制度新論》，長春：東北師範大學出版社，2000 年，第 88 頁。

件在「汶陽之田」也曾發生過，《左傳‧成公三年》：「叔孫僑如圍棘，取汶陽之田，棘不服，故圍之」。「棘不服」，說明棘人是汶陽之田的實際耕作者。

這種指定某部分人耕種統治者之田的勞作形式，古書中稱爲「籍田」，「籍」商代卜辭中作「藉」、「藉」、「藉」、「藉」、「藉」等形，《說文》云：「從耒昔聲」。「籍田」，甲骨文「耤」字像一人執耒蹈著耕作的樣子，「耤」字本來是恭親耕作的意思。籍田起源於氏族公社的集體耕作，這種勞動往往是由族長和長老帶頭進行，進入階級社會後，就成爲了貴族階級對農業生產者的一種主要剝削辦法〔註 20〕。故而演化出借民力而耕之義，如《詩經‧周頌‧載芟》鄭玄注：「籍之爲言借也，借民力治之，故謂之籍田」。《說文》耤字條云：「耤，帝耤千畝也。古者使民如借，故謂之借」。關於籍田的記載，如西周早期的《令鼎》：「王大耤晨（耤農）于諆田」（《集成》2803）；西周中期的《㦰簋蓋》，令㦰作司土，「官司耤（耤）田」（《集成》4255）等。春秋時期，《左傳》昭公十八年，還記載過「郰人藉稻」的事情，杜預注：「禹妘姓國也。其君自出藉稻，蓋履行之」，「其君自出藉稻」，應該已經帶有儀式的性質。但關於郰國藉稻之事，可以說明直到春秋時期在某些國家還仍保留著籍田或其孑遺。魯宣公十五年實行「初稅畝」，《左傳》謂：「初稅畝，非禮也。穀出不過藉，以豐財也」，由此可見，魯國也應該實行過籍田。《禮記‧王制》亦曰：「古者公田藉而不稅」等，都是有關籍田的記載。

籍田要在春耕時舉行一定的祭祀儀式，如《國語‧周語上》記載：「先時五日，瞽告有協風至，王即齋宮，百官御事，各即其齋三日。王乃淳濯饗醴，及期，鬱人薦鬯，犧人薦醴，王裸鬯，饗醴乃行，百吏、庶民畢從」；《小雅‧大田》曰：「來方禋祀，以其騂黑，與其黍稷。以享以祀，以介景福」，這兩則材料都是對春耕前祭祀的描述。家族在從事籍田勞作時，食物等往往由田地的所有者提供，如《詩經‧小雅‧甫田》云：「我取其陳，食我農人」，「曾孫來止，以其婦子。饁彼南畝，田畯至喜」。「陳」，是指陳年的穀物。「農人」，具體指耕作者。「饁」，是送飯的意思，「饁彼南畝」，就是曾孫與其婦子到南畝送飯。《詩經‧小雅‧大田》亦云：「曾孫來止，以其婦子。饁彼南畝，田畯至喜」。《國語‧周語上》則曰：「宰夫陳饗，膳宰監之。膳夫贊王，王歆大牢，班嘗之，庶人終食」。農民在從事集體耕作的時候還要受「田畯」的監督，如《詩經‧小雅‧甫田》：「曾孫來止，以其婦子，饁彼南畝。田畯至喜，攘

〔註 20〕楊寬：《古史新探》，北京：中華書局，1965 年，第 218～229 頁。

其左右，嘗其旨否」。鄭玄箋：「田畯，司嗇，今之嗇夫也」。孔穎達疏：「田畯，田官，在田司主稼穡，故謂司嗇。漢世亦有此官，謂之嗇夫，故言今之嗇夫也」。在收穫後，據《國語・周語上》記載，要「廩於籍東南，鍾而藏之」，「廩於籍東南」，就是在田地的東南部建穀倉，以便藏穀。關於這些穀物的用途，《國語・周語上》虢文公曰：「夫民之大事在農，上帝之粢盛於是乎出，民之蕃庶於是乎生，事之供給於是乎在，和協輯睦於是乎興，財用蕃殖於是乎始，敦厖純固於是乎成」，「三時務農而一時講武，故征則有威，守則有財。若是，乃能媚於神而和於民矣，則享祀時至而佈施優裕也」，《周禮・天官》之「甸師」，「掌帥其屬而耕耨王藉」。並「以時入之，以共齊盛。祭祀，共蕭茅、共野果、瓜之薦」〔註 21〕。蓋日常祭祀和支付各種職事的費用，軍事征伐，以及國家賑濟等開銷都仰仗於籍田收入。

　　這種由某部分人集體耕種統治者之田的形式亦見於民族學資料當中，如雲南西雙版納的傣族，在土司統治時期，剝削者控制的土地可以劃分為三種類型：第一種為「納竜召」、「納召片領」（宣慰田）和「納召勐」（土司田），前者為「召片領」（西雙版納最高統治者）直接佔有的土地，後者為各勐「召勐」（土司）直接佔有的土地，這些土地均為世襲繼承；第二種稱為「納波郎」（波郎田），為「召片領」和「召勐」分賜給其屬官或家臣波朗在職期間的薪俸田，此種土地不可世襲，卸職後要交回；第三種是「納道昆」（頭人田）和「納隴達」（隴達田），前者為「召片領」或「召勐」劃分給各農民村寨「頭人」作為薪俸的土地，卸職必須交出，後者為土司選派對「宣慰田」、「土司田」及「波郎田」等耕作和收穫進行監督的「隴達」（直譯「下面的眼睛」）之薪俸田，亦不可世襲，卸職須交回。這些田不僅面積較大，而且連片，並分佈於各個村寨，指定由一個或多個村社共同耕種，如「宣慰田」，有「納細良」（「納」字起頭為田名，下同）1000 納，由曼隴匡耕種（「曼」字起頭為村名，下同）；「納烘」1200 納，由曼紅耕種；「納景董」1000 納，由曼藏宰耕種；「納竜東遠」1000 納，由曼廣、曼景蚌、曼眞、曼達耕種；「納坑」3000

〔註 21〕關於《周禮》的年代，我們主要採納了劉起釪先生的觀點，劉先生認為「《周禮》係依據承自西周的春秋時期周、魯、衛、鄭官制撰成」，「最初作為官職之彙編，至遲成於春秋前期。它錄集自西周後期以來逐漸完整的姬周系統之六官制資料，再加以條理系統以成書」。見劉起釪：《古史續辨》，北京：中國社會科學出版社，1991 年，第 635～642 頁。本文所引《周禮》官職的年代問題均以此觀點為依據。

納，由曼貢、曼八角耕種〔註22〕。「召勐」以下的「議事庭」、「波郎」及村社
頭人的土地，也多是指定由土司統治下的農民代耕〔註23〕。耕種和收穫期間，
「召片領」、「召勐」等還要派「隴達」到田間督耕，有時「召片領」、「召勐」
等人在官員和侍從的陪同下親自到田間視察，還送去酒肉，待耕作完畢後給
代耕農民食用，以示「犒勞」〔註24〕。在被代耕的「官田」附近，有「召片
領」、「召勐」等修建的穀倉，用以收藏「官田」所獲全部穀物。在日本大和
國時期，統治者將移民、被征服者、當地氏族集團、以及徵集氏姓集團的氏
人等，組成田部，由朝廷發放農具、種子和口糧，田部民往往保留其原有的
內部結構，由其氏族的首領伴造統帥，集體為統治者服耕田勞役〔註25〕。在
南美印加帝國的公田，是指「太陽田」和「印加田」。「太陽田」的收穫歸屬
寺廟，為祭司所有。「印加田」的收成歸王室所有，上繳國庫，用以維持龐大
王族的生計，並且供應帝國政府的各種所需〔註26〕。對於這些田，政府按照
柯威（Corvee）的原則，即用徭役的方式徵稅。服勞役的人穿上最好的衣服，
就像過節一樣，排成一排在分配的公田中工作，邊幹邊唱。他們的食物、款
待、種子和其他必須品的消耗，都由公家開支〔註27〕。而且每年開耕之前，
要舉行神聖的首耕儀式。印加王用一把金質木鑭開掘土地，並親手播下種子。
仿佛這樣一來，在今後一年中，各地的農業生產都能受到這次儀式的佑護。
因為印加王被看作是太陽神在人間的化身，由他親手開掘土地，就代表著太
陽神親臨人間完成了這道程式〔註28〕。

由上可知，西周時期的公田和私田都是勞動者為統治者生產剩餘價值之

〔註22〕 馬曜、繆鸞和：《西雙版納份地制與西周井田制比較研究》，昆明：雲南人民
出版社，2001 年，第 276～277 頁。
〔註23〕 馬曜、繆鸞和：《西雙版納份地制與西周井田制比較研究》，昆明：雲南人民
出版社，2001 年，第 56～57 頁。
〔註24〕 曹成章：《傣族農奴制和宗教婚姻》，北京：中國社會科學出版社，1986 年，
第 100 頁。
〔註25〕 〔日〕井上清：《日本歷史》（上冊），天津：天津人民出版社，1976 年，第
38 頁。
〔註26〕 沈小榆：《失落的文明‧印加》，上海：華東師範大學出版社，2001 年，第 153
～154 頁。
〔註27〕 〔美〕喬治‧彼得‧穆達克著：《我們當代的原始民族》，童恩正譯，成都：
四川省民族研究所，1980 年，第 268～269 頁。
〔註28〕 沈小榆：《失落的文明‧印加》，上海：華東師範大學出版社，2001 年，第 156
頁。

田，與《孟子》中所說的「井田制」相去甚遠。這些田固定由指定的家族在族長帶領下集體耕種，所以這一時期的農業勞役屬於指定服役。

4.2.2　手工業勞役

　　在西周王國和諸侯國內部已經出現了不同工種的分工，從考古資料上看，在周原、豐鎬和洛陽等遺址相繼發現了鑄銅、玉石、製骨和製陶等作坊。鑄銅作坊，經過正式發掘的有洛陽北窯鑄銅遺址〔註 29〕和周原莊李鑄銅遺址〔註 30〕，1971 年在周原齊家村北、齊鎮村南，發現一塊銅餅及大量銅渣，調查者認爲此處當爲一處西周鑄銅作坊遺址〔註 31〕。在豐鎬的馬王村遺址也曾出土陶範，此處可能也是一處作坊遺址〔註 32〕。此外，近年來在周原的周公廟、孔頭溝和勸讀等遺址，也發現了鑄銅遺存和遺跡〔註 33〕。玉石作坊，如周原遺址下康村東南、莊白村西均發現大量經過切鋸的玉、石料及半成品、成品等，故此處可能是一處製玉作坊〔註 34〕。2002 年在周原齊家村北發掘了專門性製玦作坊，出土製玦半成品、成品逾 35993 枚，製玦廢料近 900 公斤，可辨識製玦工具 1163 件〔註 35〕。製骨作坊，經過發掘的西周時期製骨作坊有周原雲塘製骨作坊〔註 36〕和灃西新旺村製骨作坊〔註 37〕。另外，在周原遺址的任家村北〔註 38〕和豐鎬遺址的張家坡〔註 39〕等地點也

〔註 29〕洛陽市文物工作隊：《1975～1979 年洛陽北窯西周鑄銅遺址的發掘》，《考古》1983 年第 5 期。

〔註 30〕周原考古隊：《陝西周原遺址發現西周墓葬與鑄銅遺址》，《考古》2004 年第 1 期。

〔註 31〕參見周文：《新出土的幾件西周銅器》，《文物》1972 年第 7 期；羅西章：《扶風縣文物志》，西安：陝西人民教育出版社，1993 年，第 22 頁；魏興興、李亞龍：《陝西扶風齊鎮發現西周煉爐》，《考古與文物》2007 年第 1 期。

〔註 32〕中國科學院考古研究所灃西發掘隊：《陝西長安戶縣調查與試掘簡報》，《考古》1962 年第 6 期。

〔註 33〕雷興山、種建榮：《周原地區商周時期鑄銅業芻論》，待刊。

〔註 34〕羅西章：《扶風縣文物志》，西安：陝西人民教育出版社，1993 年，第 22～23 頁。

〔註 35〕周原考古隊：《周原遺址（齊家村）發掘簡報》，《考古與文物》2003 年第 4 期；孫周勇：《西周手工業者「百工」身份的考古學觀察：以中原遺址齊家製玦作坊墓葬資料爲核心》，《華夏考古》2010 年第 3 期。

〔註 36〕陝西周原考古隊：《扶風雲塘西周骨器製造作坊遺址試掘簡報》，《文物》1980 年第 4 期。

〔註 37〕中國社會科學院考古研究所灃鎬工作隊：《陝西長安縣灃西新旺村西周製骨作坊遺址》，《考古》1992 年第 11 期。

〔註 38〕羅西章：《扶風縣文物志》，西安：陝西人民教育出版社，1993 年，第 23 頁。

發現製骨遺存。製陶作坊，如在周原遺址的流龍嘴〔註40〕、齊家〔註41〕，以及豐鎬遺址洛水村〔註42〕、客省莊〔註43〕、白家莊〔註44〕等地點，都發現了製陶作坊遺址。

　　從目前發現的資料來看，西周時期手工業者除了少部分手工業奴隸外〔註45〕，多以族的形式出現，如《左傳》定公四年，分封魯國「殷民六族，條氏、徐氏、蕭氏、索氏、長勺氏、尾勺氏。使帥其宗氏，輯其分族，將其類醜，以法則周公」，分給衛國「殷民七族，陶氏、施氏、繁氏、錡氏、樊氏、饑氏、終葵氏」，對於「六族」和「七族」，現代學者多認為索氏是繩索工、長勺氏、尾勺氏是酒器工、陶氏是陶工、施氏是旌旗工、繁氏是馬纓工、錡氏是銼刀工或釜工、樊氏是籬笆工、饑氏、終葵氏是錐工等〔註46〕。這些工種都由家族承擔，如孔穎達正義曰：「使六族之長，各自帥其當宗同氏。輯，合也。合其所分枝屬。族，屬也。將其族類人眾，以法則周公，令其移家居魯，用就受周公之命，是以使之共職事於魯，以昭周公之明德也。下賜殷民七族，亦是使之法則康叔，令共職事於衛也」。這些家族職事於魯、衛，就是讓其以族的形式在魯、衛服役。這種形式同樣在考古資料中得到了證明，如從齊家村北發掘出的與作坊同時期之墓葬來看，齊家村北墓葬中出土

〔註39〕中國科學院考古研究所：《灃西發掘報告》，北京：文物出版社，1962年，第78～79頁。

〔註40〕巨萬倉：《岐山流龍嘴村發現西周陶窯遺址》，《文博》1989年第2期。

〔註41〕羅西章：《扶風縣文物志》，西安：陝西人民教育出版社，1993年，第23頁。

〔註42〕中國科學院考古研究所豐鎬考古隊：《1961～1962年陝西長安灃東試掘簡報》，《考古》1963年第8期。

〔註43〕中國社會科學院考古研究所灃西發掘隊：《陝西長安灃西客省莊西周夯土基址發掘報告》，《考古》1987年第8期。

〔註44〕中國科學院考古研究所豐鎬考古隊：《1979～1981年陝西長安灃西、灃東試掘簡報》，《考古》1986年第3期。

〔註45〕如《伊簋》，王冊命伊「官司康宮王臣妾、百工」（《集成》4287）；《師毀簋》，伯龢父命師毀「司我西扁（偏）、東扁（偏），僕駿（僕馭）百工、牧臣妾」（《集成》4311），在這裏「百工」與「臣妾」放到一起，同是被管理的對象，說明他們的身份應該大體相當。《左傳》成公二年，楚師侵魯，魯國大夫孟孫請往，「賂之以執斫、執針、織紝，皆百人」。杜注：「執斫，匠人。執針，女工。織紝，織繒布帛」，楊伯峻注：「執斫指木工，執針指女縫工，織紝指織布帛工」，然他們可以任意被賜予他國，說明他們的地位是比較低下的單身奴隸。

〔註46〕詳見楊伯峻：《春秋左傳注》，北京：中華書局，1981年，第1536～1538頁；李亞農：《殷代社會生活》，上海：上海人民出版社，1955年，第50頁；范文瀾等著：《中國通史》，北京：人民出版社，1994年，第26頁。

了作坊生產的石玦、製石工具及原材料，而這些遺物不見於周原遺址其他西周時期的墓葬中，又據 3～7 段的墓葬中有腰坑殉狗的習俗，推測這一時期的墓葬應該屬於殷移民，進而認為製石作坊與墓主人屬於同一族群〔註47〕。莊李鑄銅作坊區域內的墓葬中隨葬陶管，這種陶管是一種鑄銅工具，而在周原遺址其他墓地的墓葬中從未出土過陶管，在全國其他西周時期的墓葬中亦從未有用陶管做隨葬品者，表明墓主人和鑄銅生產的關係極為密切。又據發掘區的墓葬多有腰坑和殉牲，推測應為殷遺民墓葬，所以居址使用者與墓葬主人應同屬於一個特定的人群〔註48〕。根據當時「聚族而居，聚族而葬」的習俗，這些族群或特定的人群應該屬於同一家族。在這兩批手工業者墓葬中，還有一個非常值得注意的現象，從兩處墓葬的人骨鑒定來看，性別上既有男人又有女人，年齡上從十幾歲到五十歲不等，如在齊家村北西周墓葬中可以鑒定性別的 6 座墓主人，3 人為女性，其餘 3 人性別不明，4 人年齡在 14 至 25 歲之間，2 人年齡在 50 歲左右〔註49〕。在莊李西周墓葬中，可以鑒定性別者 5 座墓，1 人為女性，4 人為男性，2 人年齡在 13～15 歲之間，三人年齡在 25～40 歲之間〔註50〕。這種性別共存，年齡不等的現象，合理的解釋就是這些人屬於同一個家族。《逸周書‧稱典解》曰：「工不族居，不足以給官」，故聚族而居，合族勞作，應該是西周時期手工業者生活和勞作的主要圖景。

西周時期的手工業往往指定由某些家族固定承襲，如 1975 年陝西岐山縣董家村出土了裘衛諸器，其中《九年衛鼎》（《集成》2831）、《五祀衛鼎》（《集成》2832）、《裘衛盉》（《集成》9456）等，都提到了「裘衛」其人。「裘」本義是指皮衣，從《九年衛鼎》，矩伯向裘衛取了一輛好車，附帶虎皮的罩子、長毛狸皮的車幔、彩畫的裏車軌的套子、鞭子、大皮索等。矩伯給裘衛林㐬里作為交換，在交換過程中，裘衛又給壽商一件貉皮袍子和罩巾；給盞冒梯兩張公羊皮和兩張羔羊皮；給業兩塊鞋韜子皮；給厥吳兩張夐皮，給遷虎皮

〔註47〕种建榮：《周原遺址齊家北墓葬分析》，《考古與文物》2007 年第 6 期。
〔註48〕雷興山：《論周原遺址西周時期手工業者的居與葬：兼談特殊器物在聚落結構研究中的作用》，《華夏考古》2009 年第 4 期。
〔註49〕孫周勇：《西周手工業者「百工」身份的考古學觀察：以中原遺址齊家製玦作坊墓葬資料為核心》，《華夏考古》2010 年第 3 期。
〔註50〕張君：《陝西扶風縣周原遺址莊李西周墓出土人骨鑒定》，《考古》2008 年第 2 期。

罩子，用柔軟的帶裝飾的皮繩子裏的把手；給東臣羔羊皮袍；給顏兩張五色的皮。《裘衛盉》中矩伯用土地與裘衛兩件鹿皮披肩和一件雜色的圍裙等物交換。從這些情況來看，推測裘衛應該與皮裘職事有關。《周禮・天官》有「司裘」之官，「掌爲大裘，以共王祀天之服。中秋，獻良裘，王乃行羽物。季秋，獻功裘，以待頒賜。王大射，則共虎侯、熊侯、豹侯，設其鵠。諸侯則共熊侯、豹侯。卿大夫則共麋侯。皆設其鵠。大喪，廞裘，飾皮車。凡邦之皮事，掌之」。「司裘」的屬官有「掌皮」，「掌秋斂皮，冬斂革，春獻之，遂以式法頒皮革於百工。共其毳毛爲氊，以待邦事」。另據銘文中「裘衛」或省稱爲「衛」，張亞初、劉雨先生認爲：「裘是氏，衛是名」〔註51〕。「裘」作爲氏出現，說明皮裘類的職事應該是由家族世襲。《國語・周語上》，記載古者先王既有天下，「庶人、工、商各守其業以共其上」，《爾雅・釋詁》曰：「業，事也」，指職事。工「守其業」，說明其職事具有固定性。宋庠曰：「共，供假借」，「守其業以共其上」，就是庶人、工、商固定從事某項職事爲其上級服務。春秋時期，如《左傳》昭公二十六年，齊侯與晏子對話，晏子曰：「在禮，家施不及國，民不遷，農不移，工賈不變，士不濫，官不滔，大夫不收公利」，「工賈不變」，杜預注：「守常業」。《左傳》宣公十二年，晉國大夫隨武子謂楚國：「商農工賈不敗其業」。《左傳》成公三年，楚國大夫子囊謂晉國：「商工皂隸，不知遷業」，「不敗其業」和「不知遷業」，被認爲是國家強盛的標誌。可見，直到春秋時期手工業者的職業仍然具有固定性，國家越強盛這種固定性似乎越牢固。《禮記・王制》曰：「凡執技以事上者：祝史、射御、醫卜及百工。凡執技以事上者：不貳事，不移官，出鄉不與士齒」。「不貳事，不移官」，就是說他們的職事世代不變。

手工業者並不脫離農業生產，並且具有一定的期限。如在周原的莊李、孔頭溝和周公廟三處遺存，所見生產工具種類包括鑄銅手工業工具、農業生產工具、漁獵工具以及可能用於不同經濟生產的骨、石質工具等，據學者研究，農業生產工具在各類生產工具中所占的比例，周原爲7%，周公廟和孔頭溝卻分別爲17%和30%以上〔註52〕。這些農業生產工具的發現，說明手工業者並不脫離農業生產。這與日本部民制下的「品部」類似，朝廷和氏姓貴族把手工業生產的各個領域都建立了「部」，這種集團按照他們的專業給予名

〔註51〕張亞初、劉雨：《西周金文官制研究》，北京：中華書局，1986年，第51頁。
〔註52〕雷興山、种建榮：《周原地區商周時期鑄銅業芻論》，待刊。

稱，如製陶器叫土師部，製鐵器的叫鍛冶部，作弓的叫弓削部，織錦的叫錦織部等。這些部民都有自己的土地，一方面生產糧食自給，另一方面世襲地從事專門的手工業生產，一切手工業產品都歸朝廷徵用〔註 53〕。故而服役往往具有一定的期限，役之稍久，就會導致其反抗或叛亂。如春秋時期，《左傳》哀公十七年，「公（衛莊公）使匠久」，杜預注：「久不休息」。「匠」一般專指木工，楊伯峻先生謂：「然百工亦可稱匠，此疑百工」，後來石圃作亂，「石圃因匠氏攻公」。《左傳》哀公二十五年，「公（衛出公）使三匠久」，楊伯峻謂：「三匠，蓋三種匠人」。後來褚師比、公孫彌牟、公文要、司寇亥、司徒期「因三匠與拳彌以作亂，皆執利兵，無者執斤」，杜預注：「斤，工匠所執」。這些工匠或百工會因爲「公使久」而叛亂，說明他們區別於那種在皮鞭驅使下勞作的典型奴隸。不僅如此，《左傳》襄公十四年，「工執藝事以諫」及《國語·周語上》曰：「百工諫」等，說明他們還有一定參與政治的國民權力。

　　由上可知，西周時期手工業的服役者多以族的形式出現，往往指定由某些手工業家族固定承襲，並且手工業者不脫離農業生產和具有一定的服役期限，說明這些人絕不是官工作坊中的戰俘奴隸，而應是指定服役制度下專服某類手工勞役的大家族。

4.2.3　軍事勞役

　　西周時期王國與諸侯國控制的軍隊主要是「師」，王國直接控制的軍隊有「六師」和「八師」（詳見附錄四）。「六師」見於《鼓霉簋》、《呂服余盤》、《煞戒鼎》、《南宮柳鼎》等銘文。同時亦見於文獻當中，如《詩經·小雅·瞻彼洛矣》：「鞞琫有珌，以作六師」；《詩經·大雅·棫樸》：「周王於邁，六師及之」；《詩經·大雅·常武》：「整我六師，以修我戎」；《國語·周語》：「以屬六師」；《古本竹書紀年》：「周昭王十九年，天大曀，雉兔皆震，喪六師於漢」〔註 54〕，「夷王衰弱，荒服不朝，乃命虢公率六師，伐太原之戎」等〔註 55〕。「八師」則僅見於金文當中，《曶壺蓋》有「成周八師」，《小臣謎簋》稱「殷八師」。關於「六師」與「八師」，「成周八師」與「殷八師」，學術界有人認

〔註 53〕〔日〕井上清：《日本歷史》（上冊），天津：天津人民出版社，1976 年，第 38 頁。

〔註 54〕《初學記》卷七地部下引。

〔註 55〕《後漢書·西羌傳》注引。

爲「六師」即「成周八師」之六〔註56〕；也有人認爲「成周八師」與「殷八師」是兩支不同的軍隊〔註57〕。但從《禹鼎》：「王迺命西六師、殷八師，曰：『劇（撲）伐噩（鄂）侯馭（馭）方，勿遺壽幼』……叀（惟）西六師、殷八師伐噩（鄂）侯馭（馭）方，勿遺壽幼」（《集成》2833）。「六師」與「八師」同出，說明「六師」與「八師」應各自爲一支軍隊。又從《盠方尊》和《盠方彝》：「司六師眔八師埶（埶、藝）」（《集成》6013、《集成》9899、《集成》9900），銘文直言「六師」和「八師」，說明二者在當時人看來都是唯一的，故而才可以不用任何限定。據《小克鼎》：「王命膳夫克舍令（捨命）于成周，遹正八師」，「八師」應該在成周。稱「殷」，可能如學者所言，「八師」的主體由殷人組成，故稱「殷八師」〔註58〕；也可能是成周本爲殷商舊地得名。總之，「成周八師」與「殷八師」是對同一支軍隊的不同叫法。而「六師」稱「西六師」，可知「六師」應該指駐守在西方或由西方之人組成，這裏西方可能就是指周人興起的關中地區。由上可知，當時周王國的直屬軍隊包括「六師」和「八師」，一共有十四個師。

諸侯直接控制的軍隊也稱「師」，如晉國有晉師，《晉侯蘇鐘乙》：「王親（親）令晉侯鮇（蘇）：遂（率）乃師左洀（覆）𤼈，北洀（覆）□，伐夙尸（夙夷）」（《近出》36）；齊國有齊師，《史密簋》，諸夷「廣伐東或（國）齊師」（《近出》489），東國應該指的就是齊國。山東高青縣陳莊西周遺址墓葬M35 中出土了一件青銅簋，銘文記載王若曰：「引，余既命汝更乃祖，親司齊師」〔註59〕，陳莊遺址臨近西周齊國臨淄故城，所以引所司的「齊師」應該是指齊國的軍隊〔註60〕；豳國有豳師，西周中期的《𤼈王盉》，提到「𤼈（豳）

〔註56〕郭沫若：《兩周金文辭大系圖錄考釋》，郭沫若著作編輯出版委員會編：《郭沫若全集‧考古編‧第八卷》，北京：科學出版社，2002年，第101頁。

〔註57〕楊寬：《再論西周金文中「六𠂤」和「八𠂤」的性質》，《考古》1965年第10期；肖楠：《試論卜辭中的師和旅》，《古文字研究》（第六輯），北京：中華書局，1981年；陳高志：《西周金文所見軍禮探微》，台灣大學中文研究所博士論文，2002年，135～136頁。

〔註58〕吳榮曾：《有關西周「六師」、「八師」的若干問題》，《西周文明論集》，北京：朝華出版社，2004年。

〔註59〕據李零先生釋文，見李學勤等：《山東高青縣陳莊西周遺址筆談》，《考古》2011年第2期。

〔註60〕朱鳳瀚先生認爲：「齊師是西周王朝在齊地所設直轄軍隊的可能較小，還當理解爲齊國軍隊較好」。見李學勤等：《山東高青縣陳莊西周遺址筆談》，《考古》2011年第2期。

王作姬娣（姊）盉」（《集成》9411），而《趞簋》，王命趞「作夒（鬭）師冢司馬」（《集成》4266），《靜簋》曰：「王以吳忐、呂㸬（犅）卿（仿）夒（鬭）藎師邦君射于大池」（《集成》4273），「鬭藎師」，是指「鬭師」和「藎師」。銘文中有「鬭王」，那麼「鬭師」應該是鬭國的軍隊；鄂國有鄂師，西周早期有兩件銅器銘文都提到鄂師，《中甗》：「杜（在）噩（鄂）師㴲（次）」（《集成》949），《靜方鼎》：「卑（俾）女（汝）司在㠱（曾）、噩（鄂）師」（《近出》357），「在曾、鄂師」，即在曾師和鄂師〔註61〕。而《鄂侯馭方鼎》（《集成》2810）和《禹鼎》（《集成》2833）卻提到了「噩侯」，即鄂侯。《禹鼎》還記述「禹以武公徒馭（馭）至于噩（鄂），章（敦）伐噩（鄂）」，鄂應該是鄂侯之國的所在地，鄂師就應是鄂國的軍隊。此外，《班簋》曰：「王令呂白（伯）曰：以乃師右比毛父」（《集成》4341），呂伯又見於《呂伯簋》、《呂方鼎》、《呂壺》等銘文〔註62〕，據郭沫若考證，其人即周穆王司寇呂侯，亦即《尚書・呂刑》之「呂」〔註63〕。所以《班簋》所說的「乃師」，應該是指呂國的軍隊。

西周時期，王國與諸侯國之師都以族軍為主體。如《班簋》，王「趞（遣）令曰：以乃族從父征」（《集成》4341），吳伯、呂伯所率領的族人，是其所率「師」的主體部分。《魯侯簋》：「唯王令明（命明）公遣（遣）三族伐東或（國）」（《集成》4029）。「明公」，據《矢令方尊》和《矢令方彝》又稱「明保」（《集成》6016、《集成》9901），「明保」見於《作冊䰟尊》（《集成》5991）和《作冊䰟卣》（《集成》5400），據矢令二器之「王令周公子明保，可見明公應該是周公之後。「王命明公遣三族伐東國」，是說王命明公派遣三個族征伐東國。《中觶》：「王大眚（省）公族于庚，屖（振）旅」（《集成》6514），「振旅」，據《左傳》隱公五年，「三年而治兵，入而振旅」，杜預注：「出曰治兵，始治其事；入曰振旅，治兵禮畢，整眾而還。振，整也。旅，眾也」。

〔註61〕 2011 年在湖北隨州葉家山發掘出了西周曾國墓地，見湖北省文物考古研究所、隨州市博物館：《湖北隨州葉家山西周墓地發掘簡報》，《文物》2011 年第 11 期。早在 2007 年在隨州安居鎮羊子山就發現了西周鄂國墓地，見隨州市博物館：《隨州出土文物精粹》，北京：文物出版社，2009 年。兩處墓地分別出土了「曾侯」和「鄂侯」的銘文，所以西周時期有在湖北隨州境內有曾國和鄂國兩個不同的國家，「曾」和「鄂」應該是指兩處不同的地點，即曾師和鄂師。

〔註62〕 劉啓益：《西周紀年》，廣州：廣東教育出版社，2002 年，第 220 頁、第 224 頁。

〔註63〕 郭沫若：《兩周金文辭大系圖錄考釋》，郭沫若著作編輯出版委員會編：《郭沫若全集・考古編・第八卷》，北京：科學出版社，2002 年，第 58 頁。

「公族」見於《左傳》當中，文公七年，鄭昭公想要驅逐群公子，樂豫曰：
「不可。公族，公室之枝葉也」；宣公二年記載，「驪姬之亂，詛無畜群公子，
自是晉無公族」，可見公族是指諸侯歷代國君後裔的通稱。王省視公族，並
且「振旅」，說明西周的軍隊包括公族。與公族相類的還有「王族」，王族見
於商代卜辭，如「勿乎王族凡于疫」（《合集》6343）；「貞乎王族征比条」，「貞
勿乎王族比条」（《合集》6946 正）；「貞乎王族先□」（《合集》14919）。據
學者研究，甲骨文中的「王族」，不僅僅指時王所在的那個氏族，而且包含
了多個與在位過的商王有或遠或近血緣親屬關係的氏族〔註 64〕，這與公族
的情況大體相當，只是因爲對國君稱呼不同而叫法各異而已。春秋時期，《左
傳》成公十六年和襄公二十六年，提到「楚師之良，在其中軍王族而已」，
楚國有「中軍王族」，說明王族參與軍隊編制。《左傳》僖公二十八年，城濮
之戰，「子玉以若敖六卒將中軍」。這裏「卒」通「族」，如《左傳》成公十
六年，鄢陵之戰，晉大夫苗賁皇建言曰：「三軍萃于王卒，必大敗之」，而《左
傳》襄公二十六年記述此事時說：「吾乃四萃於其王族」，故楊伯峻先生注：
「若敖之六卒，疑爲若敖所初設之宗族親軍」。若敖是楚武王之祖，若敖之
宗族親軍應該就屬於楚國的王族。春秋時期，族軍參與戰爭的例子也很多，
如《左傳》隱公五年，曲沃莊伯以鄭人、邢人伐翼，「王使尹氏、武氏助之」；
《左傳》宣公十二年，「楚熊負羈囚知罃。知莊子以其族反之」，知罃是知莊
子之子，知莊子爲下軍大夫，「以其族反之」，說明知莊子率領族人參與軍事
征伐；《左傳》成公十六年，鄢陵之戰，「欒、范以其族夾公行」，可知欒、
范以其私族參與戰爭；《左傳》襄公二十五年，舒鳩人背叛了楚國。令尹子
木攻打它，到達離城。吳人援救舒鳩，子木急忙讓右師出動，子強、息桓、
子捷、子騈、子孟帥領左師撤退，吳國人處在兩軍之間七日。子強「請以其
私卒誘之」，於是「五人以其私卒先擊吳師」，可知五人的私卒應該編制在左
師之中。「族」，甲骨文作「𣃚」或「𣃝」，丁山先生認爲從㫃，從矢。矢
所以殺敵，㫃所以標眾，其本義應是軍旅組織。「族」不僅表示家族，而且
還保留著氏族社會軍旅組織的遺跡〔註 65〕。所以族軍參與戰爭，應該是氏
族社會的遺留。

這些軍事勞役往往由某些家族固定承擔。如《師旂鼎》：「師旂眾僕（僕）
不從王征于方雷（雷）」，「白（伯）懋父迺罰得、㝬、古三百守（鋝）」（《集

〔註64〕沈長雲：《說殷墟卜辭中的「王族」》，《殷都學刊》1998 年第 1 期。
〔註65〕丁山：《甲骨文所見氏族及其制度》，北京：中華書局，1988 年，第 33 頁。

成》2809），得、亹、古應該是指三族。由銘文看，這三族應該固定負有從征的義務。西周早期的《鈇馭簋》：「鈇駿（馭）從王南征」（《集成》3976），《鈇馭觥蓋》則記載「鈇駿（馭）弟史遛（饋）馬，弗左，用作父戊寶尊彝」（《集成》9300），唐蘭先生解釋曰：「鈇駿弟史饋送了馬，沒有跛腳的病，用來做父戊的寶器」〔註 66〕。從二器都有族徽「」來看，族應該固定負責軍隊中爲王馭馬之職事，服役用的馬匹也由該族負責，其職事可能相當於《周禮・夏官》之「戎僕」，「掌馭戎車，掌王倅車之政，正其服，犯軷，如玉路之儀。凡巡守及兵車之會，亦如之。掌凡戎車之儀」。《左傳》宣公二年，「趙盾爲旄車之族。使屏季以其故族爲公族大夫」，「旄車之族」，杜預注：「旄車，公行之官。盾本卿適（嫡），其子當爲公族，辟屏季故，更掌旄車」。孔穎達疏：「此掌建旄之車，謂之旄車之族」。楊伯峻先生認爲旄車之族亦即公路。《詩經・魏風・汾沮洳》：「殊異乎公路」，鄭玄箋：「公路，主君之軞車」，軞車就是旄車，可見公路也即旄車，亦即諸侯所乘之戎路或戎車。旄車以戎車之上建有旄而得名，如《詩經・小雅・出車》云：「設此旐矣，建彼旄矣」，戎車有旄，故曰旄車。「旄車之族」，應該是軍事征伐中固定負責旄車相關職事的家族。

周王日常保衛任務也由固定的家族承擔，如《毛公鼎》：「以乃族干吾王身」（《集成》2841），「干吾王身」，即「捍敔王身」，是捍衛周王之人身的意思。還如《大鼎》：「王在糧侲宮。大以氒（厥）友守」（《集成》2807）；《師訇簋》：「率（率）以乃友干（捍）吾（禦）王身」（《集成》4342），據朱鳳瀚考證，金文中的「友」亦是對親族成員的稱謂〔註 67〕，故「氒友」、「乃友」與毛公鼎「乃族」義近，這些都是固定負責保衛周王人身安全任務的家族。他們的職類可能相當於金文中「守宮」，如《守宮盤》：「王在周，周師光守宮，吏（使）鄦（福）周師不（丕）𤔲，易（賜）守宮絲束、蘆𦵽（苴幕）五、蘆萱（苴冟、冪）二、馬匹、毳希（布）三、專侔（專、團篷）三、鋈（琜）朋，守宮對揚周師釐」（《集成》10168）；《守宮卣》：「守宮作父辛尊彝」（《集成》5359）；《守宮鳥尊》：「守宮揚王休」（《集成》5959）。「守」就是守護捍衛的意思，如《大鼎》：「大以氒（厥）友守」（《集成》2807）。「守宮」，應該就是守護王宮之官，即有學者指出：「守宮之名當由守衛王宮而來」〔註 68〕。

〔註 66〕唐蘭：《西周青銅器銘文分代史徵》，北京：中華書局，1986 年，第 270 頁。
〔註 67〕朱鳳瀚：《商周家族形態研究》，天津：天津古籍出版社，2004 年，第 293 頁。
〔註 68〕張亞初、劉雨：《西周金文官制研究》，北京：中華書局，1986 年，第 47 頁。

此職可能類似《周禮‧天官》之「宮正」或「宮伯」，「宮正」，「掌王宮之戒令糾禁，以時比宮中之官府、次舍之眾寡，為之版以待」。「宮伯」，「掌王宮之士、庶子凡在版者，掌其政令，行其秩敘，作其徒役之事，授八次、八舍之職事」。

這些服兵役的家族並不脫離農業生產。如《智壺蓋》，王呼尹氏冊命智：「敢（更）乃祖考作冢司土于成周八師」（《集成》9728），司土的職事見於《戠簋蓋》，蓋銘記載王曰：「令女（汝）作司土，官司耤（耤）田」（《集成》4255），可見籍田應該是司土的職掌。「作冢司土于成周八師」，是讓智負責「成周八師」籍田之類的事務。《盠方尊》，王命盠：「諆司六師眔八師埶（埶、藝）」（《集成》6013），許倬雲先生說：「埶，指農事言」〔註69〕。據此，「司六師眔八師埶」，是管理六師和八師的農業。《左傳》隱公五年，提及臧僖伯曰：「春蒐、夏苗、秋獮、冬狩，皆於農隙以講事也」，除平年於四時講武外，又「三年而治兵」，作一次大的演練，此「古之制也」，所謂的古制，當是指西周時期的制度。《國語‧周語上》周卿士仲山父也曾講過，周人「蒐於農隙」，「獮於既烝，狩於畢時」，可同臧僖伯的追述相印證。還有《周語上》，記載周宣王「不籍千畝」，虢文公勸誡道：「王事唯農是務，無有求利於其官，以干農功，三時務農而一時講武，故征則有威，守則有財」。「三時」指春、夏、秋，「一時」指冬季。春、夏、秋三季並非不講武，只是規模不及冬季大，時間沒有冬季長。因而，虢文公對此略而不計，藉以強調農業的重要性。這與上邊兩種說法雖然小有差異，但同樣都反映西周的「征者」不脫離生產活動。不脫離農業的百姓被徵當兵，役之稍久，生產和生活就會受到極大影響。惟其如此，我們才看到《詩經》中有不少征夫們嘆惜其悲慘命運的幽怨的詩篇，如《詩經‧小雅‧采薇》曰：「靡室靡家，獫狁之故。不遑啟居，獫狁之故」，「王事靡盬，不遑啟處。憂心孔疚，我行不來」，詩中言西周末年，獫狁入侵，征役不休，士卒苦於勞頓，期盼著出征還歸。《詩經‧小雅‧出車》：「昔我往矣，黍稷方華。今我來思，雨雪載途。王事多難，不遑啟居」，出征從黍稷開花到下雪之際，已經半年左右，士卒們抱怨王事太多，沒有閒暇和安居的時間。《詩經‧唐風‧鴇羽》云：「王事靡盬，不能蓺稷黍」，「不能蓺稻粱」。不能種植黍稷稻粱，故《詩經‧大雅‧杕杜》曰：「王事靡盬，憂我父母」，戰士一邊

〔註69〕許倬雲：《西周史》（增訂本），北京：三聯書店，1993年，第212頁。

在前方打仗，一邊還擔心正在家鄉父母的生計。《詩經·豳風·東山》：「町畽
鹿場，熠燿宵行」，高亨先生注：「町畽，田地劃成區，區間有界，一塊一塊
的連著，古名町畽，今名畦田。此句言田地因農人出征而荒蕪，都變成鹿遊
的場所了」〔註70〕。直到春秋時期，不誤農時依然是興軍打仗所應遵循的重
要原則。如《左傳》桓公二年，宋殤公「十年十一戰」，搞得「民不堪命」，
終於被弒身亡；《左傳》莊公八年，齊襄公派兵戍葵丘，約定「及瓜」而代，
結果代者不至，軍帥連稱、管至父就利用戍卒作亂。相反，《左傳》宣公十二
年，楚莊王時「荊尸而舉，商農工賈不敗其業」，晉大夫士會即稱讚楚國，「政
有經矣」，「事不奸矣」。《左傳》宣公十五年，楚師圍困宋國，自秋天到第二
年的夏天都不能攻克，申叔時建議「築室反耕者」，「反耕者」就是讓種田之
人先回去種田，這應是在兵、農不分前提下所採取的兩全措施。《左傳》襄公
二十六年，晉國為保證彭城之役的順利進行，於是發佈命令曰：「歸老幼，反
孤疾，二人役，歸一人」。《左傳》襄公九年，智武子擔任中軍帥時，制訂過
「三分四軍」、輪番出擊、「以敝楚人」的戰略，這些都帶有兼顧農業生產的
用意。這種「兵農合一」的制度是夏、商、西周，乃至春秋時期軍事制度的
基本特點。

　　由上可知，西周時期的軍隊中擁有大量的族軍，征伐和保衛往往是某些
家族所承擔的固定職事，這些家族軍並不脫離農業生產，所以這些固定承擔
軍事義務的家族屬於指定服役。這種兵役制度並不能與軍事屯田制等同起來
〔註71〕。屯田制出現於西漢時期，西漢的屯田制雖與西周時期的兵制都帶有
亦兵亦農、兵農合一的性質，但是卻有著本質不同。首先是目的不同，西漢
的移民實邊和軍隊屯田，是在戰爭頻繁的特殊條件下實行的。國家為了緩解
軍餉不足、運輸困難，以及減輕軍費開支等目的採取的權宜之計；而西周時
期兵制是當時社會的經濟形態決定的。其次是服役對象不同，西漢屯田者除
了軍屯的「戍卒」之外，主要是貧民、災民和罪犯；而西周時期服兵役對象
是王國和諸侯國的國人，身份地位與西漢有著明顯差異。最後是服役地點不
同，西漢的移民屯田主要發生在邊疆地區，尤其以西北地方為重；而西周時
期的軍隊主要是在王國及各諸侯國亦兵亦農、且戰且耕。總之，屯田是軍人

〔註70〕高亨：《詩經今注》，上海：上海古籍出版社，1980年，第209頁。
〔註71〕于省吾：《略論西周金文中的「六𠂤」和「八𠂤」及其屯田制》，《考古》1964
　　　年第3期。

在駐紮地種田，指定服役是農民在所住地區被指定承擔軍事義務。

4.2.4 文化宗教類勞役

這類勞役主要包括祝、史、卜等職。祝，在西周銘文中有「太祝」之職，如西周早期的《大祝禽方鼎》，銘文中提到「大（太）祝禽」（《集成》1937）；《大祝追鼎》謂：「白（伯）大（太）祝追作豐弔（叔）姬尊彝」（《新收》1455）；《長由盉》提及「大（太）祝射」（《集成》9455）等。有時也稱「祝」，如《鄩簋》：「毛白（伯）內（入）門，立中廷，右祝鄩（鄩），王乎（呼）內史冊命鄩（鄩），王曰：鄩（鄩），昔先王既命女（汝）作邑，戴五邑祝，今余唯繼（申）臺乃命」（《集成》4297），鄩稱「祝鄩」，「祝」應該是其職掌，「戴五邑祝」，應該是指管理五邑的祝。《周禮》中則提到「大（太）祝」、「小祝」、「喪祝」、「甸祝」、「詛祝」和「女祝」等。祝的本職是祭祀時主持祝告之事，甲骨文中作「𤕻」、「𥛽」、「𥛝」、「𠂤」、「𥛠」等，像跪地禱告之形〔註72〕。《左傳》昭公二十年，齊景公「疥，遂痁，期而不瘳」〔註73〕，其大夫欲誅「祝固、史嚚」，晏子引趙武之語曰：「其祝史祭祀，陳信不愧。其家事無猜，其祝史不祈」，杜預注：「家無猜疑之事，故祝史無求於鬼神」，這裏「祝」應該是負責祭祀祈福之事。《周禮·春官》之「大祝」，「掌六祝之辭，以事鬼神示，祈福祥，求永貞」；「小祝」，「掌小祭祀將事、侯、禳、禱、祠之祝號」；「喪祝」，「掌大喪勸防之事」；「甸祝」，「掌四時之田表貉之祝號」；「詛祝」，「掌盟、詛、類、造、攻、說、禬、禜之祝號」。《天官》之「女祝」，「掌王后之內祭祀，凡內禱詞之事」，這些「祝」都與祝告之事有關。

史，在西周銘文中，王朝有「太史」職，如《公太史方鼎》：「公大（太）史作姬菱寶尊彝」（《集成》2339）；《中方鼎》：「王令大（太）史兄（貺）福土」（《集成》2785）；《𩛥比盨》：「大（太）史旟」（《集成》4466）等。有「內史」職，如《裘衛簋》：「王乎（呼）內史易（賜）衛截（緇）市、朱黃（衡）、繺（鑾）」（《集成》4256）；《豆閉簋》：「王乎（呼）內史冊命豆閉」（《集成》4276）；《諫簋》：「王乎（呼）內史丏（敖）冊命諫」（《集成》4285）等。有「御史」職，如《御史競簋》：「白（伯）犀父蔑𠭯（御）史競厤」（《集成》4134）；《洰

〔註72〕于省吾：《甲骨文字詁林》，北京：中華書局，1996年，第346～349頁。

〔註73〕「疥」，即疥癬蟲寄生之傳染性皮膚病。「痁」，《說文》曰：「有熱瘧」，《正字通》云：「多日之瘧為痁」。「期」通「朞」，一年也。「瘳」，病癒。即齊侯得了疥癬和瘧疾，一年都沒有康復。

御事罍》:「洀邟事（御史）作尊罍（罍）」（《集成》9824）。有「右史」職，
如《利簋》:「易（賜）又（右）事（史）利金」（《集成》4131）。還有「中史」
職，如《師旂鼎》:「引以告中史書」（《集成》2809），等等。也有的單稱「史」，
如《史頌鼎》:「王在宗周，令史頌嗣（省）穌（蘇）䇢友、里君、百生（姓）」
（《集成》2787）;《史獸鼎》:「史獸（獸）獻工（功）于尹」（《集成》2778）;
《史牆盤》:「史牆（牆）夙（夙）夜不豩（墜）」（《集成》10175）等。其中
「大（太）史」、「內史」和「御史」見於《周禮・春官》中，見於《周禮》
還有「小史」和「外史」等職。就史的本職而言，則主要是掌管記載史事，
如前面提到的《師旂鼎》:「引以告中史書」（《集成》2809），「告中史書」，就
是讓中史記載此事。春秋時期，《左傳》宣公二年，晉國大夫趙穿殺晉靈公，
大（太）史書曰:「趙盾弒其君」。當時擔任太史的是董孤，被孔子稱為:「古
之良史也，書法不隱」。《左傳》襄公二十五年，齊國大夫崔杼殺齊莊公，大
（太）史書曰:「崔杼弒其君」。《左傳》昭公二年，晉國韓宣子來聘，「觀書
於大（太）史氏，見《易》、《象》與《魯春秋》」。《周禮・春官》之「大史（太
史）」，「掌建邦之六典，以逆邦國之治」;「小史」，「掌邦國之志，奠系世，辨
昭穆」;「內史」，「掌王之八枋之法，以詔王治」;「外史」，「掌書外令，掌四
方之志，掌三皇五帝之書，掌達書名於四方」;「御史」，「掌邦國、都鄙及萬
民之治令，以贊家宰」，這些史都與記述史事和保存典籍的職責有關。此外，
史可能也參與宗教事務，如《左傳》閔公二年，史華龍滑與禮孔曰:「我，大
（太）史也，實掌其祭」，「祭」指祭祀。《左傳》僖公十五年，晉獻公卜筮出
嫁伯姬於秦，遇《歸妹》三之《睽》三。史蘇占之曰:「不吉」。《國語・晉語
二》，虢公有夢，「召史嚚占之」。《國語・周語下》，周大夫單子曰:「吾非瞽、
史，焉知天道?」

卜，西周早期的《卜孟簋》:「卜孟作寶尊彝」（《集成》7036），「孟」是
家族的排行或私名，「卜」應該是指職事。見於《周禮》一書中還有「大卜」、
「卜師」、「占人」等職。卜，像龜甲燒過後出現的裂紋形，所以卜的本職應
該是掌管用龜甲占卜，並以此來預測吉凶之事。如西周中期的《曶鼎》，王命
曶「敾（更）乃祖考司卜事」（《集成》2838），「卜事」就是指占卜類事務。《周
禮・春官》「大卜」，「掌三兆之法，凡國大貞，卜立君，卜大封，則眂高作龜。
大祭祀，則眂高命龜。凡小事，蒞卜。國大遷、大師，則貞龜。凡旅，陳龜。
凡喪事，命龜」;「卜師」，「掌開龜之四兆，凡卜事，眂高，揚火以作龜，致

其墨。凡卜，辨龜之上下、左右、陰陽，以授命龜者而詔相之」；「占人」，「掌占龜」。這些「卜」都與占卜預測吉凶之事有關。

此外，從《周禮》中看，文化宗教類勞役還包括以下一些職事：其一，音樂、舞蹈類職事，如「鼓人」，「掌教六鼓、四金之音聲」；「磬師」，「掌教擊磬，擊編鐘，教縵樂、燕樂之鐘磬」；「鐘師」，「掌金奏」；「笙師」，「掌教龡竽、笙、塤、籥、簫、篪、笛、管，舂、牘、應、雅，以教祴樂」；「鎛師」，「掌金奏之鼓」；「韎師」，「掌教韎樂」；「旄人」，「掌教舞散樂，舞夷樂」；「籥師」，「掌教國子舞羽、龡、籥」；「籥章」，「掌土鼓、豳籥」；「鞮鞻氏」，「掌四夷之樂與其聲歌」；「典庸器」，「掌藏樂器庸器」；「司干」，「掌舞器」。其二，卜筮類職事，如「龜人」，「掌六龜之屬」；「菙氏」，「掌共燋契，以待卜事」；「占人」，「掌占龜」；「筮人」，「掌三易」；「占夢」，「掌其歲時觀天地之會，辨陰陽之氣」；「眡祲」，「掌十煇之法，以觀妖祥，辨吉凶」。其三，巫術類職事，如「男巫」，「掌望祀、望衍、授號，旁招以茅」；「女巫」，「掌歲時祓除、釁浴、旱暵，則舞雩」。其四，管理天象和四時類職事，如「馮相氏」，「掌十有二歲，十有二月，十月二辰，十日，二十有八星之位，辨其敘事，以會天位」；「保章氏」，「掌天星，以志星辰、日月之變動，以觀天下之遷，辨其吉凶」，等等〔註74〕。

這些文化宗教類勞役，雖然有些已經轉化成了官職，變成了某項勞役的管理者，而把親履其事的任務留給了本族或其他族的族眾。但在西周時期，這些文化宗教類勞役還主要表現為某職就是某個家族所承擔的某役，如在山東省滕州市前掌大村商周墓地，出土了大量的銅禮器和兵器，其中有銘銅器占了81件，在這81件銅器中，帶「史」字形族徽的占61件〔註75〕，佔有銘銅器75%強，所以該墓地應該是以史為職事的家族。春秋時期，《左傳》襄公二十五年，大（太）史書曰：「崔杼弒其君」，崔子殺之，「其弟嗣書而死者，二人。其弟又書，乃舍之」。太史一家兄弟三人被殺，四人秉筆直書，可見太

〔註74〕 劉起釪先生認為「《周禮》係依據承自西周的春秋時期周、魯、衛、鄭官制撰成」，「最初作為官職之彙編，至遲成於春秋前期。它錄集自西周後期以來逐漸完整的姬周系統之六官制資料，再加以條理系統以成書」。見劉起釪：《古史續辨》，北京：中國社會科學出版社，1991年，第635～642頁。關於《周禮》的年代，本文主要採納了劉先生的觀點。

〔註75〕 中國社會科學院考古研究所：《滕州前掌大墓地》，北京：文物出版社，2005年，第207～333頁。

史應該是以史爲職事的家族。「南史氏聞大史盡死，執簡以往」，「南史氏」稱「氏」，應該也是世代爲史的家族。商周金文中，有的只記單字「卜」，如《卜鼎》（近出 197）；《卜冑》（《集成》11891），這裏「卜」應該屬於族徽，表示以卜爲職事的家族。《周禮・天官・冢宰》孔疏曰：「諸稱『人』者，若輪人、車人、臘人、鱉人之類，即多官鄭云『其曰某人者，以其事名官』。言『氏』者有二種，謂若桃氏爲劍、築氏爲削之類，鄭注多官『族有世業，以氏名官』。若馮相氏、保章氏、師氏、保氏之類，鄭注引《春秋》『官有世功，則有官族』是也。諸稱『司』，若司裘、司市之類，言司者，皆是專任其事，事由於己，故以司言之也」。稱「某人」、「某事」或「司某者」都是「逐事立名」，從這些官職稱「人」、稱「氏」，以及當時社會的基本單位爲家族來看，這些職事都應該是以家族爲依託。「某族」擔任之「某官」，應該就是該族所服的勞役。

這些由家族承擔的文化宗教類勞役通常具有固定性，如《曶鼎》：「王若曰：曶，令（命）女（汝）歔（更）乃祖考司卜事」（《集成》2838），「更乃祖考司卜事」，說明曶的家族應該至少兩代人負責占卜之事。類似於《左傳》昭公十三年，楚平王想要分封觀從，曰：「唯爾所欲」。觀從對曰：「臣之先，佐開卜」，於是乃使爲卜尹。「臣之先，佐開卜」，說明占卜職事由觀從之族世代負責。《左傳》定公四年，衛靈公參與盟會，衛國子行敬子建議讓「祝佗從」，靈公使子魚。子魚辭曰：「臣展四體，以率舊職，猶懼不給而煩刑書，若又共二，徼大罪也。且夫祝，社稷之常隸也。社稷不動，祝不出竟，官之制也」。子魚即祝佗，雖爲貴族，亦需要奔走於公家，故曰：「常隸」。「舊職」是指長期從事的職事，而這一職事應該是由子魚一氏負擔。此外，《周禮》中與文化宗教有關的某人或某氏，都是應由某部分人固定承擔的勞役。

由上可知，西周時期的文化宗教類勞役仍表現由某些家族固定承擔，故而也應該屬於指定服役。

4.2.5　雜　役

這一職類主要是負責周王或諸侯日常生活起居一類的勞役，如宰，其最早見於商代，卜辭中有稱「宰」或「宰某」，如「〔貞〕宰立史〔于南〕」（《合集》5512 正）；「王易（賜）宰豐」（《殷契遺存》518）等。商代金文中也有「宰某」，如《宰甫卣》：「王姜（光）宰甫貝五朋」（《集成》5395）；《宰椃角》：「王各（格），宰椃從，易（賜）貝五朋」（《集成》9105）等，這些材料告訴我們，

「宰」至少在商代晚期就已經出現了。西周時期「宰」或「宰某」也很常見。稱「宰」，如《蔡簋》，王命蔡曰：「昔先王既令（命）女（汝）作宰，司王家，今余隹（惟）𤔲（申）臺乃令（命），令（命）女（汝）眔曶𩁹疋（胥）對各，從司王家外內，母（毋）叡（敢）又（有）不䎽（聞），司百工，出入姜氏令（命）」（《集成》4340）。也有稱「宰某」，如《宰獸簋》：「王乎（呼）內史尹中（仲）冊命宰𤛆（獸）……𤔲司康宮王家臣妾，𩁹𩣿（庸）外入（內），母（毋）敢無䎽（聞）𥎿（知）」（近出490）；《趞鼎》：「王在周康卲（昭）宮，各（格）于大（太）室，即立（位），宰訊（訊）右趞入門，立中廷」（《集成》2815）；《寰鼎》：「王各（格）大（太）室，即立（位），宰頵右寰，入門立中廷」（《集成》2819）；《頌鼎》：「王各（格）大（太）室，即立（位）。宰引右頌入門，立中廷」（《集成》2827）；《師湯父鼎》：「王乎（呼）宰雁（應）易（賜）盛弓、象弭、矢臸、彤欮，師湯父𢷎（拜）䭫（稽）首」（《集成》2780）；《師遽方彝》：「王乎（呼）宰利易（賜）師遽琿圭一、瑑（篆）章（璋）四」（《集成》9897）；《甹鐘》：「令宰僕易（賜）甹（甹）白金十匀（鈞）」（《集成》48）等，「宰某」之宰指的都是職事。他們雖然有的可以管理王家內、外，傳達宮中之命，但就其本職而言，則主要負責王之割烹膳食之類的事情，《國語·周語上》，宣王的大臣虢文公敍述周王舉行完籍田禮後，「宰夫陳饗，膳宰監之。膳夫贊王，王歆大牢，班嘗之，庶人終食」，「宰夫陳饗」，說明宰夫負責膳食之事。直到春秋戰國時期，仍由宰負責此事，如《左傳》宣公二年，晉靈公因「宰夫胹熊蹯不熟，殺之」，《釋文》云：「胹音而，煮也」。「熊蹯」，楊伯峻先生認爲：「即《孟子·告子上》之熊掌，其味甚美，然難熟」。「宰夫胹熊蹯」，說明宰夫之職與烹煮有關。《莊子·說劍》：「王乃牽而上殿。宰人上食」；《韓非子·內儲說下六微》：「昭僖侯之時，宰人上食」，《莊子》和《韓非子》都是戰國時期的書，「宰人上食」，說明戰國時期仍有宰人負責宰烹之事。《周禮·天官》有「宰夫」之職，「凡朝覲、會同、賓客，以牢禮之法，掌其牢禮、委積、膳獻、飲食、客賜之飧牽，與其陳數」，同樣可見宰之本職。

膳夫，西周金文中常見膳夫之職，如《小克鼎》：「王命膳夫克舍（捨）〔令〕（命）于成周」（《集成》2797）；《大克鼎》：「王乎（呼）尹氏冊令（命）膳夫克」（《集成》2836）；《善夫山鼎》：「南宮乎入右膳夫山，入門立中廷，北卿（嚮）」，王讓史桒冊命山曰：「山，令（命）女（汝）官司飲（飲）獻（賢）人于冕，用作𡨦（憲）司貯，母（毋）叡（敢）不善」（《集成》2825）；《師𡩜

鼎》，王冊命師𦣞「疋（胥）師俗司邑人，隹（惟）小臣、膳夫、守、〔友〕、官、犬，眔奠（甸）人、膳夫、官、守、友」（《集成》2817）；《此鼎甲》，王呼史翏冊命此曰：「旅邑人、膳夫」（《集成》2821）等。這些膳夫中，雖然有像膳夫克那樣可以出納王命的重臣，但就「膳夫」是本職而言卻是掌管周王飲食膳羞，以及祭祀宴饗時有關膳食的事項。如《善夫山鼎》，王命膳夫山「官司歙（飲）獻（賢）人于蒉」，「獻人」，即「賢人」〔註 76〕。「飲獻人」，就是爲賢人提供飲食。另外《師𦣞鼎》和《此鼎甲》，膳夫與邑人、奠人等連用，可見地位不會太高，可能只是管理飲食之類小官。《周禮・天官》「膳夫」一職，「掌王之食飲、膳羞，以養王及后、世子」，掌管食飲、膳羞應該是膳夫之本職。

司㝉，如《揚簋》，王冊命揚「作司工，官司量（量）田佃、眔（暨）司㝉、眔（暨）司芻、眔（暨）司寇、眔（暨）司工司（事）」（《集成》4294），「㝉」，郭沫若先生把「㝉」釋爲「居」。而陳夢家先生則釋爲「廙」，訓爲行屋，認爲司㝉職掌修建房屋〔註 77〕。陳氏之說甚確，金文中有「埶王㝉」和「埶㝉」，如《中方鼎》記載：「王令中先省（省）南或（國）貫（貫）行，埶（藝）王埶」（《集成》2751）；《靜方鼎》也記載王「令師中眔（暨）靜省南或（國）相，埶㝉」（《近出》357），「埶㝉」就是建立王的行宮。因爲金文中有「王在某㝉」，如《師虎簋》：「王在杜㝉」（《集成》4316）；《不栺方鼎》：「王在上侯㝉」；《元年師旋簋》：「王在淢㝉」（《集成》4279）等。這一職事類似於《周禮・天官》「掌舍」和「掌次」之職。「掌舍」，「掌王之會同之舍」。「掌次」，「掌王次之法，以待張事」。

宗婦，其見於金文，如《宗婦䣄嬰盤》：「王子剌公之宗婦鄁（䣄）嬰」（《集成》10152），「䣄嬰」是其私名，「宗婦」應該是其職事。「宗婦」可能相當於《周禮・天官》之「世婦」，「掌祭祀。賓客、喪紀之事，帥女宮而濯摡爲齍盛。及祭之日，蒞陳女宮之具，凡內羞之物，掌吊臨於卿大夫之喪」。

此外，《周禮》：「庖人」，「掌共六畜、六獸、六禽」；「內饔」，「掌王及后、世子膳羞之割、烹、煎、和之事」；「外饔」，「掌外祭祀之割亨」；「亨（烹）人」，「掌共鼎鑊，以給水、火之齊」；「獸人」，「掌罟田獸」；「漁人」，「掌以時漁爲梁」；「鱉人」，「掌取互物，以時簎魚、鱉、龜、蜃」；「腊人」，「掌乾

〔註 76〕張亞初、劉雨：《西周金文官制研究》，北京：中華書局，1986 年，第 42 頁。
〔註 77〕張亞初、劉雨：《西周金文官制研究》，北京：中華書局，1986 年，第 25 頁。

肉」;「酒人」,「掌為五齊三酒」;「漿人」,「掌共王之六飲」;「淩人」,「掌冰正」;「籩人」,「掌四籩之實」;「醢人」,「掌四豆之實」;「醯人」,「掌共五齊、七菹,凡醯物」;「鹽人」,「掌鹽之政令,以共百事之鹽」;「冪人」,「掌共巾冪」;「宮人」,「掌王之六寢之修」;「掌舍」,「掌王之會同之舍」;「幕人」,「掌帷、幕、幄、帟、綬之事」;「掌次」,「掌王次之法,以待張事」;「縫人」,「掌王宮之縫線之事」;「染人」,「掌染絲帛」;「屨人」,「掌王及后之服屨」;「牧人」,「掌牧六牲而阜蕃其物,以共祭祀之牲牷」;「牛人」,「掌養國之公牛,以待國之政令」;「充人」,「掌繫祭祀之牲牷」;「倉人」,「掌粟入之藏,辨九穀之物,以待邦用」;「舂人」,「掌共米物」;「饎人」,「掌凡祭祀共盛,共王及后之六食」;「槁人」,「掌共外內朝冗食者之食」;「鬱人」,「掌祼器」;「鬯人」,「掌共秬鬯而飾之」;「雞人」,「掌共雞牲,辨其物」;「冢人」,「掌公墓之地,辨其兆域而為之圖」;「羊人」,「掌羊牲」;「繕人」,「掌王之用弓弩、矢箙、矰弋、抉拾,掌詔王射,贊王弓矢之事」;「犬人」,「掌犬牲」;「野廬氏」,「掌達國道路,至於四畿」;「蠟氏」,「掌除骴」;「雍氏」,「掌溝瀆、澮、池之禁」;「萍氏」,「掌國之水禁」;「司寤氏」,「掌夜時」;「司烜氏」,「掌以夫遂取明火於日,以鑒取明水於月,以共祭祀之明齍、明燭,共明水」;「條狼氏」,「掌執鞭以趨辟」;「脩閭氏」,「掌比國中宿互柝者與其國粥,而比其追胥者而賞罰之」;「冥氏」,「掌設弧張」;「庶氏」,「掌除毒蠱,以攻說禬之嘉草攻之」;「穴氏」,「掌攻蟄獸,各以其物火之,以時獻其珍異皮革」;「翨氏」,「掌攻猛鳥,各以其物為媒而掎之,以時獻其羽翮」;「柞氏」,「掌攻草木及林麓」;「薙氏」,「掌殺草」;「硩蔟氏」,「掌覆夭鳥之巢」;「翦氏」,「掌除蠹物,以攻禜攻之」;「赤犮氏」,「掌除牆屋」;「蟈氏」,「掌去蛙黽」;「壺涿氏」,「掌除水蟲」;「庭氏」,「掌射國中之夭鳥」;「銜枚氏」,「掌司囂」;「伊耆氏」,「掌國之大祭祀,共其杖咸。軍旅,授有爵者杖,共王之齒杖」,等等〔註78〕。這些所謂的官職,從其設置的目的上看,它們都是為周王的日常生活服務的。從其職掌上看,它們既是某種職事的管理者,又是服役者。故而有學者指出,從這些記載看,「天官冢宰」的「派頭」雖大,但其屬下及其具

〔註78〕劉起釪先生認為「《周禮》係依據承自西周的春秋時期周、魯、衛、鄭官制撰成」,「最初作為官職之彙編,至遲成於春秋前期。它錄集自西周後期以來逐漸完整的姬周系統之六官制資料,再加以條理系統以成書」。見劉起釪:《古史續辨》,北京:中國社會科學出版社,1991年,第635~642頁。關於《周禮》的年代,本文主要採納了劉先生的觀點。

體職守，則是供奉周王飲食起居的一大堆家內奴隸〔註 79〕。所以，以上這些官職最初並不是職官，而是具體職事的服役者。

　　這類勞役還應包括典籍中所謂的「事」，《國語‧周語中》引周之《秩官》曰：「敵國賓至，關尹以告，行理以節逆之，候人爲導，卿出郊勞，門尹除門，宗祝執祀，司里授館，司徒具徒，司空視途，司寇詰奸，虞人入材，甸人積薪，火師監燎，水師監濯，膳宰致饔，廩人獻餼，司馬陳芻，工人展車，百官以物至，賓入如歸。是故小大莫不懷愛。其貴國之賓至，則以班加一等，益虔。至於王吏，則皆官正蒞事」；《左傳》襄公三十一年，記載鄭國子產紓述晉文公迎賓的情況時說，平常即由「司空以時平易道路，汙人以時塓館宮室」，待「諸侯賓至」，則由「甸設庭燎，僕人巡宮，車馬有所，賓從有代，巾車脂轄，隸人、牧、圉各瞻其事」。爲賓客修治館舍、清除道路、供應薪柴、保養車輛、飼養馬匹等，需要「官正蒞事」和「隸人、牧、圉各瞻其事」，一方面說明這些都是具體的「事」，「事」的內容涵蓋了迎賓的各個細節；另一方面這些事都有具體的人負責，並且需要官正親履，說明它們屬於指定服役。《左傳》昭公七年，楚國大夫芋尹無宇稱引周之「古制」曰：「天有十日，人有十等，下所以事上，上所以共神也。故王臣公，公臣大夫，大夫臣士，士臣皂，皂臣輿，輿臣隸，隸臣僚，僚臣僕，僕臣臺。馬有圉，牛有牧，以待百事」。學術界一般認爲這段話是反映周代社會等級制度最典型的史料，士以上爲貴族階級，庶人、工、商爲平民階級，自「皂」以下爲奴隸階級〔註 80〕。這段記載固然可以體現社會等級的劃分，但就其本身而言卻是指服事過程中的上下從屬關係。首先，這些等級一般都擁有一定的職事，如《左傳》襄公九年，「商、工、皂、隸不知遷業」，楊伯峻注：「商賈技工以及皂隸，俱甘心世世代代爲之，無意於改變職業」，「皂、隸不知遷業」，說明其有一定職事。《國語‧晉語四》亦曰：「皂隸食職」。韋昭注：「食職，各以其職大小食祿」。《左傳》襄公三十一年，「諸侯賓至，甸設庭燎，僕人巡宮，車馬有所，賓從有代，巾車脂轄，隸人牧圉，各瞻其事」，「瞻」，《說文》曰：「視也」。楊伯

〔註 79〕馬曜、繆鸞和：《西雙版納份地制與西周井田制比較研究》，昆明：雲南人民出版社，2001 年，第 211 頁。

〔註 80〕見錢宗範：《周代宗法制度研究》，南寧：廣西師範大學出版社，1989 年，第 149 頁；童書業：《春秋左傳研究》，北京：中華書局，2006 年，第 114～115 頁；斯維至：《兩周金文所見職官考》，《斯維至史學文集》，西安：陝西師範大學出版社，2009 年，第 115 頁。

峻注:「此類人本各人之職責以接待賓客」。從這段話我們也可以看出,僕人以「巡宮」爲其職責,隸人、牧、圉也都有各自負責之職事。《左傳》襄公二十六年,宋國左師見到夫人的「步馬者」,即遛馬人,左師詢問,遛馬人對曰:「君夫人氏也」。下文說:「圉人歸,以告夫人」。可見「步馬者」就是「圉人」。《左傳》昭公七年,「馬有圉」,杜預注:「養馬曰圉」,可見「圉」是指負責養馬職事者。《左傳》昭公七年,楚芋尹無宇曰:「逃而舍之,是無陪臺也。王事無乃闕乎?」從這段話也可以看出來,「陪臺」也應該是任有王事的。據《左傳》自言,「王臣公,公臣大夫,大夫臣士,士臣皁,皁臣輿,輿臣隸,隸臣僚,僚臣僕,僕臣臺。馬有圉,牛有牧」的目的,就是爲了「以待百事」。其次,自「皁」以下服事者並不能被確指爲奴隸身份,據俞正《變癸巳類稿‧僕臣臺義》云:「皁者,《趙策》所云『補黑衣之隊』,衛士無爵而有員額者,非今皁役也。士則衛士之長,輿則眾也,謂衛士無爵又無員額者。隸則罪人,《周官》所謂『入則罪隸』,漢之城旦舂輸作。僚,勞也,入罪隸而任勞者,其分益下,若今充當苦差。僕則三代奴隸,今罪人爲奴矣。謂之臺者,罪人爲奴;又逃亡復獲之,則爲陪臺」〔註81〕。這些職事可能最初只是人們在服「事」過程中的上下從屬關係,但在周代已經逐漸有了職事的貴賤高低之分,並已經向身份等級轉化,如《左傳》昭公三年,晉國「欒、郤、胥、原、狐、續、慶、伯,降在皁隸」,被叔向認爲是「季世」和「公室之卑」的先兆,由此可見,春秋時期「皁隸」已經被認爲是卑賤職事的代表。《左傳》昭公五年,晉國韓宣子到楚國護送晉女,叔向做副手,到達楚國。楚王朝見群臣曰:「晉,吾仇敵也。苟得志焉,無恤其他。今其來者,上卿、上大夫也。若吾以韓起爲閽,以羊舌肸爲司宮,足以辱晉,吾亦得志矣。可乎?」「閽」即守門人。「司宮」,杜預注:「加宮刑」,予意即「守宮」之官。而「閽」即是「僕臣臺」之「臺」,如《左傳》昭公七年,芋尹無宇的閽人逃到了楚國王宮裏,無宇要進入捉拿他,管理公室的人員不給,無宇曰:「若從有司,是無所執逃臣也。逃而舍之,是無陪臺也」。由此見「閽」應屬於「陪臺」,即「臺」。楚君以「閽」爲辱,說明守門之職事等級很低。《左傳》莊公三十二年,魯國舉行雩祭,事先在梁氏家中演練,莊公的女公子也一起觀看演練。圉人犖從牆外與她嬉戲。子般發怒,讓人鞭打犖。公曰:「不如殺之,是不可鞭。犖有力焉,能投蓋於稷門」。圉人因爲與公侯之小姐嬉戲而被鞭笞,甚至險些因此被殺戮,說明他

〔註81〕楊伯峻:《春秋左傳注》,北京:中華書局,1981年,第1284頁。

們所從事的職事等級不會太高。故而《左傳》桓公二年，晉國的師服曰：「天子建國，諸侯立家，卿置側室，大夫有貳宗，士有隸子弟，庶人、工、商，各有分親，皆有等衰」。「皆有等衰」，就是言這些服事之人已經有了等級的分別。這些材料雖然出自春秋，但卻同樣適用於西周。這種職事的貴賤高低之分可能就是文獻中所謂「班爵」，如《國語·周語上》述古之事曰：「諸侯春秋受職於王以臨其民，大夫、士日恪位著以儆其官，庶人、工、商各守其業以共其上。猶恐其有墜失也，故爲車服、旗章以旌之，爲贄幣、瑞節以鎮之，爲班爵、貴賤以列之，爲令聞嘉譽以聲之」，韋昭注：「班，次也」。區分班爵正是西周服事的重要特點，《周語中》引《周制》曰：「國有班事，縣有序民」，「國有班事」，就是國家按照班爵命以不同的職事。《國語·魯語上》，公欲弛邱敬子之宅，邱敬子曰：「今命臣更次於外，爲有司之以班命事也，無乃違乎！請從司徒以班徒次」。「爲有司之以班命事」，就是言有司以班次命以職事。《國語·晉語八》，秦后子與楚公子干出奔晉國，韓宣子問二公子之祿，「夫爵以建事，祿以食爵，德以賦之，功庸以稱之，若之何以富賦祿也！」韋昭注：「事，職事也」。「爵以建事」，就是按照爵位來命以不同的職事。這種職事分等與強化等級隸屬關係的大背景是分不開的，如《左傳》桓公二年，曰：「天子建國，諸侯立家，卿置側室，大夫有貳宗，士有隸子弟，庶人、工、商，各有分親，皆有等衰」，這種社會分等促使了職事的分等，反過來職事的分等也逐漸演化爲社會分等。

在西周、春秋時期，官職常被稱爲「事」，如《尚書·甘誓》：「六事之人」；《尚書·立政》：「任人、準夫、牧作三事」；《詩經·小雅·十月之交》：「擇三有事」；《詩經·小雅·雨無正》：「三事大夫」；《矢令方彝》和《矢令方尊》：「舍三事令」（《集成》6016、《集成》9901）等，這些三事、六事都指的是官職。《國語·晉語七》曰：「定百事，立百官」，「百官」與「百事」對舉；《左傳》成公十二年，「百官承事」；襄公二十七年，「仕而廢其事」；昭公七年，「事序不類，官職不則」等，都說明官職最初是承事者。西周銘文也提到各種「事」，官僚服事曰：「即事」和「見事」，如《小臣靜卣》：「小臣靜即事」（《大系》29）；《燕侯旨鼎》：「見事于宗周」（《集成》2628）。繼承某職曰：「更某事」和「嗣某事」，如《宰獸簋》：「更乃祖考事」（《近出》490）；《卻狐簋》：「嗣乃祖考事」（《集成》2726）。負責某事叫：「司某事」，如《曶鼎》：「更乃祖考司卜事」（《集成》2838）。在冊命銘文中賞賜物品完成後，要說句「用事」，

如《師虎簋》:「易（賜）汝赤舃，用事」，用事即任事之意。完成某事叫「成事」，如《史頌鼎》:「休有成事」(《集成》2787) 等，都說明官職與服事有關。「事」有時又稱作「服」，如《班簋》:「王令毛伯更虢城公服」(《集成》4341)；《趞觶》:「更厥祖考服」(《集成》6516)。而《宰獸簋》和《呂服余盤》作「更乃祖考事」(《近出》490、《集成》10169)，說明「服」就是「事」。故《爾雅・釋詁》曰:「服，事也」，《禮記・祭統》記載衛孔悝之鼎銘曰:「纂乃祖服」，鄭玄注:「服，事也」，可見「服」就指「事」。《尚書・盤庚》曰:「由是在位，以常舊服」；《詩經・大雅・蕩》云:「曾是在位，曾是在服」，「在位」與「在服」並稱，說明在位者就是服事者。有時官僚任職也稱「服」，如《尚書・多方》:「尚爾事，有服在大僚」；《尚書・多士》:「迪簡在王庭，有服在百僚」，有服在大僚百僚，就是在大僚、百僚服事。金文中，如《大克鼎》:「擢克王服」(《集成》2836)；《番生簋蓋》:「擢於大服」(《集成》4326)；《大盂鼎》:「汝昧辰有大服」(《集成》2837)；《毛公鼎》:「汝毋敢墜在乃服」(《集成》2841)；《榮簋》:「介邢侯服」(《集成》4241)；《高卣》:「亡境在服」(《集成》5431)；《逨盤》:「逨肇纂朕皇祖考服」(《新收》757) 等，都是官僚任職稱「服」。實際上，在西周時期有些服役者的上層已經向勞役的管理者和官職轉化了，具體事務則主要落在了下層服役者的身上。但官職仍稱「事」或「服」，而且很多「事」還需要官正親履，如《國語・周語中》述周之《秩官》的「關尹以告，行理以節逆之，候人為導，卿出郊勞，門尹除門，宗祝執祀，司里授館，司徒具徒，司空視途，司寇詰奸，虞人入材，甸人積薪，火師監燎，水師監濯，膳宰致饔，廩人獻餼，司馬陳芻，工人展車，百官以物至」，文中稱此為「皆官正蒞事」，可見這裏談到的「蒞事」之官正不在少數。《左傳》昭公二十年，記載衛國公孟縶輕慢齊豹，奪了他的司寇官職和鄎地，「有役則反之，無則取之」，杜預注:「縶足不良，故有役則以官邑還豹使行」。由此說明，說明官職最初當與服事或服役有關。

西周時期的這些「事」是非常複雜的，有些可能是一族負責一事，有些事非一族所能負荷，便由多個家族共同承擔。除一些日常生活性的事務外，不違農時依然是各種「事」所共同遵循的原則，如《國語・周語中》單襄公述《周制》曰:「不奪民時，不蔑民功」，說的就是不侵奪民時，不怠棄民功。《左傳》昭公八年，師曠述古語云:「作事不時，怨讟動於民」。《左傳》文公六年也說:「閏以正時，時以作事」。古代所說的「時」，多指農時而言，《左

傳》常常提到「不時」，如隱公七年，「夏，城中丘，書，不時也」，楊伯峻先生注：「不時者，謂既非國防之所急，而又妨害農功」。隱公九年，「夏，城郎，書，不時也」，楊伯峻先生注：「此年建丑，周正之夏，當夏正之春，正農忙季節，若非急難，不宜大興土功，故云不時」。可見「時」就是指農時，故《左傳》桓公六年，言「三時不害而民和年豐也」。以「不奪民時」為原則，同時也說明了作事者是來自廣大農業的勞動者，所以《左傳》隱公五年，曰：「春蒐夏苗，秋獮冬狩，皆於農隙以講事也」。《國語・周語中》引《夏令》云：「九月除道，十月成梁」，又謂：「收而場功，偫而畚挶，營室之中，土功其始」。《詩經・鄘風・定之方中》也說：「定之方中，作於楚宮」。九月雨畢，故可以修治道路。十月水涸，故可以架設橋樑。定星也叫營室星，到它在黃昏之於正南天空時，已是農曆十月十五日以後了〔註82〕。這些事例告訴我們，各種「事」都是在農閒時進行，說明踐行這些「事」的廣大勞動者是來自於平民階層。

　　這些雜役也是由家族承擔，如西周的克氏家族就是固定負責膳夫勞役的。金文中提到的「更乃祖考事」、「更乃祖考事」等，很可能是由家族世代承襲某項勞役。《左傳》襄公十四年，「天子有公，諸侯有卿，卿置側室，大夫有貳宗，士有朋友，庶人、工、商、皂、隸、牧、圉皆有親昵，以相輔佐也」。「側室」，杜預注：「支子之官」。然而《左傳》文公十二年，「趙有側室曰穿」，當時趙盾為晉國正卿，趙穿為趙夙庶孫，於趙盾為從父兄弟，所以側室應該是指支子，這裏杜預注：「側室，支子」，就是採取了其原義。「貳宗」，杜預注：「宗子之副貳者」。「朋友」，即《左傳》桓公二年之「隸子弟」，楊伯峻先生注：「士自以其子弟為隸役」。「皆有親昵」，與《左傳》桓公二年「庶人、工、商，各有分親」相同，他們應該也各自有血緣或家族團體。從下文「相輔佐」來看，這些卿、大夫、士，以及庶人、工、商、皂、隸、牧、圉都應該是以族人來輔佐其從事勞役的。《左傳》桓公二年，晉國師服曰：「天子建國，諸侯立家，卿置側室，大夫有貳宗，士有隸子弟，庶人、工、商，各有分親，皆有等衰。是以民服事其上，而下無覬覦」。「服事其上」，與《僖公》二十一年「服事諸夏」相同，杜預注：「與諸夏同服王事」。可見，「服事」應該是指服王事或服勞役之義，故而這段話也是說卿、大夫、士與庶人、工、

〔註82〕趙世超：《指定服役制度略述》，《陝西師範大學學報》（哲學社會科學版）1999年第 3 期。

商、等應該是以族人服王事或服勞役。《左傳》襄公十年，瑕禽曰：「昔平王東遷，吾七姓從王，牲用備具。王賴之，而賜之騂旄之盟，曰：『世世無失職』」，徐中舒先生認為：「這七姓因為從平王東遷，當了一些苦差，供給平王車馬、飲食、用具，因此平王就賜以『騂旄之盟』，讓他們的子孫世世主管這些部門」〔註83〕。

由上可知，周王或諸侯日常生活起居一類的勞役，指定由某些家族固定負責，他們既有土地以維持其基本的生活，又要為國家服指定的勞役，所以應屬於指定服役。

綜上言之，西周時期王國與諸侯國內的農業勞役、手工業勞役、軍事勞役、文化宗教類勞役和雜役，都屬於指定服役。在這種制度下，國家並不需要對統治下的人口進行統計，只需要「審之以事」即可。《國語‧周語上》記載宣王既喪南國之師，乃料民於太原。仲山父諫曰：「民不可料也！夫古者不料民而知其少多，司民協孤終，司商協民姓，司徒協旅，司寇協奸，牧協職，工協革，場協入，廩協出，是則少多、死生、出入、往來者皆可知也，於是乎又審之以事，王治農於籍，蒐於農隙，耨獲亦於籍，獮於既烝，狩於畢時，是皆習民數者也，又何料焉，不謂其少而大料之，是示少而惡事也。臨政示少，諸侯避之。治民惡事，無以賦令」。「審之以事」，就是只對「事」的執行情況進行考核，通過「事」來瞭解當時的人口數量，這種考核即《國語‧晉語六》所說的「考百事於朝」。這些「百事」對國家十分重要，宣王不聽仲山父勸諫最終料民，被認為是西周至幽王而廢滅的原因。《左傳》昭公十三年，叔向也認為：「百事不終，所由傾覆也」。由此可見，由家族固定承擔之職事對國家的重要性。

4.3 國、野之間的指定服役制度

西周時期，國的範圍相對狹小，它們仍可看作是與面相對的一些點。在國郊以外則是是廣大的野〔註84〕，在野中居住的人就是野人，嚴格說來，野並非國的直接統治區，但當時的野人多與國建立了不同形式的臣服關係。這

〔註83〕徐中舒：《巴蜀文化緒論》，《四川大學學報》（哲學社會科學版）1960年第1期。

〔註84〕趙世超先生指出，國是指郊區以內，野是指郊區以外。見趙世超：《周代國野制度研究》，西安：陝西人民出版社，1991年，第13～17頁。

種國、野之間關係的形成，大體可歸結爲以下兩種渠道：

一是被征服者。《詩經・大雅・常武》，王命卿士，「戒我師旅，率彼淮浦，省此徐土」，「鋪敦淮濆，仍執醜虜」，「不測不克，濯征徐國」，最後以武力征服迫使「徐方來庭」。《詩經・大雅・皇矣》記載周文王時，「密人不恭，敢距大邦」，故「王赫斯怒，爰整其旅」，攻伐密人。《左傳》昭公十五年和定公四年，提到「密須之鼓」，可能就是這次戰爭中所俘獲的戰利品。《呂氏春秋・用民》談到此事時曰：「密須之民自縛其主，而與文王」，周、密戰爭的結果可能是以密人的臣服而告終。《詩經・大雅・文王有聲》提到「文王受命，有此武功。既伐於崇，作邑於豐」。《左傳》僖公十九年，子魚追述此事時曰：「文王聞崇德亂而伐之，軍三旬而不降，退修教而復伐之，因壘而降」，可見戰爭導致了崇的降服。《國語・晉語一》記載：「周幽王伐有褒，褒人以褒姒女焉」，褒人面對周幽王的征伐，被迫臣服，並且納女聯姻。西周中期的《乖伯簋》曰：「隹（惟）九年九月甲寅，王命益公征眉敖，益公至告，二月眉敖至見，獻（獻）貫（帛）」（《集成》4331），眉敖亦見於《九年衛鼎》：「隹（惟）九年正月既死霸（魄）庚辰，王在周駒宮，各（格）廟，眚敖（眉敖）者膚卓吏（使）見于王」（《集成》2831），可能是因爲這次見王而得罪於周王，故才有益公之征伐，通過征伐，迫使眉敖至見表示臣服，並進獻了貢品。西周晚期的《㝬鐘》：「南或（國）及孿（孳、子）敢臽（陷）處我土，王韋（敦）伐（其）至，戜（撲）伐氒（厥）都，及孿（孳、子）廼遣閒來逆卲（昭）王，南尸（夷）東尸（夷）昇（俱）見，廿又六邦」（《集成》260），南國及孿侵陷了周的疆土，周王征伐其都，由此地處南國的南夷和東夷俱見者二十六邦，這些都是野人由於征服而臣服的例證。

二是歸服者。征服固然是使野人臣服的重要手段，但是由於其他原因而臣服的歸服者，也佔有相當的比重。在野中部族就有一部分是昔日的同盟者，如《尚書・牧誓》，王曰：「嗟！我友邦冢君御事，司徒、司馬、司空，亞旅、師氏，千夫長、百夫長，及庸、蜀、羌、髳、微、盧、彭、濮人。稱爾戈，比爾干，立爾矛，予其誓」。「庸，蜀、羌、髳、微、盧、彭、濮人」，僞孔傳曰：「八國皆蠻夷戎狄屬文王者，國名」，《後漢書・西羌傳》亦曰：「武王伐商，羌、髳率師會於牧野」，它們應該屬於蠻夷戎狄，即野人。《史記・周本紀》提及武王征商，「不期而會盟津者八百諸侯」，這八百諸侯也有大量的野外的部落在其中。野人參與武王征商，屬於周人的同盟者。也有屈於武力的

歸服者，如《國語‧周語上》，穆王將要征伐犬戎，祭公謀父引述「先王之制」
曰：「有刑罰之辟，有攻伐之兵，有征討之備，有威讓之令，有文告之辭」。
布令陳辭之後，再不至，則「增修於德而無勤民於遠」，於是近無不聽，遠無
不服。《國語‧鄭語》，西周晚期鄭桓公爲周王室的司徒，害怕王室有變，向
史伯詢問保全之策，史伯對曰：「謝、郟之閒，其冢君侈驕，其民怠沓其君，
而未及周德；若更君而周訓之，是易取也，且可長用也」。由此可見，對於野
中孤立分散的共同體，應該不會一一假手於武力。《左傳》襄公三十一年，文
王伐崇，「再駕而降爲臣，蠻夷帥服，可謂畏之」，由於文王伐崇，許多蠻夷
畏威而歸服。《馱鐘》，周王敦伐南國艮纇，而使「南尸（夷）東尸（夷）㫃（俱）
見，廿又六邦」（《集成》260），這二十六邦也是迫於武力的歸服者。春秋晚
期的《晉公盆》，晉公在追述其先祖時說：「我皇祖𫤊（唐）公〔（雁）膺〕受
大命，左右武王，龢燮百絲（蠻），廣司四方，至于大廷，莫不來〔王〕」（《集
成》10342），這個銘文出自後世的追述，自然頗多溢美之詞，但西周時期野
中蠻夷之人在畏懼周人的軍事攻伐下，被迫臣服者自然不在少數。也有爲尋
求土地和庇護的自願歸服者，如《左傳》襄公十四年，戎子駒支曰：「昔秦人
負恃其眾，貪於土地，逐我諸戎。惠公蠲其大德，謂我諸戎，是四嶽之裔冑
也，毋是翦棄。賜我南鄙之田，狐狸所居，豺狼所嗥。我諸戎除翦其荊棘，
驅其狐狸豺狼，以爲先君不侵不叛之臣，至於今不貳」，諸戎被秦驅逐，晉國
給予他們一塊田地，從此姜戎氏臣服於晉。這個例子雖然出自春秋時期，但
在西周時期與此相似的情況也一定不少。西周時期臣服之野人所占的比重可
能相當大，如《逸周書‧世浮解》，記載武王征伐四方，「凡憝國九十有九國」，
「凡服國六百五十有二」，歸服國家的數量遠遠大於征伐之國。

　　西周時期這些被征服的野人往往被命以一定的職事，如《國語‧魯語
下》，仲尼曰：「昔武王克商，通道於九夷、百蠻，使各以其方賄來貢，使無
忘職業。於是肅慎氏貢楛矢、石砮，其長尺有咫」，肅慎貢納楛矢、石砮，
以及九夷、百蠻的「方賄」之貢，是爲了「無忘職業」，可見他們臣服周王
國後，要服一定的職事。《國語‧周語上》，自「大畢、伯士之終」，犬戎氏
「以其職來王」，後穆王以「不享征之，且觀之兵」，祭公謀父勸諫，穆王不
聽，最終只得到「四白狼、四白鹿」回來，犬戎氏「以其職來王」，說明犬
戎對周王國也有職事。就這些職事的內容而言則是異常複雜的，主要可能包
括以下幾個方面：其一，有的專服兵役，如西周中期的《師西簋》，王呼史

牆冊命師酉：「嗣（嗣）乃祖啻（嫡）官邑人，虎臣：西門尸（夷）、𣄗尸（夷）、
𣂈尸（秦夷）、京尸（夷）、𢌳（弁）身尸（夷）」（《集成》4288），還有一《訇
簋》與其銘文大體相似，王冊命訇：「官司邑人，先虎臣後庸：西門尸（夷）、
𣂈尸（秦夷）、京尸（夷）、𣄗尸（夷）、師等、𠊫新（側薪）、□𡿧尸（華夷）、
弁豸尸（夷）、𩰬人、成周乑（走）亞、戍、𣂈（秦）人、降人、服尸（服
夷）」（《集成》4321），許倬雲先生指出，師酉的父親是乙伯，訇的祖父也是
乙伯，故二人不是父子即是叔侄，時代相承，統率這一大批內外單位〔註85〕。
銘文中「虎臣」的職事主要與從事戰爭有關，如《詩經・大雅・常武》：「進
厥虎臣，闞如虓虎。鋪敦淮濆，仍執醜虜」；《詩經・魯頌・泮水》：「矯矯虎
臣，在泮獻馘」；《敔方鼎》，王派敔「遂（率）虎臣御雒（淮）戎」（《集成》
2824）。這些材料表明，虎臣是因為在戰爭中「闞如虓虎」，而主要服征伐勞
役。從《師酉簋》和《訇簋》來看，充任虎臣者多數是夷人，即專門服兵役
的野人。在金文中蠻夷專門從事征伐的例子很多，如《師寰簋》，王命師寰「遂
（率）齊師、曩、𧒟（萊）、僰、尿、左右虎臣，正（征）淮尸（夷）」（《集
成》4313），曩、𧒟（萊）、僰、尿應該都是蠻夷之人。𧒟、僰、尿亦見於《史
密簋》，王命師俗、史密東征。史密「遂（率）族人、𧒟白（萊伯）、僰、眉，
周伐長必」（《近出》489），從「眉」與𧒟白和僰連用來看，「眉」即「尿」，
概一字之異體或筆誤。𧒟、僰、尿多次從征，看來他們應該是專事征伐職事
的野中部族；其二，有的野人專服手工業勞役，如西周晚期的《兮甲盤》：「淮
尸（夷）舊我貟（帛）賄人，母（毋）敢（敢）不出其貟（帛）、其責（積）、
其進人，其賈，母（毋）敢（敢）不即師（次）即㞷（市），敢（敢）不用
令（命），則（則）即井（刑）𢷎（撲）伐」（《集成》10174），郭沫若認為
「貟」與《菲伯簋》之「賮」為一字，謂：「即貝布之布之本字」。認為「賄」
當讀為「賄」，「貟賄人」者猶言賦貢之臣也。「其進人」者力役之征也，與
「即師」相照應〔註86〕。《師寰簋》銘文也談到「叟（搜）淮尸（夷），繇我
貟（帛）賄臣」（《集成》4313），「淮尸（夷）繇我貟（帛）賄臣」與《兮甲
盤》「淮尸（夷）舊我貟賄人」語例相同，王國維謂「繇」假為舊也。所以，
「舊我貟賄人」和「繇我貟（帛）賄臣」，是說淮夷在以前是負責為周王貢

〔註85〕許倬雲：《西周史》（增訂本），北京：三聯書店，1993年，第216頁。
〔註86〕郭沫若：《兩周金文大系圖錄考釋》，《郭沫若全集・考古編・第八卷》，北京：
　　　　科學出版社，2002年，第305～306頁。

納布帛之臣。《師袁簋》銘文在談到征伐淮夷的原因時提到「反（返）乎（厥）工事」，郭沫若先生謂：「『反乎工吏（事）』謂背叛王官，古者王官亦稱工」〔註87〕，「工」應該為百工之工，早已有學者論述〔註88〕。所以，這裏的「返厥工事」，應該是指淮夷撤回了他們的工匠，進而引起了周王的不滿，並派兵對其進行征服。從《師袁簋》的「反（返）乎（厥）工事」銘文來看，《兮甲盤》的「母（毋）叡（敢）不出其貝（帛）、其責（積）、其進人」等，可能都與淮夷服手工業勞役有關，雖然有些指定勞役轉化成了貢納的布帛，但仍需要進人服役；其三，有的野人專服築城和農業勞役，如《詩經・大雅・韓奕》：「王錫（賜）韓侯，其追其貊。奄受北國，因以其伯。實墉實壑，實畝實藉」。毛傳曰：「追、貊，戎狄國也」，「實墉實壑」，「實」，是也。「墉」，城牆。「壑」，城壕。此句是指築城和挖溝一類的勞役。「實畝實藉」，「畝」，開墾田畝。「藉」，籍田，是指服籍田勞役；其四，有的勞役則完全轉化成了固定的貢納，如西周晚期的《駒父盨蓋》銘文記載，南仲邦父命駒父巡視南方的諸侯國，駒父「遂（帥）高父見南淮尸（夷），乎（厥）取乎（厥）服（服），至，尸（夷）俗豕（遂）不叡（敢）不苟（敬）畏王命，逆（迎）見我，乎（厥）獻（獻）乎（厥）服（服）」（《集成》4464），這裏的「服」，既可以取，又可以獻，應該是指由南淮夷負責的指定勞役轉化而成之固定貢納的物品。西周中期的《士山盤》，王呼作冊尹冊命士山曰：「于入冪（䣊）侯，徣（遂）徵（徵）䣊（䣊）、荊（荊）、于（方）服（服），罘大盧服（服）、顧（履）服（服）、六䕺服（孳服）」（《新收》1555），䣊（䣊）、荊（荊）、于（方）是方國名或部族名〔註89〕，大盧服、履服、六孳服等應該都是由方國或部族具體的指定勞役轉化而成的貢納〔註90〕。

〔註87〕 郭沫若：《兩周金文大系圖錄考釋》，《郭沫若全集・考古編・第八卷》，北京：科學出版社，2002 年，第 310 頁。

〔註88〕 肖楠：《試論卜辭中的「工」與「百工」》，《考古》1981 年第 3 期。

〔註89〕 黃錫全：《士山盤銘文別議》，《中國歷史文物》2003 年第 2 期；陳英傑：《士山盤銘文再考》，《中國歷史文物》2004 年第 6 期。

〔註90〕 朱鳳瀚先生認為：「銘文內容反映了西周中期王朝對下屬侯國及附庸小國政治上的統治與經濟上的依賴關係」，見朱鳳瀚：《士山盤銘文初釋》，《中國歷史文物》2002 年第 1 期；董珊先生從唐蘭先生的舊注出發，認為「服」字的涵義「相當於《左傳》、《國語》中所見的「職貢」一詞，具體包括職事與貢賦兩個方面」，見董珊：《談士山盤銘文的「服」字義》，《故宮博物院館刊》2004 年第 1 期；黃愛梅先生具體指出：「文中『大盧服』、『履服』、『六孳服』與兮甲盤所謂的『出其帛、其責（積）、其進人』的記載相近，而內容更為具體」，

西周時期國、野之間的指定服役制度具有以下三個特點：

一是多樣性。西周時期，對野中居民的控制，仍然採取的是一種鬆散的
羈縻政策。由於對野人的控制程度不同，以及野中部族資源和技能上的差異，
從而導致服役內容和服役量上的差異。在內容上，如有的專服兵役，有的專
服手工業勞役，有的專服築城和農業勞役。在服役量上，如《逸周書・職方
解》所說的「制其職，各以其所能，制其貢，各以其所有」，肅慎地處東北，
中原地區早已經進入青銅時代，而他們還用楛矢、石砮做武器，又加上距離
較遠，周王朝鞭長莫及，所以對他們的剝削只能是象徵性的。而對淮夷則不
然，春秋早期的《曾伯霥簠蓋》，提到曾伯「克狄（逖）濰尸（淮夷）」，「金衛
（道）鍚（錫）行」（《集成》4632）。郭沫若先生謂「金道錫行」者，言以金
錫入貢或交易之路〔註91〕。在古代南方多產銅和錫，《魯頌・泮水》曰：「憬
彼淮夷，來獻其琛，元龜象齒，大賂南金」，《考工記》云：「吳粵之金錫，此
材之美者也」，可能是由於淮夷之地盛產銅錫，所以在西周金文和文獻中才多
見征伐淮夷的記載。周王朝對銅料需求迫切，所以淮夷被征服後，納入周人
的強行控制之下，服役量上自然要重些。

二是集團性。當時國對野的剝削是以徵收貢納和勞役為目的，根本不過
問野中居民的生產和生活方式，事實上在當時的條件下也是做不到的。如《師
酉簋》提到的「西門尸（夷）、𩵋尸（夷）、𩁹尸（秦夷）、京尸（夷）、𦥑（弁）
身尸（夷）」（《集成》4288），《師袁簋》和《史密簋》提到的贅、𢒰、尸等，
都是以集團整體服事於國的。趙世超先生曾指出，「稱某人、某夷等於就是稱
某族」〔註92〕，在野中，供統治者奴役的是集團整體，而不是一些勞動者個人。

三是鬆散性。國、野之間服役關係的形成，雖然不全靠武力征服實現，
但這種國對野的統治卻以強大的武力威懾為基礎，國力強時臣服納貢，國力
弱時則擁邑自聚，甚至還會發動叛亂。如周穆王時期，由於「欲肆其心，周
行天下」的原因〔註93〕，致使戎狄不貢，最終只「得四白狼，四白鹿以歸」
〔註94〕，從此荒服者不至。在南方有一徐偃王，「率九夷以伐宗周」，穆王使

見黃愛梅：《士山盤銘補義》，《中國歷史文物》2006 年第 6 期。

〔註91〕郭沫若：《兩周金文大系圖錄考釋》，《郭沫若全集・考古編・第八卷》，北京：科學出版社，2002 年，第 398 頁。
〔註92〕趙世超：《周代國語制度研究》，西安：陝西人民出版社，1991 年，第 125 頁。
〔註93〕《左傳》昭公十二年。
〔註94〕《國語・周語上》。

造父駕車去告訴楚國，命令楚國征伐徐國，於是楚文王舉兵滅之〔註95〕。懿王時，王室遂衰，「戎狄交侵，暴虐中國」〔註96〕，「靡室靡家，玁狁之故」，「豈不日戒，玁狁孔棘」〔註97〕，就是當時真實情況的反映。夷王衰弱，「荒服不朝」，乃命虢公率六師伐太原之戎，至於俞泉，獲馬千匹〔註98〕。厲王無道，北方有戎狄寇掠，入於犬丘，殺秦仲之族，王命令伐戎，結果沒有取得成功〔註99〕。南方有淮夷入寇，王命虢仲征之，結果也沒能平復。至宣王復命召公征伐，才最終平定〔註100〕。宣王號稱「中興」之主，即位四年，使秦仲伐戎，結果秦仲為戎所殺，王又召秦仲子莊公，給他七千人，伐戎取得成功，從此戎人才稍稍退卻了些。其後二十七年，宣王派兵征伐太原戎，不克。其後五年，宣王又征伐條戎、奔戎，王師敗績。其後二年，晉人敗北戎於汾隰，戎人攻滅了姜侯之邑。明年，王征伐申戎破之〔註101〕。從秦仲為戎所殺，伐太原戎不克，王伐條戎、奔戎王師敗績等來看，說明宣王中興之業是建立在與諸戎浴血奮戰基礎上的。到周幽王淫亂，「四夷交侵」〔註102〕，加之「王昏不若」，致使「用愆厥位」〔註103〕。西周金文中還有一個鄂侯，據《鄂侯馭方鼎》，鄂侯馭方曾「內（納）壺于王」（《集成》2810），鄂侯又見於西周晚期的《禹鼎》，這件鼎可能屬於夷王世，在王室衰弱的大背景下，鄂侯馭方於是「衛（率）南淮尸（夷）、東尸（夷）廣伐南或（國）、東或（國），至于歷內」（《集成》2833）。這次內侵使周王勃然大怒，發佈「勿遺壽幼」的誅殺令，「壽」就是老人，「幼」就是指小孩。夷蠻之人稱王室衰微而懈怠職事，甚至發生反叛，這些都說明國、野關係具有鬆散性。

　　由上可知，國、野之間通過征服或者是歸服形成一定的服役關係。被征服的野人往往服一定的職事，就職事的內容而言則是非常複雜的，表現為有的專服兵役，有的專服手工業勞役，有的專服築城和農業勞役，有的指定勞役則完全轉化成了固定的貢納。無論哪種形式，都是指定由野中的某一部分

〔註95〕《後漢書·東夷傳》。
〔註96〕《漢書·匈奴傳》。
〔註97〕《詩經·小雅·采薇》。
〔註98〕《後漢書·西羌傳》。
〔註99〕《後漢書·西羌傳》。
〔註100〕《後漢書·東夷傳》。
〔註101〕《後漢書·西羌傳》。
〔註102〕《後漢書·東夷傳》。
〔註103〕《左傳》昭公二十六年。

人專門負責，所以西周時期國、野之間的這種服役形式也應該屬於指定服役。
這一時期，國、野之間的指定服役制度具有多樣性、集團型和鬆散性等特點。

第 5 章　春秋時期的指定服役制度

　　春秋是一個大變革的時代，王室衰微、禮壞樂崩、制度淪喪。指定服役制度在這一變動大潮衝擊下發生了怎樣的改變？下面我們將分別從王國與諸侯國之間，王國與諸侯國內部，以及國、野之間三個方面進行探討。

5.1　王國與諸侯國之間指定服役制度

　　西周滅亡，東周興起，齊、晉、秦、楚等諸侯國相繼稱霸，從此進入了霸主政治的時代。霸主政治是西周王權政治的延續，霸主的興起有利於維護春秋時期的社會秩序。王國與諸侯國之間的指定服役制度歸根結底還是建立在武力和族權基礎之上的超經濟強制，當王權和族權衰微的時候，自然這種關係也就難以維繫了。平王東遷後，王室的威權逐漸衰落，自從《左傳》隱公三年，周、鄭由「交質」，到鄭祭足帥師取溫之麥，取成周之禾後，周、鄭「交惡」。再到《左傳》桓公五年，周、鄭繻葛之戰，「射王中肩」，王師大敗，從此王室便一蹶不振。《左傳》僖公二十八年，溫之會，晉侯召王，由於是以臣召君，故《春秋》諱之曰：「天王狩於河陽」，可見周王已淪為霸主「挾天子以令諸侯」的工具了。《史記・周本紀》曰：「平王之時，周室衰微，諸侯強並弱，齊、楚、秦、晉始大，政由方伯」。隨著王室衰微，諸侯對王室的職事也漸漸地停滯了。如《詩經・小雅・雨無正》記載宗周被滅後，出現了「正大夫離居，莫知我勩。三事大夫，莫肯夙夜。邦君諸侯，莫肯朝夕」的局面。《左傳》隱公十一年，也說：「王室而既卑矣，周之子孫日失其序」。《左傳》隱公九年，還出現了「宋公不王」的情形。單就魯國而論，就有《左傳》隱

公三年，周武氏子來「求賻」；《左傳》桓公十五年，周王使家父來「求車」；《春秋》文公九年，周毛伯衛來「求金」。《穀梁傳》隱公三年，曰：「求之者，非正也。周雖不求，魯不可以不歸」。「賻」、「車」、「金」等，待求而歸，一方面說明周王室財政日趨困難，另一方面說明諸侯對王國的職事已經鬆懈了。《左傳》僖公四年，管仲責備楚國「爾貢包茅不入」，說明隨著王室的衰微和楚國的強大，其所服「置矛蕝，設望表」的職事早已經停滯。《左傳》昭公十五年，周景王宴請晉大夫，樽以魯壺，並曰：「諸侯皆有以鎮撫室，晉獨無有」，晉國籍談妄作不知，周王責備其：「數典而忘其祖」，說明晉國也已經不事周之職事。而周王室東遷以後，根本沒力量重新建立秩序。在這種情況下，就需要有一個霸主出現，來替周王履行這種權利和義務，可以說霸主的出現是時代和歷史的需要。《左傳》哀公十三年，魯子服景伯曰：「王合諸侯，則伯帥侯牧以見於王」。《左傳》昭公十六年，魯叔孫昭子曰：「諸侯之無伯，害哉」，「伯」就是「霸」。《左傳》襄公十一年，晉國盟諸侯於亳，載書曰：「凡我同盟，毋蘊年，毋壅利，毋保奸，毋留慝，救災患，恤禍亂，同好惡，獎王室」等，可見霸主對維護社會秩序起到積極的作用。霸主政治在一定程度上也維護了王國與諸侯國之間指定服役制度的存續，如《左傳》襄公二十五年，鄭子產追述城濮之役，晉文公佈命曰：「各復舊職」；《左傳》定公元年，薛宰也說：「晉文公為踐土之盟，曰：『凡我同盟，各復舊職』」。這「舊職」，就是指昔日諸侯對君主所服的職事，鄭之舊職是「戎服輔王」，而薛的舊職可能是負責車馬和輔佐之事。《左傳》昭公十九年，鄭國子產敍述平丘之會，稱晉君尋舊盟曰：「無或失職」，這裏的「職」，也是指諸侯對周王之職事。

　　春秋之世，王綱解紐，齊、楚、晉、秦、吳、越等國爭為霸主，非徒求會盟之際執牛耳之榮尊，其最主要目標還是欲榨取弱小國家。如《左傳》襄公三年，魯襄公向晉悼公稽首，晉智武子曰：「天子在，而君辱稽首，寡君懼矣」。魯孟獻子曰：「以敝邑介在東表，密邇仇讎，寡君將君是望，敢不稽首」。「稽首」是古代禮拜之一，往往是臣對君行之，如今魯君卻對晉君行稽首之禮；《左傳》襄公四年，魯大夫穆叔聘問晉國，晉侯設享禮招待他，「金奏《肆夏》之三」，「工歌《文王》之三」，依照禮制，這兩個樂曲是周天子享元侯和兩君相見之樂；《左傳》宣公三年，楚莊王攻打陸渾之戎，到達雒水，陳兵於周疆，「問鼎之大小、輕重焉」，這些都顯示了霸主的野心。霸主雖然起到維護王國與諸侯國之間指定服役存續的作用，但大量的服役關係卻在霸主與小

國之間發生了，如《左傳》昭公四年，鄭子產曰：「小國共職，敢不薦守」；《左傳》昭公三十年，鄭游吉曰：「以敝邑居大國之間，共其職貢，與其備禦不虞之患，豈忘共命」；《左傳》僖公十一和十二年，黃人因「不歸楚貢」和「不共楚職」，而被楚國所滅；《左傳》襄公二十七年，晉、楚瓜分了霸權，使「晉、楚之從交相見」等，這些「職」、「貢」或「職貢」都與指定服役有一定的關係〔註1〕。霸主對小國的魚肉開啓了一代風氣，引起那些稍有實力的國家紛紛效仿，如《左傳》宣公十年，滕國恃晉國而不事宋國，宋師伐滕；《左傳》宣公十三年，莒國恃晉國而不事齊國，齊師伐莒；《左傳》成公三年，許國恃楚國而不事鄭國，鄭子良伐許；《左傳》襄公二十七年，弭兵之會上，齊人請邾，宋人請滕，皆不與盟，叔孫曰：「邾、滕，人之私也」。《國語·吳語》記載，吳王夫差起師伐越，越王命諸稽郢行成於吳曰：「越國固貢獻之邑也」等。這樣就在霸主之下又形成了多個中心，而那些小國則僕僕於大國之間，疲於奔命。故《論語·季氏》曰：「天下有道，則禮樂征伐自天子出；天下無道，則禮樂征伐自諸侯出」。《孟子·告子下》亦曰：「五霸者，三王之罪人也；今之諸侯，五霸之罪人也」。

春秋時期，霸主政治下的剝削除了指定服役外，還出現了一些新特點，這些特點主要可以歸納爲以下三個方面：

一是任意攤派，如《左傳》文公四年，「曹伯如晉會正」，杜預注：「會受貢賦之政也」，「正」即「政」，小國諸侯有向霸主納貢賦的義務，「會受貢賦之政」，就是指去接受貢賦多少之政；《左傳》襄公四年，「公如晉聽政」，「聽政」與「會正」大體相當，杜預注：「受貢賦多少之政」；《左傳》襄公八年，「公如晉朝，且聽朝聘之數」，杜預注：「晉悼復修霸業，故朝而稟其多少」。楊伯峻注：「朝聘所用貢獻財幣之數」。就剝削的數量而言，往往因爲霸主和執政的開明與否，以及諸侯的忠心程度而有所不同，如晉范宣子爲政，「諸侯之幣重」〔註2〕，而趙文子爲政，「令薄諸侯之幣而重其禮」〔註3〕。《左傳》襄公十四年，諸侯會吳國於向，魯國子叔齊子作爲季武子的副手參與此會，「自是晉人輕魯幣」。諸侯屢次會正、聽政和聽朝聘之數，且剝削的數量也可以改

〔註1〕　這裏「職貢」並稱，說明貢和職之間有著密切的關係，甚至可以互相轉換，如黃人「不歸楚貢」，又稱「不共楚職」。所以這種原來由諸侯國所服的職事，由於路途遙遠或其他原因，轉化而成的貢，也是指定服役制度所要研究的範圍。

〔註2〕　《左傳》襄公二十四年。

〔註3〕　《左傳》襄公二十五年。

動，說明霸主對諸侯的剝削具有一定隨意性。

二是數額巨大，顧頡剛先生謂，霸主的真正目標是「欲恣意以榨取弱小之國」〔註4〕，故霸主取得霸權後並不能滿足於昔日諸侯對王國的簡單職事。如《左傳》宣公十四年，魯孟獻子對宣公曰：「臣聞小國之免於大國也，聘而獻物，於是有庭實旅百」。「庭實」，即將禮物陳於庭內。「旅」，陳也。「百」，舉其成數言，以見其多。「庭實旅百」，說明小國對大國的貢納數量之大。《左傳》昭公十年，晉平公卒，鄭子皮「將以幣行」，杜預注：「見新君之贄」，子產曰：「用幣必百兩，百兩必千人」，杜預注：「載幣用車百乘」。《左傳》襄公三十一年，子產輔佐鄭伯到了晉國，晉侯以魯喪故，沒有見他們，子產使「盡壞其館之垣而納車馬焉」，並曰：「悉索敝賦，以來會時事」，可見鄭國對晉朝貢的數量也相當大。《左傳》昭公十三年，平丘之盟，子產爭承，並認為：「貢獻無及，亡可待也。存亡之制，將在今矣」。《左傳》襄公三十一年，述平丘之會的原因時說：「及趙文子卒，晉公室卑，政在侈家。韓宣子為政，不能圖諸侯。魯不堪晉求，讒慝弘多，是以有平丘之會」，「政在侈家」與「魯不堪晉求」相對，說明魯國對晉國的負擔十分繁重。由於貢賦的數量之大，故產生了借助和爭承之事，如《左傳》襄公四年，魯襄公請以鄫國為附庸，晉侯不同意。魯大夫孟獻子曰：「以寡君之密邇於仇讎，而願固事君，無失官命。鄫無賦於司馬，為執事朝夕之命敝邑，敝邑褊小，闕而為罪，寡君是以願借助焉」，晉侯於是許之。杜預注：「鄫，小國也，欲得使屬魯，如須句、顓臾之比，使助魯出貢賦」。「借助」，即杜預注：「借鄫以自助」。這些職貢「史不絕書，府無虛月」，致使「國家罷病」，甚至還會導致國家的衰亡，說明由於霸主的貪婪，小國的負擔十分巨大。故《左傳》襄公二十八年，把「共其職貢」，稱為小國適大國的五惡之一。

三是內容複雜，與西周諸侯被命以更加具體的職事相比，春秋時期諸侯對霸主的職事則顯得內容十分龐雜，具體表現為：其一，方物，如《左傳》僖公七年，齊侯修禮於諸侯，「諸侯官受方物」，楊伯峻注：「《禹貢》任土作貢，各貢其土地所生，方物指此……諸侯官受方物者，為於諸侯之中，齊使官司受其所貢之土產且以獻於天子」。其二，玉帛，如《左傳》襄公八年，鄭子駟曰：「犧牲玉帛，待於二竟（境），以待強者而庇民焉」。《左傳》哀公十三年，魯子服景伯亦曰：「王合諸侯，則伯帥侯牧以見於王。伯合諸侯，則侯

〔註4〕 顧頡剛：《職貢》，《史林雜識初編》，北京：中華書局，1963年，第22頁。

帥子男以見於伯。自王以下，朝聘玉帛不同」，可見玉帛應該是諸侯的貢納之一。其三，玩好，如《左傳》襄公二十九年，魯叔侯曰：「魯之於晉也，職貢不乏，玩好時至」，魯國對於晉國，除了職貢外，還有「玩好」，即日常奢侈品之類。其四，勞役，如《左傳》襄公二十二年，鄭公孫僑稱鄭國對晉國除「盡其土實，重之以宗器」外，還「不朝之間，無歲不聘，無役不從」。其五，還可能有貢人，如《左傳》定公十三年，晉趙鞅謂邯鄲午曰：「歸我衛貢五百家，吾舍諸晉陽」。杜預注：「十年，趙鞅圍衛，衛人懼，貢五百家；鞅置之邯鄲」。這些諸侯貢納之方物、玉帛、玩好、人口和服勞役等都同時存在，所以說內容複雜。

春秋時期霸主對諸侯剝削之任意攤派、數額巨大和內容複雜等特點，顯然這些特點已經與指定服役制度已經不可同日而語了，但諸侯對霸主勞役和貢納有的仍稱「職」或者「職貢」，說明有些還屬於指定服役的孑遺或轉化，如《左傳》僖公五年，晉滅亡了虢國，又襲滅了虞國。晉國修虞祀，「且歸其職貢於王」。

此外，大國兼併也是王國與諸侯國之間指定服役制度消失的重要原因。春秋時期有些諸侯國被大國兼併掉，自然它們對周王的指定勞役也就隨之消亡了。《左傳》襄公二十九年，魯叔侯曰：「虞、虢、焦、滑、霍、揚、韓、魏，皆姬姓也，晉是以大。若非侵小，將何所取？武、獻以下，兼國多矣，誰得治之？」概當時大國兼併已經蔚然成風。《春秋》和《左傳》兩部書，極、須句、根牟、鄆、鄟等國滅於魯。紀、郕、譚、遂、鄣、介、牟等國滅於齊。楚的情形也是如此，《左傳》定公四年記載，「周之子孫在漢川者，楚實盡之」，說的就是楚對「漢陽諸姬」的兼併。這些被兼併的諸侯，其以前為王國所服的指定勞役自然也就終止了。

總之，春秋時期霸主政治雖然是西周王權政治的延續，在一定程度上維護了指定服役制度，但是其真正的目標卻是為了榨取弱小國家。這一時期霸主的剝削具有任意攤派、數額巨大和內容複雜等新特點，但諸侯國與霸主之間仍然存在指定服役制度的孑遺。

5.2　王國與諸侯國內部指定服役制度

春秋之世，統治權力逐級下移，由西周時期的「天子建國」，變成春秋時期的「諸侯立家」，到了春秋中期一些世家大族相繼把持朝政，權傾諸侯，以

至出現「陪臣執國命」的情況。伴隨著大族崛起，各國內部的鬥爭也日趨熾烈。

王國和諸侯國內部的鬥爭，主要包括爭奪權力的鬥爭和爭奪財產的鬥爭兩大類。這些鬥爭帶來兩個方面的直接後果：一是滅族和出奔。二是家族的貧富分化，即出現富族和敝族。

滅族和出奔。《左傳》莊公二十一年，王子頹之亂，鄭伯與虢叔同伐王城，殺王子頹及五大夫；《左傳》昭公二十六年，王子朝之亂後，王子朝及召氏之族、毛伯得、尹氏固、南宮囂奉周之典籍出奔楚國；《左傳》宣公十八年，魯國公孫歸父想要除去「三桓」以伸張公室的權力，後來魯宣公不幸斃命，季孫於是放逐了東門氏；《左傳》襄公十九年，齊國崔杼殺高厚於灑藍，並兼併了他的家室；《左傳》襄公二十七年，齊國崔、慶之亂後，滅亡了崔氏，殺崔成與崔彊，並盡俘其家室；《左傳》莊公二十五年，晉國驪姬之亂，晉士蒍使群公子滅亡了游氏之族，後盡殺群公子；《左傳》襄公二十三年，晉人克欒盈於曲沃，盡殺欒氏之族黨，欒魴出奔宋國；《左傳》文公七年，宋昭公想要驅逐群公子，穆公和襄公的族人率國人攻打昭公，殺公孫固、公孫鄭於公宮；《左傳》文公十八年，宋武氏的族人領著昭公的兒子，打算奉司城須發動叛亂。宋文公使戴、莊、桓的族人攻打武氏，於是驅逐了武、穆之族；《左傳》昭公二十年至二十二年，宋華、向之亂，戴族與桓族偕出亡；《左傳》宣公十年，鄭國子家卒。鄭人討幽公之亂，斲子家之棺，並驅逐了他的族人；《左傳》襄公十九年，追究西宮之難與純門之師的責任，子展、子西率國人殺子孔，並瓜分了他的家室；《左傳》昭公二十年，衛國曾經發生一次內變，衛齊豹、北宮喜、褚師圃、公子朝作亂，殺死靈公的哥哥公孟縶，靈公出奔到了邊邑。不久，北宮氏與齊氏發生衝突，北宮氏又滅了齊氏。《左傳》桓公五年，陳國發生動亂，文公的兒子佗殺了大子免，並取代他為太子；《左傳》襄公二十年，陳慶虎、慶寅畏懼公子黃之逼，向楚國告狀，楚國因此討伐陳國，公子黃逃亡到楚國；《左傳》昭公八年，陳國公子招、公子過殺悼了大子偃師，立公子留；《左傳》宣公四年，楚越椒之亂，滅亡了若敖氏；《左傳》成公七年，楚共王即位，子重、子反殺巫臣之族子閻、子蕩，及清尹弗忌與襄老之子黑要，並且瓜分了他們的家產；《左傳》昭公二十七年，郤宛之難，盡滅郤氏之族黨，後來子常為平息謗言，殺費無極與鄢將師，盡滅其族；《左傳》哀公十六年，爆發了白公盛之亂，殺

子西、子期於朝，又劫持了惠王。葉公與國人攻打白公，白公出奔到山裏，後自縊身亡，這些都是春秋時期滅族和出奔的例證。

富族和敝族。隨著春秋時期闢土活動的推進，周圍易取的繁庶地區逐漸瓜分殆盡，圖謀繼續擴大采邑者便自然要把目光移向國內，王國與諸侯國內部圍繞爭奪財產的鬥爭日趨劇烈，富族成長不僅對公室構成極大的威脅，而且通過爭室和分田活動，使其他家族的財產受到侵奪。所以，就如一對孿生兄弟一樣，敝族和富族緊緊相連地共同來到了世間。春秋時期的富族有很多，如《左傳》哀公十一年，齊國大夫國書、高無丕帥師伐魯，冉求曰：「魯之群室，眾於齊之兵車。一室敵車，優矣。子何患焉？」季氏出甲七千，富可敵國。故《論語‧先進》謂魯國的季氏富於周公；《左傳》襄公二十八年，記載齊國慶氏因亂逃奔魯國，獻給季武子之車，美澤可鑒。齊國大夫子尾曰：「富，人之所欲也」，晏子曾舉例說：「慶氏之邑足欲，故亡」；《左傳》昭公三年，晏嬰與叔向論秦、晉季世，晏嬰謂齊國「陳氏三量，皆登一焉，鍾乃大矣。以家量貸，而以公量收之。山木如市，弗加於山。魚鹽蜃蛤，弗加於海」，由此可見陳氏之富；《左傳》昭公五年，楚大夫蓮啓強曰：「箕襄、邢帶、叔禽、叔椒、子羽，皆大家也。韓賦七邑，皆成縣也。羊舌四族，皆強家也。晉人若喪韓起、楊肸，五卿八大夫輔韓須、楊石，因其十家九縣，長轂九百」，這裏的十家都是晉國的富族；晉國的郤昭子更是貪得無厭，《國語‧晉語八》記載叔向曰：「其富半公室，其家半三軍」；《左傳》昭公二十年，宋國梓慎望氛曰：「今茲宋有亂，國幾亡，三年而後弭。蔡有大喪」。叔孫昭子曰：「然則戴、桓也！汏侈無禮已甚，亂所在也」。其後大尹之亂，其徇曰：「戴氏、皇氏將不利公室，與我者，無憂不富」。可見宋國的富族也很普遍；《左傳》昭公元年，叔向詢問鄭國大夫子晳的情況，行人揮對曰：「其與幾何？無禮而好陵人，怙富而卑其上，弗能久矣」；《左傳》哀公五年，鄭國的駟秦富有而奢侈，是一個下大夫，卻陳列卿的車馬服飾在他的庭院裏以耀富；《左傳》定公十三年，記載衛國公叔文子曾朝見請求設宴款待衛靈公，史鰌曰：「子必禍矣。子富而君貪，其及子乎」；《左傳》昭公元年，秦國后子以千乘去其國，后子設宴招待晉侯，在黃河上排列船隻當浮橋，每隔十里就停放一批車輛，從雍城綿延到絳城。回去取奉獻的禮物，到享禮結束一共往返了八次。以上這些是各國富族之大略，詳論之還有很多。春秋時期的敝族也很常見，如《左傳》襄公十年，周之王叔陳生與伯輿爭政，王叔之宰曰：「篳門閨竇之人而皆陵其上，

其難爲上矣！」伯輿之臣瑕禽曰：「昔平王東遷，吾七姓從王，牲用備具。王賴之，而賜之騂旄之盟，曰：『世世無失職。』若篳門閨竇，其能來東底乎？且王何賴焉？今自王叔之相也，政以賄成，而刑放於寵。官之師旅，不勝其富，吾能無篳門閨竇乎？」伯輿之七姓本爲大族，由於政治昏暗，賄賂公行，致使「官之師旅，不勝其富」，而伯輿之族卻淪落成了敝族；《左傳》襄公二十一年，晉叔向之母對其曰：「女，敝族也」，杜預注：「敝，衰壞也」，「敝族」即衰敗的家族；《左傳》昭公三年，叔向謂晉國「宮室滋侈」、「女富溢尤」，而欒、郤、胥、原、狐、續、慶、伯之族，則「降在皁隸」，這些欒、郤、胥、原、狐、續、慶、伯之族都是當時的敝族。《詩經‧邶風‧北門》，詩人唱出「出自北門，憂心殷殷。終窶且貧，莫知我艱」，「窶」是困窘，「貧」是貧窮。而從下文「王事適我，政事一埤益我」，「王事敦我，政事一埤遺我」來看，詩人本應是一個爲王辦事的貴族，「終窶且貧，莫知我艱」，說明他已經成爲了衛國的敝族；《詩經‧秦風‧權輿》曰：「於我乎，夏屋渠渠，今也每食無餘」，「於我乎，每食四簋，今也每食不飽」，這首詩反映的是秦國沒落貴族的存在。

由於滅族和出奔，以及富族和敝族的出現，一向由家族承擔的指定服役制度受到了極大地衝擊，致使許多舊有的職事被荒廢，出現了喪職和廢職的現象。如《左傳》昭公十三年，蔿氏之族及蔿居、許圍、蔡洧、蔓成然，因群「喪職之族」，誘導越大夫常壽過作亂，「喪職之族」，就是喪失職事的家族。《左傳》昭公二十二年，王子朝「因舊官、百工之喪職秩者，與靈、景之族以作亂」。「百工之喪職秩者」，就是指喪失職事的手工業家族。《左傳》昭公三年，晉國叔向曰：「雖吾公室，今亦季世也。戎馬不駕，卿無軍行，公乘無人，卒列無長。庶民罷敝，而宮室滋侈。道堇相望，而女富溢尤」，「戎馬不駕，卿無軍行，公乘無人，卒列無長」，說明軍隊中也出現了廢職的現象。而陳國「候不在疆，司空不視途，澤不陂，川不梁，野有庾積，場功未畢，道無列樹，墾田若蓺，膳宰不致餼，司里不授館」〔註5〕，體現在迎賓活動中的各種職事也出現了廢怠。

春秋時期經過王國與諸侯國內部的鬥爭，導致了指定服役制度的廢弛，但指定服役制度並沒有就此全部消亡，在列國的史跡當中依然可以找到存留。如《左傳》襄公十年，記載周平王東遷，伯輿七姓跟隨周王，負責爲周

〔註5〕 《國語‧周語中》。

王提供犧牲，王賴其用，故而賜之駬旄之盟，讓他們「世世無失職」，徐中舒先生認爲：「這七姓因爲從平王東遷，當了一些苦差，供給平王車馬、飲食、用具，因此平王就賜以「駬旄之盟」，讓他們的子孫世世主管這些部門」〔註6〕；《左傳》宣公二年，晉成公即位，乃宦卿之嫡子、餘子、庶子，於是「趙盾爲旄車之族，使屛季以其故族爲公族大夫」，孔穎達疏：「此掌建旄之車，謂之旄車之族」，「旄車之族」，應該是軍事征伐中掌建旄之車的家族。而「公族大夫」在遇到戰爭時也需要參戰，故曰：「以其故族爲公族大夫」，即戰時率領其故族參戰；《左傳》成公三年，楚子詢問晉國知罃：「子歸，何以報我？」知罃曰：「若不獲命，而使嗣宗職，次及於事，而帥偏師以修封疆」。知氏爲晉國下軍大夫，世代率領晉國的偏師，所次之「宗職」就是指率領偏師而言；《左傳》成公十八年，晉悼公即位，開始任命百官，謂其「舉不失職，官不易方」。《左傳》昭公二十八年，魏獻子爲政。任命知徐吾、趙朝、韓固、魏戊，稱其爲「餘子之不失職，能守業者也」，這些「職」也應該是家族世代所從事的固定勞役；《左傳》成公九年，晉侯觀於軍府，見楚國的鍾儀，「問其族，對曰：『泠人也。』公曰：『能樂乎？』對曰：『先父之職官也，敢有二事』」。「問其族」，就是問其家族所服之職事，泠人即伶人，可知鍾儀家族應該是從事鼓樂的勞役；《左傳》昭公十三年，楚平王封賞觀從曰：「唯爾所欲」。觀從對曰：「臣之先，佐開卜」。故而乃使爲卜尹。「臣之先，佐開卜」，說明觀從之族世代從事占卜勞役；《左傳》莊公十九年，楚人以鬻拳「爲大閽，謂之大伯，使其後掌之」，《周禮‧天官》之「閽人」，「掌守王宮之中門之禁」，鄭玄云：「閽人，司錯晨以啓閉者，刑人墨者使守門」，可見大閽就是職掌守門之人。鬻拳爲大閽，且使其後掌之，從此便成爲鬻拳家族的固定勞役；《左傳》襄公二十九年，鄭國伯有使公孫黑聘問楚國，他推辭說：「楚、鄭方惡，而使余往，是殺余也」。伯有曰：「世行也」。意謂公孫黑家族世代服行人之勞役，不當有所推脫；《左傳》定公四年，衛靈公參與盟會，衛子行敬子建議靈公讓祝佗跟隨一起前往，於是靈公派遣子魚。子魚辭曰：「臣展四體，以率舊職，猶懼不給而煩刑書，若又共二，徼大罪也。且夫祝，社稷之常隸也。社稷不動，祝不出竟，官之制也」。子魚即祝佗，稱「舊職」，說明子魚家族應該長期負責「祝」這一職事。在上面這些材料中，有些指定服役已經轉化成了官

〔註6〕徐中舒：《巴蜀文化緒論》，《四川大學學報》（哲學社會科學版）1960 年第 1 期。

職，但從這些官職要由家族長或家族親履其事，並且有些職事還是世代承襲來看，他們仍然還具有指定服役的性質。

指定服役制度之所以在春秋時期仍然存在，主要與統治者對大族勢力的打壓和採取的保護措施有關。

首先是統治者對大族勢力進行了打壓，如《左傳》莊公二十三年，提到晉國桓叔、莊伯的家族勢力強盛，對晉侯構成了威脅，於是晉獻公滅亡了桓、莊之族，便屬此類。《左傳》定公十三年，衛史鰌謂公叔文子曰：「富而能臣，必免於難，上下同之。戌也驕，其亡乎。富而不驕者鮮，吾唯子之見。驕而不亡者，未之有也。戌必與焉」。到文子死後，衛侯厭惡公叔戌，就是因為他富的緣故。到了《左傳》定公十四年，衛侯便驅逐了公叔戌和他的黨羽。《國語‧晉語八》，晉國郤昭子「其身尸於朝，其宗滅於絳」，顯然與郤氏「恃其富寵，以泰於國」有關。欒桓子「驕泰奢侈，貪欲無藝，略則行志，假貸居賄」，己身雖倖免於難，至於其子欒懷子，卻被驅逐到楚國〔註7〕。《左傳》哀公五年又提到：「鄭駟秦富而侈，嬖大夫也，而常陳卿之車服於其庭。鄭人惡而殺之」，這些都說明統治者曾對大族加以限制和打擊。同時，在統治者的打壓下，大族也對其勢力的膨脹也有所收斂，如《左傳》襄公二十二年，楚國觀起有寵於令尹子南，沒有增加祿，就有馬數十乘，子南因此被殺，觀起也被車裂。蒍子馮作令尹後，有寵於蒍子者八人，皆無祿而多馬，蒍子馮辭退八人，而後楚王才對他稍稍放心了些。《左傳》襄公二十八，齊侯賞賜給晏子邶殿並其邊鄙六十個城邑，晏子沒有接收。子尾問其緣故，晏子對曰：「慶氏之邑足欲，故亡。吾邑不足欲也。益之以邶殿，乃足欲。足欲，亡無日矣」，足欲而亡的前車之鑒，讓一些大族在財富的擴張有了一定限制。《左傳》襄公二十二年，鄭國公孫黑肱有病，歸邑於公，曰：「吾聞之，生於亂世，貴而能貧，民無求焉，可以後亡。敬共事君，與二三子。生在敬戒，不在富也」。《國語‧楚語下》，楚惠王以梁邑與魯陽文子，文子辭曰：「梁險而在境，懼子孫之有貳者也。夫事君無憾，憾則懼偪，偪則懼貳。夫盈而不偪，憾而不貳者，臣能自壽，不知其他。縱臣二得全其首領以沒，懼子孫之以梁之險，而乏臣之祀也」。《國語‧楚語下》，楚子文無一日之積，每當成王賜給他祿，一定逃而不受，有人謂子文曰：「人生求富，而子逃之，何也？」子文曰：「夫從政者，以庇民也。民多曠者，而我取富焉，是勤民以自封也，死無日矣」。故莊

〔註7〕 《國語‧楚語下》。

王之世，滅若敖氏，唯子文之後在，被楚人稱爲良臣，傳爲佳話。《左傳》襄
公五年，魯季文子「無衣帛之妾，無食粟之馬，無藏金玉，無重器備」，被認
爲是忠君的典範。統治者對大族勢力的打壓和大族對其勢力的收斂，有利於
保存舊族，這些舊族故有的職事也就得以在一定程度上保存下來。

其次是統治者推行了恢復舊職、振興舊族和更立宗主等保護措施。如《左
傳》文公六年，晉國趙宣子爲國政，「續常職，出滯淹」。《左傳》昭公十三年，
楚平王「宥罪舉職」。《國語·晉語四》，晉文公歸國後，「公屬百官，賦職任
功」。這些「續常職」、「宥罪舉職」、「賦職任功」等政策，都是對世家大族舊
職的恢復。《左傳》成公十八年，晉悼公即位，推行「振廢滯」，即《國語·
晉語七》所記之「選賢良，興舊族」。《國語·晉語四》，晉文公回國後，「昭
舊族，愛親戚」。《左傳》昭公十四年，楚王派然丹在宗丘選拔檢閱西部地區
的武裝，安撫當地百姓，並且「詰奸慝，舉淹滯；禮新，敍舊」。「振廢滯」、
「昭舊族」、「舉淹滯」和「敍舊」等，都是對舊族的振興。對一些「滅族」
和「出族」，也採取了更立宗主的政策使之得到延續，如魯國，《左傳》莊公
三十二年，殺叔牙而立叔孫氏；《左傳》閔公二年，殺慶父而立孟孫氏；《左
傳》宣公十八年，逐東門氏，不久即以仲嬰齊紹其後，曰仲氏；《左傳》成公
十六年，「冬十月，出叔孫僑如」，十二月便召叔孫豹而立之；《左傳》襄公二
十三年，臧紇奔齊，乃立臧爲爲臧氏主。齊國，《左傳》成公十七年，齊人刖
鮑牽，召鮑國而立之；《左傳》成公十八年，齊爲慶氏之難故，齊殺其大夫國
佐、國勝，國弱出奔魯國，後來齊侯讓國弱回國，使其繼承國氏；《左傳》襄
公二十九年，爲高氏之難故，高豎以盧叛，閭丘嬰帥師圍盧。高豎曰：「苟請
高氏有後，請致邑」。齊人立敬仲之曾孫酀，高豎致盧而出奔晉國。鄭國，《左
傳》莊公十六年，鄭伯懲治參與雍糾之亂者，公父定叔出奔衛國。三年而復
之，曰：「不可使共叔無後於鄭」。宋國，《左傳》哀公十八年，殺皇瑗。後來
復皇氏之族，使皇緩爲右師。衛國，《左傳》襄公二十八年，衛人討甯氏之黨，
故石惡出奔晉國，後來衛人立其從子圃以守石氏之祀。楚國，《左傳》昭公十
四年，楚子殺鬬成然，滅養氏之族，後使鬬辛居鄖，以無忘舊勳。採取更立
宗主的辦法來處置政治鬥爭中失敗的卿大夫，從而最大限度地減少了滅族。
由於統治者推行恢復舊職、振興舊族和採取更立宗主的政策，對於某些大族
的死灰復燃，以及傳統職事的保護確曾起到過極爲關鍵的作用。

總之，春秋時期滅族、出奔和富族、敝族的出現，從而使許多舊有的職

事被荒廢。但由於春秋時期統治者對大族勢力的打壓和採取恢復舊職、振興舊族和更立宗主的保護措施，故終春秋之世指定服役制度並沒有全部消亡。

5.3　國、野之間指定服役制度

春秋時期各國紛紛掀起了浩浩蕩蕩地「辟土服遠」浪潮，帶來了諸侯國領土疆域的擴大，也使得野中部族因為兼併和融合最終消亡，致使野中服役對象逐漸減少，如《左傳》宣公十五年，晉國滅赤狄潞氏；《左傳》宣公十六年，晉國滅赤狄甲氏及留籲、鐸辰；《左傳》昭公十二年，晉國滅肥；《左傳》昭公十五年，晉國克鼓；《春秋》昭公十七年，晉國滅陸渾之戎。《左傳》莊公十八年，楚國克權；《左傳》僖公五年，楚國滅弦；《左傳》僖公十二年，楚國滅黃；《左傳》僖公二十六年，楚國滅夔；《左傳》文公四年，楚國滅江；《左傳》文公五年，楚國滅六、蓼；《左傳》文公十六年，楚國滅庸；《左傳》宣公八年，楚國滅舒蓼；《左傳》昭公十六年，楚國攻取蠻氏；《左傳》哀公四年，楚國克夷虎。《左傳》襄公六年，齊國滅萊。《左傳》哀公十七年，衛國翦戎州。據《論語‧季氏》記載，魯曾滅顓臾，等等。故而《左傳》哀公七年，魯國季康子曰：「禹合諸侯於塗山，執玉帛者萬國。今其存者，無數十焉」。

在這樣的浪潮下，有些野中部族雖曾被滅，但內部組織卻未曾觸動，仍然保持其獨立性。如《論語‧季氏》，魯國季氏將伐顓臾，孔子曰：「夫顓臾，昔者先王以為東蒙主，且在邦域之中矣，是社稷之臣也。何以伐為？」顓臾，據《左傳》僖公二十一年，為風姓，「實司大皞與有濟之祀」，顓臾不知何時臣服於魯，並存在魯的「邦域之中」，又從冉有曰：「今夫顓臾，固而近於費，今不取，後世必為子孫憂」來看，顓臾仍保持著獨立性；《左傳》定公二年，「桐叛楚」，杜預注：「桐，小國，廬江舒縣西南有桐鄉」，「桐叛楚」，說明桐臣服楚國仍保持獨立，故可以時叛時服；《左傳》哀公十九年，「楚沈諸梁伐東夷，三夷男女及楚師盟於敖」，與三夷人盟誓，說明他們與楚國仍是一種鬆散地臣服關係；《左傳》襄公二十五年，「楚滅舒鳩」，至《左傳》定公二年，又有「吳子使舒鳩氏誘楚人」；《史記‧楚世家》謂楚成王二十六年曾經滅英，楚成王二十六年時當魯僖公十四年，但《左傳》僖公十七年，齊人、徐人又「伐英氏」，估計楚國滅舒鳩、英氏等，大致僅是「服之而已」，並不進行直

接統治；《左傳》襄公六年，齊侯滅萊。但到了《左傳》定公十年，齊魯夾谷之會，齊國使萊人「以兵劫魯侯」，《左傳》哀公五年，置群公子於萊，萊人還以歌諷政，說明萊人的內部組織也未曾被觸動。這些野中的部族仍然具有其獨立性，那麼它們與大國間的關係也就仍然保持一種鬆散的主從關係。

　　此外，春秋時期國與國之間仍存在大量的隙地，疆土並未開闢殆盡，如《左傳》哀公十二年，記載宋、鄭之間有六塊隙地，分別是彌作、頃丘、玉暢、嵒、戈、錫。子產與宋人定有協議曰：「勿有是」。到了宋平、元之族自蕭逃奔鄭國，鄭人爲之城嵒、戈、錫。宋向巢帥師征伐鄭國，取錫，遂圍嵒。鄭罕達救嵒，圍困宋師。《左傳》哀公十三年，宋向魋救其師。鄭子贓使徇曰：「得桓魋者有賞」。桓魋嚇得逃走歸國，鄭在嵒地殲滅了宋師，俘虜了成讙、郜延，並將六邑重新荒置。處於中原的宋、鄭之間尚有隙地，邊遠地區的情況更自不待言。春秋時期「辟土服遠」的規模儘管很大，但各國之間的疆土並未開闢淨盡，所謂「壤地相接」的情況，只發生在一些主要的點上，各諸侯國完全連成一片，是戰國中期以後才眞正實現的〔註8〕。這些未被開闢的隙地，仍然爲野中部族提供生存的土壤。

　　故而春秋時期國、野之間的指定服役現象依然存在。《左傳》僖公三十三年，秦晉殽之戰，「遂發命，遽興姜戎」。《左傳》襄公十四年，晉國大夫范宣子想要捉拿戎子駒支，戎子駒支曰：「昔秦人負恃其眾，貪於土地，逐我諸戎。惠公蠲其大德，謂我諸戎，是四嶽之裔胄也，毋是翦棄。賜我南鄙之田，狐狸所居，豺狼所嗥。我諸戎除翦其荊棘，驅其狐狸豺狼，以爲先君不侵不叛之臣，至於今不貳。昔文公與秦伐鄭，秦人竊與鄭盟而舍戍焉，於是乎有殽之師。晉禦其上，戎亢其下，秦師不復，我諸戎實然。譬如捕鹿，晉人角之，諸戎掎之，與晉踣之，戎何以不免？自是以來，晉之百役，與我諸戎相繼於時，以從執政，猶殽志也。豈敢離逖？」姜戎氏爲秦所逐，被晉國收留，於是就成爲晉國「不侵不叛之臣」，「晉之百役」與之「相繼於時」，可見姜戎氏被指定專門負責爲晉國服兵役；《左傳》襄公二十二年，「晉籍談、荀躒帥九州之戎及焦、瑕、溫、原之師，以納王於王城」。「九州之戎」，杜預注：「九州戎，陸渾戎，十七年滅，屬晉」。這「九州之戎」從事征伐，可能與姜戎氏相同專門爲晉國服兵役。《國語‧晉語七》記載，晉悼公五年，「諸戎來請服，使魏莊子盟之，於是乎始復霸」，可見臣服於晉國的戎人還有很多，這些戎人

〔註8〕　趙世超：《周代國野制度研究》，西安：陝西人民出版社，1991 年，第 200 頁。

要爲晉國服役，故而成爲晉國稱霸的重要基礎。春秋早期秦國的《秦公鎛》
和《秦公鐘》記載：「盜（盜、施）百緣（蠻）昪（俱）即其服（服）」（《集
成》267、《集成》262），「服」即「服」，百蠻「即其服」，說明「服」應該是
指勞役而言，這句話表明百蠻被指定爲秦國服一定的勞役。另一件春秋晚期
的《秦公鎛》曰：「巏（揉）變百邦，于秦（秦）執事」（《集成》270），這裏
的「百邦」也應該主要指戎蠻之人，「執事」就是「服事」。「于秦執事」，說
明他們依然要爲秦國服一定勞役；《左傳》襄公六年，齊侯滅萊，遷萊於郳。
到魯定公十年，齊國大夫犁彌對齊侯曰：「孔丘知禮而無勇，若使萊人以兵劫
魯侯，必得志焉」。孔丘曰：「兩君合好，而裔夷之俘以兵亂之，非齊君所以
命諸侯也。裔不謀夏，夷不亂華，俘不干盟，兵不逼好」，可見萊人臣服後可
能專爲齊國服兵役。《左傳》成公十六年，晉、楚鄢陵之戰前，郤至敍述楚國
「六間」之一就是「蠻軍而不陳」，說明也有大量的蠻人爲楚國服兵役。

由上可知，隨著「辟土服遠」浪潮的推進，大量的野中部族因爲兼併和
融合最終消亡，但仍有部分野中部族的內部組織未曾被觸動，仍然保持其獨
立性。國與國之間疆土也並未開闢殆盡，還存在大量的隙地，從而爲野中部
族提供生存的土壤。故而終春秋時期國、野之間的指定服役現象依然存在。

第6章　指定服役制度的解體

從前面的論述可知，無論是傳說時代與夏代的職官，商代的內、外服和族徽，還是西周、春秋時期的王國與諸侯國之間、王國與諸侯國的內部，以及國、野之間，都存在著指定由某部分人固定承擔某役的勞役形式，這些服役者有自己的土地以維持其基本生活，並通過服勞役為國家進行剩餘勞動，所以這些都屬於指定服役。然而，指定服役制度是在特定的歷史條件下形成的，當這種條件發生轉變以後，指定服役制度也就解體了。那麼，在春秋、戰國時期社會發生了哪些巨變？這些巨變與指定服役制度的解體有什麼樣的關係？新剝削體系的確立又產生了怎樣的影響？這些是本章所要解決的問題。

6.1　春秋、戰國時期的社會巨變

春秋、戰國時期作為一個大變革的時代載入史冊，這一時期的社會巨變包括以下幾個方面：

6.1.1　「辟土服遠」與國家疆域的擴大

春秋時期各國紛紛掀起了「辟土服遠」浪潮，趙世超先生說：「用武力殲滅小國和在野的部族，西周固已有之，但以開闢封疆為目的的『辟土服遠』浪潮卻始自春秋」〔註1〕。這一時期晉、楚、齊、秦等國都曾進行過大規模的「辟土服遠」活動。

〔註 1〕　趙世超：《周代國野制度研究》，西安：陝西人民出版社，1991 年，第 187 頁。

　　晉國大規模地向外拓殖，主要是靠奪取野中原爲戎、狄活動區的大片土地來實現。如《左傳》昭公十五年，記載晉國初封之時，「戎狄之與鄰，而遠於王室，王靈不及，拜戎不暇」。據《國語・晉語二》，到了春秋晉獻公時期，晉國還未擺脫「戎狄之民實環之」的格局。《國語・晉語四》記載晉文公謀定襄王之時，還必須「行賂於草中之戎與麗土之狄，以啓東道」。當時驪戎、茅戎、姜戎、陸渾之戎處其南，山戎包其北，自北而南整個東部廣大地區盡爲狄有〔註2〕。晉國自獻公時起就已經產生了開拓狄土的謀劃，如《左傳》莊公二十八年，驪姬之黨爲了說服晉獻公使群公子居鄙，對獻公曰：「狄之廣莫，於晉爲都。晉之啓土，不亦宜乎？」晉侯悅之。故使大子居曲沃，重耳居蒲城，夷吾居屈，由此也可見晉獻公之志。到了晉文公時期，據《國語・晉語四》記載，襄王爲躲避昭叔之難，出居於鄭地，大夫子犯認爲機會來了，「繼文之業，定武之功，啓土安疆，於此乎在矣！」文公十分高興，於是行賂於草中之戎與麗土之狄，以啓東道。但自晉獻公至晉成公時期，晉國和戎狄之間常互有征伐，在軍事上尚不占絕對優勢，如《左傳》僖公八年，晉國「敗狄於采桑」。《左傳》僖公十六年，狄趁晉國爲秦國所敗，「侵晉，取狐、廚、受鐸，涉汾，及昆都」。《左傳》僖公二十八年，「晉侯作三行以禦狄」。《左傳》僖公三十一年，又「蒐於清原，作五軍以禦狄」。《左傳》宣公六年，「赤狄伐晉，圍懷及邢丘」。《左傳》宣公七年，「赤狄侵晉，取向陰之禾」，等等。《左傳》文公十三年，趙宣子曰：「賈季在狄，難日至矣」，晉國統治者的「畏狄」心理於此可見一斑。然而欑函之會以後，情況便截然不同了。《左傳》僖公三十二年，「戎有亂」，《左傳》僖公三十三年，「晉侯敗狄於箕。郤缺獲白狄子」。此後狄族便發生了分裂，赤狄仍不斷侵晉，而白狄於《左傳》宣公八年，「及晉平」，至《左傳》宣公十一年，晉景公又使「郤成子求成於眾狄，眾狄疾赤狄之役，遂服於晉」，是年秋，晉景公親履狄地，與眾狄首領會於欑函，雙方結爲聯盟，從而使以潞氏爲首的赤狄陷於孤立。《左傳》宣公十五年，即欑函之會後第五年，晉卿荀林父「敗赤狄於曲梁」，之後「滅潞」。「酆舒奔衛，衛人歸諸晉，晉人殺之」。其秋，晉侯親自「治兵於稷，以略狄土」，並「使趙同獻狄俘於周」。同年，晉國捕獲長狄僑如之弟焚如，長狄鄋瞞一支遂亡。《左傳》宣公十六年，又使「士會帥師滅赤狄甲氏及留籲、鐸辰」。至此，晉國的邊境已經與齊、魯、衛諸國相鄰，領土開始連成一片。故而《左傳》成公二

〔註2〕 趙世超：《晉「和戎狄」評議》，《史學月刊》1985年第2期。

年，晉、齊鞌之戰，郤克率軍長驅直入，便無須假道於人了。至《左傳》成公三年，「晉郤克，衛孫良夫伐嗇咎如，討赤狄之餘」，晉的勢力更北上到太原。《左傳》襄公四年，「無終子嘉父使孟樂如晉，因魏莊子納虎豹之皮，以請和諸戎」。無終為山戎的一支，嘉父是其首領之名。起初，晉悼公以為「戎狄無親而貪，不如伐之」，頗有拒絕之心。於是魏絳陳述「和戎五利」，即「戎狄薦居，貴貨易土，土可賈焉，一也。邊鄙不聳，民狎其野，穡人成功，二也。戎狄事晉，四鄰振動，諸侯威懷，三也。以德綏戎，師徒不勤，甲兵不頓，四也。鑒於后羿，而用德度，遠至邇安，五也。君其圖之」。從而使晉悼公大為折服，遂派魏絳「盟諸戎」，並維持「和戎」政策數十年。到了《左傳》昭公元年，荀吳與魏舒等「毀車以為行」，北上「敗無終及群狄於太原」，接著，《左傳》昭公元年、十二年、十五年和二十二年，荀吳又率軍攻滅白狄所建的肥國和鼓國，從此晉國的勢力又擴展到今山西及河北的北部和中部。《左傳》昭公十七，晉又出兵滅掉居河南伊川、嵩縣一帶的陸渾之戎，《左傳》昭公十六年，楚國滅亡了地處今河南臨汝一帶的戎蠻氏，晉與楚開始接壤。

　　楚國的拓土活動也與攘奪野中蠻、夷之人的土地有著密切關係。楚國最初領土範圍也相當有限，如《左傳》宣公十二年，記載楚國若敖、蚡冒，「篳路藍縷，以啟山林」。《左傳》昭公二十三年，亦曰：「若敖、蚡冒至於武、文，土不過同」，杜預注：「方百里為一同」。可見楚國在早期開闢山林建立國家，國家的範圍也以「百里」為限，並不是很大。進入了春秋時期，楚國開始對東、西、北方的蠻、夷之人進行大規模地征伐闢土活動。在東方，楚人征服的主要對象是群舒和淮水流域的其他東夷小邦，如《左傳》僖公五年，楚國派遣鬬穀於菟滅亡了弦國，弦子逃奔到黃國。《左傳》僖公十一年，楚人伐黃國，第二年滅之。《史記·楚世家》記載楚成王二十六年滅英國，時當魯僖公十四年。《左傳》文公三年，楚師圍困江國，次年滅之。《左傳》文公五年，滅六國和蓼國。《左傳》文公十四年，征伐舒蓼，《左傳》宣公八年，滅亡了舒蓼，楚子重新劃定疆界，到達了滑汭。同吳國、越國結盟而還，從此楚的東部開始與吳、越毗鄰。在西方，楚人征服的主要對象是今湖北省西部的群蠻和百濮，如《左傳》莊公十八年，記載楚武王起初攻克權國，交給鬬緡管理。《左傳》僖公二十六年，楚國成得臣和鬬宜申帥師滅亡了夔國，俘虜了夔子。《左傳》文公十六年，楚國發生大饑饉，戎人攻打其西南部，到達阜山，軍隊駐紮在大林。又攻打其東南部，到達陽丘，以進攻訾枝。這時庸人率領

群蠻背叛了楚國。麇人率領百濮聚集於選地，並打算攻打楚國。於是楚國「申、息之北門不啓」。這次以庸、麇爲首的反叛，對楚國構成了嚴重威脅，形勢十分緊張，楚人甚至「謀徙於阪高」。後來楚人採取蒍賈的建議，首先征伐庸以示威懾，蒍賈曰：「夫麇與百濮，謂我饑不能師，故伐我也。若我出師，必懼而歸。百濮離居，將各走其邑」，過了十五日，百濮果然罷兵回去。秦人、巴人追隨楚師，群蠻也服從楚王，並結了盟，於是楚國滅亡了庸國。在北方，楚人征服的主要對象是戎、蠻之人，如《左傳》宣公三年，楚子征伐陸渾之戎，「遂至於洛，觀兵於周疆」。楊伯峻先生謂：「陸渾之戎在今河南嵩縣及伊川一帶」。《左傳》昭公十六年，楚子聽說蠻氏發生內亂，並且蠻子沒有信用，於是使然丹「誘戎蠻子嘉殺之，遂取蠻氏」。「戎蠻」或「蠻氏」是戎人的一支，活動在今河南汝陽縣東南和臨汝縣西南一帶。《左傳》哀公四年，楚人攻克了夷虎後，於是再次圖謀北方。襲擊梁地與霍地。單浮餘領兵包圍蠻氏，蠻氏潰敗，蠻子赤逃奔晉國的陰地。司馬徵召豐地、析地與狄戎之人，逼近上雒。晉人恐懼楚國，「乃使士蔑執蠻子與其五大夫，以畀楚師于三戶」。楚國又引誘其遺民，把他們全部帶回了楚國。從此，豫西陰地，汝水以南，乃至陝西商洛地區都進入了楚的版圖，楚國開始與晉、周等中原諸國接壤。

齊國的闢土活動主要是向東奪取萊夷的大片土地。據《史記‧齊太公世家》記載，周武王封師尚父於營丘，「萊侯來伐，與之爭營丘」，可見萊夷在齊國初建之時曾對其構成威脅。從魯宣公七年開始，齊國開始了弱萊計畫，如《春秋》宣公七年，「夏，公會齊侯伐萊。秋，公至自伐萊」。《春秋》宣公九年，「齊侯伐萊」。至《左傳》襄公二年，齊侯再度伐萊，「萊人使正輿子賂夙沙衛以索馬牛，皆百匹，齊師乃還」。同年，齊姜去世，「齊侯使諸姜宗婦來送葬。召萊子，萊子不會，故晏弱城東陽以逼之」。《左傳》襄公六年，使晏弱再城東陽，於是圍困萊。「堙之環城，傅於堞」。同年，「王湫帥師及正輿子、棠人軍齊師，齊師大敗之」。最終齊師「入萊」。正輿子、王湫逃奔莒國，莒人殺了他們。萊共公逃奔棠地，齊大夫晏弱又圍困棠，萊就此滅亡。齊人遷萊民於郳地，並使高厚、崔杼定其田。萊夷之地終於全部爲齊所有，從此齊國的領土範圍擴展到了膠東半島。

秦國的闢土活動主要是侵奪西戎的土地。《史記‧秦本紀》記載西周末年，爲了躲避犬戎之難，周平王東徙雒邑，秦襄公帶兵護送周王室有功。平王封襄公爲諸侯，賜之岐山以西之地。並與之立有盟誓曰：「戎無道，侵奪我岐、

豐之地，秦能攻逐戎，即有其地」。後來秦襄公十二年，征伐戎人而至岐周之地。秦文公十六年，又帶兵伐戎，戎人敗走。文公於是收西周之餘民而有之，疆域到達了岐周，岐山以東的土地則獻給了周王朝，從此秦的勢力發展到今天的岐山縣附近。後來又繼續向東滅亡了芮、梁等國，盡有西周故地。至《左傳》僖公三十三年，秦、晉殽之戰，《公羊傳》謂秦：「匹馬只輪無反者」，秦國慘敗，進軍中原地區的計畫夭折，於是轉向對西方的經營。據《史記・秦本紀》記載，秦國用由余的謀劃，征伐戎王，「益國十二，開地千里，遂霸西戎」。

此外，據《論語・季氏》，魯國滅顓臾。《左傳》哀公十七年，衛國翦戎州，都與兼併在野的部族有關。《左傳》成公八年，晉國使者申公巫臣對莒子曰：「夫狄焉思啟封疆以利社稷者，何國蔑有？」《左傳》昭公元年，晉趙孟對楚國曰：「主齊盟者，誰能辯焉？吳、濮有釁，楚之執事豈其顧盟？」這兩段話準確地說明了春秋時期各諸侯國致力於開疆拓土的「良苦用心」。

春秋時期各國「辟土服遠」活動，帶來的直接結果就是領土疆域的擴大，以往列國「一同」之地，均變成了有土「數圻」，如魯國從周公受封時的「方百里」之地，變成了「方百里者五」〔註3〕。楚國也從若敖、蚡冒至於武、文時的「土不過同」，變成了「今土數圻」〔註4〕。戰國時期，「古之為萬國者，分以為戰國七」〔註5〕。戰國七雄已經是方千里之地，如秦國西有巴、蜀、漢中之利，北有胡貉、代馬之用，南有巫山、黔中之限，東有肴、函之固，「折長補短，方數千里」〔註6〕。楚國西有黔中、巫郡，東有夏州、海陽，南有洞庭、蒼梧，北有汾陘之塞、郇陽，「地方五千里」〔註7〕。趙國前漳、滏，右常山，左河間，北有代，「方二千里」。魏國南有鴻溝、陳、汝南、許、鄢、昆陽、邵陵、舞陽、新郪，東有淮、潁、沂、黃、煮棗、海鹽、無踈，西有長城之界，北有河外、卷、衍、燕、酸棗，「墬方千里」〔註8〕。韓國北有鞏、洛、成皋之固，西有宜陽、常阪之塞，東有宛、穰、洧水，南有陘山，「地方千里」〔註9〕。燕國東有朝鮮、遼東，北有林胡、樓煩，西有雲中、九原，南

〔註3〕　《孟子・告子下》。
〔註4〕　《左傳》昭公二十三年。
〔註5〕　《戰國策・趙策三》。
〔註6〕　《戰國策・秦策一》、《商君書・徠民》、《韓非子・初見秦》。
〔註7〕　《戰國策・楚策一》。
〔註8〕　《戰國策・魏策一》。
〔註9〕　《戰國策・韓策一》。

有呼沱、易水，「地方二千餘里」〔註10〕。齊國南有太山，東有琅邪，西有清河，北有渤海，此所謂四塞之國也，「地方二千里」〔註11〕。到了秦並海內，最終形成了統一和領土遼闊的大帝國。

6.1.2 血緣關係的解體與地緣關係的形成

從春秋時期開始，血緣親族關係逐漸衰落。如《左傳》僖公二十四年，周襄王想要以狄人征伐鄭國，大夫富辰以「扞禦侮者莫如親親」相勸諫，並引《詩經》：「凡今之人，莫如兄弟」和「兄弟鬩於牆，外禦其侮」作爲佐證。襄王不聽，使頹叔、桃子帶領狄師征伐鄭國，攻取了櫟，從此兄弟不和協，諸侯也開始不睦。《左傳》隱公五年到桓公八年，記載了曲沃代晉事件的經過，到了《左傳》莊公十六年，王使虢公命曲沃伯建立一軍，作了晉侯，從而開創了小宗代大宗的先例。《國語·晉語一》曰：「自桓叔以來，孰能愛親？唯無親，故能兼翼」，道出了這個事件的深遠影響。其後晉國於《左傳》僖公五年滅虢、滅虞；於《左傳》閔公元年，滅耿、滅霍、滅魏，這些都是姬姓之國。晉國的國內血緣關係亦受到極大的破壞，如《左傳》僖公五年，虞大夫宮之奇曰：「桓、莊之族何罪，而以爲戮，不唯逼乎？」《左傳》宣公二年，驪姬之亂，「詛無畜群公子，自是晉無公族」。《左傳》昭公三年，叔向曰：「欒、郤、胥、原、狐、續、慶、伯，降在皁隸……肸聞之，公室將卑，其宗族枝葉先落，則公從之。肸之宗十一族，唯羊舌氏在而已」。《左傳》莊公六年，楚文王征伐申國，路過鄧國。鄧祁侯因爲楚國是鄧國的外甥，而不加戒備，結果在楚國征伐申回來的那一年，楚王襲擊了鄧國。十六年，楚國再次征伐鄧國，滅亡了鄧。《左傳》僖公三十一年，楚國又以「夔子不祀祝融與鬻熊」，滅亡了其同宗之國夔。《左傳》襄公二十八年，齊慶舍把女兒嫁給了盧蒲癸，慶舍的家臣對盧蒲癸曰：「男女辨姓。子不辟宗，何也？」盧蒲癸曰：「宗不余辟，余獨焉辟之？賦詩斷章，余取所求焉，惡識宗？」《左傳》隱公十一年，鄭、息之間有了口舌之爭，息侯征伐鄭國。鄭伯與息侯戰於國境，息國的軍隊大敗而回。鄭、息均爲姬姓，故息侯以「不親親」聞名。《春秋》僖公二十五年，記載衛侯燬滅亡了邢國，《左傳》解釋曰：「同姓也，故名」。據《左傳》宣公三年，鄭國內部也發生了「昆弟爭室」和「公逐群公子」的事件。《左傳》昭公元年，鄭國放逐游楚到吳國，游楚將要動身之時，子產徵求其宗主大叔

〔註10〕 《戰國策·燕策一》。
〔註11〕 《戰國策·齊策一》。

的意見。大叔曰：「吉不能亢身，焉能亢宗」。《左傳》文公七年，宋昭公想要除去群公子，穆、襄之族率領國人攻打昭公，在昭公的宮庭裏殺了公孫固和公孫鄭。後來六卿出面，調和了公室，此事才告平息。《左傳》昭公二十五年，宋國桐門右師「卑其大夫而賤其宗」。這些現象雖不十分普遍，但血緣團體的裂痕既已披撕開，就再也艱以完全彌合了。

　　戰國時期血緣親族關係進一步瓦解。戰國時期家族已經不能起到庇族和收族的作用了，如《管子・問》篇曰：「問國之棄人，何族之子弟也？」「士之身耕者幾何家？」「問鄉之貧人，何族之別也？」這些「國之棄人」、「士之身耕者」和「鄉之貧人」，都是脫離了家族的獨立個體。《管子・輕重丁》記載城陽大夫，嬖寵之人穿著葛布做成的衣服，鵝鶩之類都有吃不完的糧食，並且齊備鐘鼓之聲，吹笙篪，而「同姓不入，伯叔父母，遠近兄弟，皆寒而不得衣，饑而不得食」，可見宗主已經不能盡保恤親戚的義務。《禮記・文王世子》：「五廟之孫，祖廟未毀，雖及庶人，冠，取妻必告，死必赴，不忘親也」，「五服」以內的族人已經淪落爲庶人，那些在冠禮、娶妻和死喪之時的相告，也只是空留其形式而已了。隨著血緣親族關係的瓦解，庶子的地位也獲得提升，如《管子・問》篇曰：「問宗子之收昆弟者，以貧從昆弟者幾何家？」《禮記・曾子問》曰：「宗子爲士，庶子爲大夫，其祭也如之何？」不僅如此，父子、兄弟相忍和相互拂奪的現象也已經相當普遍，如《墨子・兼愛》提到：「子自愛不愛父，故虧父而自利；弟自愛不愛兄，故虧兄而自利」，「父自愛也不愛子，故虧子而自利；兄自愛也不愛弟，故虧弟而自利」；《呂氏春秋・明禮》也提到「父子相忍，弟兄相誣」；《戰國策・魏策》曰：「夫親昆弟、同父母，尚有爭錢財」；《呂氏春秋・節喪》謂：「忍親戚、兄弟、知交以求利」；《呂氏春秋・高義》說：「弟兄相獄，親戚相忍」，這些都是戰國時期眞實情況的反映。到了秦孝公時期，據《史記・商君列傳》記載，商鞅規定「民有二男以上不分異者，倍其賦」，由國家強制推行小家庭制度，從而進一步促進了家族的瓦解。在戰國時期，我們才眞正看到了不同家族單個成員間的錯落雜居現象，如趙國以中央之國，爲「雜民之所居」〔註12〕。宋國佔有膏腴之地，爲「鄰民之所處也」〔註13〕，說明趙、宋諸國，雜居現象已經很普遍。《韓非子・說難下》，宋國有個富人，天下大雨牆屋被損壞，其子曰：「不築，必

〔註12〕《韓非子・初見秦》。
〔註13〕《戰國策・燕策二》。

將有盜」，晚上果然損失了財產，「其家甚智其子，而大疑鄰人之父」。《呂氏春秋·去尤》，記載有人丟了把斧子，懷疑是其「鄰之子」所為。《韓非子·說林下》，提到有人「與悍者為鄰」，想要賣了自己的宅院躲避。有人曰：「其貫將滿矣，子姑待之」。答曰：「吾恐其以我滿貫也」，於是便搬家離開。《戰國策·燕策三》：「室不能相和，出語鄰家，未為通計也」。《禮記·檀弓上》：「有殯，聞遠兄弟之喪，雖緦必在，非兄弟，雖鄰不往」。《禮記·雜記下》：「姑姊妹，其夫死，而夫黨無兄弟，使夫之族人主喪……夫若無族矣，則前後家，東西家；無有，則里尹主之」。上述資料中提到的恐為盜者之「鄰人之父」，「鄰之子」，悍者之鄰，被懷疑盜竊斧子之「鄰之子」，所語之「鄰家」，以及「前後家」和「東西家」等，從行文及所述故事的內容來看，恐怕都早已沒有血緣聯繫了。

隨著血緣關係的逐漸解體，地緣關係便開始發展和成熟起來。春秋時期，伴隨著「辟土服遠」浪潮的推進，一些大國在新征服的地區開始設置縣、郡。

縣，繁體作「縣」，從字形分析，縣，取義於懸繫之義，《說文解字》曰：「繫也，從系持县」。徐鉉進一步解釋說：「此本是縣（懸）掛之縣（懸），借為州縣之縣，今俗加心別作懸，義無所取」。它在最初極可能僅指新征服的一片地區，與國君直接統治之地區並不相接壤，如線繫懸於國都。後來才逐漸演變為侯國下屬的行政單位。「縣」取懸繫之義還見於《漢書·賈誼傳》，賈誼說：「今淮南地遠者或數千里，越兩諸侯而縣屬於漢」，這裏的「縣」就是取其本義。所以縣最初應該是指懸繫於國都之外的一塊地域，春秋時期楚、晉、齊、秦等國相繼設置了縣。楚國於楚文王時期就把申、息設置為縣，如《左傳》哀公十七年，楚太師子穀追述曰：「彭仲爽，申俘也，文王以為令尹，實縣申、息」。《左傳》中曾兩次提到設陳國為縣，如宣公十一年，楚子趁陳國夏氏之亂，征伐陳國，「因縣陳」。後經過申叔時勸諫，於是再次「封陳」。《左傳》昭公八年，楚公子棄疾帥師奉孫吳圍陳，冬十一月壬午，滅亡了陳國。《左傳》昭公十一年，晉大夫叔向記述此事時說：「楚王奉孫吳以討於陳，曰：『將定而國。』陳人聽命，而遂縣之」。《左傳》宣公十二年，楚王圍困鄭國，三個月鄭國投降，鄭伯赤裸上身牽著羊迎接楚王說：「若惠顧前好，徼福於厲、宣、桓、武，不泯其社稷，使改事君，夷於九縣，君之惠也，孤之願之，非所敢望也」。從鄭伯言「夷於九縣」來看，楚國設縣應該已經十分普遍。《左傳》僖公三十三年，晉大夫臼季因舉薦冀缺有功，把「先茅之縣」賞賜

給了臼季。《左傳》宣公十五年，晉侯獲得狄土，賞賜給士伯「瓜衍之縣」。《左傳》成公十三年，著名的「呂相絕秦書」提到秦國說：「入我河縣」。《左傳》襄公二十六年，楚大夫伍舉出奔晉國，聲子說服令尹子木曰：「（伍舉）今在晉矣。晉人將與之縣，以比叔向」。《左傳》昭公五年，楚大夫蒍啓強曰：「箕襄、邢帶、叔禽、叔椒、子羽，皆大家也。韓賦七邑，皆成縣也。羊舌四族，皆強家也。晉人若喪韓起、楊肸，五卿八大夫輔韓須、楊石，因其十家九縣，長轂九百，其餘四十縣，遺守四千，奮其武怒，以報其大恥，伯華謀之，中行伯、魏舒帥之，其蔑不濟矣」。《左傳》昭公二十八年，韓宣子去世，魏獻子掌權，「分祁氏之田以爲七縣，分羊舌氏之田以爲三縣」。從這些材料可知，晉國設縣已經非常普遍。春秋晚期齊國的《叔夷鎛》記載，齊靈公時期，大夫叔夷因「敏於戎功」，而被賜予「釐（萊）都，縢（密）、劓其橋（縣）三百」，「其縣三百」，就是賞賜萊國的縣三百。但一次賞人以三百縣，可以看出齊國的縣不會很大。《史記‧秦本紀》記載秦武公十年伐邽、冀戎，「初縣之」。十一年，「初縣杜、鄭」。《國語‧晉語二》也記載，晉公子夷吾與秦使者公子縶曰：「君實有郡縣且入河外列城五」。「君實有郡縣」，說明秦國有縣。《左傳》襄公二十八年，齊國大夫慶豐出奔到吳國，「吳句餘予之朱方，聚其族焉而居之，富於其舊」。《史記‧吳世家》記載此事曰：「齊相慶封有罪，自齊來奔吳。吳予慶封朱方之縣，以爲奉邑，以女妻之，富於在齊」。由此可知，「朱方」應該是吳國的縣。《國語‧周語中》記載，周定王使單襄公聘問宋國。於是假道於陳國，看到陳國「國無寄寓，縣無施舍，民將築台於夏氏」，「縣無施舍」，說明陳國也有縣。

「郡」，《釋名‧釋州國》曰：「郡，群也，人所群聚也」，由此可知，「郡」本義是指人所群聚的地方。春秋時期一些國家也開始設置郡。晉國設郡，如《左傳》哀公二年，晉國鐵之戰前，趙簡子誓師曰：「克敵者，上大夫受縣，下大夫受郡」。秦國之郡，如《國語‧晉語二》，晉公子夷吾對秦國使者曰：「君實有郡縣」。吳國的郡，如《史記‧仲尼弟子列傳》：「於是吳王乃遂發九郡兵伐齊」。關於郡的記載雖然不是很豐富，但是春秋時期郡已經出現則是肯定的。

春秋時期的縣、郡，並不能與後代的郡縣制等同起來，主要表現爲以下幾個方面：

首先，縣、郡多設置在當時距離國都較遠的邊地。《左傳》成公七年，申公巫臣曰：「申、呂所以邑也，是以爲賦，以禦北方。若取之，是無申、呂也。

晉、鄭必至於漢」。可見申、呂應該在漢水以北，是楚國北方的邊邑。《左傳》宣公十五年，晉侯「賞士伯以瓜衍之縣」，「瓜衍之縣」，處於離汾水下游晉國中心地絳縣一帶很遠的北方僻地，在今山西省孝義縣北十里的瓜城。《左傳》昭公二十八年，分割祁氏和羊舌氏之十縣，據增淵龍夫研究：「從鄔、祁、平陵、梗陽、塗水、馬首、盂等邑看來，全部在比上述瓜衍之縣更北的今太原一帶的地方，這是當時晉國的北鄙」〔註14〕。在文獻中縣與鄙常常可以連用，如《左傳》昭公十九年，「晉大夫而專制其位，是晉之縣鄙也，何國之爲？」《左傳》昭公二十年，「縣鄙之人，入從其政」。縣、鄙與國、都相對，如《左傳》襄公三十年，子產「使都鄙有章」；《國語·楚語上》：「國有都鄙，古之制也」；《國語·吳語》：「都鄙薦饑」。鄙與國相對，說明鄙應該分佈於都外。《國語·周語中》，陳國「國無寄寓，縣無施捨」，而據《周制》應該是「國有班事，縣有序民」。縣與國相對，說明縣也應該與鄙一樣分佈在國以外，即邊鄙地區。直到戰國時期，新設之郡仍多設置在邊境地區，如《戰國策·楚策一》，城渾爲新城公籌畫曰：「今邊邑之所恃者非江南、泗上也，故楚王何不以新城爲主郡，邊邑甚利之」，新城在今河南密縣，正值楚國北疆通往中原的要衝，其地無長江、泗水之險，故設郡守衛邊邑。《史記·春申君列傳》，黃歇對楚孝烈王曰：「淮北地邊齊，其事急，請以爲郡便」，據黃歇之言，淮北之地瀕臨於齊國的邊境，這一地區情況危急，故而應該設置郡鎮守。由上可知，春秋時代諸國出現的縣、郡，大多數是處於當時離其國都很遠的邊地，具有鞏固邊防的作用。而春秋時代的其他中原諸國之所以沒有產生縣、郡，很可能是由於它們不是像楚、晉那樣，周圍有大量「薦居」和「貴貨易土」的蠻夷戎狄之人，使得它們能夠利用「辟土服遠」活動開闢廣大的地區。魯、鄭、宋、衛等中原諸侯國，由於相互毗鄰，發展空間相對局促，而且往往成爲大國蠶食的對象，故而很難形成像晉國和楚國那樣的縣、郡。

其次，春秋時期的縣實爲邑。《左傳》成公七年，楚大夫申公巫臣曰：「申、呂所以邑也，是以爲賦，以禦北方」，申、呂爲楚縣，卻稱爲「邑」。《左傳》昭公三年，記載「初，州縣，欒豹之邑也」，這裏所說州縣的縣，實際上也是一個邑。《左傳》昭公五年，「韓賦七邑，皆成縣也」，「七邑」就是指「七縣」。《叔夷鎛》：「其縣三百」，趙伯雄先生認爲：「一次賞人以三百縣，可知齊縣

〔註14〕增淵龍夫：《說春秋時代的縣》，劉俊文主編：《日本學者研究中國史論著選譯》，黃金山、孔繁敏等譯，北京：中華書局，1993年，第198頁。

甚小，恐怕只是一種小邑」〔註15〕。杜正勝先生也認爲：「萊國之『縣』非後世郡縣之縣，而是東夷聚落的名稱，實質當近於中原農莊之邑」〔註 16〕。春秋時期，縣被稱爲邑，說明縣還沒有完全從懸繫於國都外之邑的性質中擺脫出來，更沒有成爲一級行政單位。

再次，春秋時期的縣高於郡，可能並不相統屬。如《左傳》哀公二年，趙簡子誓師曰：「克敵者，上大夫受縣，下大夫受郡」，上大夫職位要高於下大夫，自然縣要高於郡。郡小於縣，並不能證明是相統屬關係。《國語·晉語二》，夷吾所謂的「君實有郡縣」，是說晉地之屬秦者與秦之郡縣不同，稱之曰郡縣，並非謂郡與縣相統屬。縣高於郡，說明春秋時期並不能一看到縣、郡，就將其與秦漢時期的郡縣制等同起來。由上可知，春秋時期的縣、郡還處在萌芽階段，既沒有擺脫邑的性質，又沒有成爲兩級行政單位。

到了戰國時期，縣高於郡逐步演變爲以郡統縣，郡、縣兩級制的地方組織在一些主要國家開始發展起來。《戰國策·秦策二》，秦甘茂對魏王曰：「宜陽，大縣也，上黨、南陽積之久矣，名爲縣，其實郡也」，可見縣已經居於郡下。就具體而論，魏之上郡有十五縣〔註17〕；趙之代郡有三十六縣；韓之上黨郡有十七縣〔註 18〕；秦國據《史記·商君列傳》記載，商鞅「令民父子兄弟同室內息者爲禁，而集小都鄉邑聚爲縣，置令、丞，凡三十一縣」，廣泛推行縣制。至秦統一後，經過朝廷上的兩次辯論，秦始皇決定廢除分封制，實行郡縣制，「分天下以爲三十六郡」〔註 19〕，從而將郡縣推行到全國範圍。郡的長官稱「守」，縣的長官稱「令」，均由國君任免。郡縣制從根本上否定了分封制，打破了西周以來分封割據的狀況，加強了中央對地方的管理。

在郡、縣以下，逐漸形成以鄉、里爲基礎的基層行政制度。鄉，甲骨文和金文中，「鄉」、「饗」、「卿」原本是一字，字作「𗊌」，其中 𠁣 像盛食物的「簋」，整個字像兩人相向對坐，共食一簋，其本義應爲鄉人共食，引申爲共食的氏族聚落〔註20〕。至少在春秋時期就已經有了關於鄉的記載，如《左傳》

〔註15〕趙伯雄：《周代國家形態研究》，長沙：湖南教育出版社，1990 年，第 260 頁。

〔註16〕杜正勝：《編戶齊民：傳統政治社會結構之形成》，台北：聯經出版事業公司，1990 年，第 113 頁。

〔註17〕《史記·秦本紀》。

〔註18〕《戰國策·秦策一》。

〔註19〕《史記·秦始皇本紀》。

〔註20〕楊寬：《古史新探》，北京：中華書局，1965 年，第 288～290 頁。

莊公十年，齊國軍隊征伐魯國，魯莊公將戰，曹劌請見，「其鄉人曰：『肉食者謀之，又何間焉』」。《左傳》昭公十二年，魯季氏的陪臣南蒯想要發動叛亂，逃到了費，「飲鄉人酒」。《左傳》宣公十一年，楚王趁陳國夏氏之亂，征伐陳國，「因縣陳」。後經過申叔時勸諫，於是再次封陳國，「鄉取一人焉以歸，謂之夏州」。《左傳》襄公九年，宋國發生火災，「二師令四鄉正敬享」，杜預注：「鄉正，鄉大夫」。《左傳》襄公三十一年，「鄭人游於鄉校，以論執政」，「鄉校」就是在鄉里設置的學校。《左傳》哀公八年，吳國大夫公山不狃曰：「不以所惡廢鄉」，杜預注：「不以其私怨惡，廢棄其鄉黨之好」。這些關於鄉的記載，說明鄉在春秋時期已經出現。

里，見於西周時期，如《九年衛鼎》，矩伯「舍（捨）裘衛林𩵋里」（《集成》2831）；《十二年大簋》，周王賜大「趞𤇮（睽）里」（《集成》4298）；《𪊨簋》，周王命𪊨「司成周里人」（《集成》4215）。用於交換和賞賜的「林𩵋里」和「趞𤇮（睽）里」，可能與邑相當，如《爾雅·釋名》曰：「里，邑也」。《周禮·里宰》：「掌比其邑之眾寡與其六畜、兵器，治其政令」，鄭注：「邑，猶里也」。西周時期里的官長稱為「里君」，如《史頌鼎》，周王「令史頌𤔲穌（省蘇）𩁂友、里君、百生（姓）」（《集成》2787）；《矢令方尊》和《矢令方彝》：「明（明）公朝至于成周，徣（誕）令舍（捨）三事令，眔卿旋（事）𡧛（寮）、眔者（諸）尹、眔里君、眔百工」（《集成》6016、《集成》9901），「諸尹」為王室顯官，「里君」與之並列，且共同直接受命於王、公，顯然不能與後世的里宰等量齊觀。故于省吾先生指出，此銘「可證里君職務之崇要，決非五十家之司里也」〔註21〕。春秋時期，諸侯國設置里更加普遍，如梁國有「新里」〔註22〕；宋國有「南里」〔註23〕、「新里」、「公里」〔註24〕，還有「司里」之官〔註25〕；齊國有「士孫之里」〔註26〕、「魚里」〔註27〕，齊國大夫晏子出使晉國，齊景公更換了他的住宅，等晏子回來，新宅已經完工了，他拜謝了以後，就拆毀了新宅，並重新為「里室」〔註28〕；魯國文公欲擴建孟文子之宅，

〔註21〕 于省吾：《雙劍誃諸子新證》，北京：中華書局，1962年，第18頁。
〔註22〕 《左傳》僖公十九年。
〔註23〕 《左傳》宣公四年。
〔註24〕 《左傳》昭公二十一年。
〔註25〕 《左傳》襄公九年。
〔註26〕 《左傳》襄公二十五年。
〔註27〕 《左傳》襄公二十八年。
〔註28〕 《左傳》昭公三年。

文子對曰：「若罪也，則請納祿與車服而違署，唯里人所命次」〔註29〕，後來
文公欲擴建邱敬子之宅，邱敬子對曰：「先臣惠伯以命於司里」等〔註30〕。這
些資料說明，「里」在春秋以前已經出現了。

　　在春秋時期，里可能已經開始居於鄉下，如《左傳》襄公十五年，宋國
有個人得到一塊玉，並把它獻給子罕，子罕不接受，宋人告曰：「小人懷璧，
不可以越鄉。納此以請死也」。子罕於是「置堵其里，使玉人為之攻之，富而
後使復其所」，由此可見，鄉可能已經處於里之上。但春秋之世，地緣關係同
血緣關係的遞嬗並未最終完成，二者在一定程度上體現為共存關係，如《詩
經・大雅・韓弈》：「韓侯取妻；汾王之甥，蹶父之子。韓侯迎止，於蹶之里」。
「於蹶之里」，即蹶父家族所居的里。《左傳》僖公二十八年，晉人入曹，晉
文公命令「無入僖負羈之宮而免其族」，司馬遷著《史記・曹世家》便直接寫
作「晉文公令無入僖負羈之宗族閭」。「族閭」，即僖負羈的宗族所住之里。《左
傳》襄公二十五年，齊國崔氏葬莊公於「士孫之里」，「士孫之里」，應該就是
士孫族人所在的里。這些資料說明，族可以包括在里中，鄉里組織並不能立
即將家族完全排斥掉。故從總體上來看，直到春秋時期社會中真正的經濟實
體仍然是家族。到了戰國時期，鄉里制度才真正得以健全和推廣，主要表現
為「鄉里」在文獻中大量出現，如《戰國策・秦策一》：「出婦嫁於鄉里者，
善婦也」；《墨子・尚賢中》：「出則不長弟鄉里」；《墨子・尚同中》：「以遠至
乎鄉里之長」，「鄉里未遍聞」；《墨子・尚同下》：「其鄉里未之均聞見也」；《墨
子・明鬼下》：「內者宗族，外者鄉里」，「取親於鄉里」；《墨子・非命上》：「出
則不弟長於鄉里」；《荀子・君道》：「其居鄉里也，容而不亂」；《荀子・樂論》：
「鄉里族長之中」等。隨著鄉里的普及，地緣關係才逐漸取代了血緣關係，
如《荀子・勸學》曰：「故君子居必擇鄉，遊必就士」；《大戴禮記・勸學》亦
曰：「處必擇鄉，遊必就士」；《孟子・離婁下》謂：「今有同室之人鬥者，雖
披髮纓冠而救之，可也；鄉鄰有鬥者，披髮纓冠而往救之，則惑也，雖閉戶
可也」。從居處擇鄉，以及同室與鄉鄰相鬥來看，這時有些鄉鄰已非全為一族
之人。里也是如此，如《莊子・則陽》曰：「丘里者，合十姓百名，而以為風
俗也」，「十姓百名」，說明里的人口也非常複雜。在文獻和秦簡中，言及「某
人」常冠以「某里」，如《戰國策・趙策一》，蘇秦遊說辭自稱為「雒陽乘軒

〔註29〕　《國語・魯語上》。
〔註30〕　《國語・魯語上》。

里蘇秦」；《戰國策・韓策三》，齊人言及聶政，稱他爲「軹深並里聶政」；《莊子・田子方》，田子方稱溪工爲「無擇之里人也」；《管子・問》篇，曾問：「州之大夫也，何里之士也」；《里耶秦簡》曰：「陽陵下里士五（伍）鹽」，「陽陵谿里士五（伍）采」〔註31〕；《睡虎地秦墓竹簡・封診式》也言：「某里士五（伍）甲」，「同里士五（伍）丙」等〔註32〕。從齊國的陶文中也可以看到，當時居住在臨淄的手工業者，基本上也是異姓雜居。如在叀圎陶里中居住的陶工就有辛、郝、陳、王四姓，東叀圎里則有王、公、公孫三姓，丘齊辛里也有王、公孫、郏、達四姓〔註33〕。此外，戰國時期秦國還推行二十等軍功爵制，以序爵代替序齒，破壞了五等爵和親親原則，鄉里秩序得到徹底的改造和重構，建立了新的鄉里秩序。

在鄉里以下，人民則以什伍進行編制。什伍本是軍事組織，如《禮記・祭義》曰：「軍旅什伍」；《逸周書・小明武解》謂：「群振若雷，造於城下，鼓行參呼，以正什伍」；《漢書・晁錯傳》亦稱：「故卒伍成於內，則軍正定於外」。春秋戰國時期，逐漸把這種軍事組織應用到地方的統治當中，如《管子・度地》曰：「常以秋歲末之時閱其民，案家人比地，定什伍口數」。《管子・幼官圖》謂：「閑男女之畜，修鄉里之什伍」。到商鞅治秦，把軍隊中「五人束簿爲伍，一人逃而刲其四人」的相關法條搬用到地方〔註34〕，「令民爲什伍」，使「相牧司連坐」，頒佈了「不告奸者腰斬，告奸者與斬敵首同賞，匿奸與降敵同罰」的懲治措施〔註35〕。什伍，即《管子・立政》曰：「十家爲什，五家爲伍，什伍皆有長」。什伍制度的確立，加強了國家對人民的管制，如《管子・禁藏》稱，管理人民並非以城郭之利，而是「輔之以什，司之以伍」。使「伍無非其人，人無非其里，里無非其家」。故而奔亡者無所逃匿，遷徙者沒有地方容身，這樣不必尋求，人民便會受到約束，逃匿和遷徙者也會不召自來。《韓非子・定法》記載公孫鞅治理秦國，「設告相坐而責其實，連什伍而同其罪」，是以「其民用力勞而不休，逐敵危而不卻，故其國富而兵強」。《韓非子・和

〔註31〕 王煥林：《里耶秦簡校詁》，北京：中國文聯出版公司，2007年，第74頁、第89頁。

〔註32〕 睡虎地秦墓竹簡整理小組：《睡虎地秦墓竹簡》，北京：文物出版社，1990年，第249頁、第251頁。

〔註33〕 陳絜：《商周姓氏制度研究》，北京：商務印書館，2007年，第460頁。

〔註34〕 《商君書・境內》。原文有訛誤，今據《商君書注釋》改正，見高亨：《商君書注釋》，北京：中華書局，1974年，第147～148頁。

〔註35〕 《史記・商君列傳》。

氏》亦謂商君教秦孝公「以連什伍，設告坐之過，燔詩書而明法令，塞私門之請而遂公家之勞，禁遊宦之民而顯耕戰之士」。《睡虎地秦墓竹簡‧秦律雜抄》云：「冗募歸，辭日日已備，致未來，不如辭，貲日四月居邊。軍新論攻城，城陷，尚有樓未到戰所，告日戰圍以折亡，叚（假）者，耐；敦（屯）長、什伍智（知）弗告，貲一甲；伍二甲」〔註36〕。把百姓分成什伍，實行嚴厲的軍事管制，從而加強了對人民的控制。

　　與郡、縣、鄉、里、什、伍等地方行政管理制度相伴隨，戶籍制度也逐漸確立。戶籍制度最早可以追述到宣王料民太原，《國語‧周語上》記載宣王喪失了南國之師，於是「料民於太原」，韋昭注：「料，數也」。「料民於太原」，就是在太原對擔負兵役的人口進行清點，目的是爲了補充兵員。這在當時是新制，不合乎傳統禮法，故而仲山父極力反對。依據傳統方法，民不必料而知其數，主要靠兩種手段，即百官之職和「審之以事」。可是宣王不聽，最終還是料之，本篇的作者認爲這是西周「及幽王乃廢滅」的原因之一。這次料民雖然發生在特殊時期和特殊地點，卻標誌著我國古代戶籍制度的肇始。春秋時期出現一種書社制度，「書社」一詞在春秋至戰國初期的文獻中大量出現，有時也簡稱爲「社」，如《左傳》昭公二十五年，齊侯唁公日：「自莒疆以西，請致千社」；《左傳》哀公十五年，齊國給與衛國土地，「自濟以西，禚、媚、杏以南，書社五百」；《呂氏春秋‧高義》，越王對公上過日：「子之師苟肯至越，請以故吳之地，陰江之浦，書社三百，以封夫子」；《管子‧小稱》：「公子開方以書社七百下衛矣」；《大戴禮記‧千乘》：「通其四疆，教其書社」等，「社」原本是指祭祀土地神的地方，常常作爲祭祀和活動的中心，現在又增加了一種新職能，即同邑之人均須書其戶籍於版圖，置於社中，這就叫「書社」，如《荀子‧仲尼》篇，記載齊桓公與管仲「書社三百，而富人莫之敢距也」，楊倞注：「書社，謂以社之戶口，書於版圖」；《史記‧孔子世家》，楚昭王「將以書社七百里封孔子」，司馬貞《索隱》日：「書社者，書其社之人名於籍」；《左傳》哀公十五年，「書社五百」，杜預注：「二十五家爲一社，籍書而致之」。而《商君書‧賞刑》談到武王與殷紂牧野大戰中，「士卒坐陳者里有書社」；《管子‧版法解》：「武王伐紂，士卒往者，人有書社」；《呂氏春秋‧慎大》，武王勝殷後，「與謀之士封爲諸侯，諸大夫賞以書社」等。依此記載，

〔註36〕睡虎地秦墓竹簡整理小組：《睡虎地秦墓竹簡》，北京：中華書局，1978年，第145頁。

似乎書社在周初就已經有了。但據學者研究，這些文獻均出現較晚，且西周及春秋時期史料中不見類似記載，蓋以後世背景傳述前代的故事，因而並不可信〔註37〕。

　　戰國時期，隨著郡、縣、鄉、里、什、伍等地方行政管理制度的完善，使得戶籍的登錄和稽查才成為可能。典籍中出現了許多關於戶籍制度的記載，如《商君書・去強》：「舉民眾口數，生者著，死者削」；《荀子・儒效》：「人主用之，則埶在本朝而宜；不用，則退編百姓而愨」；《管子・度地》：「常以秋，歲末之時，閱其民，案家人，比地，定什伍、口數，別男女、大小」；《史記・秦始皇本紀》，記載秦獻公十年，「為戶籍相伍」；《戰國策・趙策二》曰：「國有固籍，兵有常經。變籍則亂，失經則弱」；《睡虎地秦墓竹簡・秦律雜抄》謂：「有為故秦人出，削籍」〔註38〕，「秦故人」，即《商君書・徠民》的「故秦民」，指秦國本有的居民，與原屬六國的「新民」對稱。「出」，即出境。「削籍」，即自簿籍上除名；《里耶秦簡》記載了啟陵鄉，「劾等十七戶徙都鄉，皆不移年籍」〔註39〕，劾等十七戶遷居到都鄉，皆沒有遷移登記年齡的簿籍，故向上級報告請求核實。《周禮》一書中對於登記人口也有詳細記載，如《秋官・司民》：「掌登萬民之數。自生齒以上，皆書於版。辨其國中，與其都鄙，及其郊野。異其男女，歲登下其死生」；《地官・大司徒》：「掌建邦之土地之圖與其人民之數」；《地官・小司徒》：「掌建邦之教法，以稽國中及四郊都鄙之夫家九比之數」。

　　由上可知，隨著血緣關係的解體和地緣關係的發展，郡、縣、鄉、里、什、伍等地方行政管理制度和戶籍制度逐漸形成。

6.1.3　商品經濟的發展

　　戰國時期商品經濟獲得了極大的發展，主要表現在以下四個方面：

　　一是私人工商的興起。戰國期間，家族普遍解體，一批獨立的工匠開始成長起來。「物勒工名，以考其誠」的出現，反映官府已拋開家族，直接以個人作為剝削對象，進而這些獨立的手工業者取得了自行開業的權力，並開始

〔註37〕見袁林：《兩周土地制度新論》，長春：東北師範大學出版社，2000年，第181～182頁；杜正勝：《編戶齊民：傳統政治社會結構之形成》，台北：聯經出版事業公司，1990年，第24頁。

〔註38〕睡虎地秦墓竹簡整理小組：《睡虎地秦墓竹簡》，北京：文物出版社，1990年，第130頁。

〔註39〕王煥林：《里耶秦簡校詁》，北京：中國文聯出版公司，2007年，第116頁。

向四方遷移。如《呂氏春秋‧召類》，記載了司城子罕家的南面，住著南家工人「爲鞜者」，司城子罕想要把他們遷徙到別的地方，工人的父親曰：「吾恃爲鞜以食三世矣，今徙之，是宋國之求鞜者不知吾處也，吾將不食。願相國之憂吾不食也」，據高誘注，鞜，即履。爲鞜者，就是做鞋子的工匠。《韓非子‧說林上》曾記一魯人「身善織屨，妻善織縞，而欲徙於越」，有人對他說：「子必窮矣」。魯人不解，追問爲什麼？那個人曰：「屨爲履之也，而越人跣行；縞爲冠之也，而越人被髮。以子之所長，遊於不用之國，欲使無窮，其可得乎」。《韓非子‧備內》曰：「輿人成輿，則欲人之富貴；匠人成棺，則欲人之夭死也」。《晏子春秋‧內篇諫下》記載一個魯國的工匠，因爲給齊侯做鞋子不合制度，而被拘送出境，使其不得入境。《管子‧小問》還提到過「來工」的措施，稱只要有三倍之利，他們就會「不遠千里」而至，等等，這裏所介紹的都屬於獨立的私人工匠。大體與私人工匠出現同時，私商也出現了。當時的富商大賈有很多，如范蠡用「計然之策」，「十幾年中，三致千金」，「子孫修業而息之，遂至巨萬」，後來天下言富者皆稱「陶朱公」。子貢「廢著鬻財於曹、魯之間」，在孔門弟子當中「最爲饒益」，致使「國君無不分庭與之抗禮」。白圭採取「人棄我取，人取我與」的商業原則，故天下言治生皆祖白圭。還有猗頓、刀間以販鹽起家，郭縱、蜀卓氏、程鄭、宛孔氏、曹邴氏以鐵冶成業，烏氏倮畜牧，巴寡婦清經營丹砂，宣曲任氏善存儲糧食等，他們都是當時富有的私人大商業主，司馬遷稱之爲「千金之家比一都之君，巨萬者乃與王者同樂。豈所謂『素封』者邪？」〔註40〕《管子‧輕重甲》曰：「萬乘之國，必有萬金之賈。千乘之國，必有千金之賈。百乘之國，必有百金之賈」。《韓非子‧五蠹》也有「長袖善舞，多錢善賈」的說法，可見當時文獻失載的名商必然人數更多。在這些富商大賈之外，一些民間的小商小販也逐漸成長起來，如《孟子‧公孫丑下》提到壟斷市利的「賤丈夫」；《莊子‧逍遙遊》論及宋人「資章甫而適越」者；《韓非子‧外儲說左下》記載鄭縣人賣豚者等。《周禮‧地官‧司市》曰：「朝市朝時而市，商賈爲主；夕市夕時而市，販夫販婦爲主」，那些本小利微的販夫販婦更當主要來自普通的人民群眾。孟子在回答弟子彭更的問話時說：「若不通功易事，以羨補不足，則農有餘粟，女有餘布」，反映農民手中的部分剩餘產品必須經由商人才能進入流通領域。這些富商大賈和小商小販很大一部分都是來自平民階層，說明戰國從

〔註40〕《史記‧貨殖列傳》。

事商業的人已不限於權勢貴族。那些從事末作奇巧者的利潤回報相當豐厚，如《管子・治國》謂商人「一日作」可得「五日食」；而「農夫終歲之作」，尚「不足以自食也」。《戰國策・秦策五》曰：「耕田之利」，僅「十倍」；而「珠玉之贏」，卻得「百倍」。《史記・貨殖列傳》謂：「夫用貧求富，農不如工，工不如商，刺繡文不如倚市門，此言末業，貧者之資也」。商業回報豐厚，所以大量的人口舍本求末，不遠千里追求利潤，如《墨子・貴義》曰：「商人之四方，市賈信徒，雖有關梁之難，盜賊之危，必爲之」；《管子・禁藏》云：「其商人通賈，倍道兼行，夜以續日，千里而不遠者，利在前也」。由於大量人口棄農經商，故戰國諸子多宣導「重農抑末」之說，如《韓非子・五蠹》：「使其商工遊食之民少而名卑，以寡趣本務而趨末作」；《商君書・墾令》：「使商無得糴，農無得糶。農無得糶，則窳惰之農勉疾。商無得糴，則多歲不加樂；多歲不加樂，則饑歲無裕利；無裕利則商怯，商怯則欲農。窳惰之農勉疾，商欲農，則草必墾矣」，「貴酒肉之價，重其租，令十倍其樸。然則商酤少，民不能喜酣奭，大臣不爲荒飽。商酤少，則上不費粟」，「重關市之賦，則農惡商，商有疑惰之心」；《商君書・外內》：「不農之征必多，市利之租必重」。從這些資料可知，戰國時期，隨著獨立工、商業者的出現，商業逐漸繁榮，利潤回報豐厚，致使社會中棄農經商現象大量出現。

二是社會分工的發展。戰國時期，由於生產力的提高，個體勞動和個體家庭大量出現，社會分工也獲得了極大發展，如《孟子・滕文公上》，陳相曰：「百工之事固不可耕且爲也」。孟子亦曰：「有大人之事，有小人之事」，「或勞心，或勞力；勞心者治人，勞力者治於人；治於人者食人，治人者食於人，天下之通義也」。依據《孟子》一書看來，「百工」應該脫離生產勞動，「勞心者」與「勞力者」也應該各司其職，「勞心者」負責治人，而「勞力者」負責爲其提供生活必須品。不僅如此，《荀子・王霸》主張：「農分田而耕，賈分貨而販，百工分事而勸，士大夫分職而聽」，可見依《荀子》一書看來，更爲細緻的社會分工已經成爲社會進步的動力。社會分工的發展還體現在這一時期「四民」的形成，「四民」，即士、農、工、商。如《荀子・王制》：「農農、士士、工工、商商一也」；《荀子・榮辱》：「農以力盡田，賈以察盡財，百工以巧盡械器，士大夫以上至於公侯」；《荀子・儒效》：「人積耨耕而爲農夫，積斲削而爲工匠，積反貨而爲商賈，積禮義而爲君子」；《管子・乘馬》：「非誠賈不得食於賈，非誠工不得食於工，非誠農不得食於農，非信士不得立於

朝」；《莊子・徐無鬼》：「農夫無草萊之事則不比，商賈無市井之事則不比。庶人有旦暮之業則勸，百工有器械之巧則壯」；《呂氏春秋・上農》：「農攻粟，工攻器，賈攻貨」；《管子・小匡》：「士農工商四民者，國之石民也」〔註41〕。趙世超先生說：「由於業產力水準的限制，商品經濟不發達，西周在國的範圍以內，是不會存在所謂『四民分處』之制的」，「到了戰國，隨著生產力的提高，個體勞動和個體家庭大量出現，家族日益解體，士才可能從農業家族中游離出來，變成單純的文士、武士、游士、處士，而專事工商的階層也開始逐步形成。恰在戰國的諸子書中，反映『四民分處』現象的材料顯著地增多了」〔註42〕。社會分工發展進而促進了工、商職業分工的專門化，如《韓非子・說林上》所記魯之善織履者；《呂氏春秋・召類》記載宋國有一個製鞋店已經營了三代；《莊子・逍遙遊》提及漂搗絲絮的職業；《莊子・逍遙遊》提到專門販賣帽子的「資章甫」者，等等，各種職業千差萬別，而又複雜多端。《周禮・冬官・考工記》也提到了許多不同職業的分工，按工種不同分為攻木之工七，攻金之工六，攻皮之工五，設色之工五，刮摩之工五，搏埴之工二等六大類（詳見附錄六）。社會分工的發展以及工、商業者職業的專門化，從而打破了自給自足的自然經濟，更有效地促進了戰國時期商業的繁榮。

　　三是金屬貨幣的普及。中國最早的金屬鑄幣出現於商代晚期，在殷墟就曾發現銅貝〔註43〕。由於數量較少，可能並不是流通貨幣。春秋晚期，在山西候馬和河南洛陽一帶發現了空首布，但是形制粗大，與實際使用的同名農具鑄幾乎無別〔註44〕，顯然剛同一般商品發生分離，並不是先行鑄幣發展的結果。戰國時期金屬貨幣才逐漸繁榮起來，從而形成了四大貨幣體系，即以東部的齊國、燕國為代表的刀幣系統，以中原地區東周和三晉為代表的布幣系統，以西部秦國為代表的圜錢系統，以及南方楚國為代表的蟻鼻錢系統。文獻中有很多關於鑄錢的記載，如《國語・周語下》，景王二十一年，想要鑄造「大錢」，單穆公勸諫，景王不聽，「卒鑄大錢」；《管子・輕重戊》依託管子，謂其「令左司馬伯公將白徒而鑄錢於莊山」等。戰國時期金屬貨幣的使

〔註41〕此處提到的士、農、工、商與《國語・齊語》基本相同，從「四民」的資料多出現戰國時期來看，《小匡》和《齊語》言及的「四民分處」現象也不應發生在春秋時期。

〔註42〕趙世超：《周代國野制度研究》，西安：陝西人民出版社，1991年，第27頁。

〔註43〕楊錫璋、高煒主編：中國社會科學院考古所編著：《中國考古學・夏商卷》，北京：中國社會科學出版社，2003年，第423頁。

〔註44〕「布」為「鎛」的假借字。

用已經非常普遍，廣泛應用於公家和私人的支付當中，如《管子・輕重戊》
曰：「彼金錢，人之所重也，國之所以存，明王之所以賞有功」；《韓非子・外
儲說左上》，謂雇工努力工作，並非由於他喜愛雇主，而是由於主人會待以美
羹，給予較好的「錢布」作爲工籌；《孟子・公孫丑上》曰：「廛，無夫里之
布，則天下之民皆悅，而願爲之氓矣」，這裏「布」即指市租；《荀子・富國》：
「厚刀布之斂，以奪之財」，「刀布之斂」是指軍賦，說明貨幣已經用於上交
賦稅；《史記・秦始皇本紀》，記載公元前 238 年，秦國懸賞捉拿叛臣嫪毐，「有
生得毐賜錢百萬，殺之五十萬」；據《史記・平準書》，到了秦國吞併海內，
統一中國之幣爲三等，即「黃金以溢名，爲上幣；銅錢識曰半兩，重如其文，
爲下幣。而珠玉、龜貝、銀錫之屬爲器飾寶藏，不爲幣」，從而爲以後的商品
交換提供了極大的便利。恩格斯說：「日益發達的貨幣經濟，就像腐蝕性的酸
類一樣，滲入了農村公社的以自然經濟爲基礎的傳統的生活方式。氏族制度
同貨幣經濟絕對不能相容」〔註45〕。

　　四是商業都會的出現。春秋時期各諸侯國就已經出現了一些市場。周王
國的市場，如《左傳》昭公十二年，成、景之族「殺瑕辛於市」。鄭國的市場，
如《左傳》莊公二十八年，楚子元以車六百乘征伐鄭國，戎車自「純門」入，
到達了「逵市」；《左傳》成公十三年，鄭公子班「反軍於市」；《左傳》襄公
三十年，伯有死於「羊肆」，「斂而殯諸伯有之臣在市側者」；《左傳》昭公十
八年，鄭國發生大火後，「三日哭，國不市」。齊國的市場，如《左傳》襄公
二十八年，「尸崔杼於市」；《左傳》昭公三年，晏嬰謂陳氏「山木如市，弗加
於山」；《左傳》昭公三年，齊景公謂晏子曰：「子之宅近市，湫隘囂塵，不可
以居」，晏子稱：「且小人近市，朝夕得所求」，可知齊國市是商品交易的場所
無疑。晉國的市場，如《左傳》宣公八年，晉人捕獲秦國的間諜，「殺諸絳市」；
《左傳》昭公十四年，「尸雍子與叔魚於市」；《左傳》定公十四年，董安於縊
死，「趙孟尸諸市」。楚國的市場，如《左傳》宣公十四年，提到楚國有「蒲
胥之市」。魯國的市場，如《左傳》文公十八年，夫人姜氏歸於齊，將行，「哭
而過市」。吳國的市場，如《國語・吳語》，越國大夫種稱吳國「市無赤米」，
等等。當時的所謂「市」，大約也只是人民在城市中或鄉下的大道旁按定時聚
集買賣的空地而已〔註46〕。戰國時期各諸侯國的國都及二周均有規模宏大的

〔註45〕中共中央馬克思恩格斯列寧史達林著作編譯局編：《馬克思恩格斯選集》（第
　　　　四卷），北京：人民出版社，1995 年，第 109 頁。
〔註46〕童書業：《春秋史》，上海：上海古籍出版社，2003 年，第 65 頁。

市肆，自不待言。更值得注意的是，在國都之外，一批新的商業交換中心也如雨後春筍般開始湧現。最爲典型的如宋國的陶邑，它北臨濟水，東北有荷水溝通泗水，自從鴻溝開鑿以後，濟、汝、淮、泗聯結爲一個完整的水運交通網，陶邑就處在這個交通網的中間。加以陸路交通也很便利，因而它便成爲「諸侯四通」和「貨物所交易」的地方，與洛陽齊名，被稱作「天下之中」〔註47〕。其他如燕之涿；魏之溫、軹；韓之滎陽；楚之宛、鄧等，同各國國都一樣被譽爲「富冠海內」的「天下名都」〔註48〕，都是因爲那裏有著較爲發達的手工業，並是各種物產的集散地。秦惠王時，蜀守張若主持成都的建設，「市張列肆，與咸陽同制」〔註49〕，說明新闢邊郡市場經濟的活躍一點也不亞於內地。《戰國策·齊策五》，記蘇秦對齊閔王的遊說辭曰：「士聞戰則輸私財而富軍市」，「通都小縣置社，有市之邑莫不止事而奉王」，軍市設在軍營附近，以便士兵購買日用消費品，而「有市之邑」則大約主要指各國郡、縣的治所。《戰國策·秦策一》謂：「上黨十七縣」，《史記·趙世家》稱上黨有「城市之邑十七」，縣既可稱爲「城市之邑」，縣城有市，已當無疑義。《韓非子·內儲說上》謂：「龐敬，縣令也，遣市者行，而召大夫還之」，更爲縣設市提供了具體例證。可見戰國市場的設置不僅不以國都爲限，而且已開始廣泛出現於基層。此外，在這些市場中還設有專門的管理機構和官吏，如《荀子·解蔽》以市師、器師與田師並列；《韓非子》等書中曾經提到過「市吏」；《周禮》更詳列司市、質人、胥師、賈師、司稽、肆長、泉府等職名，分別負責次序貨物行列、平易市價、禁暴止盜、聽斷爭訟、征斂市稅等工作，這些機構和官吏的出現，表明市場已成爲城邑的重要組成部分。戰國時期商業都會出現是商品經濟發展的產物，城邑重視商品集散地的功能，商業貿易已成爲城內經濟生活中較爲突出的現象。

　　由上可知，隨著戰國時期私人工商的興起、社會分工的發展、金屬貨幣的普及以及商業都會的出現，商品經濟獲得了極大的發展。

6.1.4　生產力的提高與國家授田制的出現

　　春秋以前，生產力還相當落後，主要體現在這一時期生產工具還主要是石器骨器、蚌器和木器。

〔註47〕《史記·貨殖列傳》。
〔註48〕《鹽鐵論·通有》。
〔註49〕《華陽國志·蜀志》。

　　1959～1978 年在對河南偃師二里頭文化一至四期的考古發掘中，發現的石器生產工具有石斧、石錛、石鏟、石刀、石鐮、石鑿；骨器生產工具有骨鑿、骨刀、骨鏟；蚌器生產工具有蚌鐮、蚌錛、蚌鏟、蚌刀、蚌鑿；銅器生產工具有銅刀、銅鑿、銅錛；也有少量的玉器生產工具，如玉鑿、玉鏟等〔註50〕。此外，灰坑坑壁上常見木耒的痕跡，說明當時還有木器工具。在這些遺留下來的生產工具中，以石器為最多，蚌器、骨器次之，銅器和玉器最少。這裏出土的銅器多是些刀、鑿、錛等小物件，並且所占的比例很小。玉器僅發現 5 件玉鏟和兩件玉鑿，而它們可能已經具有禮器的性質，並不是實用工具。有學者就此指出，從所用的農具來看，二里頭文化時期的農業生產還有比較濃厚的原始性，未見可確認為農具的青銅器，也未見與犁耕有關的農具〔註51〕。

　　在鄭州二里崗 1953～1954 年的發掘中，共出土石鐮 121 件、石斧 34 件、石鑿 4 件、石錛 10 件、石刀 1 件、骨鏟 16 件、蚌刀 9 件、蚌鐮 19 件、蚌鏟 3 件、蚌刀 1 件等〔註52〕，這些工具也是以石器、骨器和蚌器為主。在殷墟遺址中，石質生產工具數量最多，約有 4800 件左右。器類有斧、錛、鑿、鑽、刀、鐮、鏟錘等，幾乎都是實用之器〔註53〕；骨器生產工具在殷墟也有大量的出土，據粗略統計，約有 24000 多件。其中工具包括刀、鑿、製陶工具、錐、鏟等〔註54〕；蚌器生產工具出土蚌刀約有 20 件、蚌鐮約有 160 多件、蚌钁 2 件等〔註55〕；銅器生產工具還出土銅刀約 90 多件、銅斧 6 件、錛 60 餘件、銅鑿 30 多件、銅鏟 15 件等〔註56〕；玉器生產工具約有 100 餘件，計有

〔註50〕中國社會科學院考古研究所：《偃師二裏頭：1959 年～1978 年考古發掘報告》，北京：中國大百科全書出版社，1999 年，第 41～45 頁、第 80～90 頁、第 168～191 頁、第 268～295 頁。

〔註51〕楊錫璋、高煒主編；中國社會科學院考古所編著：《中國考古學‧夏商卷》，北京：中國社會科學出版社，2003 年，第 108 頁。

〔註52〕河南省文化局文物工作隊，中國科學院考古研究所：《鄭州二里崗》，北京：科學出版社，1959 年，第 32～37 頁。

〔註53〕中國社會科學院考古研究所：《殷墟的發現與研究》，北京：科學出版社，1994 年，第 363 頁。

〔註54〕中國社會科學院考古研究所：《殷墟的發現與研究》，北京：科學出版社，1994 年，第 383～385 頁。

〔註55〕中國社會科學院考古研究所：《殷墟的發現與研究》，北京：科學出版社，1994 年，第 300～307 頁。

〔註56〕中國社會科學院考古研究所：《殷墟的發現與研究》，北京：科學出版社，1994 年，第 300～437 頁。

斧、鑿、錛、鋸、刀、鏟、鐮等〔註57〕。此外，還有大量的木器生產工具，
當時主要的翻土工具是木耒，這種木耒的實物目前尚未發現，但從灰坑和墓
坑坑壁上遺留下的痕跡來看，當時木耒廣泛使用，並且可能有大、小兩種形
制。商代甲骨文字中的「𣔰」、「𣕧」、「𣏂」等，即「耤」字，展現了當時
人們手持木耒翻土的形象〔註58〕。從這些考古資料中可以看出，殷墟常見的
生產工具仍為木、石、蚌、骨等材質之器，也有少量的青銅和玉器生產工具。
銅質農業生產工具僅有鏟一種，共出土 15 件，這些銅鏟有的製作精細，如婦
好墓出土的四件卷雲形鏟，大概是殷王室和貴族在舉行某種儀式時所執握的
一種象徵性農具。即使在可能實際用於生產的 9 件銅鏟中，真正適於挖土的
只有 3 件。這 3 件銅鏟是否使用在農業上，尚屬可疑。其中出自苗圃北地的 1
件，很可能是用於挖陶土用的〔註59〕。至於玉器中斧、鑿、錛以及某些小刀，
製作較精，又未見使用痕跡，大概都是象徵性的禮器。因此我們認為，在商
代殷墟地區，農業生產的主要工具是石器、骨器、蚌器和木器，雖有青銅生
產工具，但數量極少，並且可能是禮儀性工具，不是實用器。

　　在灃西張家坡 1955～1957 年的發掘中，共發現鏟 112 件，其中石鏟 23
件、蚌鏟 7 件、骨鏟 82 件；石刀和蚌刀發現 246 件，其中石刀 68 件、蚌刀
178 件；鐮只有 90 件，其中石鐮 2 件、蚌鐮 88 件；還有石斧 51 件；石錛 9
件；石鑿 1 件；銅斧 1 件；銅刀 15 件等〔註60〕。在西周時期，大量使用蚌殼
製作農具或其他器物，是這一時期非常顯著的特點。另外，當時也有耒耜一
類的木質農具，但是可惜沒能夠保存下來。從灃西張家坡可以看出，西周時
期的生產工具石器數量最多，其次為蚌器、骨器和木器，銅器生產工具仍較
少。

　　由上可知，夏、商、西周雖然有青銅生產工具，但石、骨、蚌、木器仍
然在社會生產中起主要作用。根據科學家測定，銅在地殼中的相對豐度為
0.07%，錫為 0.04%，鉛為 0.0016%。尤其是錫和鉛，甚至比一些所謂稀有金

〔註57〕　中國社會科學院考古研究所：《殷墟的發現與研究》，北京：科學出版社，1994
　　　　　年，第 334 頁。

〔註58〕　中國社會科學院考古研究所：《殷墟的發現與研究》，北京：科學出版社，1994
　　　　　年，第 437 頁。

〔註59〕　中國社會科學院考古研究所：《殷墟的發現與研究》，北京：科學出版社，1994
　　　　　年，第 438 頁。

〔註60〕　中國科學院考古研究所：《灃西發掘報告》，北京：文物出版社，1962 年，第
　　　　　80～87 頁。

屬更稀少。與此相對照，鐵卻不是如此，它在地殼中的相對豐度高達 4.75%，分別是銅的 679 倍、錫的 1288 倍和鉛的 2969 倍〔註 61〕。故恩格斯說：「青銅可以製造有用的工具和武器，但並不能排擠掉石器，這一點只有鐵才能做到」〔註 62〕。況且當時的青銅往往用於製造加強貴族統治和掠奪財富的武器，以及供貴族享受和標誌其社會等級的酒食器、車馬器、禮器等。銅器為統治階級所控制和壟斷，不可能將其大量用於製造農業生產工具，《左傳》僖公十八年，鄭伯初次到楚國朝見，楚王賜給他銅。不久就後悔了，與他盟誓曰：「無以鑄兵」。所以鄭伯用它作了三座鐘。杜預注：「古者以銅為兵」。可見直到春秋時期，青銅器仍然主要是兵器的最佳選料。《左傳》襄公二十三年，季氏以公鉏為馬正，公鉏恭敬地早晚問安，謹慎地執行職務。季孫很高興，讓他招待自己喝酒，「而以具往，盡舍旃。故公鉏氏富」。杜預注：「具，饗燕之具」，這裏主要是指青銅。季武子使公鉏在其家請自己飲食，攜帶饗宴之銅器到公鉏家留而不帶回，故公鉏富裕起來，這段話說明青銅是當時社會財富的標誌，誰擁有了青銅就意味著誰擁有了財富。有些學者根據墓葬中出土大量青銅器，進而認為當時青銅使用已經相當普遍，這種觀點是不正確的。馬克思曾經說：「古代人盛行本來意義上的財寶儲藏，這說明他們有許多剩餘產品閒置不用」，「他們為私人消費而創造的財富相對來說是少的，只是因為集中在少數人手中，而且這少數人不知道拿它作什麼用，才顯得多了」〔註 63〕。恩格斯曾經說過：「工具，不但是人類勞動力發展的測度器，而且是勞動在其中被完成的社會諸關係的指示器」〔註 64〕。這些簡陋的生產工具，決定了當時的生產力不會太高。

春秋、戰國時期生產力獲得了極大的發展，這主要表現為鐵器的出現和廣泛應用。

中國古代先民對鐵的瞭解是從隕鐵開始的，在河北槁城和北京平谷劉家河兩地分別發現了一件鐵刃銅鉞，經專家鑒定都屬於隕鐵。這些發現說明了

〔註 61〕趙世超：《周代國野制度研究》，西安：陝西人民出版社，1991 年，第 141～142 頁。

〔註 62〕中共中央馬克思恩格斯列寧史達林著作編譯局編：《馬克思恩格斯選集》（第四卷），北京：人民出版社，1995 年，第 161 頁。

〔註 63〕中共中央馬克思恩格斯列寧史達林著作編譯局編：《馬克思恩格斯全集》（第26 卷），人民出版社，1972 年，第 603 頁。

〔註 64〕中共中央馬克思恩格斯列寧史達林著作編譯局譯：《資本論》（第一卷），北京：人民出版社，2004 年，第 195 頁。

早在公元前十四世紀前後，我國商代居民就已經接觸到金屬鐵。根據目前的考古發現，我國最早的人工冶鐵製品可能出現在西周晚期，如 1990 年 3 月至1991 年 5 月，在河南三門峽市上村嶺虢國墓地的考古發掘中，2001 號墓出土一件玉柄鐵劍和一件銅內鐵援戈，2009 號墓出土一件銅骹鐵葉矛。經北京科技大學冶金與材料史研究所鑒定，銅內鐵援戈是塊煉鐵製品，玉柄鐵劍和銅骹鐵葉矛是塊煉鐵滲碳鋼製品。關於 2001 號墓和 2009 號墓的年代，學術界的看法略有差異，大致認為在西周晚期至春秋初年之間。長期以來，學術界通常認為中原地區最早的人工冶鐵製品屬春秋晚期。2001 號墓和 2009 號墓的考古新發現，將中原地區使用人工冶鐵製品的時間提到了西周晚期〔註 65〕。迄今為止，出土春秋時期鐵器的地點有十餘處，如江蘇六合程橋、湖南長沙龍洞坡、常德德山、陝西寶雞宜門村、河南洛陽水泥製品廠等地，遍佈甘肅、寧夏、山西、山東、河南、江蘇、湖北、湖南等省。出土鐵器之中，農具有鍤、鋤、鏟、耙、钁等，手工業工具有錛、削、鑿、斧等，用具有鼎，以及刀、劍等兵器〔註66〕。然而這一時期的鐵製品多數仍屬於「塊煉鐵」，即由鐵礦石在較低溫度（約 1000℃）的固體狀態下用木炭還原法煉成，這種鐵的含碳量低，結構疏鬆，質地柔軟，只有經過鍛打，提高其性能以後，才能製造可用的器具。並且發現的鐵器數量不多，器型比較少，器類比較簡單。此外，有些鐵器往往裝飾和紋樣華貴，如河南三門峽市上村嶺虢國墓地出土鐵劍的銅柄上鑲以美玉及綠松石，戈、矛銅柄部亦鑲嵌綠松石〔註67〕。陝西寶雞宜門村 2 號春秋晚期墓出土的鐵器多達 20 餘件，有金柄鐵劍、金環首鐵刀、金方首鐵刀和金環首料背鐵刃刀等〔註 68〕。這些資料表明，人工冶煉的鐵，仍為貴重和稀少的材料。有鑒於此，我們認為，春秋時期鐵器還處在早期階段，而真正的鐵器時代應始自戰國。

　　戰國時期，鐵器獲得廣泛應用。隨著鐵礦大規模開發，鐵器大批量投入生產，鐵器使用已滲入到社會經濟生活的各個領域。這些鐵器從器類上說，

〔註65〕 張長壽、殷瑋璋主編：中國社會科學院考古所編著：《中國考古學‧兩周卷》，
　　　　北京：中國社會科學出版社，2004 年，第 406 頁。
〔註66〕 張長壽、殷瑋璋主編：中國社會科學院考古所編著：《中國考古學‧兩周卷》，
　　　　北京：中國社會科學出版社，2004 年，第 407 頁。
〔註67〕 張長壽、殷瑋璋主編：中國社會科學院考古所編著：《中國考古學‧兩周卷》，
　　　　北京：中國社會科學出版社，2004 年，第 406 頁。
〔註68〕 寶雞市考古工作隊：《寶雞市益門村二號春秋墓發掘簡報》，《文物》1993 年第
　　　　10 期。

有斧、錛、鑿、刀、削、錘、鑽、錐；犁、钁、臿、耙、鋤、鐮，劍、戟、矛、鏃、甲冑、匕首，以及鼎、盆、盤、杯和帶鉤等多種。從出土地點上說，則廣布於黑龍江、吉林、遼寧、內蒙古、河北、河南、山西、山東、陝西、甘肅、寧夏、新疆、湖北、湖南、安徽、江西、江蘇、浙江、廣東、廣西、四川、雲南、貴州等 23 個省和自治區。從數量上說，鐵農具所占的比重尤其突出，如在河北石家莊市莊村趙國遺址裏，出土的鐵農具占全部生產工具的 65%〔註69〕；興隆燕國冶鐵遺址發現鐵範 48 副 87 件，總重 190 多公斤，農具範共 28 副，占 60%〔註70〕；遼寧撫順蓮花堡燕國遺址出土鐵器 80 餘件，絕大部分是農業工具，計有钁 60 餘件，鋤 2 件，掐刀 3 件〔註71〕；河南輝縣固圍村的五座魏國墓，出土鐵器 65 件，農具有犁 7 件，钁 4 件，鏟 10 件，臿 33 件，凹字形鐵口鋤 3 件，鐮 1 件，合共 68 件〔註72〕。鐵農具被用作隨葬品，或隨意棄置於墓葬填土中，說明鐵器已不再是珍貴的稀有物〔註73〕。戰國時期的文獻記載也是如此，如《孟子・滕文公上》，陳相見孟子稱道許行之言，孟子問曰：「許子以釜甑爨，以鐵耕乎？」陳相曰：「然」。《管子・海王》曰：「今鐵官之數曰：一女必有一針、一刀，若其事立；耕者必有一耒、一耜、一銚，若其事立；行服連軺輂者必有一斤、一鋸、一錐、一鑿，若其事立」。《管子・輕重乙》亦曰：「一農之事必有一耜、一銚、一鐮、一鎒、一椎、一銍，然後成為農。一車必有一斤、一鋸、一釭、一鑽、一鑿、一銶、一軻，然後成為車。一女必有一刀、一錐、一箴、一鉥，然後成為女。請以令斷山木，鼓山鐵」。通過以上材料可知，戰國時期庶人使用鐵製農具已經相當普遍。

戰國時期隨著鐵器的使用，生產力獲得了極大提高，在生產過程中逐漸排除家族集體勞動的因素，個體勞動者開始逐漸出現。春秋時期的個體勞動者，如《左傳》僖公三十三年，晉國臼季出使的途中，路過冀地，「見冀缺耨，其妻饁之」；《左傳》昭公二十年，伍員出奔吳國，未得到重用，而「耕於鄙」；《論語・微子》，記載長沮、桀溺「耦而耕」，荷蓧丈人「植其杖而芸」；《左傳》襄公二十七年，崔氏之亂後，申鮮虞出奔到魯國，「僕賃於野」。冀缺、伍員、長沮、桀溺、申鮮虞等，仿佛已經是經營小塊土地的個體生產者。但

〔註69〕 河北省文物管理委員會：《河北石家莊市市莊村戰國遺址的發掘》，《考古學報》1957 年第 1 期。

〔註70〕 鄭紹宗：《熱河興隆發現的戰國生產工具鑄範》，《考古通訊》1956 年第 1 期。

〔註71〕 王增新：《遼寧撫順市蓮花堡遺址發掘簡報》，《考古》1964 年第 6 期。

〔註72〕 黃展岳：《近年出土的戰國兩漢鐵器》，《考古學報》1957 年第 3 期。

〔註73〕 趙世超：《周代國野制度研究》，西安：陝西人民出版社，1991 年，第 278 頁。

是他們或爲失勢貴族，或爲遠遁避世的隱者，並不具有普遍的代表性，充其量也僅能說明，個體勞動在春秋中後期才開始步履蹣跚地來到世間。只有到了戰國時期，鐵製工具廣泛應用，生產力獲得極大提高，土地單位面積產量大幅增加，個體勞動才有了經濟保障。如《荀子·富國》曰：「今是土之生五穀也，人善治之，則畝數盆，一歲而再獲之」，「畝數盆」是說單位面積的產量，而「一歲而再獲之」，說明莊稼一年已經兩熟。《孟子·萬章下》：「耕者之所獲，一夫百畝。百畝之糞，上農夫食九人，上次食八人，中食七人，中次食六人，下食五人」。一夫百畝的收穫，即使是「下農」也已經可以「食五人」。《孟子·梁惠王上》：「五畝之宅，樹之以桑，五十者可以衣帛矣。雞豚狗彘之畜，無失其時，七十者可以食肉矣。百畝之田，勿奪其時，數口之家可以無饑矣」。在《孟子》書中一家多指「八口」人，如《孟子·梁惠王上》曰：「百畝之田，勿奪其時，八口之家可以無饑矣」。可見一家八口，在《孟子》的時代已經蔚然成風。《呂氏春秋·上農》：「上田夫食九人，下田夫食五人，可以益，不可以損。一人治之，十人食之，六畜皆在其中矣。此大任地之道也」。可知「上田夫食九人，下田夫食五人」，也只是基本的底線而已，按照本篇的作者看來，任地之道是一人治田，可以提供十個人所需的糧食，而且六畜皆包含在其中。隨著土地單位面積產量的增加，才使得個體勞動成爲了可能，「百畝一守」取代家族成了常見的生產單位，如《孟子·滕文公上》：「夫以百畝之不易己爲憂者，農夫也」；《孟子·盡心上》：「百畝之田，匹夫耕之，八口之家足以無饑矣」；《荀子·王霸》：「百畝一守，事業窮，無所移也」；《管子·山權數》：「地量百畝，一夫之力也」；《司馬法》：「六尺爲步，步百爲畝，畝百爲夫」〔註74〕。正是在此基礎上，戰國時期的政治家才多主張「審分」，如《荀子·王霸》曰：「農分田而耕，賈分貨而販，百工分事而勸，士大夫分職而聽」；《管子·乘馬》曰：「均地分力，使民知時也。民乃知時日之蚤晏，日月之不足，饑寒之至於身也」；《呂氏春秋·審分》曰：「凡人主必審分，然後治可以至，奸僞邪辟之塗可以息，惡氣苛疾無自至」，「今以眾地者，公作則遲，有所匿其力也；分地則速，無所匿遲也」。「公作則遲」、「分地則速」，明確地道出了「審分」的關鍵所在；《史記·商君列傳》，商鞅規定「民有二男以上不分異者，倍其賦」，由國家強制推行小家庭制度。

　　同時也使大量土地得到開墾。戰國時期，對土地的開闢成爲各國政治家

〔註74〕《周禮·地官·小司徒》鄭玄注引。

關注的主要話題。如《孟子・離婁上》反對「辟草萊，任土地」；《荀子・王制》則把「辟田野，實倉廩」稱爲霸道；《管子・牧民》認爲「地辟舉，則民留處」，「野蕪曠，則民乃菅」；《商君書・肯令》，一連舉出二十條鼓勵墾荒的措施，使「農有餘日」，以期達到「草必墾矣」的目的；《呂氏春秋・上農》把「地未辟易」列爲五種「野禁」之一；《戰國策・秦策三》，記載大夫種爲越王「墾草耕邑，辟地殖穀」，並率四方之士，專上下之力，最終攻滅吳國，成就霸業。此外，各國還紛紛採取惠民政策，以招徠和吸引人口墾荒，如《商君書・徠民》篇，商鞅建議「利其田宅，復之三世」，以及「秦四竟之內，陵阪丘隰不起十年征」，來吸引「山東之民」入秦；《荀子・大略》：「八十者一子不事，九十者舉家不事，廢疾非人不養者，一人不事，父母之喪，三年不事，齊衰大功，三月不事，從諸侯來，與新有昏，期不事」；《荀子・議兵》：「用貧求富，用饑求飽，虛腹張口來歸我食，若是則必發夫掌都之粟以食之，委之財貨以富之，立良存司以接之。已期三年，然後民可信也」；《周禮・地官・旅師》職曰：「凡新氓之治皆聽之，使無征役，以地之嫩惡爲之等」〔註75〕，這些都是爲招徠人口而採取的惠民政策。即《銀雀山漢墓竹簡・守法守令》所說的「凡欲富國狠（墾）草仁（仞）邑，必外示之以利，內爲禁邪除害」〔註76〕。這些資料都說明，戰國時期大量開墾荒地已經成爲了一代風氣，而這又是與生產力的發展分不開的。故恩格斯說：「鐵使更大面積的田野耕作，廣闊的森林地區的開墾，成爲可能」〔註77〕。

　　基於以上原因，戰國時期國家授田制度開始出現。如《管子・度地》：「常以秋歲末之時閱其民，案家人比地，定什伍口數」，尹知章注：「案家人比地，有十口五口之數，當受地若干」。《管子・入國》：「凡國都皆有掌媒……取鰥寡而合和之，予田宅而家室之，三年然後事之」。《呂氏春秋・樂成》：「魏氏

〔註75〕 《周禮》係依據承自西周的春秋時期周、魯、衛、鄭官制撰成，但《周禮》職文中增益了不少戰國資料。見劉起釪：《古史續辨》，北京：中國社會科學出版社，1991年，第642～649頁。陳高華、陳智超也認爲，《周禮》一書所用官名及設官分職的總體框架襲自王官之舊，但被塞進框架內的政治、經濟措施卻多取自戰國現實，見陳高華、陳智超：《中國古史史料學》，北京出版社，1983年。關於戰國時期所用《周禮》材料皆本於此，下不贅述。

〔註76〕 銀雀山漢墓竹簡整理小組編：《銀雀山漢墓竹簡》（壹）（下編），北京：文物出版社，1985年，第142頁。

〔註77〕 中共中央馬克思恩格斯列寧史達林著作編譯局編：《馬克思恩格斯選集》（第四卷），北京：人民出版社，1995年，第163頁。

之行田也，以百畝，鄴獨二百畝，是田惡也」，「行田」即授田。《銀雀山漢墓竹簡・孫子兵法佚篇・吳問》：「范、中行是（氏）制田，以八十步爲婉（畹）、以百六十步爲畛」，「〔智氏制田，以九十步爲婉（畹），以一百八十步爲畛〕」，「韓、巍（魏）制田，以百步爲婉（畹），以二百步爲畛」，「趙是（氏）制田，以百廿步爲婉（畹），以二百四十步爲畛」〔註78〕。「制田」亦是指授田，「畛」可釋爲「畝」。《睡虎地秦墓竹簡・魏戶律》：「叚（假）門逆呂（旅），贅壻後父，勿令爲戶，勿鼠（予）田宇」〔註79〕，「勿鼠（予）田宇」，即不要給予土地和房屋。《周禮・地官・遂人》職也曰：「以歲時稽其人民，而授之田野……辨其野之土：上地、中地、下地，以頒田里。上地，夫一廛，田百畝，萊五十畝，餘夫亦如之；中地，夫一廛，田百畝，萊百畝，餘夫亦如之；下地，夫一廛，田百畝，萊二百畝，餘夫亦如之」等，這些都是關於授田的記載。這些由國家所授之田不得買賣，而且死後還得交回，如《韓非子・外儲說左上》：「中牟之人棄其田耘，賣宅圃而隨文學者邑之半」。「宅圃」可賣，而「田耘」只能棄，這正是國家授田的表現。《韓非子・詭使》：「夫陳善田利宅，所以屬戰士也；而斷頭裂腹，播骨乎原野者，無宅容身，身死田收」，「身死田收」，也是建立在國家授田基礎之上的。關於國家的授田額，一般是以百畝爲限，如《管子・臣乘馬》：「一農之量，壤百畝也」；《管子・輕重甲》：「一農之事，終歲耕百畝」；《漢書・食貨志》，李悝言：「今一夫挾五口，治田百畝」；《荀子・大略》：「家五畝宅，百畝田」，等等。也有因爲土地瘠薄而多授田者，如《呂氏春秋・樂成》：「魏氏之行田也以百畝，鄴獨二百畝，是田惡也」；《周禮・地官・大司徒》：「不易之地，家百畮；一易之地，家二百畮；再易之地，家三百畮」。

　　由上可知，夏、商、西周時期使用的生產工具主要還是石器、骨器、蚌器和木器，由於生產工具落後，從而導致了生產力水平低下。春秋、戰國時期隨著鐵器的出現和廣泛應用，使得生產力獲得了極大發展，土地單位面積產量增加，個體勞動成爲了可能，土地也得到大量的開墾。在這樣的背景下，國家授田制度開始出現了。

〔註78〕銀雀山漢墓竹簡整理小組編：《銀雀山漢墓竹簡》（壹）（下編），北京：文物出版社，1985 年，第 30 頁。
〔註79〕睡虎地秦墓竹簡整理小組：《睡虎地秦墓竹簡》，北京：文物出版社，1990 年，第 174 頁。

6.2 社會巨變與指定服役制度的解體

春秋、戰國時期的社會巨變是導致指定服役制度解體的重要原因，這些影響主要體現在以下幾個方面：

6.2.1 存在前提的消失

早期國家國土相對狹小是指定服役制度存在的首要前提。

我國最早的國家一般認爲始於夏朝。《古本竹書紀年》記載夏的都邑，謂「禹居陽城」；「太康居斟鄩」；「后相居商丘（註80），又居斟灌」；「帝宁居原，自原遷於老丘」；「胤甲居西河」；「桀居斟鄩」。可見自禹至桀，一遷再遷，其居有八。而《世本》又云：「夏禹都陽城，又都平陽，或在安邑，或在晉陽」，在大禹時期，即已經三易其居。文獻中稱爲夏墟者甚多，與《紀年》和《世本》中的夏都對照，學者雖屢加辨析，仍不能一一確指其地。近年的夏文化討論中，多數人都認爲夏國的政治中心應在晉南或豫西，但晉南、豫西實爲夏人遷徙所至的兩塊重要地區，並不等於當時夏國的固定封域。夏族的屢次遷徙，反映了當時的國並不會很大。《史記·孫子吳起列傳》所記述的有夏之居，「左河濟，右泰華，伊闕在其南，羊腸在其北」，只能是說明其勢力所波及的範圍。商代曾大肆拓展，其影響力及於海岱、河渭、江漢，號稱「海外有截」，但歸其直轄的「大邑商」，也僅包括在以百里爲半徑的範圍之內（註81）。周人通過滅殷和東征，佔領了廣大的東方地區，並且以分封的形式，奠定了周天子的共主地位，但王室對諸侯國的控制仍較爲鬆散，諸侯國具有相對的獨立性，若把王國和列國分別當作一個政治單元來看待，則各自所能控制的範圍，依然不是很大。如《商君書·賞刑》：「文王封於岐周，方百里」；《孟子·公孫丑上》：「文王以百里」；《史記·十二諸侯年表》：「齊、晉、秦、楚其在成周微甚，封或百里或五十里」；《孟子·告子下》：「周公之封於魯，爲方百里也。地非不足，而儉於百里。太公之封於齊也，亦爲方百里也。地非不足也，而儉於百里」；《左傳》昭公二十三年，楚國大夫沈尹戍曰：「無亦監乎若敖、蚡冒至於武、文，土不過同」，杜預注：「方百里爲一同」；《孟子·滕文公上》：「今滕，絕長補短，將五十里也」。近年來分別在湖北隨州葉家山和安居鎮羊子山發掘了曾國和鄂國的墓地，兩處墓

〔註80〕據王應麟：《通鑑地理通釋》，相所居商丘爲帝丘之誤。
〔註81〕詳見第二章，第二節《商代指定服役制度》之《商代內、外服新解》。

地分別出土了「曾侯」和「鄂侯」的銘文〔註82〕，葉家山位於安居鎮東，兩地直線距離不到 25 公里。在晉西南盆地不到數十公里的範圍內就分佈有曲沃晉國、翼城霸國〔註83〕、絳縣倗國〔註84〕等諸侯國。可見這些國的範圍依然狹小，大者也不過方圓百里。晉國周圍也有很多野人，據《國語・晉語二》，周大夫宰孔稱晉國「戎狄之民實環之」，《國語・晉語四》，晉文公謀定襄王，還須「行賂於草中之戎與麗土之狄，以啟東道」。齊國據《史記・齊太公世家》記載，武王封師尚父於齊營丘，「萊侯來伐，與之爭營丘」。魯國依《尚書・費誓・序》曰：「魯侯伯禽宅曲阜，徐夷並興，東郊不開」。衛國在《左傳》哀公十七年，衛莊公登城以望，還見到戎州，等等。所以，王玉哲先生謂：「商、周時人對每個王朝國家所控制的國土，只會有分散於各地的一些『點』的觀念，還沒有整個領土聯成為『面』的觀念」〔註85〕。趙世超先生也說：「彼時所謂國，實為散佈於茫茫土海中的一些統治據點，相互間無由聯接，也沒有嚴格的國界可言」〔註86〕。

　　只有在國土相對狹小的情況下，統治者才能根據自身的需求將繁雜的勞役固定到各個被奴役的家族、邑落中去，並要求域內的民眾親履其事。《國語・魯語下》：「先王制土，籍田以力，以砥其遠邇」，籍是農業勞役，是藉以知民數的方式之一。這一記載，既反映服役者的居處與服役地點間距離不等，故需要度量其遠近以平均負擔；又反映各人的住地實際都不甚遠，故大家可以親往從事。《詩經・大雅・靈臺》：「經始靈臺，經之營之，庶民攻之，不日成之，經始勿亟，庶民子來」。這裏是指築城勞役，只有道路來往尚不費難，人們才能踴躍參加。至於帶服務性的雜役，多需召之即來，更不大可能由遠方之人來承擔。所以，與指定服役制度相應的國家，必是統治範圍相對狹小的早期國家。

〔註82〕湖北省文物考古研究所、隨州市博物館：《湖北隨州葉家山西周墓地發掘簡報》，《文物》2011 年第 11 期；隨州市博物館：《隨州出土文物精粹》，文物出版社，2009 年。

〔註83〕山西省考古研究所大河口墓地聯合考古隊：《山西翼城縣大河口西周墓地》，《考古》2011 年第 7 期。

〔註84〕山西省考古研究所、運城市文物工作站、絳縣文化局：《山西絳縣橫水西周墓地》，《考古》2006 年第 7 期；山西省考古研究所、運城市文物工作站、絳縣文化局：《山西絳縣橫水西周墓發掘簡報》，《文物》2006 年第 8 期。

〔註85〕王玉哲：《殷商疆域史中的一個重要問題——點和面的概念》，《鄭州大學學報》（哲學社會科學版）1982 年第 2 期。

〔註86〕趙世超：《周代國野制度研究》，西安：陝西人民出版社，1991 年，第 259 頁。

列國從「一同」之地，發展成有土「數圻」和地方千里，到了秦並海內，最終形成了統一和領土遼闊的大帝國。再指定由某部分人去服勞役，花在路途往返上的時間和辛勞就會超過限度，不僅服役者本人會不堪負荷，即使是統治者，恐怕也會感到很不合算了。秦朝的統治者正是由於不明白這樣的道理，故而才導致其滅亡。《史記‧陳涉世家》，秦二世元年，發閭左適戍漁陽，九百人屯住大澤鄉，陳勝、吳廣都在徵發的行列。「會天大雨，道不通，度已失期。失期，法皆斬」。陳勝、吳廣乃謀曰：「今亡亦死，舉大計亦死，等死，死國可乎？」且「天下苦秦久矣！」於是舉旗反叛，並由此發端，滅亡了暴秦。所以，隨著國家疆域的擴大，指定服役制度存在的前提也就逐漸消失了。

6.2.2 「整體性」的消亡

先秦時期，血緣關係向地緣關係轉化經歷了漫長的過程。家族長期作為社會的基本單位，地區性組織雖在這種社會中緩慢地形成和發展，但直到春秋時期仍未能全部代替家族組織。

商代以前，人名多冠以「氏」或「族」，如《左傳》昭公十七年，記載黃帝氏、炎帝氏、共工氏、大暭氏和少暭氏，少暭氏的內部又分為鳳鳥氏、玄鳥氏、伯趙氏、青鳥氏、丹鳥氏、祝鳩氏、𩿹鳩氏、鳲鳩氏、爽鳩氏、鶻鳩氏等。《左傳》文公十八年，記載高陽氏有才子八人：蒼舒、隤敳、檮寅、大臨、龍降、庭堅、仲容、叔達；高辛氏有才子八人：伯奮、仲堪、叔獻、季仲、伯虎、仲熊、叔豹、季狸，文中稱此為「十六族」。而帝鴻氏之不才子渾敦，少暭氏之不才子窮奇，顓頊之不才子檮杌，縉雲氏之不才子饕餮，被稱為「四凶族」。夏人稱「夏后氏」〔註87〕；啓的母親是「塗山氏」之女；禹傳子家天下，「有扈氏」不服〔註88〕；太康時期，「有窮氏」后羿代夏；後來「伯明氏」之子寒浞殺羿自立；夏之遺臣靡逃奔「有鬲氏」；寒浞之子澆，滅「斟灌氏」及「斟尋氏」〔註89〕；少康復國以前曾做過「有仍氏」的牧正和「有虞氏」的庖正〔註90〕，等等。這些氏族或家族，又往往各有自己的姓氏和祭祀傳統，如《國語‧魯語上》，記載有虞氏「禘黃帝而祖顓頊，郊堯而宗舜」；夏后氏「禘黃帝而祖顓頊，郊鯀而宗禹」；商人「禘舜而祖契，郊

〔註87〕 《國語‧魯語上》。
〔註88〕 《史記‧夏本紀》。
〔註89〕 《左傳》襄公四年。
〔註90〕 《左傳》哀公元年。

冥而宗湯」；周人「禘嚳而郊稷，祖文王而宗武王」；幕因爲能帥顓頊者也，
「有虞氏報焉」；杼因爲能帥禹者也，「夏后氏報焉」；上甲微因爲能帥契者
也，「商人報焉」；高圉、大王因爲能帥稷者也，「周人報焉」。法國學者庫朗
熱指出：「同氏族的人自然同姓。祖先之姓傳自遠古，顯然與古代的宗教有
關。同姓表示他們有共同的出生與共同的族祭。每個氏族傳續其祖姓，與傳
續其族祭一樣的愼重」，羅馬人所謂的姓（noman），就是祖姓。後世的子孫，
亦即同氏族的人，都需冠用此姓。後來有些分支獨立出去，爲了標新立異而
採用了別名（congnomen）〔註91〕。這些氏族或家族多是「聚族而居、聚族
而葬」，如從考古資料上看，史前時期居住的房屋一般較爲接近，並往往呈
現相對密集的分佈。在陝西臨潼姜寨的半坡文化聚落內，居住址共分成五組
〔註92〕。興隆窪聚落的居住址共排成十幾排〔註93〕。安徽蒙城尉遲寺大汶口
文化聚落〔註94〕、河南鄭州大河村〔註95〕和鄧縣八里崗〔註96〕等史前聚落居
住址，都是連在一起的排房建築。有學者指出，這些在一組內或一排內居住
的人們之間，應當具有較爲親密的血緣關係，或爲同一家族的成員〔註97〕。
在陝西華縣元君廟墓地，合葬墓內成員構成，一般小於氏族的親族單位。墓
中成年人有女性，也有男性。據發掘者分析，以合葬墓爲單位小於氏族的親
族單位，是由不同輩分的成員組成，有的還可確指至少包含了三代人，認爲
這樣的親族單位是一個家族〔註98〕。江蘇邳縣劉林遺址前後經過二次發掘，

〔註91〕（法）庫朗熱著：《古代城邦：古希臘羅馬祭祀、權力和政制研究》，譚立鑄
　　　　等譯，上海：華東師範大學出版社，2006 年，第 99 頁。
〔註92〕半坡博物館等：《姜寨——新石器時代遺址發掘報告》，北京：文物出版社，
　　　　1988 年，第 353 頁。
〔註93〕中國社會科學院考古研究所內蒙古考古工作隊：《內蒙古敖漢旗興隆窪遺址發
　　　　掘簡報》，《考古》1985 年第 10 期；中國社會科學院考古研究所內蒙古考古工
　　　　作隊：《內蒙古敖漢旗興隆窪聚落遺址 1992 年發掘簡報》，《考古》1997 年第
　　　　1 期。
〔註94〕中國社會科學院考古研究所安徽工作隊：《蒙城尉遲寺》，北京：科學出版社，
　　　　2001 年，第 18～19 頁。
〔註95〕鄭州市文物考古研究所：《鄭州大河村》，北京：科學出版社，2001 年，第 163
　　　　頁。
〔註96〕北京大學考古實習隊、河南省南陽市文物研究所：《河南鄧州八里崗遺址 1992
　　　　年的發掘與收穫》，《考古》1997 年第 12 期；北京大學考古實習隊、河南省南
　　　　陽市文物研究所：《河南鄧州八里崗遺址發掘簡報》，《文物》1998 年第 9 期。
〔註97〕王巍：《聚落形態研究與中華文明探源》，《文物》2006 年第 5 期。
〔註98〕北京大學歷史系考古教研室：《元君廟仰韶墓地》，北京：文物出版社，1983

共獲得 167 座大汶口文化劉林期（或稱劉林類型）的墓葬。根據墓葬分佈的疏密和墓地間的空隙，在這一發掘範圍內大體可分為五個墓群，每一墓群內的墓葬又大多可分出橫排的行列，顯然是當時人們有意的安排。發掘者認為，這種分群埋葬和分行排列，在一定程度上反映了當時的社會組織形成及死者之間的血緣親屬關係〔註 99〕。夏代以前人名多稱「氏」或「族」，以及「聚族而居、聚族而葬」的習俗，說明當時人們可能還停留在氏族階段。

商代卜辭有關族的記載也很多，有王族、子族、多子族，也有單稱族，以及族字前加族名或數位的〔註 100〕。還有大量沒有明確記載為族，但從人名、地名相同的情況，推知也應是族名。朱鳳瀚先生說：「一個集體，既已與一定的地域相結合，且與地名同名號，最恰當的解釋，即是這個集體實為一種族氏組織」〔註 101〕。西周初期分封魯、衛、晉的「殷民六族」、「殷民七族」和「懷姓九宗」都以「族」或「宗」為單位，說明直到商代晚期家族依然存在。考古上，1969 年至 1977 年，安陽工作隊在殷墟西區進行了大規模的鑽探和發掘，共發掘 939 座殷代墓葬。這批墓葬較有規律地集中按片分佈，可分為八個墓區。墓區之間有明顯界限，墓向、葬式和陶器組合，都存在一定差別，如以陶器組合言，第一墓區後期墓中極少用陶鬲作隨葬品，而第三墓區則用陶鬲陪葬的墓極多。一般墓中，陶觚爵總是配對使用，但第八墓區有些墓中的陶觚是單獨使用的，不伴出陶爵。而且各墓區內出土的銅器上銘刻有族徽，同一墓區中各墓隨葬銅器上的族徽很多是相同的，有別於其他墓區。例如，第七墓區中銅器上常見的族徽是「共」，第八墓區常見的是「戈」形族徽。這種差別與墓葬年代早晚無關，所以發掘者認為這八個不同墓區就是八個不同「族」的墓地〔註 102〕。近幾年來，在殷墟的孝民屯北及梅園莊北又發掘了 2 個墓區，故可將 1969 年以來發掘安陽鋼鐵公司東半部的 1800 多座墓，區分成 10 墓區〔註 103〕。這 10 個墓區應該代表不同家族的墓葬，從而使得商代家

年，第 67～68 頁。

〔註 99〕 江蘇省文物工作隊：《江蘇邳縣劉林新石器時代遺址第一次發掘》，《考古學報》
1962 年第 1 期；南京博物院：《江蘇邳縣劉林新石器時代遺址第 2 次發掘》，《考
古學報》1965 年第 2 期。

〔註 100〕朱鳳瀚：《商周家族形態研究》，天津：天津古籍出版社，2004 年，第 28 頁。

〔註 101〕朱鳳瀚：《商周家族形態研究》，天津：天津古籍出版社，2004 年，第 34 頁。

〔註 102〕中國社會科學院考古研究所安陽工作隊：《1969～1977 年殷墟西區墓葬發掘
報告》，《考古學報》1979 年第 1 期。

〔註 103〕中國社會科學院考古研究所：《殷墟的發現與研究》，北京：科學出版社，1994

族的存在從考古上得到了證實。

　　西周時期家族仍然普遍存在，周初分封時所授之民，大多不脫離集團整體，有的甚至是家族或國族，如《尚書・多士》，「今爾惟時宅爾邑，繼爾居；爾厥有幹有年于茲洛。爾小子乃興，從爾遷」，曾運乾曰：「小子，同姓小宗也……蓋詰殷士大夫爲大宗者。大宗既往，小宗乃興，所謂宗以族得民也。周遷殷民，皆以族相從」〔註104〕。殷民六族和殷民七族，都是被周統治者以「族」爲單位整體控制的被剝削者集團。懷姓九宗，杜預注：「九宗，一姓爲九族」，孔穎達疏：「言懷姓九宗，則皆姓懷矣，知一姓而有九族也」，可見「宗」這裏也可代指「族」，屬於以「宗」爲整體的剝削。《榮簋》之「州人」、「重人」、「辜（墉）人」，唐蘭先生認爲，「州人即州氏。金文常見某人即某氏」〔註105〕，陳盤先生以爲三者都是東方國名〔註106〕。《大克鼎》，「丼、微、匔人」，郭沫若先生認爲：「丼、退（微）、匔均國族名」〔註107〕。由此可見，金文中所賜予的「州人」、「重人」、「墉人」、「丼人」、「微」、「匔人」等都是國族名，屬於對國族的整體剝削。《中方鼎》，「王曰：中，丝（茲）褔人入事，易（賜）于珷（武）王作臣，今兄奧女（睍畀汝）褔土，作乃采」（《集成》2785），這裏的褔人就是以整體服事武王的。《宜侯矢簋》，賜在宜王人「十又七生（姓）」，郭沫若先生考釋曰：「生假爲姓。一姓代表一族」〔註108〕，所以十又七姓也是十七個大家族。《大盂鼎》，「邦司四伯，人鬲自馭至於庶人六百又五十又九夫」，「夷司王臣十又三伯，人鬲千又五十夫」，這裏的「千又五十夫」和「六百又五十又九夫」，並不能與前面的「四伯」和「十又三伯」割裂開來〔註109〕。伯是指家長或族長，「四伯」與「十又三伯」就是指四個或十三個大家族。金文中有很多銅器銘文都提到「族」，如《班簋》：「以乃族從父征」（《集成》4341）；《毛公鼎》：「以乃族干（捍）吾

　　年，第121頁；王學榮、何毓靈：《安陽殷墟孝民屯遺址的考古新發現及相關認識》，《考古》2007年第1期。

〔註104〕曾運乾：《尚書正讀》，中華書局，1964年，第219頁。

〔註105〕唐蘭：《西周青銅器銘文分代史徵》，中華書局，1986年，第161頁。

〔註106〕轉引自許倬雲：《西周史》（增訂本），北京：三聯書店，1993年，第149～150頁。

〔註107〕郭沫若：《兩周金文大系圖錄考釋》，《郭沫若全集・考古編・第八卷》，科學出版社，2002年，第263頁。

〔註108〕郭沫若：《矢簋銘考釋》，《考古學報》1956年第1期。

〔註109〕趙世超：《周代國野制度研究》，西安：陝西人民出版社，1991年，第125頁。

（敔）王身」（《集成》2841）；《魯侯簋》「王令（命）明公遣（遣）三族伐東或（國）」（《集成》4249）；《𣄰簋》：「令（命）𣄰（𣄰）司三族」〔註110〕等，都以族爲單位。《詩經‧大雅‧緜》，古公亶父遷於岐山腳下，「百堵皆興，鼕鼓弗勝」；《詩經‧小雅‧斯干》：「似續妣祖，築室百堵，西南其戶。爰居爰處，爰笑爰語」；《詩經‧小雅‧鴻雁》：「之子於垣，百堵皆作。雖則劬勞，其究安宅」，「百堵」就是指構成「百室」的牆垣，這百堵之室正是一族的聚居地。《周頌‧良耜》：「其崇如墉，其比如櫛，以開百室。百室盈止」，鄭玄箋：「百室，一族也」。從考古發掘的西周墓葬來看，西周時期族葬習俗依然存在，如在陝西寶雞鬥雞臺發掘的三十六座小型墓中，分別排列爲 2 至 6 座墓不等的各組。這些墓葬在葬制和葬俗上都相差不多，而且處在同一墓地上。有學者認爲他們應該屬於同一較大的家族，每組墓葬間應該存在比較密切的關係，他們應該屬於同一小家族〔註111〕。在長安灃西張家坡墓地，早些時候發掘的 131 座墓中，共分佈於四處地點。其中第四地點的四十八墓，大約分佈爲三組，每組各成單元，但又難截然分開，學者們認爲應該屬於同一家族墓地，族內可能包括三個以上的分支〔註112〕。第一地點有五十三座成人墓，十六座小孩墓，車馬坑四座，依其分佈可分爲六組，有學者認爲這 6 組代表了同一家族的 6 個不同支族的墓地〔註113〕。1977～1982 年，在陝西扶風縣北呂村共發現先周和西周墓葬 284 座，這些墓葬分佈在三個區域的五個分區內。發掘者認爲這五個分區是五個墓地，同一墓地的死者，應該都是同族或者同宗。五個墓地都體現了周人以血緣關係爲紐帶聚族而葬的習俗，可稱之爲族葬〔註114〕。此外河南浚縣辛村的衛國墓地〔註115〕；河北房山琉璃河的燕國墓地〔註116〕；河南三門峽上村嶺虢國墓地〔註117〕；山西天馬——曲

〔註110〕張光裕：《𣄰簋銘文與西周史事新證》，《文物》2009 年第 2 期。

〔註111〕北京大學歷史系考古教研室商周組編：《商周考古》，北京：文物出版社，1979 年，第 189～190 頁。

〔註112〕北京大學歷史系考古教研室商周組編：《商周考古》，北京：文物出版社，1979 年，第 190 頁。

〔註113〕北京大學歷史系考古教研室商周組編：《商周考古》，北京：文物出版社，1979 年，第 191 頁。

〔註114〕羅西章：《北呂周人墓地》，西安：西北大學出版社，1995 年，第 134 頁。

〔註115〕郭寶鈞：《浚縣辛村》，北京：科學出版社，1964 年。

〔註116〕北京市文物研究所：《琉璃河西周燕國墓地（1973～1977）》，蘇大鈞：《北京考古集成》，北京：北京出版社，2000 年；中國社會科學院考古研究所、北京市文物研究所琉璃河考古隊：《1981～1983 年琉璃河西周燕國墓地發掘簡

村〔註 118〕和曲沃羊舌晉侯墓地〔註 119〕；山西絳縣橫水墓地〔註 120〕，都屬於族墓地。

　　春秋時期家族依然是社會基本單位。這一時期依然存在族居的現象，如《左傳》僖公二十八年，晉文侯率軍包圍了曹國，爲了報答恩惠，「令無入僖負羈之宮而免其族」，這說明僖負羈氏聚族而居。《左傳》襄公二十八年，齊國大夫慶豐逃奔吳國，「吳句餘予之朱方，聚其族焉而居之，富於其舊」。「聚其族焉而居之」，說明族居的現象仍然很普遍。各個家族仍有其族姓，如《左傳》襄公三十一年，評論鄭國大夫公孫揮曰：「辨於其大夫之族姓、班位、貴賤、能否」，「辨於其大夫之族姓」，被認爲是「能知四國之爲」的條件之一。《左傳》昭公三十年，子西諫曰：「我盍姑億吾鬼神，而寧吾族姓，以待其歸」，這裏「族姓」就是指家族的姓氏。《左傳》隱公八年，魯國大夫無駭去世，羽父爲他請求諡號與族姓。隱公問族姓於眾仲，眾仲對曰：「天子建德，因生以賜姓，胙之土而命之氏。諸侯以字爲諡，因以爲族。官有世功，則有官族，

報》，《考古》1984 年第 5 期；中國社會科學院考古研究所、北京市文物研究所琉璃河考古隊：《北京琉璃河 1193 號大墓發掘簡報》，《考古》1990 年第 1 期；北京市文物研究所、北京大學考古學系：《1995 年琉璃河遺址墓葬區發掘簡報》，《文物》1996 年第 6 期；北京市文物研究所、北京大學考古文博院、中國社會科學院考古研究所：《1997 年琉璃河遺址墓葬發掘簡報》，《文物》2000 年第 11 期。

〔註 117〕中國科學院考古研究所：《上村嶺虢國墓地》，北京：科學出版社，1959 年；河南省文物考古研究所、三門峽市文物考古工作隊：《三門峽虢國墓地》（第一卷），北京：文物出版社，1999 年。

〔註 118〕北京大學考古系商周組、山西省考古研究所：《天馬——曲村（1980～1989）》，北京：科學出版社，2000 年；北京大學考古系、山西省考古研究所：《1992 年春天馬——曲村遺址墓葬發掘簡報》，《文物》1993 年第 3 期；北京大學考古系、山西省考古研究所：《天馬——曲村遺址北趙晉侯墓地第二次發掘》，《文物》1994 年第 1 期；山西省考古研究所、北京大學考古系：《天馬——曲村遺址北趙晉侯墓地第三次發掘》，《文物》1994 年第 8 期；山西省考古研究所、北京大學考古系：《天馬——曲村遺址北趙晉侯墓地第四次發掘》，《文物》1994 年第 8 期；北京大學考古系、山西省考古研究所：《天馬——曲村遺址北趙晉侯墓地第五次發掘》，《文物》1995 年第 7 期；北京大學考古文博院、山西考古研究所：《天馬——曲村遺址北趙晉侯墓地第六次發掘》，《文物》2001 年第 8 期。

〔註 119〕山西省考古研究所、曲沃縣文物局：《山西曲沃羊舌晉侯墓地發掘簡報》，《文物》2009 年第 1 期。

〔註 120〕山西省考古研究所、運城市文物工作站、絳縣文化局：《山西絳縣橫水西周墓地》，《考古》2006 年第 7 期；山西省考古研究所、運城市文物工作站、絳縣文化局：《山西絳縣橫水西周墓發掘簡報》，《文物》2006 年第 8 期。

邑亦如之」，文中所列舉的都是命名族姓的方法。社會輿論也傾向於維護家族的存在，如《左傳》成公四年，魯國季文子引史佚之《志》曰：「非我族類，其心必異」。故而《國語‧楚語上》，申叔時曰：「教之《訓典》，使知族類」。《國語‧晉語一》，欒共子亦曰：「非教不知生之族也」，可見知其族類，是當時教育講授的內容之一。祭祀鬼神，對族類也有嚴格的要求，如《左傳》僖公十年，晉狐突曰：「神不歆非類，民不祀非族」。《左傳》僖公三十一年，衛甯武子曰：「鬼神非其族類，不歆其祀」。這些輿論對於族類的維護使家族具有排他性，也從側面說明了家族的存在。此外，春秋時期闔族叛亂的現象經常發生，如《左傳》文公十八年，「宋武氏之族道昭公子，將奉司城須以作亂」；《左傳》莊公十七年，楚王殺閻敖，「其族為亂」；《左傳》襄公十年，子駟為田洫，司氏、堵氏、侯氏、子師氏皆喪田，「故五族聚群不逞之人，因公子之徒以作亂」；《左傳》昭公十三年，楚國「薳氏之族」與群「喪職之族」，誘導越大夫常壽過作亂；《左傳》昭公二十二年，周王子朝因舊官、百工之喪職秩者，「與靈、景之族以作亂」。故而，這些家族在政治鬥爭中一經失敗，便會被「滅族」或「出族」。這些資料都說明春秋時期家族組織的存在。

家族的大量存在，使得統治者根本無法突破血緣界限，直接針對單個人實施奴役。在商代，無論內服和外服都有自己的族眾和屬地，是獨立的政治經濟實體，家族或邦族的成員完全淹沒於族內。這使得商王朝的奴役並不能直接貫徹到個人，只能是針對族的整體。商代家族成員統稱為「眾」，他們常常被冠以族名，如𢀖有𢀖眾，「𢀖以眾𢀖伐召受又（佑）」（《合集》31973）；「王令𢀖眾𢀖伐召方受又（佑）」（《合集》31974），「眾𢀖」就是「𢀖眾」，是𢀖族的族眾。竝有竝眾，「竝亡災，不喪眾」（《合集》52）；「貞令竝眾衛」（《合集》40911）。𢀖有𢀖眾，「貞𢀖不喪眾」（《合集》54）；「𢀖眾其喪」（《合集》53）等，這些「眾」都是指某族之眾。基於這樣的情形，商王國只能對族分配職事，具體表現為職名加族名或以族名綴以職名，如卜辭中常見的「某侯」或「侯某」，「某田」或「田某」，「某衛」，「某亞」或「亞某」等。西周時期，統治者對被剝削者的統治也只行使到家族這一層次，對於家族內部運作和勞役分配等，則並不進行干預。《尚書‧梓材》曰：「以厥庶民暨厥臣達大家」，「以」，由也。「暨」，與也。「達」，通也。此句是「以大家達厥庶民暨厥臣」之語倒，即通過大家把命令傳達到庶民和臣。在家族內部，個人的權利、義務和命運皆同自身所在的家族聯繫在一起，個人根本沒有獨立的

人權可言。即孫曜先生所說的「個人之人格，即隱沒於全族之內」〔註 121〕。
故當宗主或族長得志之時，全族便可受到蔭庇，如《詩經・小雅・常棣》：「凡
今之人，莫如兄弟」，「脊令在原，兄弟急難」，「兄弟鬩於牆，外禦其辱」；《詩
經・小雅・黃鳥》：「言旋言歸，復我邦族」，「言旋言歸，復我諸兄」，「言旋
言歸，復我諸父」。因為兄弟可以互相急難和禦辱，故詩人才會唱出「復我
邦族」、「復我諸兄」和「復我諸父」的詩詞。相反，家族如果不互相幫扶，
就要受到輿論的譴責，如《詩經・小雅・沔水》：「嗟我兄弟，邦人諸友。莫
肯念亂，誰無父母」；《詩經・小雅・角弓》：「此令兄弟，綽綽有裕。不令兄
弟，交相為愈」。《左傳》文公十六年，宋國公孫壽曰：「棄官則族無所庇」；
《國語・周語中》，周大夫劉康公聘問魯國，季文子、孟獻子都很節儉，劉
康公認為季、孟可以長處魯，並曰：「今夫二子者儉，其能足用矣，用足則
族可以庇」；《左傳》襄公三十一年，衛國北宮文子對衛君曰：「臣有臣之威
儀，其下畏而愛之，故能守其官職，保族宜家」，「保族宜家」即「庇族」。
因為家族依然發揮庇族的功能，所以《詩經・唐風・杕杜》曰：「獨行踽踽。
豈無他人，不如我同父」，「獨行睘睘。豈無他人，不如我同姓」，「同父」指
兄弟，「同姓」指同族之人。這幾句是詩人在處境貧困、孤獨無靠的情況下，
唱出的懷念兄弟和同族之人的樂歌。《左傳》昭公二十八年，梗陽人有件案
子，魏戊不能裁斷，便把這件案子上報給魏獻子，梗陽人「其大宗賂以女樂」，
這些都表明宗主或家族長有庇族的職責。與此同時，家長及家族主要成員對
外的行為，亦均由全族代為負責，如《左傳》文公九年，楚國子越椒到魯國
聘問，贈送禮物時顯得很傲慢。叔仲惠伯曰：「是必滅若敖氏之宗」，到《左
傳》宣公四年，楚國子越椒殺害子揚、鬬伯嬴，又想進攻楚王，楚王於是帶
領軍隊滅亡了若敖氏。《國語・晉語九》，記載晉智宣子立智瑤為後，智果認
為：「若果立瑤也，智宗必滅」，後來智氏滅亡，唯智果在而已。《國語・晉
語八》，記載叔向之母聞楊食我之聲曰：「終滅羊舌氏之宗者，必是子也」。《左
傳》昭公二十八年，楊食我因為是祁盈之黨，故晉國殺祁盈及楊食我，祁氏、
羊舌氏也因此被滅。《左傳》宣公四年，鄭襄公打算驅逐穆族，僅赦免子良，
子良不同意，曰：「穆氏宜存，則固願也，若將亡之，則亦皆亡，去疾何為？」
這些都是說明個人與家族共命運，族存亦存，族亡亦亡。正如馬克思所說：

〔註121〕孫曜：《春秋時代之氏族》，上海：中華書局，1931 年，第 31 頁。

「我們越往前追溯歷史，個人，也就是進行生產的個人，就顯得越不獨立，越從屬於一個更大的整體」〔註 122〕。所以，統治者要想實現剝削，只能以集體的形式指定某族專服某役，並且通過各族的族長來貫徹政令，實現對家族的剝削。在日本大和國時期，部民制同大和朝廷實行的氏姓制密切聯結，氏是由父家長制大家族組成的氏族或部落集團，其首領稱爲氏上。大王根據各氏族經濟、政治勢力的大小以及出身的尊卑，給氏族集團首領以不同級別的姓，即臣、連、直、造、君、首、史等姓〔註 123〕。氏上在氏內主持祭祀，裁斷訴訟，管理生產和生活，並負責與外部交涉，代表一氏承擔社會義務。故而國家往往指定氏上代表氏姓參加朝政，率領氏人仕奉朝廷，或擔任一種固定和世襲的職業，定期貢納產品〔註 124〕。同時，從國家的角度上說，當國家管理和剝削體系尚不完善的情況下，利用被剝削者固有的血緣集團對其實行統治，也是最省力和有效的方式。如在大和國剛剛統一時，大部分地區尚處於未開化狀態，人們尤習於集團生活和順從氏族首長的統治，難於使他們脫離共同體而單個加以奴役，唯利用舊的氏族組織集體奴役被征服民，才符合當時的社會實際〔註 125〕。

由上可知，春秋以前最基本的社會細胞仍是家族甚或氏族。剝削關係出現在兩類族團之間，統治者根本無法突破狹隘的血緣界限直接針對單個人實施奴役，而只能針對家族集體。對於統治者來說，在血緣關係濃厚的條件下，利用氏族或家族固有的集體對其進行剝削，也是一種最省力和行之有效的方式。由這些家族集體固定承擔某項勞役，就形成了指定某族專服某役。民主改革前，在一些存在指定服役現象的民族當中，都存在著濃厚的血緣關係，如在阿昌族的社會組織中，傳統的氏族和家族長大量存在。家族長往往由寨子老人擔任，被稱爲「烏蒙作」〔註 126〕。怒江地區的傈僳族，保留著氏族組

〔註 122〕中共中央馬克思恩格斯列寧史達林著作編譯局編：《馬克思恩格斯選集》（第二卷），北京：人民出版社，1995 年，第 87 頁。

〔註 123〕全春元：《早期東亞文化圈中的朝鮮》，延邊：延邊大學出版社，1995 年，第84～89 頁。

〔註 124〕李卓：《略論日本古代的氏族政治及其影響》，南開大學日本研究中心：《日本研究論集》，天津：南開大學出版社,1996 年。

〔註 125〕李卓：《略論日本古代的氏族政治及其影響》，南開大學日本研究中心：《日本研究論集》，天津：南開大學出版社,1996 年。

〔註 126〕《阿昌族簡史》編寫組：《阿昌族簡史》，昆明：雲南人民出版社，1986 年，第 78 頁。

織的殘餘形式，傈僳語稱一群由同一祖先之後代所組成的集團爲「初俄」，亦即氏族〔註127〕。小涼山彝族社會還沒有統一的政權組織，保存著按照血緣關係組成的內部互不通婚的父系氏族集團，這種氏族組織以家支形式出現。每個氏族之下，按血緣親疏分爲若干小氏族〔註128〕。拉祜族社會基層組織「卡」（村寨），依拉祜族語意是指同一血緣或同一地域內的群體〔註129〕。壯族的《太平土州准給岜朝村置丁解置歸哨免役執照碑》，稱「據族長暨閤族人等到堂稱」〔註130〕，說明廣西壯族自治區大新縣太平公社在民主改革前仍然存在家族組織。西雙版納的村寨裏也找不到「獨立的人」，每個人都是作爲集體之成員而出現〔註131〕。布朗族把家族公社稱爲「考公」，意爲「一個血統」。我國鄂倫春人稱家族公社爲「烏力楞」，該詞由「烏力爾托」一詞引申而來，意爲「子孫們」〔註132〕。此外，在印加帝國內部和東非的布干達社會，都存在氏族或家族組織。故而我們說，血緣家族的普遍存在，決定了指定服役制度剝削的「整體性」。

　　隨著春秋、戰國時期地緣關係的發展和戶籍制度的確立，人民打破家族的界限，變成了國家的「編戶齊民」。「編戶」就是由國家按戶登錄人口，「齊民」是指編戶之民脫離各級族權的束縛和壓迫，成爲國君統治下的平等人民〔註133〕。戶籍制度的完善，也標識著統治者掌握人民的方式，已經從血緣族群轉爲了地著。這些編戶之民，從而也成爲國家推行授田制的基礎，如《商君書・徠民》曰：「民上無通名，下無田宅」；《睡虎地秦墓竹簡・爲吏之道・魏戶律》，記載魏安釐王二十五年召誥相邦曰：「自今以來，叚（賈）門逆呂

〔註127〕《傈僳族簡史》編寫組：《傈僳族簡史》，昆明：雲南人民出版社，1983 年，第 106 頁。

〔註128〕宋恩常：《西雙版納傣族封建土地制度》，《雲南少數民族研究文集》，昆明：雲南人民出版社，1986 年，第 268 頁。

〔註129〕《拉祜族簡史》編寫組：《拉祜族簡史》（修訂本），北京：民族出版社，2008 年，第 43～44 頁。

〔註130〕廣西民族研究所編：《廣西少數民族地區石刻碑文集》，南寧：廣西人民出版社，1982 年，第 70 頁。

〔註131〕《民族問題五種叢書》雲南省編輯委員會編：《傣族社會歷史調查》（西雙版納之二），昆明：雲南民族出版社，1983 年，第 3 頁。

〔註132〕林耀華、莊孔韶：《父系家族公社形態研究》，西寧：青海人民出版社，1984 年，第 35 頁。

〔註133〕杜正勝：《編戶齊民：傳統政治社會結構之形成》，臺北：聯經出版事業公司，1990 年，第 1 頁。

（旅），贅婿後父，勿令爲戶，勿鼠（予）田宇」〔註134〕。「勿令爲戶」，即上無通名。「勿予田宇」，即下無田宅。戶籍制度同時也是統治者徵稅和動員人力的主要憑籍，如《管子·君臣下》：「上稽之以數，下十伍以征」；《韓非子·顯學》：「夫吏之所稅，耕者也」；《周禮·地官·遂人》記載「以歲時登其夫家之眾寡」後，接著便說「以頒職作事，以令貢賦，以令師田，以起征役」；《周禮·地官·小司徒》言及「稽其人民，而周知其數」後，也說「上地家七人，可任也者家三人；中地家六人，可任也者二家五人；下地家五人，可任也者，家二人」；《周禮·地官·鄉師》曰：「以時稽其夫家眾寡，辨其老幼、貴賤、廢疾、馬牛之物，辨其可任者與其施捨者」；《周禮·地官·鄉大夫》謂：「以歲時登其夫家之眾寡，辨其可任者」等。從此戶籍便取代古往的族群，成爲統治者徵收賦稅和動員人力的主要依據。在民族資料中，如民主改革前西雙版納的村社爲了減輕負擔，便集體隱瞞負擔戶——「火很」的數目。他們在村社內部做到平均負擔，面對土司所報的負擔戶數，常常少於平分負擔的實際戶數——「自然戶」，這就相對減輕了每個「自然戶」的負擔數額。土司爲此頗傷腦筋，於是便依據村社大小以及人口佔有土地情況，劃定區域性的負擔單位，硬性規定這一個單位應包括的負擔數額，這個負擔單位就是「火西」。「火西」制的起源，據傣族老輩人說，「火西」意爲「十頭」，即凡能出兵十個的村社爲「火西」，能出五個的村社爲「火哈」或「火西囡」（小「火西」），十個「火西」爲「火懷」，後來由軍事組織發展成爲一種負擔組織〔註135〕。西雙版納全境十二個「版納」，即爲十二個負擔單位，各版納下又包括幾個「勐」，「勐」以下有「火西」，「火西」由幾個村寨組成。屬於全區性的負擔，一般均由「召片領」議事庭決定數額，然後按上述系統層層分配。屬於全勐的負擔，則由勐議事庭召開會議，由各「火西」的「波郎」及頭人參加議定數字，然後按照「火西」實有負擔戶下達至「火西」，又由「火西」分配至負擔戶，負擔戶再按個體家庭分攤，一戶不繳，其餘各戶負責〔註136〕。從此「召片領」的剝削可以直接下達到門戶，如傣

〔註134〕睡虎地秦墓竹簡整理小組：《睡虎地秦墓竹簡》，北京：文物出版社，1990年，第293頁。

〔註135〕《民族問題五種叢書》雲南省編輯委員會編：《傣族社會歷史調查》（西雙版納之二），昆明：雲南民族出版社，1983年，第21～22頁。

〔註136〕《傣族簡史》編寫組：《傣族簡史》，昆明：雲南人民出版社，1985年，第165

曆 1090 年（清雍正六年，公元 1728 年），議事庭會議決定，將應繳納「召王賀」（漢族皇帝）的穀米 1084 石，折爲糧銀 3940 兩 1 錢 8 分 1 釐 5 毫，以 95 個「火很」按照門戶多寡平均分配負擔，規定八項糧銀名目及每個「火很」應納的數目，這裏的「火很」即「戶頭」，是門戶的單位〔註 137〕。但是，「火西」制與戰國時期郡、縣、鄉、里、什、伍等地方行政管理制度不同的是，西雙版納的「火西」制度只是一個負擔單位，還沒有發展成爲一個完全的行政區劃單位，因而並沒有打破原來的村社組織和負擔界線。但是確實強化了土司對村社的控制力，加強了對村社的勞動編組，成爲按連環保原則向村社徵收貢獻的一種更加便利的工具〔註 138〕。

　　總之，春秋、戰國時期，隨著血緣關係的削弱和瓦解，以及郡、縣、鄉、里、什、伍等地方行政管理制度和戶籍制度的發展和形成，使得建立在家族或氏族組織基礎之上的「整體性」剝削變得無從實現，代之而起的是國家通過編戶制度直接對單個人進行役使和剝削。國家通過戶籍登錄人口，使他們成爲「編戶齊民」，並通過編戶進行授田，人民通過編戶獲得了法律身份的平等。從而，國家通過編戶支配人民，使他們隸屬於國家，並以戶籍作爲底冊，徵收賦稅和攤派勞役。從此，國家剝削的對象再也不是家族整體，而是地緣關係下的獨立個人了。即恩格斯說的，「有決定意義的已不是血族團體的族籍，而只是常住地區了；現在要加以劃分的，不是人民，而是地區了；居民在政治上已變爲地區的簡單的附屬物了」〔註 139〕。而建立在個體勞動普遍化基礎之上針對個人的剝削，正是《孟子》中提到的「貢」、「助」、「徹」產生的歷史背景，如果我們把「助」看作勞役，那麼「貢」、「助（勞役）」的形式可能出現得最早，有時當兩者都代表指定服役的時候，它們可以相互爲用和不甚區分。「徹」最初涵義是指徹除，楊樹達先生說：「徹義當如《儀禮》有司徹之徹，謂徹除也」，「字從攴，攴古文多作又，謂手也。從育者，育從肉聲，假育爲肉也。從攴從育從彳，謂手持肉而他去也。或從鬲者，古人鼎鬲

頁。

〔註 137〕《民族問題五種叢書》雲南省編輯委員會編：《傣族社會歷史調查》（西雙版納之二），昆明：雲南民族出版社，1983 年，第 21 頁。

〔註 138〕馬曜，繆鸞和：《西雙版納份地制與西周井田制比較研究》，昆明：雲南人民出版社，2001 年，第 68 頁。

〔註 139〕中共中央馬克思恩格斯列寧史達林著作編譯局編：《馬克思恩格斯選集》（第四卷），北京：人民出版社，1995 年，第 115 頁。

互用不別，肉指物，鬲指其器也」〔註140〕。「徹」明確作為一種剝削方式是出現在春秋末期到戰國時期〔註141〕，如《論語·顏淵》，哀公問有若曰：「年饑，用不足，如之何？」對曰：「盍徹乎？」哀公曰：「二，吾猶不足，如之何其徹也？」對曰：「百姓足，君孰與不足？百姓不足，君孰與足」。從《論語》的這段話中我們可以看出，《論語》中的「徹」明顯已是作為一種稅率出現。那麼《孟子》中所說的「徹」到底是指什麼。歷代的學者作了種種猜測，根據袁林先生所作的「井田制」和戰國的「授田制」的對比中我們發現，在授田單位、授田額、剝削率等方面二者都出奇的一致，並且二者皆以家、夫為單位，授田額均為百畝，剝削率均為十一左右〔註142〕。如袁先生所說「井田制」是在「授田制」以後出現的話，那麼《孟子》中所說的「徹」很可能是指按土地徵收的實物稅。趙伯雄先生在談到《論語》中有若和哀公的對話時說，哀公把剝削率由十分之一提高到十分之二。魯國此時如果仍實行勞役地租，這樣大規模地提高剝削率是很難做到的〔註143〕。孟子時三者都已有了，故在其總結歷史時，他便把先出現的貢、助分派給夏、殷，而徹法分配給了周，整齊劃一的結果使歷史的真相在一定程度上被扭曲。從前面的分析中我們得知，春秋以前社會的基本單位還是家族，所以《孟子》那種針對個人的剝削形式只能是其理想化的烏托邦。

6.2.3 「固定性」的瓦解

春秋以前，社會仍主要處在自給自足的自然經濟階段，商品經濟還很不發達。

首先，工、商主要為統治者的直接需要服務。河南偃師二里頭遺址，在宮城以南發現了一座以圍牆環繞的區域，該區域內曾發現青銅冶鑄作坊和綠松石製作作坊〔註144〕，王巍先生認為這一現象「表明高等級物品的製作已

〔註140〕 楊樹達：《積微居小學述林》，北京：中華書局，1983 年，第 56 頁。

〔註141〕 盧中陽：《再論貢、助、徹：孟子的理想與現實》，《暨南史學》（第七輯），暨南：暨南大學出版社，2011 年。

〔註142〕 袁林：《兩周土地制度新論》，長春：東北師範大學出版社，2000 年，第 307～324 頁。

〔註143〕 趙伯雄：《周代國家形態研究》，長沙：湖南教育出版社，1990 年，第 116 頁。

〔註144〕 楊錫璋、高煒主編；中國社會科學院考古所編著：《中國考古學·夏商卷》，北京：中國社會科學出版社，2003 年，第 111 頁；中國社會科學院考古研究所二裏頭工作隊：《河南偃師市二裏頭遺址中心區的考古新發現》，《考古》2005年第 7 期。

經被王室所控制，開後世官營手工業的先河」〔註 145〕。商代的手工業製品
如武器、禮器、玉器和象牙器等，不僅是實用之器，而且還是裝飾華麗精美
的藝術品。這些手工業製品的生產，既不用考慮勞動時間和成本，也不用考
慮市場和供求關係，是專門爲王室貴族的需要製作的。另外，從材料的來源
上看，殷墟發現的許多遺物都不是本地所造或所產，如鑄銅用的原料，大部
分可能係從長江中下游地區輸入。青銅中的另兩種原料錫和鉛，據最近的研
究，可能來自雲南、湖南一帶。玉料，大多來自新疆和田。而作爲貨幣的貝，
本身即產自遙遠的中國南部沿海。占卜用的龜既有內陸龜也有海龜。此外殷
墟還發現過鯨魚骨〔註 146〕。這些材料顯然都是由國家獲得和控制，普通平
民手工業者很難得到，故而商代重要的手工業部門都應爲王室或貴族所有，
手工業內部的分工也按照統治者的需要分配。西周時期，洛陽北窯遺址是目
前經過正式發掘的西周鑄銅作坊之一，發掘者認爲它是西周早期官營的宗室
作坊〔註 147〕。周原雲塘製骨作坊〔註 148〕，也有人認爲直接爲西周王室及上
層貴族服務〔註 149〕。這些推測可以在古文字資料中得到佐證，如西周王室
和貴族都有自己的「百工」，如《蔡簋》，王命蔡作宰，「司王家」，又命其「司
百工」（《集成》4340）；《伊簋》，王冊命伊「瞰官司康宮王臣妾、百工」（《集
成》4287）；《公臣簋》，虢仲命公臣曰：「司朕（朕）百工」（《集成》4184）；
《師𣆦簋》，伯龢父命師𣆦「瞰司我西扁（偏）、東扁（偏），僕（僕）駿（馭）
百工、牧臣妾」（《集成》4311）等。王家有王家之「百工」，虢仲有虢仲之
「百工」，伯龢父有伯龢父之「百工」，說明這些官工從原則上主要爲滿足主
人需要而服務，並非專門用於商業目的。陳國原是有虞氏的後人，本以「上
陶」著稱〔註 150〕，殷商滅亡以後，其父家長虞閼父作了周的「陶正」，被封
於陳。《左傳》襄公二十五年，子產曰：「昔虞閼父爲周陶正，以服事我先王。
我先王賴其利器用也」，「我先王賴其利器用」，說明陳氏生產陶器主要爲供

〔註 145〕王巍：《新中國考古六十年》，《考古》2009 年第 9 期。
〔註 146〕楊錫璋、高煒主編：中國社會科學院考古所編著：《中國考古學·夏商卷》，
　　　　北京：中國社會科學出版社，2003 年，第 421～422 頁。
〔註 147〕洛陽市文物工作隊：《1975～1979 年洛陽北窯西周鑄銅遺址的發掘》，《考古》
　　　　1983 年第 5 期。
〔註 148〕陝西周原考古隊：《扶風雲塘西周骨器製造作坊遺址試掘簡報》，《文物》1980
　　　　年第 4 期。
〔註 149〕張長壽、殷瑋璋主編：中國社會科學院考古所編著：《中國考古學·兩周卷》，
　　　　北京：中國社會科學出版社，2004 年，第 66 頁。
〔註 150〕《周禮·考工記》。

給周王室。《禮記·王制》日：「有圭璧金璋，不粥於市。命服命車，不粥於市。宗廟之器，不粥於市。犧牲不粥於市。戎器不粥於市」，這麼多東西不能在市場上買賣，就是因爲它們不是爲了商品交換而生產，只能是供貴族階級所享用。工、商主要爲統治者服務，還表現爲工、商業獨特的經濟模式，即「工商食官」制度。「食官」的手工業者，主要來自擅長某種手工業的家族〔註 151〕。這些手工業者由統治者提供原料，並且承擔手工業家族在服役期間的全部生活費用。「食官」的商人，單就鄭國而言，如《左傳》僖公三十三年，秦師想要襲擊鄭國，在滑地遇到鄭國商人弦高，他以四張熟牛皮和十二頭牛犒勞秦師，日：「寡君聞吾子將步師出於敝邑，敢犒從者，不腆敝邑，爲從者之淹，居則具一日之積，行則備一夕之衛」。弦高能夠犒師秦國軍隊，說明他可以代表代表國家身份，應該屬於官商；《左傳》昭公十六年，晉國韓宣子有一件玉環，這件玉環本爲一對，另一件在鄭國商人那裏，宣子求之於鄭伯，子產以「非官府之守器也，寡君不知」爲由，沒有給他。以杜絕「大國之人，令於小國，而皆獲其求，將何以給之」的後患，結果宣子向鄭國商人購買玉環，已經談好了價錢，商人卻說：「必告君大夫」。子產雖以「世有盟誓」爲說，但終難掩蓋其由官商的事實；《左傳》成公三年，記載魯宣公時候，晉國大夫知罃被楚人在戰場俘虜去，有一位鄭國的商人在楚國做買賣，要想把他藏在裝衣物的大口袋裏偷偷帶出楚國。計策已定好，還沒有實行，楚人就把知罃放回。後來那個商人到晉國去，知罃待他很好，同眞正救了自己一樣，商人謙謝不遑，就到齊國去了，說明鄭商的身份地位不會太低。通過以上的分析可知，商人能擔任救國之事，買賣要由官府控制，而且還能出入諸侯之廷，可見他們非同一般的商人，應該都是鄭國的「官商」，即「食於官」的商人。就其經營的內容而言，也多是些毛皮、牛馬和玉環之類的「市利寶賄」，故而只能是爲統治者上層服務的。這與印加帝國時期的情況相類似，手工業由政府向提供原料，並且所有那些從事指定工作的人們，由政府的公共開支維持生活〔註 152〕。由上可知，在「工商食官」制度下，手工業者和商人都是爲統治階級控制和服務，在這樣的情況下，商品生產是不可能實現的。商品生產的基本前提是發生於不同所有權之間的分工。

〔註 151〕這在前面的章節中有過討論，這裏不作專門論述，見本文第三章第一節《商代內服所見指定服役制度》和第四章第二節《王國與諸侯國內指定服役制度》。

〔註 152〕〔美〕普萊斯考特著：《秘魯征服史》，周葉謙、劉慈忠、吳蘭芳、劉言譯，北京：商務印書館，1996 年，第 62～63 頁。

換句話說，僅僅有分工並不足以形成商品，它的基礎是不同所有權的對立，如位於今天巴基斯坦北部的斯瓦特巴坦人，在一個村子內部，包括小店主、趕驢人、農民、金匠、裁縫、木匠、鐵匠、陶工、榨油工、棉花加工者、屠夫、皮匠、織布工、放牧者、渡船工、理髮匠、洗衣工等分工〔註153〕，這些世襲的職業群體，到了秋收後，依據習慣，按比例分得一定的糧食。這種高度發達的生產和勞動分工體系，並沒有形成商品交換，也更不需要貨幣〔註154〕。故馬克思舉古代印度的例子說：「在古代印度公社中就有社會分工，但產品並不成為商品……只有獨立的互不依賴的私人勞動的產品，才作為商品互相對立」〔註155〕。而春秋以前，工、商主要是由王室和貴族控制，我們看不到這種不同所有權的對立，所以當時並不是商品經濟。

　　二是社會分工滯後。在新石器時代，一個聚落集體在經濟上是相當封閉和自給自足的。綜合考察當時的農業、家畜飼養業、捕魚業、紡織、陶器製造等手工業諸方面的情況，明顯地可以看到一幅自給自足的生活畫面，所以當時的交換和流通極其罕見。有學者據發現於蘭州白道溝坪的製陶場和湖北宜都紅花套的石器製造場，認為史前各地出現過專業化生產和交換的經濟中心〔註156〕。依我們看來，這更像一種聚落內部的分工，而與商品交換無涉。從當時社會的發展階段上來看，也很難想像出現了專業化的經濟中心。恩格斯曾經說過：「在許多地方，都發現石器時代晚期的石器作坊的無可置疑的遺跡；在這種作坊中發展了自己技能的匠人，大概是靠全體和為全體工作，正如印度的氏族公社的終身手藝人至今仍然如此一樣。在這個階段上，除了部落內部發生的交換以外，決不可能有其他的交換，而且，即使是部落內部的交換，也仍然是一種例外的事件」〔註157〕。在商代，大部分居民仍過著男耕

〔註153〕〔美〕弗雷德里克・巴特著：《斯瓦特巴坦人的政治過程：一個人類學研究的範例》，黃建生譯，上海：上海人民出版社，2005 年，第 25 頁。

〔註154〕沈小榆：《失落的文明・印加》，上海：華東師範大學出版社，2001 年，第 61～62 頁。

〔註155〕中共中央馬克思恩格斯列寧史達林著作編譯局編：《馬克思恩格斯全集》（第 23 卷），北京：人民出版社，1972 年，第 55 頁。

〔註156〕嚴文明：《中國新石器時代聚落形態的考察》，《慶祝蘇秉琦考古五十五年論文集》編輯組：《慶祝蘇秉琦考古五十五年論文集》，北京：文物出版社，1989 年，第 32～33 頁；王震中：《中國文明起源的比較研究》，西安：陝西人民出版社，1994 年，第 171～172 頁。

〔註157〕中共中央馬克思恩格斯列寧史達林著作編譯局編：《馬克思恩格斯選集》（第四卷），北京：人民出版社，1995 年，第 160 頁。

女織，自給自足的生活。即使是從事手工業的勞動者，每每也兼營農業、漁獵、紡織等生產，所以在有些手工業者居住區也出土農業、漁業和紡織等生產工具。俞偉超先生曾指出，商代「城市聚落內雖已集中了當時規模最大的、技術最複雜的手工業生產，但許多居住區的出土物內容，同當時的一般村落遺址一樣，也有許多農具，不少居民顯然就近進行農業生產」〔註 158〕。西周時期，在民間也主要處在自給自足的自然經濟狀態，《尚書・酒誥》曰：「肇牽車牛，遠服賈，用孝養厥父母」，正是因為當時社會分工極為有限，只有利用不同產地由於自然條件差異而形成的產品種類差別，方能形成商品交換，所以說要「遠服賈」。就目的而言，更不是為了實現利益的最大化，而是為了孝養父母，可見這些「服賈」者並不是專業商賈。春秋時期，自給自足的自然經濟並沒有得到明顯改觀，如《國語・魯語下》，公父文伯退朝，見其母正在紡織。文伯勸止，其母曰：「王后親織元紞，公侯之夫人加之以紘、綖，卿之內子為大帶，命婦成祭服，列士之妻加之以朝服，自庶士以下，皆衣其夫」，這些「衣其夫」的行為，正是早期自然經濟的遺留。《左傳》文公二年，魯國臧文仲，「下展禽，廢六關，妾織蒲」，被孔子稱為「三不仁」。「廢六關」，廢，置也，即設置六關以向行者納稅〔註 159〕。「妾織蒲」，就是讓其臣妾編織蒲席販賣，可見當時統治者上層的商業行為，還很難為社會所認可。直到戰國時期，在有些地區社會分工依然不是很完善，如《周禮・考工記》曰：「粵無鎛，燕無函，秦無盧，胡無弓車。粵之無鎛也，非無鎛也，夫人而能為鎛也；燕之無函也，非無函也，夫人而能為函也；秦之無盧也，非無盧也，夫人而能為盧也；胡之無弓車也，非無弓車也，夫人而能為弓車也」。鄭玄注：「言其丈夫人人能作是器，不須國工。粵地塗泥，多草藏，而山出金錫，鑄冶之業，田器尤多」，「人人是器，不須國工」，正是社會分工不發達的表現，鄭注所述應該反映戰國時期的情況。由於自給自足的自然經濟在先秦時期長期佔有統治地位，故而在中國思想史上才會產生「小國寡民」的思想，如《老子・德經》曰：「小國寡人，使有什伯之器而不用，使人重死而不遠徙。雖有舟輿，無所乘之；雖有甲兵，無所陳之。使民復結繩而用之。甘其食，美其服，安其居，樂其俗，鄰國相望，雞狗之聲相聞，民至老死，不相往來」。這種自給

〔註 158〕俞偉超：《中國古代都城規劃的發展階段性》，《文物》1985 年第 2 期。
〔註 159〕詳見楊伯峻：《春秋左傳注》，北京：中華書局，1981 年，第 525 頁。

自足的自然經濟，可能與中國古代良好的自然條件有關，如《韓非子・五蠹》曰：「古者丈夫不耕，草木之實足食也；婦人不織，禽獸之皮足衣也。不事力而養足，人民少而財有餘，故民不爭。是以厚賞不行，重罰不用而民自治」；《史記・貨殖列傳》亦曰：「楚越之地，地廣人希，飯稻羹魚，或火耕而水耨，果隋蠃蛤，不待賈而足，地埶饒食，無饑饉之患，以故呰窳偷生，無積聚而多貧。是故江淮以南，無凍餓之人，亦無千金之家」。另據《中國礦業紀要》，最早進入文明社會的黃河中、下游和長江中、下游地區，各區域內部不缺乏木材，也不缺乏製作石器、骨器、陶器、銅器的石料、骨料、陶土和銅礦〔註160〕。人類社會越往早期受到自然環境的限制就越大，正如斯圖爾特所言：「簡單社會要比複雜社會更加受制於環境條件」〔註161〕。而中國古代社會良好的自然條件，正是自給自足之自然經濟得以維持的重要原因。在這種經濟條件下，社會分工自然不會很發達，商品經濟也很難發展起來。

　　三是貨幣經濟不發達。從考古資料上看，在河南偃師二里頭二期遺存中就發現了海貝〔註162〕。在商代墓葬中，以海貝隨葬是十分普遍的現象。其位置通常放在墓主人的口中、手中、腰部或者足端。數量無一定之規，普通民眾墓中有 1 枚、2 枚、3 枚、4 枚、5 枚、6 枚乃至 10 餘枚，貴族墓中隨葬貝的數量則可達數十、數百甚至數千枚之多。如早商時期的輝縣琉璃閣 M158、M203 和 M205 中，各有海貝 1 枚〔註163〕。在晚商的殷墟郭家莊 100 多座墓中，有 80 多座墓隨葬了 302 枚貝〔註164〕，婦好墓一座墓即隨葬有 6800 多枚貝〔註165〕。貝殼在商代已經充當一般等價物，具有了貨幣的職能，即使此點也需要存疑。有人因為商代婦好墓中出土了大量海貝，認為商代的商品經濟已經很發達。我們認為這樣的結論下得有些草率，讓我們看看商、周

〔註160〕丁文江、翁文灝等編：《中國礦業紀要》（第一次），農商部地質調查所，1921年。

〔註161〕陳淳：《文明與早期國家探源：中外理論、方法與研究之比較》，上海：上海書店出版社，2007 年，第 175 頁。

〔註162〕中國社會科學院考古研究所：《偃師二裏頭》，北京：中國大百科全書出版社，1999 年，第 137 頁。

〔註163〕中國社會科學院考古研究所：《輝縣發掘報告》北京：科學出版社，1956 年，第 31 頁。

〔註164〕中國社會科學院考古研究所：《安陽殷墟郭家莊商代墓葬》，北京：中國大百科全書出版社，1998 年，第 66、67 頁。

〔註165〕中國社會科學院考古研究所：《殷墟婦好墓》，北京：科學出版社，1980 年，第 220 頁。

金文中的賜貝情況便知（詳見附錄五）。從表格中我們看出，被賜貝、朋往往被當做一種榮耀，並鑄造器物銘記。從數量上來說，有的被賜二百貝，有的被賜數百朋，有的則只有兩、三貝或兩、三朋。關於一朋的數量，「有二貝說」、「五貝說」、「十貝說」。王國維認為，從甲骨、金文「朋」字造形看，「朋」由兩系貝構成，每系五貝，一「朋」應為十貝〔註166〕。即使以十貝一朋算，賞賜貝、朋也不是很多。從賞賜兩、三貝，就要鑄造青銅器銘記，可知貝雖然擔當了一般等價物，但流行不會很廣，可能只通行於上層社會當中。商代卜辭中也有賜貝的記載，如「……征不囚（咎），易（賜）貝二朋」（《合集》40073》）；「庚戌（卜），貞易（賜）多女屮（有）貝朋」（《合集》11438）。但在卜辭中貝常作為祭品敬獻給鬼神，如「重（惟）貝十朋，吉」、「其膚用舊臣貝，吉」（《合集》29694）；「丙戌卜，□，貞巫曰：敊貝于帚（婦），用，若」（《合集》5648）。貝可以作為鬼神祭品，從而告訴我們，不能一看到海貝就與貨幣等同起來。在民間則還主要停留在以物易物的實物交換階段，如《曶鼎》，銘文曰：「我既賣（贖）女（汝）五〔夫，效〕父用匹馬、束絲」（《集成》2838），用馬匹、絲綢換取五夫；《詩經・衛風・氓》曰：「氓之蚩蚩，抱布貿絲」，用布料換取絲；《孟子・滕文公上》，孟子問陳相許子之冠「自織之與？」陳相曰：「否，以粟易之」。接著孟子又問許子以釜甑爨，以鐵耕「自為之與？」陳相亦曰：「否，以粟易之」。用粟米換取衣物和鐵器。從這些資料得知，當時貨幣尚無法進入每個「與世隔絕」的村社，廣大勞動人民中的交換，當時一般仍舊處在「抱布貿絲」式的以物易物的原始階段。另外，作為天然形成的海貝，它們本身沒有一定的面額，還具有很大的原始性。只有那些具有指定價值的金屬貨幣，才具備價值尺度和價值儲藏的功能，馬克思曾經說：「商品交換越是打破地方的限制，商品價值越是發展成為人類勞動一般的體化物，貨幣形態也就越是歸到那種天然適於擔任一般等價物這種社會職能的產品，那就是貴金屬」〔註167〕。由上可見，商周時期以貝作貨幣，正是當時商品經濟不發達的反映。

由於春秋以前，工、商主要是為滿足統治者的需要服務，以及社會分工滯後、貨幣經濟不發達等原因，決定了發達的商品經濟不可能出現。商品經濟不發達，剩餘產品很少投入市場流通，王室、公室和各級貴族名目繁多的需求，

〔註166〕王國維：《說玨朋》，《觀堂集林》，北京：中華書局，2006 年，第 162 頁。
〔註167〕中共中央馬克思恩格斯列寧史達林著作編譯局譯：《資本論》（第一卷），北京：人民出版社，1975 年，第 66 頁。

在很大程度上只能固定地由某些特定的家族來滿足。在指定服役制度下，手工業的分工，是由統治者把各種生產分配給所屬的各個氏族或家族集團來進行，他們的剩餘產品完全歸統治者所有，這樣也阻撓了生產群眾之間自由的社會分工和產品的自由交換。在中國先秦時期乃至整個古代社會，自給自足的自然經濟一直佔有主體地位。民主改革前後，在一些存在指定服役現象的民族當中，商品經濟都不是很發達，如雲南西雙版納傣族的手工業，基本沒有從農業生產中分離出來，手工業只是作為農業的副業而存在〔註168〕。不但如此，對於那些想不種田去從事某項手工業製作的人，常為社會輿論所不齒，並予以各種限制，如景洪的曼令寨有一個銀匠，他從事手工業不願種田，引起全寨不滿，當他外出從事手工業活動時，家裏的雞和其他一些東西就會被人偷去，最後只好被迫脫離了村寨。勐罕的曼遠寨，鐵匠波陶滿和曼夏剪木工波章埋，都被迫分與土地，並譏諷他們「有力氣砍木頭，沒有力氣種田」，波章埋說：「我是木工，名字（傣語稱木工為「章埋」）也是木工，我這老木工不種田就是不行呀」。雲南梁河一帶的阿昌族，手工業已經有了一定的發展，但手工業者仍然主要以從事農業生產為主，並沒有完全靠手工業謀生者〔註169〕。傈僳族的小手工業和小商品尚未從農業生產中分離出來，家庭手工業、小商業與農業生產緊密地結合在一起，社會分工還很不明顯，原始的自然經濟占著統治地位。傈僳族內部雖然出現了商品交換，但是很不發達，仍盛行以物易物的原始交換方法。黃牛、鐵鍋、豬等是物物交換中的媒介和基本的計價單位〔註170〕。基諾族的手工業亦是農業的一種副業，沒有形成獨立的生產部門，打鐵、竹篾編織、理髮等工匠師，只不過是村社自給自足自然經濟的重要補充〔註171〕。西盟佤族的手工業，也沒有形成單獨的手工業部門，並與農業緊密結合為農業服務，作為農業的副業而存在〔註172〕。西雙版納的哈尼族，雖已出現了手工業生產，但都沒有與農業分離，他們不會冶煉，不購買原料和出售產品，只有對來料進行加工或簡單的修

〔註168〕《傣族簡史》編寫組：《傣族簡史》，昆明：雲南人民出版社，1985 年，第 145 頁。

〔註169〕《阿昌族簡史》編寫組：《阿昌族簡史》，昆明：雲南人民出版社，1986 年，第 59 頁。

〔註170〕《傈僳族簡史》編寫組：《傈僳族簡史》，昆明：雲南人民出版社，1983 年，第 90～91 頁。

〔註171〕《基諾族簡史》編寫組：《基諾族簡史》（修訂本），北京：民族出版社，2008 年，第 81 頁。

〔註172〕《佤族簡史》編寫組：《佤族簡史》，昆明：雲南教育出版社，1986 年，第 41 頁。

補。農閒期間進行的紡織、編織、釀酒等副業生產，也多爲自己消費，極少拿到市場進行交易，尚未形成本民族的初級市場。即或有少量物品拿到傣族或漢族市場出售，也多採用以物易物的形式進行交換〔註173〕。在印加帝國時期，印加人除了男女分工以外，並不存在生產中的勞動分工，每一個氏族甚至每一個家庭，實際上都是經濟上自給自足的。每一個婦女都能紡織、編席、製籃、製陶器、縫衣服，而每一個男子都能狩獵、作戰、製造武器、耕地、放牧以及從事公共建築。除了少數奢侈的工藝，如金屬製造和精工紡織以外，其他的技藝人人都能通曉〔註174〕。故而我們說，商品經濟的不發達決定了指定服役制度的「固定性」。

隨著戰國時期私人工商興起、社會分工發展、金屬貨幣普及，以及商業都會出現等原因，商品經濟獲得了極大發展。《荀子・王制》曰：「北海則有走馬吠犬焉，然而中國得而畜使之。南海則有羽翮、齒革、曾青、丹干焉，然而中國得而財之。東海則有紫紶、魚鹽焉，然而中國得而衣食之。西海則有皮革、文旄焉，然而中國得而用之。故澤人足乎木，山人足乎魚，農夫不斲削、不陶冶而足械用，工賈不耕田而足菽粟。故虎豹爲猛矣，然君子剝而用之。故天之所覆，地之所載，莫不盡其美，致其用，上以飾賢良，下以養百姓而安樂之」。國家可以網羅天下四方之利，人民得以用之，故而那種固定地由某些特定家族承擔的勞役形式也就失去了存在的必要，統治者需要的物品和勞役可以通過商品交換和雇人應役滿足，指定服役制度的「固定性」也就從此消失了，如廣西壯族，由於商品交換的發展，土官對貨幣的貪婪也日益增長，需要大量的貨幣去購買供其享受的商品。在南丹一帶，流行著「土官進城，驟馬馱銀」的謠諺。因此，過去以勞役爲主的剝削形式，已不能滿足土官的要求，他們逐步改用實物剝削或貨幣剝削，如淩雲縣境土司的官莊田，多採用徵收實物的辦法。大新縣境的土司，規定可以用錢來贖買「夫役」，或用實物來代替力役〔註175〕。所有這些，在土司禁革力役的碑文中有著詳細的記載，據調查，大新縣境的安平和太平兩個土州，從乾隆十二年（1747 年）至宣統二年（1910 年）間，陸續廢除了下列力役和徭役，即廢除了搬運磚瓦、

〔註173〕毛佑全、李期博著：《哈尼族》，北京：民族出版社，1989 年，第 22 頁。

〔註174〕〔美〕喬治・彼得・穆達克著：《我們當代的原始民族》，童恩正譯，成都：四川省民族研究所，1980 年，第 272 頁。

〔註175〕《壯族簡史》編寫組：《壯族簡史》（修訂本），北京：民族出版社，2008 年，第 54 頁。

挑鹽運草、修廟、抬轎護送和土官來往時的土丁操演等役，也廢除了奉送雞鴨、豬、芝麻、棉花、黃豆和隨時的雜征等剝削，只保留了田例梁銀，以及婚喪送禮和兵役徵調等項，逐步以實物或貨幣剝削來代替勞役剝削〔註176〕。

　　總之，春秋以前，由於工、商主要為統治者服務、社會分工滯後、貨幣經濟不發達，導致了當時社會還處在自給自足的自然經濟階段，剩餘產品很少投入市場流通。王室、公室和各級貴族名目繁多的需求，在很大程度上只能固定地由某些特定家族來滿足，從而決定了指定服役制度的「固定性」。然而隨著戰國時期私人工商的興起、社會分工的發展、金屬貨幣的普及，以及商業都會的出現等原因，商品經濟獲得了發展。那種固定地由某些特定家族承擔的勞役形式逐漸失去了存在的必要，統治者需要的物品和勞役可以通過商品交換和雇人應役來滿足，指定服役制度的「固定性」也就瓦解了。

6.2.4　超經濟強制與經濟剝削的遞嬗

　　由於地廣人稀，土地並不足以成為實現剝削的主要依據。

　　春秋以前，社會人口相當稀少。據《左傳》哀公元年記載，夏代的少康憑藉「有田一成，有眾一旅」，並能夠廣施恩德，開始實施復國計畫，以收集夏朝的餘部，安撫他的官員，於是滅亡過、戈等國，最終實現「復禹之績」。杜預注：「方十里為成，五百人為旅」。周公相武王，誅紂伐奄時，竟至「驅虎、豹、犀、象而遠之」〔註177〕，商之人口稀少便可想見。西周征商的武力，據《孟子・盡心》、《書序》及《戰國策・魏策一》，都是「甲車三百乘，虎賁三千人」。《逸周書・克殷解》謂「周車三百五十乘」，《墨子・明鬼下》則謂「車百輛」。關於每一乘的人數究竟有多少，說法並不一致。按照傳統說法，每輛戰車配備 75 名兵士，如鄭莊公「命子封帥車二百乘以伐京」，杜預注：「古者兵車一乘，甲士三人，步卒七十二人」；據《司馬法》云：「革車一乘，士十人，徒二十人」〔註178〕，每乘的兵士約有 30 人；也有人據《左傳》閔公二年，「齊侯使公子無虧帥車三百乘、甲士三千人以戍曹」，以及《左傳》僖公二十八年，晉國「獻楚俘于王，駟介百乘，徒兵千」，認為 10 人配備一輛戰車，加上甲士也不過 13 人〔註179〕。無論如何，每乘戰車的兵士數目不可能很

〔註176〕《壯族簡史》編寫組：《壯族簡史》（修訂本），北京：民族出版社，2008 年，第 54 頁。

〔註177〕《史記・殷本紀》。

〔註178〕《周禮・地官・小司徒》鄭玄注引。

〔註179〕許倬雲著：《中國古代社會史論──春秋戰國時期的社會流動》，鄔水傑譯，

大。就是按照每乘 75 人計算，若此為動員全國成年男子，則當時全部人口不過六七萬人。《左傳・閔公二年》關於衛國的記載可以作為旁證，魯閔公二年，衛為狄人所敗，復國之時，「衛之遺民男女七百有三十人，益之以共、滕之民為五千人。」衛在康叔受封建國時是頭等大國，又經過三四百年生育繁衍，而一旦敗績，就只剩下男女 734 人，此後 25 年才恢復到革車 300 乘，此時人口大約也只有 5 萬人左右。

　　相對過於稀少的人口來說，土地則十分廣闊。有了大片的荒地，人們往往捨棄舊地，遷徙它處另闢新地。《古本竹書紀年》記載夏的都邑，自禹至桀，一遷再遷，其居有八。殷都的遷徙自商之先祖契以來素來有「前八後五」之說，如《尚書・盤庚》曰：「不常厥邑，于今五邦！」《尚書序》曰：「自契至於成湯八遷」，「盤庚五遷」；《史記・殷本紀》也記載：「盤庚渡河南，復居成湯之故居，迺五遷無定處。」周的始祖后稷曾建都於邰，後公劉遷都於豳，古公亶父遷都於岐，到了文王的時代又遷都豐、鎬〔註 180〕。楚國在歷史上也曾屢次遷都，而且所遷的地點很多都稱為「郢」〔註 181〕。這種「不懷厥攸作，視民利用遷」的頻繁遷徙活動，沒有廣大的空地作為保障是不行的。《左傳》昭公十二年，楚國大夫子革曰：「昔我先王熊繹辟在荊山，篳路藍縷以處草莽」；《左傳》昭公十六年，子產對曰：「昔我先君桓公與商人皆出自周，庸次比耦以艾殺此地，斬之蓬蒿藜藋」；《左傳》襄公十四年，姜戎之子駒支稱晉惠公賜其土地時曰：「賜我南鄙之田，狐狸所居，豺狼所嗥。我諸戎除翦其荊棘，驅其狐狸豺狼」，這些都是大量荒野之地存在的例證。即使到了春秋晚期，宋、鄭之間還有六塊隙地〔註 182〕。

　　這種人少地多的狀況，直到春秋、戰國時期仍很突出。如《左傳》僖公十八年，梁伯開拓了疆土，卻不能徙民實之，把那個地方命名曰「新里」，其後便被秦國佔領了；《孟子・梁惠王上》，梁惠王歎息：「鄰國之民不加少，寡人之民不加多」；《商君書・徠民》篇，商鞅認為「今秦之地，方千里者五，

廣西師範大學出版社，2006 年，第 78～79 頁。
〔註 180〕分別見於《詩經・大雅・公劉》、《詩經・大雅・緜》、《詩經・大雅・文王有聲》。
〔註 181〕清華大學出土文獻保護中心編：李學勤主編：《清華大學藏戰國竹簡（壹）・楚居》，上海：中西書局，2011 年；盧中陽：《從清華簡〈楚居〉多郢看先秦時期的異地同名現象》，《簡帛語言文字研究》（第六輯），成都：巴蜀書社，2012 年。
〔註 182〕《左傳》哀公十二年和十三年。

而穀土不能處二，田數不滿百萬，其藪澤、谿谷、名山、大川之材物、貨寶，
又不盡爲用，此人不稱土也」；《呂氏春秋・貴卒》篇，吳起認爲楚國是「所
有餘者地也，所不足者民也」；《墨子・公輸》篇，墨子曰：「荊國有餘於地，
而不足於民」等，可見對人口的需求，仍然是各國的當務之急。在西雙版納
同樣存在這一現象，這一地區由於氣候溫暖，水稻一年可二三熟，但人們僅
種一季，多爲晚稻，其主要原因就是地廣人稀，擁有豐富的水田。「即使如此，
仍有未被利用的大量荒田存在，例如景洪盆地擁有水田 11 萬畝，但每年僅栽
種 55000 畝，僅占水田面積之一半，勐遮盆地擁有 181500 畝地，其中休耕的
荒田荒地爲 67000 餘畝，占田地總面積的 36.9%」〔註 183〕。

　　由於人少地多，荒地比比皆是，統治者控制了土地並不足以控制被剝削
的勞動者。而控制不了被剝削者，則無法實現剝削。因此，就中國而言，很
長時間是以爭奪人口及牲畜爲主，而不是土地，故而《周易・繫辭下》在談
到財富概念時說：「何以守位曰仁，何以聚人曰財」。在這樣的社會中要實現
剝削，獲得剩餘產品或剩餘勞動，首要條件是對勞動者人身的控制，土地所
有權往往處於次要的地位。控制人身的方式，往往是利用超經濟強制，即基
於氏族內部的分工、巫術和宗教的力量以及武力征服等來實現。

　　在人類社會早期，氏族內部的分工與巫術和宗教的力量往往是剝削產生
的主要途徑，進入國家社會後，武力征服便成爲建立剝削關係的重要手段。
夏代建國之初，據《古本竹書紀年》記載：「益干啓位，啓殺之」；《史記・
夏本紀》也記載，夏啓即位後，曾引起有扈氏的不服，夏啓伐之，大戰於甘。
「遂滅有扈氏，天下咸朝」。到太康時期，有窮氏的后羿發動叛亂，「因夏民
以代夏政」，其後因爲「不修民事，而淫於原獸」，被伯明氏的寒浞所滅。後
來少康憑藉「有田一成，有眾一旅」，滅亡了過、戈兩國，恢復了夏王朝的
統治〔註 184〕。商代，《詩經・商頌・玄鳥》曰：「天命玄鳥，降而生商」後，
「古帝命武湯，正域彼四方」。「正」，通「征」。「域」，有也。此句的意思是
商湯因征伐而有天下四方〔註 185〕。到了湯的第九代孫子武丁時期，「武丁孫
子，武王靡不勝」，王引之《經傳釋詞》認爲當作「在武王孫子，武丁靡不
勝」，此說甚確。這句話是歌頌成湯的孫子武丁戰無不勝。周初，周人以小

〔註 183〕宋恩常：《西雙版納自然概況》，《西雙版納傣族社會綜合調查（一）》，昆明：
　　　　　雲南民族出版社，1983 年，第 4 頁。
〔註 184〕《左傳》襄公四年。
〔註 185〕高亨：《詩經今注》，上海：上海古籍出版社，1980 年，第 528 頁。

滅大，從偏西一隅而統治廣大地域，也是通過武力征服實現的。武王滅商、周公東征、康昭南伐，大概可以說是周武力征服的三個主要階段。《逸周書‧世浮解》記載武王遂征四方，「凡憝國九十有九國」，「凡服國六百五十有二」，除被征伐的國家外，那些服國也明顯是屈於兵威下而臣服的。不僅如此，周人由於本身人口不多，分封到各地的人口更在少數。但在各國的內部，周文化與土著文化卻長期保持著一定的距離，即使同居住於一城之內，依然各成系統。如 1974 年，在洛陽北窯西周遺址，發現以拐道墓為中心的一個墓葬群，具有「殷人墓」的特點，墓室都有腰坑，葬俗都是頭南腳北。而在這一墓群的北邊約 200 米遠的地方，是又一西周墓群，出土銅器有「太保」、「豐伯」、「毛伯」、「康伯」等銘文，墓主當是西周貴族。在這裏曾經清理西周墓葬三百餘座，墓室均無腰坑，葬俗都是頭北腳南。發掘者認為這種葬制的不同，反映了殷人和周人的差異〔註 186〕。在山東曲阜魯國故城，兩周時期也存在兩種不同類型的墓葬，在葬式和葬俗方面，甲組西周墓人架頭向基本上向南、有腰坑殉狗，而乙組西周墓則頭向基本上向北、無腰坑殉狗之俗；在陶器組合方面，甲組墓陶器組合多成偶數，如四鬲、四簋、四罐、四豆等，而乙組西周墓的陶器組合器類比較簡單，一般都只有鬲、罐兩種器形，像甲組墓那種主要器類成耦數的組合，在乙組西周墓中不曾見；在器形方面，甲組墓流行簋、豆等圈足器，而乙組西周墓則完全不見簋、豆等圈足器〔註 187〕。根據周人一般沒有腰坑殉狗的習俗，所以推測甲組墓應該屬於殷人墓葬。在琉璃河西周燕國墓地，在 I 區墓葬中，墓坑上部及棺下腰坑中都有殉狗，而 II 區則不多見；I 區陶器組合基本上以鬲、簋、罐為主，而在 II 區發掘的 29 座墓中隨葬器物陶器以鬲、罐為主。發掘者據陶器組合和埋葬習俗分析，認為 I 區墓葬的墓主可能是殷移民，而 II 區的墓葬，除 II M254、II M264 外，應是滅商後被分封到燕地的周人墓葬。據 II 區有大型墓的存在，墓葬中發現青銅禮器銘文內容的分析，有理由相信存在於 II 區的墓葬應是燕侯家族的墓地〔註 188〕。朱鳳瀚先生認為，這一現象表明在周人貴族封土內，周人征服者與土著居民在大約整個西周時代，直至春秋早期皆恒守著各自的等級地位

〔註 186〕 洛陽博物館：《洛陽北窯村西周遺址 1974 年度發掘簡報》，《文物》1981 年第 7 期。

〔註 187〕 山東省文物考古研究所、山東省博物館、濟寧地區文物組、曲阜縣文管會編：《曲阜魯國故城》，濟南：齊魯書社，1982 年，第 188 頁。

〔註 188〕 北京市文物研究所：《琉璃河西周燕國墓地》，蘇大鈞：《北京考古集成》，北京：北京出版社，2000 年，第 128 頁。

而不相逾越〔註189〕。這些都很可能就是基於武力控制上的考慮。

　　隨著春秋、戰國時期生產力的提高，以及授田制開始出現，使得國家可以利用對土地的控制和佔有來剝削人民，如《荀子・王制》認爲按照王者之法，田野要徵什一之稅；《墨子・公孟》，墨子談到滅國時，曰：「以廣辟土地，著稅僞材」。孫詒讓是「籍斂貨財」的意思；《銀雀山漢墓竹簡・孫子兵法佚篇・吳問》談到晉國范、中行、韓、魏、趙的授田時，認爲范、中行、韓、魏不僅面積小，並且「伍稅之」，所以先亡。而趙國授田面積大，「公無稅焉」，所有「晉國歸焉」〔註190〕；《法律問答》：「部佐匿者（諸）民田，者（諸）民弗智（知），當論不當？部佐爲匿田，且可（何）爲？已租者（諸）民，弗言，爲匿田；未租，不論爲匿田」〔註191〕。「租」，就是指徵收田稅，「匿田」，即逃避按田地所徵受的租稅。這些都是以土地作爲徵稅的憑籍，即經濟的槓杆逐漸代替了超經濟的強制，從而指定服役制度的「強制性」，也就此消失了。

　　由上可知，春秋以前，由於人少地多與荒地的大量存在，土地並不足以成爲實現剝削的主要依據。在這樣的社會中要實現剝削，就只能是對勞動者人身的控制。控制人身的方式，往往是利用超經濟強制，即基於氏族內部的分工、巫術和宗教的力量以及武力征服等途徑。隨著春秋、戰國時期生產力的提高，以及授田制開始出現，使得國家可以利用對土地的控制和佔有來剝削人民，即經濟的槓杆逐漸代替了超經濟的強制，從而指定服役制度的「強制性」，也就此消失了。

6.3　新剝削體系的確立及其影響

6.3.1　新剝削體系的確立

　　春秋、戰國時期，新剝削體系逐漸確立起來。

　　從春秋時期開始，各國就相繼進行了賦稅改革。晉國於《左傳》僖公五年，「作州兵」。魯國於《左傳》宣公十五年，「初稅畝」。《春秋》成公元年，

〔註189〕朱鳳瀚：《商周家族形態研究》，天津：天津古籍出版社，2004 年，第 257～258 頁。

〔註190〕銀雀山漢墓竹簡整理小組編：《銀雀山漢墓竹簡》（壹）（下編），北京：文物出版社，1985 年，第 30 頁。

〔註191〕睡虎地秦墓竹簡整理小組：《睡虎地秦墓竹簡》，北京：文物出版社，1990 年，第 218 頁。

「作丘甲」。《春秋》哀公十二年，「用田賦」。鄭國於《左傳》昭公四年，「作丘賦」。楚國於《左傳》襄公二十五年，「楚蔿掩爲司馬，子木使庀賦、數甲兵。甲午，蔿掩書土田，度山林，鳩藪澤，辨京陵，表淳鹵，數疆潦，規偃豬，町原防，牧隰皋，井衍沃。量入修賦，賦車籍馬，賦車兵、徒兵、甲楯之數」。齊國據《國語・齊語》記載，對伍鄙實行「相地而衰征」的稅收政策。秦國則於秦簡公七年，實行「初租禾」〔註192〕，於秦孝公十四年，實行「初爲賦」。對於這些賦稅改革內容的理解，學者爭論頗多。然就其實質而言，則可歸納爲按地區和田畝征役，以及實物代役兩端〔註193〕。

首先是按地區和田畝徵役。按地區徵役，如《左傳》僖公十五年，晉國的「作州兵」。韓原之戰，晉惠公被俘，秦穆夫人爲其求情，秦國於是同意與晉國和解，晉侯使郤乞告訴瑕呂飴甥，同時召他前來。瑕呂飴甥教郤乞：「朝國人而以君命賞。且告之曰：孤雖歸，辱社稷矣，其卜貳圉也」。郤乞回去照辦，眾人都被感動得哭了，晉國因而開始「作爰田」。關於「作爰田」，學術界有多種說法〔註194〕，然而從《左傳》文義判斷，「作爰田」當是作爲賞賜的內容。瑕呂飴甥言：「朝國人而以君命賞」，「眾皆哭，晉於是乎作爰田」，「君命賞」與「作爰田」應該是指同一件事情。《國語・晉語三》記載此事時說：「且賞以悅眾，眾皆哭，爲作轅田」。從下文「眾皆說，爲作州兵」來看，「作轅田」應該是承上文賞以悅眾的內容。賞賜完眾人以後，晉於是「作州兵」。

〔註192〕《史記・六國年表》。

〔註193〕趙世超先生曾指出，各國的改革「就其實質而言，則必須注意到變按家族攤派勞役爲按地區徵役和允許以實物代役兩端」，見趙世超：《指定服役制度略述》，《陝西師範大學學報》（哲學社會科學版）1999年第3期。

〔註194〕有賞賜說，賈逵、服虔、孔晁等認爲是賞田，見《國語・晉語三》韋昭注引和《左傳》僖公十五年孔穎達疏引。近人王毓銓先生主此說，見王毓銓：《爰田（轅田）解》，《歷史研究》1957年第4期。杜預則持賞稅說，稱「爰田」爲「分公田之稅應入公者，爰之於所賞之眾」，見《左傳》僖公十五年杜預注；有以田出車賦說，賈侍中云：「或云轅，車也，以田出車賦」，見《國語・晉語三》韋昭注引；換田說，張晏、孟康認爲：「爰田」有周制與秦制兩種，周制「爰田」即換田，以使受田者通過定期換田而均享良田與瘠田。張晏曰：「周制三年一易，以同美惡」，孟康曰：「三年爰土易居，古制也」，見《漢書・地理志》顏師古注。近人王恩田先生主此說，見王恩田：《臨沂竹書〈田法〉與爰田制》，《中國史研究》1989年第2期：「爰田」即牛耕之田說，袁林先生認爲，「晉『作爰田』的主要內容，就是進行以鐵犁牛耕爲基礎和核心、以壟甽耕作方法爲表現形式的農業技術革命」，見袁林：《兩周土地制度新論》，長春：東北師範大學出版社，2000年，第199頁。以上諸家說法參考了袁林先生《兩周土地制度新論》中的分類。

杜預注：「五黨爲州，州二千五百家也，因此又使州長各繕甲兵」。孔穎達疏：「正義曰：《周禮》：『鄉大夫以歲時登其夫家之眾寡，辨其可任者。』州長則否。今以州長管人既少，督察易精，故使州長治之」。可見舊注是以「州」爲行政單位。「州」，甲骨文中作「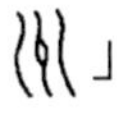」，羅振玉先生認爲「州爲水中可居者，故此字旁象川流，中央象土地」〔註 195〕，《說文》亦云：「水中可居曰州」。「州」本是指水中可居的地方，進而可指人所聚居之處，如《釋名・釋州國》：「州，聚也」，所以「州」是指水中適於人居的高地或人所聚居之處。考之《左傳》，稱爲「某州」者有「戎州」、「夏州」、「平州」、「瓜州」、「陽州」、「舒州」等，也有稱爲「州某」，如「州來」、「州屈」。《左傳》哀公十七年，衛莊公「登城以望，見戎州」。公曰：「我姬姓也，何戎之有焉？」於是「翦之」。杜預注：「戎州，戎邑」。衛莊公稱姬姓國何故有戎邑，「翦之」，即消滅其邑聚。《左傳》襄公十四年，范宣子責備戎子駒支曰：「姜戎氏！昔秦人迫逐乃祖吾離于瓜州，乃祖吾離被苫蓋，蒙荊棘，以來歸我先君」。杜預注：「四嶽之後，皆姓姜又別爲允姓。瓜州地在今敦煌」，這裏的「瓜州」也是指戎邑而言。其他「某州」和「州某」者，都沒有明確是指一級行政單位。所以晉國「作州兵」，就其本質而言，應該是指對群聚於國外邑中沒有當兵資格的野人進行徵兵。《春秋》成公元年，魯國「作丘甲」，「丘」，舊說也認爲是一級行政單位，如鄭玄注：「《周禮》：『九夫爲井，四井爲邑，四邑爲丘。』丘十六井，出戎馬一匹，牛三頭。四丘爲甸，甸六十四井，出長轂一乘，戎馬四匹，牛十二頭，甲士三人，步卒七十二人。此甸所賦，今魯使丘出之，譏重斂，故書」。然而細檢《春秋》、《左傳》，中國古代聚落稱丘者，直到春秋時代仍多可見，如「中丘」、「楚丘」、「犬丘」、「祝丘」、「桃丘」、「穀丘」、「句瀆之丘」、「餘丘」、「葵丘」、「乘丘」、「桐丘」、「梁丘」、「黍丘」、「揖丘」、「頃丘」、「虛丘」、「牡丘」、「莱丘」、「宗丘」、「帝丘」、「壺丘」、「長丘」、「戾丘」、「鄸丘」、「陽丘」、「邢丘」、「清丘」、「巢丘」、「渠丘」、「苕丘」、「幽丘」、「瓠丘」、「商丘」、「重丘」、「閭丘」、「廩丘」、「平丘」、「著丘」、「泉丘」、「赭丘」、「老丘」、「雍丘」、「豐丘」、「英丘」、「犁丘」、「桐丘」等，也有稱「丘某」，如「丘輿」、「丘皇」等。《說文》曰：「丘，土之高也」，「丘」本是指高地，因爲古人多居住在相對較高的臺地上，所以後來人們將「丘」引申爲野人所聚居的地方。「甲」，是指兵甲，如《左傳》昭公八年，齊子尾卒，子旗想要治理子尾的家政，子尾之

〔註 195〕于省吾：《甲骨文字詁林》，北京：中華書局，1996 年，第 1727 頁。

臣「授甲，將攻之。陳桓子善於子尾，亦授甲，將助之」。這裏「甲」指兵甲，也可指穿兵甲之士兵，如《左傳》襄公十九年，「子孔當罪，以其甲及子革、子良氏之甲守」；《左傳》襄公二十八年，「慶氏以其甲環公宮」等，都是指士兵。丘本來是不出兵役的，如《穀梁傳》成公元年，「何以書？譏。何譏爾？譏始丘使也」。所以魯國「作丘甲」是開始對野中之民徵發兵賦或兵役。《左傳》昭公四年，晉國子產「作丘賦」。「丘」也即「作丘甲」之「丘」，即野人聚居的地區。「賦」本指兵賦，其基本內容大約是車馬、甲楯和車兵、徒兵等，如《左傳》襄公二十五年，楚國蔿掩爲司馬，子木使庀賦、數甲兵。「量入修賦，賦車籍馬，賦車兵、徒兵、甲楯之數」。所以鄭國「作丘賦」是指開始對「丘民」徵車馬、甲楯和車兵、徒兵等兵賦。總而言之，「丘」或「州」是野中小邑或野人聚居區域的別稱，而春秋時期先後發生於晉國的「作州兵」，魯國的「作丘甲」，以及鄭國的「作丘賦」等改革，其根本之點就是向野中之人征役。同時，在春秋時期也出現了按田畝征役的現象，如魯國在「作丘甲」之後，於《左傳》哀公十一，季孫欲以田賦，使冉有諮詢孔子，孔子不回答，私下裏對冉有說：「君子之行也，度於禮，施取其厚，事舉其中，斂從其薄，如是，則以丘亦足矣。若不度於禮，而貪冒無厭，則雖以田賦，將又不足。且子季孫若欲行而法，則周公之典在，若欲苟而行，又何訪焉？」《左傳》哀公十二年，季康子最終「用田賦」。「以田賦」或「用田賦」，即對田進行徵賦，比較「作丘甲」，顯然又跨越了一大步。故杜正勝先生認爲：「『用田賦』則全農皆兵，不復有正夫餘子之別，也沒有國野的區分。從服兵役的權力或義務而言，『齊民』即在此時出現」〔註196〕。總而言之，「作州兵」、「作丘甲」、「作丘賦」，以及「用田賦」雖名目不同，其根本之點卻均爲拓展徵兵範圍，開始按地域和田畝徵發兵役和兵賦。

其次是實物代役。魯國於《左傳》宣公十五年，實行「初稅畝」，「初稅畝」即《公羊傳》宣公十五年所云：「稅畝者何？履畝而稅也」。在「初稅畝」以前，國家對土地剝削主要施行借民力而耕的「籍田」形式。《左傳》宣公十五年，曰：「穀出不過藉，以豐財也」。《穀梁傳》宣公十五年，亦云：「初者，始也。古者什一，藉而不稅」。魯國「初稅畝」，應該是實物稅出現的標誌，從而按照每戶實耕地的多少徵收國稅，它的出現體現了部分指定勞役開始向實物代役過渡。同時，其他諸侯國也都出現了實物代役的情況，如《左

〔註196〕杜正勝：《編戶齊民》，台北：聯經出版事業公司，1990年，第54頁。

傳》哀公二年，「周人與范氏田，公孫尨稅焉」，杜預注：「尨，范氏臣，爲范氏收周人所與田之稅」。可見晉國范氏已經向其封田上的農民徵收實物稅；《國語‧晉語九》：「趙簡子使尹鐸爲晉陽。請曰：『以爲繭絲乎？抑爲保障乎？』簡子曰：『保障哉！』尹鐸損其戶數」。韋昭注「損其戶，則民優而稅少」，繭絲以喻賦稅，損其戶數，則每戶的負擔就可減輕，可見趙氏在其采邑中已經實行實物稅了；《左傳》昭公十八年，鄭國發生火災，於是「書焚室而寬其征，與之材」，趙世超先生指出文獻中的許多「征」應包括著徵稅，甚至主要指徵稅〔註197〕，所以「寬其征」，是指減免受災民戶的實物稅收；《國語‧齊語》假託齊桓公問管仲曰：「伍鄙若何？」管子對曰：「相地而衰征，則民不移」〔註198〕，「衰」是等差的意思，「征」是賦稅。「相地而衰征」，就是看土地的好壞來等差賦稅之輕重，即《管子‧大匡》之「案田而稅」，「案田而稅」也是指徵收實物稅而言。此外，春秋時期兵賦也開始徵收實物，如《論語‧先進》曰：「季氏富於周公，而求也爲之聚斂而附益之」。《孟子‧離婁上》談到此事時說：「求也爲季氏宰，無能改其德，而賦粟倍他日」。可見冉求之聚斂主要通過「賦粟」來實現，「賦粟」即指兵賦徵收粟米。《左傳》哀公十一年，陳轅頗爲司徒，「賦封田以嫁公女。有餘，以爲己大器」。這裏賦的目的是爲了「嫁公女」，並不是指徵發兵役，應該是指徵收實物而言。在一些民族資料中同樣經歷了指定勞役向以實物代役，甚至是以貨幣代役的轉變，如雲南西雙版納在民主改革前，「傣勐」階層就出現了以穀物代役的現象，在景洪地區稱爲「烤汗」，由於曼達等寨農民耕種「召片

〔註197〕趙世超：《周代國野制度研究》，西安：陝西人民出版社，1991 年，第 250 頁。

〔註198〕關於《國語‧齊語》的年代，最值得關注的是它與《管子‧小匡》篇大體相同。《管子》一書帶著許多戰國的印記，並非春秋時的管仲遺著，而是作於戰國時的田氏齊國，學術界已經基本達成了共識，見胡家聰：《管子新探》，北京：社會科學出版社，2003 年，第 14 頁。但究竟是誰抄襲了誰，還是另有所本，這涉及《國語‧齊語》的年代問題，學術界對此尚有不同說法，如羅根澤先生把《小匡》定爲在《齊語》之後，顧頡剛先生則認爲：「編《國語》的人就把《小匡》一篇略加壓縮和修改，算作《齊語》」。而胡家聰認爲：「《小匡》和《齊語》均出於同一個古時的底本，兩者是分別輾轉傳抄的兩種傳抄本」，以上見胡家聰：《管子新探》，北京：社會科學出版社，2003 年，第 273～274 頁。不管怎樣，綜合考察《國語‧齊語》，其中出現了「四民」、對人民加以編制、選賢任能、相地衰征、贖刑等現象，我們認爲《國語‧齊語》不會太早，應該主要是戰國時期的作品。

領」的土地，收穫時故意拋撒穀粒，他們說：「召的穀子多拋些，我們的穀子才長得好」。曼紐、曼莫竜等寨子的農民耕種「召片領」的「納永」（以納開頭的爲田地名）時，發生過「倒插秧」的事件，「召片領」以後索性取消代耕勞役，規定每「永」（約合 8 畝）改爲繳納穀子 80 挑，稱爲「烤汗」，「汗」是懶的意思，「烤汗」譯爲「懶穀」，意即農民懶做，「召片領」也懶於進行監督，只好徵收實物。勐籠和勐罕稱「烤空」，一個「空」是一個人常年的勞役，「烤」是穀子，「烤空」就是以穀子作爲免役的代價，所以「烤空」是由勞役剝削轉化爲實物剝削的一種形式。還有景洪的「烤罵納」（田祿），景糯的「烤朗召」（官租），以及土地較多的村社出租給外寨土地收取的集體租「烤咖納」等，都採用了實物剝削的形式〔註 199〕。於此同時，「滾很召」爲土司提供的家內勞役也大部轉化爲實物代役租，如勐罕的「滾很召」分爲三個「滾堂」，爲「召勐」提供勞役，民主改革前已改爲繳納實物，每個「滾空」繳納穀子 15 挑，柴火二拿、馬草 15 挑；又如「召片領」在景洪、勐海和景眞的十二個養馬寨，原來按村寨挨戶替「召片領」養馬，以後折成貨幣代役租，其中勐海的 8 個寨子每月交銀 84 元。改爲實物代役租後，只在「開門節」輪流服一、二次〔註 200〕。召莊服滾課（警衛）的勞役也隨之改變，景洪曼書公召莊寨，原來要負責派人給「召片領」當警衛，後改爲每年交穀子一百二十斤，銀幣一百二十元〔註 201〕。這些都是勞役剝削向實物剝削過渡的實證。在雲南耿馬，孟定土司轄區內的村寨，種門戶田的人家除了出「官租」外，還要出一些實物代役租，如上壩各戶不當親兵要出「親兵穀」，每戶每年兩擔多。上、下壩各寨每年要出「放馬穀」、「放炮穀」、「守倉穀」、「砍懶碓（按水碓）穀」、「舂碓穀」、「挑水穀」、「燒茶、燒開水穀」、「跑信穀」、「煮飯穀」，等等，這些「穀」就是由指定勞役轉化而來的實物剝削〔註 202〕。河北青龍縣的肖營子，原屬清代正白旗漢軍「包衣」後裔的「野雞差」，到

〔註 199〕民族問題五種叢書雲南省編輯委員會編：《傣族社會歷史調查：西雙版納之二》，昆明：雲南民族出版社，1983 年，第 17～20 頁。

〔註 200〕《傣族簡史》編寫組：《傣族簡史》，昆明：雲南人民出版社，1985 年，第 163～164 頁。

〔註 201〕曹成章：《傣族農奴制與宗教婚姻》，北京：中國社會科學出版社，1980 年，第 108 頁。

〔註 202〕雲南省編寫組：《臨滄地區傣族社會歷史調查》，昆明：雲南人民出版社，1986 年，第 26 頁。

光緒年間，也變爲了折錢交納。活雞每年隨市價高低折算，死雞則每只交一
吊錢〔註 203〕。

　　戰國時期隨著家族解體和地緣關係發展，在「編戶齊民」基礎上，建立
起了以「稅、賦、役」爲主要形式的新剝削體系。

　　稅，《說文》曰：「稅，租也」，《漢書・刑法志》：「有稅有賦」，顏師古曰：
「稅者，田租也」。「田租」是漢代的稱法，「稅」在先秦時期，主要指國家向
授田農民所收的土地稅。稅所要徵收的物品主要是粟，如《呂氏春秋・審應》：
「衛嗣君欲重稅以聚粟」；《商君書・墾令》：「訾粟而稅」；《商君書・去強》：
「舉民眾口數，生者著，死者削。民不逃粟，野無荒草」；《管子・霸形》：「使
稅者百一鍾」，「鍾」是一種重量單位，即百石穀物稅取一鍾；《史記・孟嘗君
列傳》：「孟嘗君相齊，其舍人魏子爲孟嘗君收邑入」，《索引》曰：「收，謂收
其國之租稅」，結果三反而不致一入。後來有人譭謗孟嘗君，謂其將爲亂，湣
王對他產生了懷疑。「魏子所與粟賢者聞之，乃上書言孟嘗君不作亂」，於是
孟嘗君才得歸老於薛。「魏子所與粟賢者」，表明所收之「邑入」主要是粟；《商
君書・農戰》，百姓曰：「我疾農，先實公倉，收餘以事親」；《周禮・地官・
旅師》，「掌聚野之勌粟、屋粟、閒粟」，這些資料都說明當時徵稅的內容主要
是指糧食。徵稅的對象主要是田畝，如《管子・大匡》：「案田而稅，二歲而
稅一，上年什取三，中年什取二，下年什取一，歲饑不稅，歲饑弛而稅」，「案
田而稅」，即按照田畝徵稅，根據年度收成好壞，稅額也有一定的差異；《管
子・乘馬數》：「有一人耕而五人食者，有一人耕而四人食者，有一人耕而三
人食者，有一人耕而二人食者，此齊力而功地。田策相圓，此國策之持也」，
「田策相圓」即稅額與田等相符；《睡虎地秦墓竹簡・法律問答》：「已租者（諸）
民，弗言，爲匿田；未租，不論爲匿田」〔註 204〕，「租」，《說文》曰：「田賦
也」，此處意爲徵收田稅，「匿田」，即逃避按田地所徵受的租稅；《銀雀山漢
墓竹簡・孫子兵法佚篇・吳問》謂范、中行、韓、魏、智五家，雖然制田大
小不同，但都是以田爲基礎「伍稅之」〔註 205〕，這些都說明稅的徵收對象主

〔註 203〕《民族問題五種叢書》遼寧省編輯委員會：《滿族社會歷史調查》，瀋陽：遼
　　　　　寧人民出版社，1985 年，第 226～227 頁。
〔註 204〕睡虎地秦墓竹簡整理小組：《睡虎地秦墓竹簡》，北京：文物出版社，1990 年，
　　　　　第 218 頁。
〔註 205〕銀雀山漢墓竹簡整理小組編：《銀雀山漢墓竹簡》（壹）（下編），北京：文物
　　　　　出版社，1985 年，第 30 頁。

要是土地。

賦，原指軍賦，如《漢書・刑法志》曰：「稅以足食，賦以足兵」。《史記・秦本紀》，秦孝公十四年，「初爲賦」，《索隱》引譙周云：「初爲軍賦也」。春秋以前，「賦」往往也是軍隊的代稱，如《左傳》隱公四年，衛國州籲派人告訴宋國曰：「君若伐鄭以除萬害，吾爲主、敝邑以賦與陳、蔡從」；《左傳》成公二年，齊、晉「鞌之戰」，齊侯派人請戰曰：「不腆敝賦，詰朝請見」；《左傳》昭公十三年，劉獻公對叔向曰：「天子之老，請帥王賦，元戎十乘」；《左傳》襄公七年有「邾賦六百乘」等都是指軍隊，這些「賦」都與軍賦有關。徵賦的對象春秋以前主要是針對國中的家族，如《左傳》昭公十六年，子產曰：「孔張，君之昆孫子孔之後也……立於朝而祀於家，有祿於國，有賦於軍，喪祭有職」，孔張「有賦於軍」，是說子張家族固定有軍事義務。《左傳》哀公十一年，齊國國書、高無丕帥師伐魯，季孫之宰冉求曰：「魯之群室，眾於齊之兵車。一室敵車，優矣」，「室」，據趙世超先生研究，表示活的財產，主要指的是人，包括妻妾、子女和家內奴隸，通常被總稱爲帑〔註206〕。「魯之群室，眾於齊之兵車」，說明魯國也是按家族出賦。到了春秋中晚期，由於爭霸戰爭和「辟土服遠」活動愈演愈烈，各國迫切需要擴大兵員。故而晉國「作州兵」、魯國「作丘甲」、鄭國「作丘賦」，其根本之點均在於拓展徵賦範圍，開始對野人徵兵賦。及至戰國，隨著戰爭規模進一步擴大以及戰事的經常化，國家進一步推行針對郡縣徵兵的制度，如《史記・秦始皇本紀》，記載長信侯嫪毐作亂，矯王御璽及太后璽，「發縣卒，及衛卒、官騎、戎翟君公、舍人，將欲攻蘄年宮爲亂」。秦始皇知道後，「令相國昌平君、昌文君發卒攻毐」。《史記・穰侯列傳》，記載「魏氏悉其百縣勝甲以上戍大梁」，這兩則材料都是關於對郡縣徵兵的記錄。同時，各國還需要對邊關要塞經常性地加以戍守，常備兵也成爲了列國之必須。《漢書・刑法志》所謂的「齊湣以技擊強，魏惠以武卒奮，秦昭以銳士勝」，正說明了齊、魏、秦等國組成了專門化的常備武裝。隨著由國人才能當兵到按郡縣徵兵的轉變，徵賦的對象逐漸轉移爲郡縣制下的人、戶和田畝。按田畝徵賦，始自魯哀公十二年的「用田賦」，戰國時期也沿襲了這種徵賦方式，《睡虎地秦墓竹簡・秦律十八種・田律》曰：「入頃芻稾，以其受田之數，無墾不墾，頃入芻三石、稾二石」〔註207〕。但戰國時期最主

〔註206〕趙世超：《說「室」》，《考古與文物》1992年第3期。
〔註207〕睡虎地秦墓竹簡整理小組：《睡虎地秦墓竹簡》，北京：中華書局，1978年，

要征賦的對象還是人和戶，如《商君書‧墾令》：「以其食口之數，賦而重使之，則辟淫遊惰之民無所於食」。據《荀子‧議兵》，魏氏之武卒，「衣三屬之甲，操十二石之弩，負服矢五十個，置戈其上，冠胄帶劍，贏三日之糧，日中而趨百里，中試則復其戶，利其田宅」。《史記‧商君列傳》，商鞅使「民有二男以上不分異者，倍其賦」，《正義》曰：「民有二男不別爲活者，一人出兩課」。《睡虎地秦墓竹簡‧法律問答》把「匿戶弗繇（徭）、使」，稱爲「弗令出戶賦」〔註208〕，即不令其繳納戶賦。《漢書‧食貨志》記載秦用商鞅之法，「田租口賦，鹽鐵之利，二十倍於古」，「口賦」就是按人頭徵稅。「賦」所徵收的內容也在不斷地變化。春秋以前，無論是針對國中的家族，還是「作州兵」、「作丘甲」、「作丘賦」以後針對野中「州」、「丘」等徵收兵賦的內容，既包括出人，又包括出車馬、武器、衣甲等物品，如西周早期的《狀馭簋》，「狀駿（馭）從王南征」（《集成》3976），又據《狀馭觥蓋》記載，「狀駿（馭）弟史邇（饋）馬」（《集成》9300），說明軍隊中負責爲王馭馬的職事，不僅要出人服役，而且服役用的馬匹也由其負責。《詩經‧小雅‧出車》記載了周宣王時代玁狁入寇，詩人奉命應役，詩云：「我出我車，于彼牧矣」、「我出我車，于彼郊矣」，說明詩人要自帶車輛服役。《詩經‧大雅‧抑》作於東周初年衛武公時期，詩文曰：「修爾車馬，弓矢戎兵，用戒戎作，用逷蠻方」，這裏「戎兵」，指兵器。「戒」，準備。「戎」，指軍隊。「作」，起也。「逷」，剪除也。「蠻方」，當指楚國〔註209〕。從統治者的戒告中我們可以看出，服兵役者也既要出人，又要出車馬、弓矢。《尚書‧費誓》記載魯僖公伐徐在費地誓師時〔註210〕，曰：「徂茲淮夷、徐戎並興。善敕乃甲胄，敿乃干，無敢不弔！備乃弓矢，鍛乃戈矛，礪乃鋒刃，無敢不善！」服兵役者同樣要自帶甲胄、盾牌、弓矢和戈矛等物品。又從下文「峙乃糗糧，無敢不逮」來看，「峙」，具也。「糗」，《說文》曰：「熬米麥也」，可見糧草之類可能也需要自備〔註211〕。《左傳》襄公二十五年，春秋時期楚國「量入修賦」，仍要「賦車籍馬，賦車兵、徒卒、甲楯之數」。隨著戰國時期按郡縣徵兵的推廣和齊之技擊、魏之武卒、秦之銳士等

　　　第 27～28 頁。

〔註208〕睡虎地秦墓竹簡整理小組：《睡虎地秦墓竹簡》，北京：文物出版社，1990 年，第 222 頁。

〔註209〕高亨：《詩經今注》，上海：上海古籍出版社，第 433～436 頁。

〔註210〕蔣善國：《尚書綜述》，上海：上海古籍出版社，1988 年，第 250～251 頁。

〔註211〕周秉鈞：《尚書易解》，長沙：嶽麓書社，1984 年，第 309 頁。

常備兵的出現。選練之士中試者則復其身及戶，專門當兵，而其所賦的物品則由其他農戶承擔，於是便出現了賦在內容上人與物的分離。如《孟子·離婁上》，孟子曰：「求也為季氏宰，無能改於其德，而賦粟倍他日」；《淮南子·氾論訓》：「秦之時，入芻稾，頭會箕賦，輸於少府」；《韓非子·外儲說左上》曰：「持白馬非馬也服齊稷下之辯者，乘白馬而過關，則顧白馬之賦」；《戰國策·魏策三》謂：「通韓之上黨於共、莫，使道已通，因而關之，出入者賦之」等，這些賦都是指徵收物品而言。到了秦漢時期，賦還出現了折錢徵收的情況，如《張家山漢墓竹簡·二年律令·田律》：「五月戶出賦十六錢，十月戶出芻一石，足其縣用，餘以入頃芻律入錢」〔註212〕；《張家山漢墓竹簡·二年律令·金布律》：「租、質、戶賦、園池入錢縣道官，勿敢擅用，三月壹上見金、錢數二千石官，二千石官上丞相、御史」〔註213〕；《張家山漢墓竹簡·奏讞書》：「變（蠻）夷大男子歲出五十六錢以當繇賦」〔註214〕；《後漢書·南蠻傳》曰：「秦惠王並巴中，以巴氏為蠻夷君長，世尚秦女，其民爵比不更，有罪得以爵除。其君長歲出賦二千一十六錢」。

役，戰國時期包括勞役和兵役兩種。勞役，如《孟子·萬章下》曰：「庶人，召之役，則往役」，「往役，義也」；《管子·乘馬》曰：「距國門以外，窮四境之內，丈夫二犁，童五尺一犁，以為三日之功」，任何人都必須為國家按定額服三天徭役；《睡虎地秦墓竹簡·廄苑律》：「今課縣、都官公服牛各一課，卒歲，十牛以上而三分一死；不盈十牛以下，及受服牛者卒歲死牛三以上，吏主者、徒食牛者及令、丞皆有罪。內史課縣，大倉課都官及受服者」〔註215〕，「徒」是指服徭役的人；《荀子·大略》：「八十者一子不事，九十者舉家不事，廢疾非人不養者，一人不事，父母之喪，三年不事，齊衰大功，三月不事，從諸侯來，與新有昏，期不事」，是說享受免除勞役的具體情況。兵役，如《商君書·徠民》：「今王發明惠，諸侯之士來歸義者，今使復之三世，無知軍事」，「無知軍事」就是不服兵役；《商君書·算地》：「故為國分田數小。畝五百，

〔註212〕張家山二四七號漢墓竹簡整理小組：《張家山漢墓竹簡〔二四七號墓〕》（釋文修訂本），北京：文物出版社，2006年，第43頁。
〔註213〕張家山二四七號漢墓竹簡整理小組：《張家山漢墓竹簡〔二四七號墓〕》（釋文修訂本），北京：文物出版社，2006年，第67頁。
〔註214〕張家山二四七號漢墓竹簡整理小組：《張家山漢墓竹簡〔二四七號墓〕》（釋文修訂本），北京：文物出版社，2006年，第91頁。
〔註215〕睡虎地秦墓竹簡整理小組：《睡虎地秦墓竹簡》，北京：文物出版社，1990年，第33頁。

足待一役，此地不任也。方土百里，出戰卒萬人者，數小也」；《史記・秦本紀》，白起攻打趙國，使「司馬錯發隴西，因蜀攻楚黔中」，「發隴西」就是徵發隴西地區的人服兵役；《韓非子・存韓》，李斯上秦王書，預「令象武發東郡之卒，窺兵於境上」；《史記・蘇秦列傳》，蘇代對燕王曰：「且異日濟西不師，所以備趙也；河北不師，所以備燕也。今濟西河北盡已役矣，封內敝矣」，這些都是徵發兵役的記載。徵役的對象主要也是人、戶，如《商君書・墾令》：「以商之口數使商，令之廝輿徒重者必當名，則農逸而商勞」；《商君書・境內》：「四境之內，丈夫女子皆有名於上，生者著，死者削。其有爵者乞無爵者以為庶子，級乞一人。其無役事也，其庶子役其大夫，月六日；其役事也，隨而養之」；《司馬法》曰：「六尺為步，步百為畝，畝百為夫，夫三為屋，屋三為井，井十為通。通為匹馬，三十家，士一人，徒二人。通十為成，成百井，三百家，革車一乘，士十人，徒二十人。十成為終，終千井，三千家，革車十乘，士百人，徒二百人。十終為同，同方百里，萬井，三萬家，革車百乘，士千人，徒二千人」[註216]；《周禮・地官・小司徒》：「凡起徒役，毋過家一人」；《周禮・地官・遂人》，掌「歲時登其夫家之眾寡」，「以起政役」。《周禮・地官・遂大夫》，掌「歲時稽其夫家之眾寡」，「以稽功事」等，這些徵役的對象都無過於以人或戶（家）為單位。戰國時期的勞役和兵役在服役量上也有嚴格的規定，首先是徵役具有一定的期限，如《漢書・食貨志》記載秦用商鞅之法，「月為更卒，已，復為正，一歲屯戍，一歲力役，三十倍於古」，即每個成年男子除每年要在本地區服一個月「更卒」外，一生中還要為國家服兩次役，一次是「屯戍」，一次是「力役」，兩者的期限均是一年。其次是服役年齡也有限制，據《戰國策・楚策二》，昭常曰：「我典主東地，且與死生。悉五尺至六十，三十餘萬弊甲鈍兵，願承下塵」，「五尺」在古代是指豎子或童[註217]，大概在十六、七歲左右。據《史記・白起王翦列傳》，秦王聞趙國的食道斷絕，「王自之河內，賜民爵各一級，發年十五以上悉詣長平，遮絕趙救及糧食」，可見在特殊時期，十五歲就被徵役。然而據《睡虎地秦墓竹簡・編年紀》，從「喜產」到「喜傅」正好 17 年[註218]。「傅」，即傅籍，《漢

〔註216〕《周禮・地官・小司徒》鄭玄注引。

〔註217〕《荀子・仲尼》曰：「仲尼之門，五尺之豎子言羞稱乎五伯」；《戰國策・楚策四》：「不知夫五尺童子，方將調飴膠絲，加之乎四仞之上，而下為螻蟻食也」；西晉文學家李密的《陳情表》曰「外無期功強近之親，內無應門五尺之僮」，這些「五尺」對應著「豎子」或「童」。

〔註218〕《睡虎地秦墓竹簡・編年紀》，睡虎地秦墓竹簡整理小組：《睡虎地秦墓竹簡》，

書・高帝紀》注:「傅，著也。言著名籍，給公家徭役也」。即年齡大約在十七歲左右，根據國家需要隨時應徵入伍，直到 60 才能免徵。以上當是正常的服役規定，遇有特殊情況，還會加重服役期限，提前或延後服役的時間。

由上可知，經過了春秋時期的賦稅改革，使剝削形式轉變爲按地區徵役和允許以實物代役兩端。到了戰國時期，逐漸歸爲稅、賦、役三個部分。

6.3.2　新剝削體系的影響

新剝削體系的影響可以主要概括爲以下兩個方面：

第一，改變了以前多樣和複雜的剝削形式。春秋以前，影響統治者對家族剝削的因素很多。首先，臣服形式不同導致了指定服役在內容和程度的差異。就臣服形式而論，有血緣共同體的成員，如少皞氏部落包括鳳鳥氏、玄鳥氏、伯趙氏、青鳥氏、丹鳥氏、祝鳩氏、鵙鳩氏、鳲鳩氏、爽鳩氏、鶻鳩氏等氏族。高陽氏包括蒼舒、隤敳、檮戭、大臨、龍降、庭堅、仲容、叔達等氏族。高辛氏也有伯奮、仲堪、叔獻、季仲、伯虎、仲熊、叔豹、季狸等氏族〔註 219〕。商代卜辭中的「多子」，有子徢（《合集》6）、子漁（《合集》130 正）、「子束」（《合集》13726）、「子虡」（《合集》3226 正）等十幾位，這些「子某」，多是商王的同姓氏族，他們以宗族形態存在，各有屬地作爲自己的行政區域，有自己的經濟、武裝和宗教祭祀活動，是一個獨立的政治經濟實體〔註 220〕，故而卜辭中又稱爲「多子族」（《合集》5450、《合集》6812正、《合集》6813、《合集》14921、《合集》34133）。周初也分封了大量的同姓諸侯，如《荀子・儒效》，記載周公「兼制天下立七十一國，姬姓獨居五十三人焉；周之子孫，苟不狂惑者，莫不爲天下之顯諸侯」。少皞氏下面眾多以鳥爲圖騰的氏族；高陽氏與高辛氏的兒子共計「十六族」；商代的「子某」；周代分封的同姓家族等，他們都應該是血緣團體內部的分離出來的子氏族。也有歸服者，如《左傳》哀公七年記載，「禹合諸侯於塗山，執玉帛者萬國」。夏代少康爲避難，曾爲有仍「牧正」，後逃奔有虞，爲之「庖正」〔註 221〕。周文王伐崇，「再駕而降爲臣，蠻夷帥服，可謂畏之」〔註 222〕，

　　　　北京：文物出版社，1990 年，第 5～6 頁。
〔註 219〕《左傳》文公十八年。
〔註 220〕朱鳳瀚：《商周家族形態研究》，天津：天津古籍出版社，2004 年，第 178 頁。
〔註 221〕《左傳》哀公元年。
〔註 222〕《左傳》襄公三十一年。

武王征伐四方，「凡服國六百五十有二」〔註223〕。春秋時期，「眾狄疾赤狄之役，遂服於晉」等〔註224〕，這些都是基於不同原因的歸服者。還有被征服者，如夏代帝相曾征伐淮夷、風夷和黃夷。柏杼子曾征於東海〔註225〕，迫使夷人「世服王化，遂賓於王門」〔註226〕。商代曾征伐「周方」，如「貞令多子族從犬侯𩫡周，𡉈王事」（《合集》6812正）；「貞王重（惟）周方正（征）」（《合集》6657正）等，後來周臣服了，被封爲「周侯」，如「今周侯今生七月亡（無）𡆥（咎）」（《合集》20074）。另有一「戈方」也受到過征伐，如「貞重（惟）黃令戈方」（《合集》8397），「戈方」屬於商的敵對「多方」，可能是因爲其臣服了，所以稱爲「戈任」（《合集》3929）。西周時期周王曾命卿士征伐徐國，最終迫使「徐方來庭」〔註227〕。西周中期的《乖伯簋》記載，周王命益公征伐眉敖，迫使眉敖至見，並進獻了貢品（《集成》4331）。西周晚期的《㝬鐘》記載，周王命敦伐南國𠁦子，「撲伐厥都」，最後「南夷東夷俱見，廿又六邦」（《集成》260），這些又是屈服於兵威的被征服者。在這幾種臣服形式當中，情況也是異常複雜的。血緣共同體內部有親疏遠近的差異，歸服者當中亦有歸服的先後不同，被征服者中又可按照抵抗程度的不同分出各種各樣的情況。故而我們看到，基於這種臣服形式的不同導致了服役內容和程度上差異。在商代，同姓、姻親和異姓舊臣多充當內服職事，即亞、百工、射、戍、宁、馬等。而被征服的異姓氏族多負擔外服事務，即侯、甸、男、衛、犬、牧等。在周代，從內容上看，《師酉簋》和《訇簋》所述之充當虎臣的諸夷（《集成》4288、《集成》4321），姜戎氏參與「晉之百役」〔註228〕，秦先祖曾是周孝王養馬的部族〔註229〕，楚國負責爲周王朝在盟會時候「置矛蕝，設望表」與「守燎」勞役等〔註230〕，內容各異，形式不一。從服役量上看，楚國的置矛蕝，設望表」與「守燎」等勞役，可能只是象徵性的。臣服的夷人負擔兵事，秦部族負責養馬，則較象徵性的貢

〔註223〕《逸周書·世浮解》。
〔註224〕《左傳》宣公十一年。
〔註225〕《古本竹書紀年》。
〔註226〕《後漢書·東夷列傳》。
〔註227〕《詩經·大雅·常武》。
〔註228〕《左傳》襄公十四年。
〔註229〕《史記·秦本紀》。
〔註230〕《左傳》僖公四年、《國語·晉語八》。

納負擔重些。而《兮甲盤》所述之淮夷則既要貢納「帛」，又要「進人」服勞役（《集成》10174），則較前二者勞役負擔重些。

其次，距離遠近不同在分配指定服役的量上也有差異。《國語・周語上》敘述先王之制曰：「邦內甸服，邦外侯服，侯、衛賓服，蠻、夷要服，戎、狄荒服。甸服者祭，侯服者祀，賓服者享，要服者貢，荒服者王。日祭、月祀、時享、歲貢、終王，先王之訓也」。《周禮・秋官・大行人》也以五百里爲限，劃分了侯服、甸服、男服、采服、衛服、要服和蕃國，並謂其分別歲壹見、二歲壹見、三歲壹見、四歲壹見、五歲壹見、六歲壹見、世壹見，並「各以其所貴寶爲摯」，這兩條材料雖然參雜了一些後人理想和條理化的成分，但卻貫穿了諸侯「近者頻來而遠者希至，近者多貢而遠者希獻」的規律〔註231〕。這一規律同樣適用於王國和諸侯國內，《國語・魯語下》記載季康子欲以田賦，仲尼私下裏與冉有述古制曰：「先王制土，籍田以力，而砥其遠邇」。韋昭注：「砥，平也。平遠邇，遠邇有差也」。《禮記・王制》曰：「古者公田藉而不稅」，「量地遠近，與事任力」。《左傳》宣公十一年，楚令尹蒍艾獵在沂地築城，派遣封人策劃工程之事，「量功命日，分財用，平板榦，稱畚築，程土物，議遠邇，略基趾，具餱糧，度有司」，這裏「議遠邇」與「砥其遠邇」相同，都是平議道路遠近之意。據《呂氏春秋・季秋》所述，按照秦制諸侯所稅之法：「貢職之數，以遠近土地所宜爲度」，高亨注：「由此觀之，《月令》爲秦制也。諸侯所稅輕重，職貢多少之數，遠者貢輕，近者貢重，各有所宜」〔註232〕。根據距離遠近不同導致勞動量上有一定差異的現象，亦見於民族資料當中，如雲南瑞麗戶、臘撒地區的阿昌族，臘撒邦仕、蠻且、新寨、城子、曼榜、卅獨、邦傲幾個村寨負責爲土司種田，自犁田直到秋收都得提供勞役，而其他寨子因距城遠，唯秋收時始去收穫〔註233〕。雲南西雙版納的勐往，據調查統計，「傣勐」代耕的土地，占土司地段的百分之八十九。代耕的官田以面積大小和離村遠近配搭，分別劃給一至數個村寨負責〔註234〕。雲南紅河縣的哈尼族，土司分配勞役，一般是司署

〔註231〕顧頡剛：《畿服》，《史林雜識初編》，北京：中華書局，1963年，第3頁。

〔註232〕陳奇猷：《呂氏春秋新校釋》，上海：上海古籍出版社，2002年，第478頁。

〔註233〕《民族問題五種叢書》雲南省編輯委員會編：《阿昌族社會歷史調查》，昆明：雲南民族出版社，1983年，第26頁。

〔註234〕曹成章：《傣族農奴制與宗教婚姻》，北京：中國社會科學出版社，1980年，第99頁。

附近村寨的勞役重，較遠的村寨就輕些〔註 235〕。

再次，地區和族氏的特點不同導致了指定服役內容的差異。春秋以前統治者往往根據地區和族氏的特點命令職貢，據《國語·魯語下》記載，孔子在陳國，有隻鷲鳥落在陳侯的庭院中死去，有楛矢穿過了它的身體，石頭做的箭鏃有八寸長。陳惠公差人詢問孔子，孔子曰：「隼之來也遠矣！此肅慎氏之矢也。昔武王克商，通道於九夷、百蠻，使各以其方賄來貢，使無忘職業。於是肅慎氏貢楛矢、石砮，其長尺有咫」，可見此楛矢和石砮定為肅慎氏所特有。陳國的先祖因為「上陶」〔註 236〕，故周初使其為周的「陶正」，周之先王「賴其利器用也」〔註 237〕。楚國由於地處草莽，其地盛產桃弧和棘矢，故而以其「共御王事」〔註 238〕。秦先祖非子「好馬及畜，善養息之」，於是周孝王「使主馬於汧渭之間」〔註 239〕。西周時期屢次征伐「南淮夷」，是由於淮夷之地盛產金錫〔註 240〕。這些職事分配的原則，即文獻中所說的「制其職，各以其所能，制其貢，各以其所有」〔註 241〕。

春秋以前由於臣服形式，距離遠近，以及地區和族氏的特點不同，從而導致了指定服役制度的「多樣和複雜性」。而經過了春秋時期的賦稅改革，由按家族攤派勞役，轉變為按地區徵役和允許以實物代役兩端。到了戰國時期，國家的這種收入大體分為稅、賦、役三個部分，在剝削內容上日趨單一，主要包括粟米、軍需物品、力役，還有少量的錢布等，即《孟子》一書中所說的「有布縷之征，粟米之征，力役之征」〔註 242〕。在攤派對象上則主要集中在田畝和人、戶兩個方面，其中稅主要針對田畝徵收，賦和役主要針對人、戶徵收。在剝削程度上也逐漸同一，《孟子·告子下》曰：「欲輕之於堯舜之道者，大貉小貉也；欲重之於堯舜之道者，大桀小桀也」。《韓非子·外儲說右下》，趙簡主派出徵稅者，吏問徵稅之輕重。簡主曰：「勿輕勿重。重，則

〔註 235〕《民族問題五種叢書》雲南省編輯委員會：《哈尼族社會歷史調查》，昆明：
　　　　雲南民族出版社，1982 年，第 72 頁。
〔註 236〕《周禮·冬官·考工記》。
〔註 237〕《左傳》襄公二十五年。
〔註 238〕《左傳》昭公十二年。
〔註 239〕《史記·秦本紀》。
〔註 240〕《曾伯霙簠蓋》記載，曾伯「克狄（逖）灘尸（淮夷）」、「金衢（道）鍚（錫）
　　　　行」（《集成》4632），《魯頌·泮水》亦曰：「憬彼淮夷，來獻其琛，元龜象齒，
　　　　大賂南金」，《考工記》云：「吳粵之金錫，此材之美者也」。
〔註 241〕《逸周書·職方解》、《周禮·夏官·職方氏》。
〔註 242〕《孟子·盡心下》。

利入於上；若輕，則利歸於民」。這樣權衡輕重之後剝削率逐漸趨於穩定，如《公羊傳》宣公十五年，「什一者，天下之正也。多乎什一，大桀小桀；寡乎什一，大貉小貉」；《漢書・食貨志》，李悝估算農民收支帳，也以什一之稅計之；《管子・大匡》曰：「上年什取三，中年什取二，下年什取一」；《孟子》謂：「國中什一使自賦」；《周禮・地官・載師》云：「凡任地，國宅無征，園廛二十而一，近郊十一，遠郊二十而三，甸、稍、縣、都皆無過十二，唯其漆林之征，二十而五」等，這些資料表明，剝削率主要集中在十分之一到十分之二之間，多於此限則不多見。戰國時期新剝削體系的確立，從而打破了春秋以前指定服役制度下「多樣和複雜性」的剝削形式。

第二，使勞動者獲得了一定的人身自由。在指定服役制度下，氏族或家族集團往往被指定服一定的勞役。服役者的人身集體地爲統治者所有，人身佔有的程度及方式儘管和典型奴隸制不同，但人身佔有關係的存在卻不能因此被否定。另外，服役者並不完全脫離氏族或家族集團而獨立生存，他們除受統治者奴役外，在本家族內部，完全處於家長制父權的支配之下，加之生產上不能獨立，個人完全淹沒在家族之中，人格也被泯滅。所謂的自由，也僅是說他們有別於終日靠皮鞭驅趕的典型奴隸，比起有一定私有經濟，並從事個體勞動的農奴來，差距還是很遠的。

指定服役制度限制了人民的自由，故而我們才看到《詩經・小雅》的《四牡》、《采薇》、《出車》、《杕杜》、《北山》等篇中，詩人因爲「王事靡盬」。而「不遑啓處」、「不遑將父」、「不遑將母」〔註243〕、「憂我父母」，所以內心十分的傷悲；《詩經・邶風・北門》，詩人對於「王事適我，政事一埤益我」，「王事敦我，政事一埤遺我」，悲憤之餘，只能慨歎天命使然；《詩經・唐風・鴇羽》，詩人抱怨「王事靡盬」，不能回家種植黍稷稻粱，擔憂父母會挨餓，並且質問蒼天「王事」什麼時候才能終了。這些例子，都反映了勞役對人身的束縛。在民族學資料中有很多迫切要求廢除指定勞役的生動例子，如廣西大新縣境的安平和太平兩個土州，從乾隆十二年（1747年）至宣統二年（1910年）間，陸續廢除了固定力役和徭役。大新縣光緒十八年（1892年）的《太平土州准免岜零村置丁伕役執照碑》，碑文敍述了壯民在土官的統治下，因受種種勞役剝削，人民不堪其苦，遂以實物地租代替勞役地租的情況。碑文稱

〔註243〕「盬」，停息。「靡盬」，即沒玩沒了。遑，閒暇。啓處，安居休息。將，養也。
見高亨：《詩經今注》，上海古籍出版社，1980年，第219頁。

「茲據該村置丁李啓新、凌攀桂、梁作顯等到堂稟稱：民等居鄉，勤苦耕種，日不暇晷，人丁單薄，不能分應小工之役，情願備欵以助辦公。懇請准民等解置免役，俾得專心力農，而便英（應）稅納糧。伏乞給照，以杜後累，而舒民困」〔註 244〕。據碑文可知，岜零村原來負責小工之伕役，村民請願，「懇請准民等解置免役，俾得專心力農，而便應稅納糧」。從此開始應稅納糧，並立碑記錄此事〔註 245〕。同樣在廣西大新縣，光緒二十五年（1899 年）的《那岸龍波村繳納洋銀免供土司挑水勞役碑》，碑文記述了十九世紀末，大新縣那岸龍波村的壯族人民向土司請命，要求以實物地租代替勞役地租的情況。碑文稱：「民自租（祖）上充當本衙挑水番□役以來，給予番役之田，免收糧項，以作工食。故每年輪次□□□□□班挑水，不敢抗誤。茲民等願將所給□□□□□□役之田，改爲六置田。每年照例上糧，請免挑水役。伏乞恩施格外俯准，給並肯批准勒石永免」，依據碑文內容，龍波村自祖上就爲土官承擔挑水勞役，村民請願，「將所給之田，改爲六置田，照例納糧，求免除番役」，被准予所請，「世代子孫永不供挑水番役也」，故勒石以垂不朽〔註 246〕。到了民國時期，便由政府出面，推行「撥役田歸賦」政策，如廣西大新縣，民國拾貳年（1923 年）的《太平土州蠲免伕役執照碑》，村民到官署稟稱：「民等居鄉村，勤苦耕鑿，日不暇給，自古以來，原有役，糧錢甚輕，迄今民國時代，撥役田歸賦，加徵幾〔倍〕，負任過重，若不除免伕役，而民殊難堪矣。肯將向應大小伕役，一暨（概）全免，俾民等力農應稅」，後來「所有應兵大小伕役，一概永世全免」〔註 247〕。廣西大新縣，民國六年（1917 年）的《那岸北化弄龍村永革陋例碑》，村民請命曰：「民等幸逢清賦，改良時伕，以歸化一。苦於前時陋例，以民改良。民因設凡所辦一切官吞番穀，伕價柴薪，當遞供應，以販大小伕役等項，懇請永遠免繳，世代無累」，適逢「國民奉行清賦新章」，故世世永遠免除了伕役〔註 248〕。在這些碑文中，我們不難發現人

〔註 244〕廣西民族研究所編：《廣西少數民族地區石刻碑文集》，廣西人民出版社，1982年，第 66 頁。

〔註 245〕廣西民族研究所編：《廣西少數民族地區石刻碑文集》，南寧：廣西人民出版社，1982 年，第 66 頁。

〔註 246〕廣西民族研究所編：《廣西少數民族地區石刻碑文集》，南寧：廣西人民出版社，1982 年，第 69 頁。

〔註 247〕廣西民族研究所編：《廣西少數民族地區石刻碑文集》，南寧：廣西人民出版社，1982 年，第 100 頁。

〔註 248〕廣西民族研究所編：《廣西少數民族地區石刻碑文集》，南寧：廣西人民出版

們被廢除勞役後的欣喜，這在當時被看做一件破天荒的大事，從碑額上那「萬古不刊」的幾個大字，我們可以想見人民要求改變這種勞役剝削形式的要求是多麼的迫切。雲南西雙版納景洪地區在土司的統治時期，服役者對代耕召片領的土地亦極端厭倦，為了反抗，他們將秧苗的根折斷後栽插，或把根卷起來栽植，甚至將秧苗倒插在田裏，割稻時不割盡穀穗，收穫時，故意將大量穀粒拋灑。有的農民在代耕時，犁、耙等耕作都非常粗糙，曼扭代耕的七十畝宣慰田，從犁到栽完秧，一天就草草搞完。一位代耕過曼海寨農奴主土地的農民說：「四十八畝波郎田，我們只花費一袋煙的功夫就耕完了。」他們叫這種耕法為「飛犁」〔註249〕。滾很召等級的農民，對家內勞役也非常厭倦，他們十分巧妙地與農奴主進行鬥爭。如分工挑水的與分工燒火的，他們在勞動時各執其事，互不干預，哪怕鍋裏的水燒乾了，挑水的人不加水，燒火的人也不管，如果有人去加了水，反要受到他人責怪，農奴主也要對他處罰。再如負責關左邊門的，不能替他人把右邊門關上；負責掌燈的人不在，天黑了也沒有人去把燈點著〔註250〕。在勐籠有一個非常有趣的例子，勐籠負責派人輪流去為召片領養馬，一個派去養馬的農民叫岩竹嘿，他在飼料中放入一些刺，讓召片領騎的「寶馬」受傷，於是激怒了召片領，他決定不再讓勐籠派人來服役了，然後就責令他們繳納官租抵償勞役〔註251〕。這些鮮活的實例為我們展現了當時服役服役者為爭取自由與土司鬥爭的生動場景。

所以，我們通過指定服役制度所瞭解到的社會性質，既不能等同於典型奴隸制，又區別於建立在私有制基礎之上的封建制，這樣的社會應該屬於馬克思所說的「東方普遍奴隸制」〔註252〕。

到了春秋、戰國時期，隨著生產力的發展，國家開始推行授田制度。授田制的推行，使得國家可以利用對土地的控制和佔有來剝削人民，即經濟的槓桿逐漸代替了超經濟的強制。也使得以前那種由服役者直接提供勞役的超

社，1982 年，第 89～90 頁。

〔註249〕曹成章：《傣族農奴制和宗教婚姻》，中國社會科學出版社，第 106 頁。

〔註250〕曹成章：《傣族農奴制和宗教婚姻》，中國社會科學出版社，第 107 頁。

〔註251〕曹成章：《傣族農奴制和宗教婚姻》，中國社會科學出版社，第 107～108 頁。

〔註252〕中國科學院歷史研究所編：《馬克思恩格斯列寧史達林論資本主義以前諸社會形態》，北京：文物出版社，1979 年，第 326 頁。關於這種「普遍奴隸」制度我國學者也有闡發和論述，見趙世超：《周代國野制度研究》，西安：陝西人民出版社，1991 年，第 131 頁；曹成章：《傣族社會研究》，昆明：雲南人民出版社，1988 年，第 71～77 頁。

經濟剝削，變成了以土地作爲中介的間接的經濟剝削。賦和役在徵收對象上雖然以人、戶爲主，但也發生了重大變化。即以往既出人又出物的賦，變成了以出物爲主。勞役和兵役在服役量上也有嚴格的規定。從而使人民逐漸擺脫繁重的指定服役，獲得了一定的人身自由。在這樣的情況下，個人人格便從淹沒無聞的狀態中獨立出來，使得傳統的父權受到了極大衝擊。如《戰國策‧秦策三》曰：「父之於子也，令有必行者，必不行者」。《戰國策‧趙策二》也說：「過任之事，父不得於子」。《呂氏春秋‧應同》謂：「父雖親，以黑爲白，子不能從」。《荀子‧子道》篇，荀子公開把「入孝出弟，人之小行也。上順下篤，人之中行也；從道不從君，從義不從父，人之大行也」，認爲「可以從而不從，是不子也；未可以從而從；是不衷也」，只有「明於從不從之義，而能致恭敬忠信端愨以愼行之」，才「可謂大孝」，他還說「父子爲親矣，不誠則疏」。這裏在父子間起維繫作用的已是抽象的「誠」，而不是具體的血緣紐帶了。孟子主張「性善」，荀子大講「性惡」，是非曲直，可暫時不顧，但就他們能夠提出「人性」這一重大命題而論，便也是個人人格已經獨立的客觀反映。此外，商周銅器中存在大量族徽，這是當時家族組織仍然十分牢固的標誌。從西周晚期開始，族徽逐漸消失，至春秋戰國時期漸至絕跡〔註253〕，而作爲個人標誌的私名印璽開始出現。銅器銘文的內容逐步脫離了「銘其功烈以示子孫」〔註254〕和「稱揚其先祖之美」的巢臼〔註255〕，基本上爲「物勒工名，以考其誠」所代替〔註256〕。從族徽到私名印璽的變化，也反映了個人已超越了宗族的限制，個人的人格獲得了更爲普遍的獨立性。

　　總之，春秋、戰國時期，由於各國的「辟土服遠」活動使得各國的疆域逐漸擴大，以往列國「一同」之地，均變成了有土「數圻」和地方千里；血緣關係的衰落，使郡、縣、鄉、里、什、伍等地方行政管理制度和戶籍制度逐漸發展起來；商品經濟這一時期也得到空前的發展；隨著生產力的提高，國家授田制度也開始出現。這些社會巨變，使指定服役制度存在的前提以及「整體性」、「固定性」、「強制性」等特點逐漸消失，指定服役制度也就解體了。在這一過程中，以稅、賦、役爲主要形式的新剝削體系逐漸確立，從而

〔註253〕張懋鎔：《周人不用族徽說》，《考古》1995 年第 9 期。
〔註254〕《左傳》襄公十九年。
〔註255〕《禮記‧祭統》。
〔註256〕《呂氏春秋‧孟冬》、《禮記‧月令》。

使指定服役制度下多樣和複雜的剝削形式逐漸消失，勞動者也獲得了一定的人身自由。從這樣的一個社會巨變的過程中我們可以發現，先秦時期剝削形式的演化具有以下一些**趨勢**，即範圍上，由針對領土狹小的「國」發展到針對面積廣大的國家；經濟上，由超經濟的強制發展到經濟的剝削；對象上，由針對家族集體發展到針對個人；內容上，由直接具體的勞役和土貢發展到間接按比例抽取的稅；形式上，由多樣和複雜的勞役發展到簡單和統一的稅、賦、役。

第7章 結 論

指定服役制度是人類早期國家階段的特殊產物，是中國先秦時期的主要剝削形式。

商代以前，無論是傳說時代的職官、夏代的多「正」，還是夷人為夏王朝生產特定貢品或從事某種專門服務，它們都是由氏族或家族專門固定承襲的勞役，所以都屬於指定服役。這種指定服役制度產生的途徑主要有三種：一是氏族內部的分工；二是通過武力征服；三是利用巫術和宗教的力量。時代愈早，基於氏族社會內部的分工以及巫術和宗教的力量越起主導作用，後來隨著氏族不斷壯大，武力征服逐漸取代前兩者成為剝削得以順利進行的重要保障。

商代的指定服役制度可以通過對內、外服和青銅器族徽的分析得到證明。這一時期，國依然是分散於各地的一些「點」，還沒有將整個領土聯成一片廣大的「面」。所以商代內、外服，既表現為服役地點在「商」之內、外，又表現為血緣關係的親疏和控制程度的強弱。從卜辭中看，外服侯、甸、男、衛、犬、牧等，多表現為「在某」地，即在「商」以外，並且是商王征伐戰爭中「比」的對象；內服亞、射、戍、馬、百工、宁等，多屬於商王的同姓，商王對其只用「乎」、「令」。無論是外服，還是內服，它們都分別是由具體的職事演變而成的，並且有各自的地域，屬於獨立的政治經濟實體。他們是被商王指定分別在「商」之內、外從事某役的服役者，所服之役從性質上說均屬於指定服役。族徽作為區分家族及其所有物的標誌，其表現形式與家族職事有密切關係，家族以職事名為族徽也是指定服役制度的體現。

西周時期，由於採取了授民、授疆土的分封制度，改變了商代國家結構

上簡單的內、外之分。這一時期的剝削關係大致存在於三個方面：一是王國與諸侯國之間；二是王國及各諸侯國的國中；三是國和野之間。在王國與諸侯國之間，作為周之屏藩的諸侯，對王國負有進納土貢、隨從征伐和奉獻戰利品等義務，除兵役是一種重要的指定服役外，周王還指定諸侯服某種固定職事，所以王國與諸侯國之間存在指定服役。這些指定由諸侯承擔的勞役，並不是單純按照距離遠近作為劃分標準，所以「三服」、「五服」、「七服」和「九服」那種整齊劃一的臣服和貢納關係，在周代絕不可能實現。但這些服制稱「服」，又說明它們與指定服役有一定淵源關係。在王國及各諸侯國的國中，農業勞役、手工業勞役、軍事勞役、文化宗教類勞役和雜役等，都與指定服役制度有著密切關係，有些勞役仍固定到相應的家族並由其長期承擔，也屬於指定服役。在國、野之間，通過征服或者是歸服形成一定的服役關係。被征服的野人往往服一定的職事，就職事的內容而言則是非常複雜的，表現為有的專服兵役，有的專服手工業勞役，有的專服築城和農業勞役，有的勞役則完全轉化成了固定的貢納。無論哪種形式，都是指定由野中的某一部分人專門負責，所以西周時期國、野之間的這種服役形式同樣屬於指定服役。這一時期，國、野之間的指定服役制度還具有多樣性、集團型和鬆散性等特點。

　　春秋時期的剝削關係仍可以從王國與諸侯國之間、王國與諸侯國內部以及國、野之間三個方面進行探討。在王國與諸侯國之間，霸主的出現雖然代表了西周王權政治的延續，在一定程度上起到維護指定服役制度存續的作用，但是其真正的目標卻是為了榨取弱小國家。這一時期霸主的剝削具有任意攤派、數額巨大和內容複雜等特點，但諸侯國與霸主之間仍然存在指定服役制度的孑遺。在王國及各諸侯國的國中，由於滅族、出奔，以及富族、敝族的出現，從而使許多舊有的職事被廢棄。但由於這一時期統治者對大族勢力的打壓以及採取恢復舊職、振興舊族和更立宗主等保護措施，故而終春秋之世指定服役制度並沒有全部消亡。在國、野之間，隨著「辟土服遠」浪潮的推進，大量的野中部族因為兼併和融合最終消亡，但仍有部分野中部族的內部組織未曾被觸動，仍然保持其獨立性。國與國之間疆土也並未開闢殆盡，還存在大量的隙地，從而為野中部族提供生存的土壤。故而春秋時期國、野之間的指定服役現象依然存在。

　　春秋、戰國時期，社會發生了巨大變革，即由於各國的「辟土服遠」活

動使得各國的疆域逐漸擴大，以往列國「一同」之地，均變成了有土「數圻」和地方千里；血緣關係的衰落，使郡、縣、鄉、里、什、伍等地方行政管理制度和戶籍制度逐漸發展起來；由於私人工商的興起、社會分工的發展、金屬貨幣的普及以及商業都會的出現，商品經濟獲得了極大的發展；隨著生產力的提高，國家授田制度也開始出現。這些社會巨變，促進了指定服役制度的解體，進而其存在前提以及「整體性」、「固定性」和「強制性」等特點也就瓦解了。只有國土相對狹小，統治者才能根據自身的需求將繁雜的勞役固定到各個被奴役的家族和邑落中去，並要求域內的民眾親履其事。到形成統一和領土遼闊的國家，指定服役制度存在的前提也就消逝了，再指定由某部分人去服勞役，花在路途往返上的時間和辛勞就會超過限度，不僅服役者本人會不堪負荷，即使是統治者恐怕也會感到很不划算了；春秋以前血緣關係十分濃厚，當時社會最基本的細胞仍然是家族甚至氏族，地區性組織雖在這種社會中緩慢地形成和發展，但仍未能全部代替家族組織。氏族或家族的存在，使得統治者根本無法突破狹隘的血緣界限直接對單個人實施奴役，而只能通過家族集體固定地承擔某項勞役。從國家的角度來說，當國家的管理和剝削體系尚不完善的情況下，利用被剝削者固有的血緣集團對其實行統治，也是最省力和有效的方式。又由於氏族和家族整體的存在，也使得「夏后氏五十而貢，殷人七十而助，周人百畝而徹」，這種建立在個體勞動普遍化基礎之上的剝削形式，只能是戰國人對此前制度理想化的構擬。血緣親族關係的削弱和瓦解，促進了郡、縣、鄉、里、什、伍等地方行政管理制度和戶籍制度的形成。從此，人民便打破家族的限制，成為了國家的「編戶齊民」。這些編戶之民既是國家推行授田制的基礎，也是統治者徵稅和動員人力的主要憑籍。針對家族或氏族的「整體性」剝削便被針對個人的剝削所取代；春秋以前，由於工、商主要是為滿足統治者的各種需求服務、社會分工滯後和貨幣經濟不發達等原因，決定了商品經濟不可能很發達。致使剩餘產品很少投入市場流通，王室、公室和各級貴族名目繁多的需求，在很大程度上只能固定地由某些特定的家族來滿足。隨著戰國時期私人工商的興起、社會分工的發展、金屬貨幣的普及以及商業都會的出現，商品經濟獲得了極大的發展。統治者需要的物品和勞役可以通過商品交換和雇人應役來滿足，指定服役制度的「固定性」從此便瓦解了；春秋以前，由於人少地多與荒地的大量存在，土地並不足以成為實現剝削的主要依據。在這樣的社會中要實現剝削，就只

能是對勞動者人身的控制。控制人身的方式，往往是利用超經濟強制，即基於氏族內部的分工、巫術和宗教的力量以及武力征服等途徑實現。隨著春秋、戰國時期生產力的提高，以及授田制開始出現，使國家可以利用對土地的控制和佔有來剝削人民，即經濟的槓杆逐漸代替了超經濟的強制，從而指定服役制度的「強制性」也就此消失了。在這一過程中，經過了春秋時期的賦稅改革，由按家族攤派勞役轉變為按地區征役和允許以實物代役兩端。到了戰國時期，國家的這種收入大體分為稅、賦、役三個部分，在剝削內容、對象和程度上都漸趨統一。以稅、賦、役為主要形式的新剝削體系逐漸確立，使指定服役制度「多樣和複雜性」的特點也至此消失了。此外，勞動者也逐漸擺脫繁重的指定勞役，獲得了一定的人身自由。

這種建立在超經濟強制基礎之上，指定由血緣團體固定承擔，並且具有多樣和複雜性的指定服役剝削，正是早期國家特點在剝削形式上的體現〔註1〕。隨著春秋、戰國時期的社會巨變，指定服役制度逐漸解體，從而被稅、賦、役的剝削體系所取代。從這樣一過程我們可以發現，先秦時期剝削形式的演變具有以下一些趨勢，即範圍上，由針對領土狹小的「國」發展到針對面積廣大的國家；經濟上，由超經濟的強制發展到經濟的剝削；對象上，由針對家族集體發展到針對個人；內容上，由直接具體的勞役和土貢發展到間接按比例抽取的稅；形式上，由多樣和複雜的勞役發展到簡單和統一的稅、賦、役。這種面向整個國家，以經濟剝削為基礎，針對廣大個體勞動者的剝削形式，使得國家具有了穩定的稅收保障，也促進了地緣關係和公共性權力機構的確立和發展。具體表現為戰國時期地緣性的郡、縣、鄉、里取代了國、野、都、家，成為國家的統治基礎。人們以夫、家為單位注籍於自己所在的鄉區，並在鄉區內實現其權利和義務，按地區劃分國民至此才最終得以實現。各族家長作為下級貴族「奔走於王家」、「奔走於公家」、職司百事等，原本是代表本家族為王室和公室服指定勞役，但隨著國家的成熟，貴族所服的「事」越來越多地轉化為政府中的官職或爵位，貴族家長以「百尹御事」、「少正御事」、「有正有事」等身份變成了各類事務的組織者、領導者和指揮者，而把親履其事的責任留給了廣大勞苦大眾。由於有些指定勞役直接供職於朝廷或關乎「國之大事」，所以官僚的地位也出現了高低之分，冢宰、司徒、司馬、

〔註1〕 趙世超：《西周為早起國家說》，《陝西師範大學學報》（哲學社會科學版）1992
　　　　 年第4期。

司空、宗伯、司寇等，變成了總理國家政事的要職，而其他一些職事則演變成了地方官員和辦事的小吏。在此基礎上，選官制度、穀祿制度和官僚考核體制逐漸走向了健全〔註2〕。同時國家普遍徵兵制和常備兵制也出現了，春秋以前，往往由國中指定的家族或某部分野人服兵役，由於爭霸戰爭和「辟土服遠」活動愈演愈烈，各國迫切需要擴大兵員。「作州兵」、「作丘甲」、「作丘賦」等，其根本之點均在於拓展徵兵範圍。及至戰國，隨著戰爭規模的擴大與戰事的經常化，國家進一步推行針對郡縣徵兵的普遍兵役制，故而我們看到戰國時期軍隊動輒幾十萬，規模遠遠較前代增多了。又由於各國需要對邊關要塞經常性地加以戍守，像齊國的「技擊」、魏國的「武卒」、秦國的「銳士」等常備兵也出現了。按地區來劃分國民和公共性權力機構的健全，此時的國家就再也不會是早期的了。所以我們有理由說，指定服役制度的存在決定了國家的早期性，而它被賦稅制度逐步取代的過程，也是早期國家發展到較為成熟之領土國家的演進過程。

在指定服役制度下，氏族或家族集團作為整體而為統治者所佔有。這個集團並不是由統治者分給土地，並以稅的形式剝削其剩餘勞動，而是服役者的人身集體地為統治者所有。人身佔有的程度及方式儘管和典型奴隸制不同，但人身佔有關係的存在卻不能因此被否定。另外，服役者並不完全脫離氏族或家族集團而獨立生存，他們除受統治者奴役外，在本家族內部，完全處於家長制父權的支配之下，加之生產上不能獨立，個人完全淹沒在家族之中，人格也被泯滅。所謂的自由，也僅是說他們有別於終日靠皮鞭驅趕的典型奴隸，比起有一定私有經濟，並從事個體勞動的農奴來說，差距還是很遠的。所以，我們通過指定服役制度所瞭解到的社會性質，既不能等同於典型奴隸制，又區別於建立在私有制基礎之上的封建制，這樣的社會應該屬於馬克思所說的「東方普遍奴隸制度」。這種制度的特點是，統治者不改變被剝削者內部的社會結構和生產方式，被剝削的集體或個人具有相對的自由。但被剝削的集體或個人又受到更大集體的強制，處於被普遍奴役的狀態，要無條件為剝削者專門提供貢納和服勞役。因此，應該是集體地被奴隸化了。而隨著指定服役制度的消失，使得以前那種由服役者直接提供勞役的超經濟剝

〔註2〕 盧中陽：《由服役到官職——中國古代官職起源的新認識》，《長江·三峽古文化學術研討會暨中國先秦史學會第九屆年會論文集》，重慶：重慶出版社，2011年。

削，變成了以土地作爲中介的間接的經濟剝削。賦也從以往既出人又出物，變成了以出物爲主。勞役和兵役在服役量上也有嚴格的規定。從而便使人民逐漸擺脫繁重的指定服役，獲得了一定的人身自由。

參考文獻

一、古代典籍

1. 阮元校刻：《十三經注疏》，上海：上海古籍出版社，1997年。
2. 孫星衍：《尚書今古文注疏》，北京：中華書局，2004年。
3. 周秉鈞：《尚書易解》，長沙：嶽麓書社，1984年。
4. 曾運乾：《尚書正讀》，北京：中華書局，1964年。
5. 皮錫瑞：《金文尚書考證》，北京：中華書局，1989年。
6. 黃懷信、張懋鎔、田旭東：《逸周書彙校集注》，上海：上海古籍出版社，2007年。
7. 馬瑞辰：《毛詩傳箋通釋》，北京：中華書局，1989年。
8. 高亨：《詩經今注》，上海：上海古籍出版社，1980年。
9. 劉文淇：《春秋左傳舊注疏證》，北京：科學出版社，1959年。
10. 吳靜安：《春秋左傳舊注疏證續》，長春：東北師範大學出版社，2005年。
11. 楊伯峻：《春秋左傳注》，北京：中華書局，1990年。
12. 韓席籌：《左傳分國集注》，南京：江蘇人民出版社，1963年。
13. 〔日〕竹添光鴻：《左氏會箋》，成都：巴蜀書社，2008年。
14. 顧棟高：《春秋大事表》，北京：中華書局，1993年。
15. 徐元誥：《國語集解》，北京：中華書局，2002年。
16. 孫詒讓：《周禮正義》，北京：中華書局，1987年。
17. 孫希旦：《禮記集解》，北京：中華書局，1989年。
18. 胡培翬：《儀禮正義》，顧廷龍主編：《續修四庫全書》，上海：上海古籍出版社，1995年。

19. 楊天宇：《儀禮譯注》，上海：上海古籍出版社，2004年。
20. 王聘珍：《大戴禮記解詁》，北京：中華書局，1983年。
21. 楊伯峻：《孟子譯注》，北京：中華書局，2005年。
22. 楊伯峻：《論語譯注》，北京：中華書局，1980年。
23. 孫詒讓：《墨子閒詁》，北京：中華書局，2001年。
24. 梁啓雄：《韓非子淺解》，北京：中華書局，2009年。
25. 王先謙：《韓非子集解》，北京：中華書局，1998年。
26. 王先謙：《荀子集解》，北京：中華書局，1988年。
27. 蔣禮鴻：《商君書錐指》，北京：中華書局，1986年。
28. 黎翔鳳：《管子校注》，北京：中華書局，2004年。
29. 陳奇猷：《呂氏春秋新校釋》，上海：上海古籍出版社，2002年。
30. 黃懷信：《鶡冠子彙校集注》，北京：中華書局，2004年。
31. 朱謙之：《老子校釋》，北京：中華書局，1984年。
32. 陳鼓應：《老子注釋及評價》，北京：中華書局，2009年。
33. 郭慶藩：《莊子集解》，北京：中華書局，1961年。
34. 陳鼓應：《莊子今注今譯》，北京：中華書局，2009年。
35. 朱祖耿：《戰國策集注匯考》（增補本），南京：鳳凰出版社，2008年。
36. 繆文遠：《戰國策新校注》（修訂本），成都：巴蜀書社，1998年。
37. 方詩銘、王修齡：《古本竹書紀年輯證》，上海：上海古籍出版社，2005年。
38. 袁柯：《山海經校注》，上海：上海古籍出版社，1980年。
39. 秦嘉謨等：《世本八種》，北京：中華書局，2008年。
40. 王利器：《鹽鐵論校注》，北京：中華書局，1992年。
41. 劉文典：《淮南鴻烈集解》，北京：中華書局，1989年。
42. 劉琳：《華陽國志校注》，成都：巴蜀書社，1984年。
43. 陳立：《白虎通疏證》，北京：中華書局，1994年。
44. 李零：《司馬法譯注》，石家莊：河北人民出版社，1992年。
45. 司馬遷：《史記》，北京：中華書局，1982年。
46. 班固：《漢書》，北京：中華書局，1962年。
47. 范曄：《後漢書》，北京：中華書局，1965年。
48. 陳壽、裴松之：《三國志》，北京：中華書局，2007年。
49. 魏收：《魏書》，北京：中華書局，2003年。
50. 令孤德棻：《周書》，北京：中華書局，2003年。

51. 李延壽：《北史》，北京：中華書局，2003 年。

52. 脫脫：《宋史》，北京：中華書局，2004 年。

53. 脫脫：《遼史》，北京：中華書局，2003 年。

54. 段玉裁：《說文解字注》，上海：上海古籍出版社，1988 年。

55. 舍人親王等撰：《日本書紀》，東京吉川弘文館，明治四十四年（清宣統三年，公元 1911 年）。

二、考古資料

1. 北京大學歷史系考古教研室商周組編：《商周考古》，北京：文物出版社，1979 年。

2. 北京大學歷史系考古教研室：《元君廟仰韶墓地》，北京：文物出版社，1983 年。

3. 北京市文物研究所：《琉璃河西周燕國墓地》，蘇大鈞：《北京考古集成》，北京：北京出版社，2000 年。

4. 北京大學考古系商周組、山西省考古研究所：《天馬——曲村（1980～1989)》，北京：科學出版社，2000 年。

5. 郭寶鈞：《浚縣辛村》，北京：科學出版社，1964 年。

6. 河南省文化局文物工作隊，《鄭州二里崗》，北京：科學出版社，1959 年。

7. 河南省文物考古研究所、三門峽市文物考古工作隊：《三門峽虢國墓地》（第一卷），北京：文物出版社，1999 年。

8. 羅西章：《扶風縣文物志》，西安：陝西人民教育出版社，1993 年。

9. 羅西章：《北呂周人墓地》，西安：西北大學出版社，1995 年。

10. 山東省文物考古研究所、山東省博物館、濟寧地區文物組、曲阜縣文管會編：《曲阜魯國故城》，濟南：齊魯書社，1982 年。

11. 隨州市博物館：《隨州出土文物精粹》，北京：文物出版社，2009 年。

12. 西安半坡村博物館等著：《姜寨——新石器時代遺址發掘報告》，北京：文物出版社，1988 年。

13. 楊錫璋、高煒主編：中國社會科學院考古所編著：《中國考古學·夏商卷》，北京：中國社會科學出版社，2003 年。

14. 張長壽、殷瑋璋主編：中國社會科學院考古所編著：《中國考古學·兩周卷》，北京：中國社會科學出版社，2004 年。

15. 浙江省文物考古研究所：《良渚遺址群》，北京：文物出版社，2005 年。

16. 浙江省文物考古研究所：《瑤山——良渚遺址群考古報告之一》，北京：文物出版社，2003 年。

17. 浙江省文物考古研究所：《反山——良渚遺址群考古報告之二》，北京：

文物出版社，2005 年。

18. 中國社會科學院考古研究所安徽工作隊：《蒙城尉遲寺》，北京：科學出版社，2001 年。

19. 中國社會科學院考古研究所：《偃師二里頭：1959 年～1978 年考古發掘報告》，北京：中國大百科全書出版社，1999 年。

20. 中國社會科學院考古研究所：《殷墟發掘報告 1958～1961》，北京：文物出版社，1987 年。

21. 中國社會科學院考古研究所：《安陽殷墟郭家莊商代墓葬》，北京：中國大百科全書出版社，1998 年。

22. 中國社會科學院考古研究所：《殷墟婦好墓》，北京：科學出版社，1980 年。

23. 中國社會科學院考古研究所：《殷墟的發現與研究》，北京：科學出版社，1994 年。

24. 中國社會科學院考古研究所：《輝縣發掘報告》，北京：科學出版社，1956 年。

25. 中國社會科學院考古研究所：《安陽殷墟花園東地商代墓葬》，北京：科學出版社，2007 年。

26. 中國科學院考古研究所：《灃西發掘報告》，北京：文物出版社，1962 年。

27. 中國社會科學院考古研究所：《滕州前掌大墓地》，北京：文物出版社，2005 年。

28. 中國科學院考古研究所：《上村嶺虢國墓地》，北京：科學出版社，1959 年。

三、出土文獻資料

1. 董作賓：《殷虛文字甲編》，南京：國立中央研究院歷史語言研究所出版，1948 年。

2. 郭沫若：《卜辭通纂》，郭沫若著作編輯出版委員會編：《郭沫若全集・考古編・第二卷》，北京：科學出版社，2002 年。

3. 郭沫若主編，胡厚宣總編輯：《甲骨文合集》，北京：中華書局，1978～1983 年。

4. 胡厚宣主編：《甲骨文合集釋文》，北京：中國社會科學出版社，1999 年。

5. 郭沫若：《兩周金文辭大系圖錄考釋》，郭沫若著作編輯出版委員會編：《郭沫若全集・考古編・第八卷》，北京：科學出版社，2002 年。

6. 郭沫若：《殷契粹編》，郭沫若著作編輯出版委員會編：《郭沫若全集・考古編・第三卷》，北京：科學出版社，2002 年。

7. 金祖同:《殷契遺珠》,台北:藝文印書館,1933 年。

8. 劉雨、盧岩:《近出殷周金文集錄》,北京:中華書局,2002 年。

9. 馬承源:《商周青銅器銘文選》,北京:文物出版社,1988 年。

10. 彭邦炯、謝濟、馬季凡:《甲骨文合集補編》,北京:語文出版社,1999年。

11. 清華大學出土文獻保護中心編,李學勤主編:《清華大學藏戰國竹簡(壹)》,上海:中西書局,2011 年。

12. 陝西省考古研究院、寶雞市考古研究所、眉縣文化館等編:《吉金鑄華章:寶雞眉縣楊家村單氏青銅器窖藏》,北京:文物出版社,2008 年。

13. 商承祚:《殷契佚存》,南京:金陵大學中國文化研究所,1933 年。

14. 睡虎地秦墓竹簡整理小組:《睡虎地秦墓竹簡》,北京:文物出版社,1990年。

15. 唐蘭:《西周青銅器銘文分代史徵》,北京:中華書局,1986 年。

16. 王煥林:《里耶秦簡校詁》,北京:中國文聯出版公司,2007 年。

17. 嚴一萍:《金文總集》,杭州:浙江古籍出版社,1989 年。

18. 姚孝遂、肖丁:《小屯南地甲骨考釋》,北京:中華書局,1985 年。

19. 伊藤道治:《天理大學附屬天理參考館甲骨文字》,天理時報社出版,1987年。

20. 銀雀山漢墓竹簡整理小組編:《銀雀山漢墓竹簡》(壹),北京:文物出版社,1985 年。

21. 張家山二四七號漢墓竹簡整理小組:《張家山漢墓竹簡二四七號墓》(釋文修訂本),北京:文物出版社,2006 年。

22. 鍾柏生、陳昭容、黃銘崇、袁國華編:《新收殷周青銅器銘文暨器影彙編》,台北:藝文印書館,2006 年。

23. 中國社會科學院考古研究所:《小屯南地甲骨》,北京:中華書局,1980年。

24. 中國社會科學院考古研究所:《殷墟花園東地甲骨》,昆明:雲南人民出版社,2003 年。

25. 中國社會科學院考古研究所:《殷周金文集成》(修訂增補本),北京:中華書局,2007 年。

四、民族資料

1. 《民族問題五種叢書》雲南省編輯委員會編:《阿昌族社會歷史調查》,昆明:雲南民族出版社,1983 年。

2. 《阿昌族簡史》編寫組:《阿昌族簡史》,昆明:雲南人民出版社,1986

年。

3. 《民族問題五種叢書》雲南省編輯委員會：《白族社會歷史調查》，昆明：雲南人民出版社，1983 年。

4. 《民族問題五種叢書》雲南省編輯委員會：《白族社會歷史調查》（二），昆明：雲南人民出版社，1987 年。

5. 《民族問題五種叢書》雲南省編輯委員會：《白族社會歷史調查》（三），昆明：雲南人民出版社，1991 年。

6. 《民族問題五種叢書》雲南省編輯委員會：《白族社會歷史調查》（四），昆明：雲南人民出版社，1991 年。

7. 《白族簡史》編寫組：《白族簡史》，昆明：雲南人民出版社，1988 年。

8. 《民族問題五種叢書》雲南省編輯委員會編：《布朗族社會歷史調查》（一），昆明：雲南人民出版社，1981 年。

9. 《民族問題五種叢書》雲南省編輯委員會編：《布朗族社會歷史調查》（二），昆明：雲南人民出版社，1982 年。

10. 《民族問題五種叢書》雲南省編輯委員會編：《布朗族社會歷史調查》（三），昆明：雲南人民出版社，1986 年。

11. 《布朗族簡史》編寫組：《布朗族簡史》，昆明：雲南人民出版社，1984 年。

12. 貴州省編輯組：《布依族社會歷史調查》，貴陽：貴州民族出版社，1986 年。

13. 《布依族簡史》編寫組：《布依族簡史》，貴陽：貴州人民出版社，1985 年。

14. 《達斡爾族簡史》編寫組：《達斡爾族簡史》，呼和浩特：內蒙古人民出版社，1986 年。

15. 《民族問題五種叢書》雲南省編輯委員會編：《傣族社會歷史調查》（西雙版納之一），昆明：雲南民族出版社，1983 年。

16. 《民族問題五種叢書》雲南省編輯委員會編：《傣族社會歷史調查》（西雙版納之二），昆明：雲南民族出版社，1983 年。

17. 《民族問題五種叢書》雲南省編輯委員會編：《傣族社會歷史調查》（西雙版納之三），昆明：雲南民族出版社，1983 年。

18. 《民族問題五種叢書》雲南省編輯委員會編：《傣族社會歷史調查》（西雙版納之四），昆明：雲南民族出版社，1983 年。

19. 《民族問題五種叢書》雲南省編輯委員會編：《傣族社會歷史調查》（西雙版納之五），昆明：雲南民族出版社，1983 年。

20. 《民族問題五種叢書》雲南省編輯委員會編：《傣族社會歷史調查》（西

雙版納之六），昆明：雲南民族出版社，1984年。

21. 《民族問題五種叢書》雲南省編輯委員會編：《傣族社會歷史調查》（西雙版納之七），昆明：雲南民族出版社，1985年。

22. 《民族問題五種叢書》雲南省編輯委員會編：《傣族社會歷史調查》（西雙版納之八），昆明：雲南民族出版社，1985年。

23. 《民族問題五種叢書》雲南省編輯委員會編：《傣族社會歷史調查》（西雙版納之九），昆明：雲南民族出版社，1988年。

24. 《民族問題五種叢書》雲南省編輯委員會編：《傣族社會歷史調查》（西雙版納之十），昆明：雲南民族出版社，1987年。

25. 《民族問題五種叢書》雲南省編輯委員會編：《西雙版納傣族社會綜合調查》（一），昆明：雲南民族出版社，1983年。

26. 《民族問題五種叢書》雲南省編輯委員會編：《西雙版納傣族社會綜合調查》（二），昆明：雲南民族出版社，1984年。

27. 雲南省編輯組：《思茅玉溪紅河傣族社會歷史調查》，昆明：雲南人民出版社，1985年。

28. 雲南省編寫組：《臨滄地區傣族社會歷史調查》，昆明：雲南人民出版社，1986年。

29. 《傣族簡史》編寫組：《傣族簡史》，昆明：雲南人民出版社，1985年。

30. 貴州省編輯組：《侗族社會歷史調查》，貴陽：貴州民族出版社，1988年。

31. 民族問題五種叢書內蒙古自治區編輯委員會編：《鄂倫春族社會歷史調查》（第一集），呼和浩特：內蒙古人民出版社，1984年。

32. 民族問題五種叢書內蒙古自治區編輯委員會編：《鄂倫春族社會歷史調查》（第二集），呼和浩特：內蒙古人民出版社，1985年。

33. 《鄂倫春族簡史》編寫組編：《鄂倫春族簡史》（修訂本），北京：民族出版社，2008年。

34. 《鄂溫克族簡史》編寫組：《鄂溫克族簡史》，呼和浩特：內蒙古人民出版社，1983年。

35. 廣西民族研究所編：《廣西少數民族地區石刻碑文集》，南寧：廣西人民出版社，1982年。

36. 全國人民代表大會民族委員會辦公室編：《廣西僮族自治區淩樂縣僮族社會歷史情況調查（初稿)》，全國人民代表大會民族委員會辦公室，1958年。

37. 《仡佬族簡史》編寫組：《仡佬族簡史》，貴陽：貴州民族出版社，1989年。

38. 《哈薩克族簡史》編寫組：《哈薩克族簡史》（修訂本），北京：民族出版

社，2008 年。

39. 《民族問題五種叢書》雲南省編輯委員會：《哈尼族社會歷史調查》，昆明：雲南民族出版社，1982 年。

40. 毛佑全、李期博著：《哈尼族》，北京：民族出版社，1989 年。

41. 《赫哲族簡史》編寫組：《赫哲族簡史》，哈爾濱：黑龍江人民出版社，1984 年。

42. 《景頗族簡史》編寫組：《景頗族簡史》（修訂本），北京：民族出版社，2008 年。

43. 《基諾族簡史》編寫組：《基諾族簡史》（修訂本），北京：民族出版社，2008 年。

44. 《民族問題五種叢書》雲南省編輯委員會：《基諾族普米族社會歷史綜合調查》，北京：民族出版社，1990 年。

45. 《拉祜族簡史》編寫組：《拉祜族簡史》（修訂本），北京：民族出版社，2008 年。

46. 《傈僳族簡史》編寫組：《傈僳族簡史》，昆明：雲南人民出版社，1983 年。

47. 向南：《遼代石刻文編》，石家莊：河北教育出版社，1995 年。

48. 《苗族簡史》編寫組：《苗族簡史》（修訂本），北京：民族出版社，2008 年。

49. 《民族問題五種叢書》遼寧省編輯委員會：《滿族社會歷史調查》，瀋陽：遼寧人民出版社，1985。

50. 中國第一歷史檔案館、中國社會科學院歷史研究所譯注：《滿文老檔》，北京：中華書局，1990 年。

51. 《納西族簡史》編寫組：《納西族簡史》（修訂本），北京：民族出版社，2008 年。

52. 《水族簡史》編寫組：《水族簡史》（修訂本），北京：民族出版社，2008 年。

53. 《土家族簡史》編寫組：《土家族簡史》，長沙：湖南人民出版社，1986 年。

54. 《佤族簡史》編寫組：《佤族簡史》，昆明：雲南教育出版社，1986 年。

55. 《錫伯族簡史》編寫組：《錫伯族簡史》，北京：民族出版社，1987 年。

56. 多傑才旦：《西藏封建農奴制社會形態》，北京：中國藏學出版社，1996 年。

57. 雲南省編寫組：《雲南彝族社會歷史調查》，昆明：雲南人民出版社，1986 年。

58. 《彝族簡史》編寫組：《彝族簡史》，昆明：雲南人民出版社，1987 年。

59. 紅河彝族辭典編纂委員會編：《紅河彝族辭典》，昆明：雲南民族出版社，2002 年。

60. 雲南省編輯組著：《雲南少數民族社會歷史調查資料彙編（一）》，昆明：雲南人民出版社，1986 年。

61. 雲南省編輯組著：《雲南少數民族社會歷史調查資料彙編（二）》，昆明：雲南人民出版社，1987 年。

62. 雲南省編輯組著：《雲南少數民族社會歷史調查資料彙編（三）》，昆明：雲南人民出版社，1987 年。

63. 雲南省編輯組著：《雲南少數民族社會歷史調查資料彙編（四）》，昆明：雲南人民出版社，1987 年。

64. 雲南省編輯組著：《雲南少數民族社會歷史調查資料彙編（五）》，昆明：雲南人民出版社，1991 年。

65. 《壯族簡史》編寫組：《壯族簡史》（修訂本），北京：民族出版社，2008 年。

66. 鐵木爾·達瓦買提：《中國少數民族文化大辭典》，北京：民族出版社，1999 年。

五、專　著

B

1. 〔日〕白川靜：《金文的世界：殷周社會史》，溫天河、蔡哲茂譯，台北：聯經出版社，1989 年。

2. 〔日〕白川靜：《西周史略》，袁林譯，西安：三秦出版社，1992 年。

3. 白壽彝主編：《中國通史》，上海：上海人民出版社，1989 年。

C

4. 曹成章：《傣族農奴制和宗教婚姻》，北京：中國社會科學出版社，1980 年。

5. 曹成章：《傣族社會研究》，昆明：雲南人民出版社，1988 年。

6. 陳夢家：《西周銅器斷代》，北京：中華書局，2004 年。

7. 陳夢家：《殷虛卜辭綜述》，北京：中華書局，1988 年。

8. 陳淳：《文明與早期國家探源：中外理論、方法與研究之比較》，上海：上海書店出版社，2007 年。

9. 陳絜：《商周姓氏制度研究》，北京：商務印書館，2007 年。

10. 陳恩林：《先秦軍事制度研究》，長春：吉林文史出版社，1991 年。

11. 陳高志《西周金文所見軍禮探微》，台灣大學中文研究所博士論文，2002年。

D

12. 〔日〕島邦男著：《殷墟卜辭研究》，濮茅左、顧偉良譯，上海：上海古籍出版社，2006年。

13. 丁山：《甲骨文所見氏族及其制度》，北京：中華書局，1988年。

14. 丁文江、翁文灝等編：《中國礦業紀要》（第一次），農商部地質調查所，1921年。

15. 杜正勝：《編戶齊民：傳統政治社會結構之形成》，台北：聯經出版事業公司，1990年。

16. 杜正勝：《周代城邦》，台北：聯經出版事業公司，1979年。

F

17. 范文瀾：《中國通史》，北京：人民出版社，1994年。

18. 〔美〕弗雷德里克‧巴特著：《斯瓦特巴坦人的政治過程：一個人類學研究的範例》，黃建生譯，上海：上海人民出版社，2005年。

G

19. 葛志毅：《周代分封制度研究》，哈爾濱：黑龍江人民出版社，2004年。

20. 郭沫若：《中國古代社會研究》，北京：人民出版社，1964年。

21. 郭沫若：《殷周青銅器銘文研究 商周古文字類纂》，郭沫若著作編輯出版委員會編：《郭沫若全集‧考古編‧第四卷》，北京：科學出版社，2002年。

H

22. 何景成：《商周青銅器族氏銘文研究》，濟南：齊魯書社，2009年。

23. 侯外廬：《中國古代社會史論》，石家莊：河北教育出版社，2000年。

24. 胡紹華著：《中國南方民族發展史》，北京：民族出版社，2004年。

25. 胡家聰：《管子新探》，北京：中國社會科學出版社，2003年。

26. H.J.M.Claessen&P. Skalnic, ed.The Early State, Monton Publisher, Hague, 1987.

J

27. 蔣善國：《尚書綜述》，上海：上海古籍出版社，1988年。

28. 金景芳：《中國奴隸社會史》，上海：上海人民出版社，1983年。

29. 〔日〕井上清：《日本歷史》，天津：天津人民出版社，1976年。

K

30. 〔法〕庫朗熱著:《古代城邦:古希臘羅馬祭祀、權力和政制研究》,譚立鑄等譯,上海:華東師範大學出版社,2006 年。

L

31. 藍永蔚:《春秋時期的步兵》,北京:中華書局,1979 年。

32. 李學勤主編;王宇信等著:《中國古代文明與國家形成研究》,北京:中國社會科學出版社,2007 年。

33. 李學勤:《殷代地理簡論》,北京:科學出版社,1959 年。

34. 李亞農:《殷代社會生活》,上海:上海人民出版社,1955 年。

35. 李玄伯:《中國古代社會新研》,上海:開明書店,1949 年。

36. 〔俄〕列‧謝‧瓦西里耶夫:《中國文明的起源問題》,郝鎮華、張書生、楊德明、莫潤先、諸光明等譯,北京:文物出版社,1989 年。

37. 林甘泉、田人隆、李祖德:《中國古代史分期討論五十年》,上海:上海人民出版社,1982 年。

38. 林耀華、莊孔韶:《父系家族公社形態研究》,西寧:青海人民出版社,1984 年。

39. 劉啓益:《西周紀年》,廣州:廣東教育出版社,2002 年。

40. 劉起釪:《古史續辨》,北京:中國社會科學出版社,1991 年。

41. 〔德〕羅曼‧赫爾佐克:《古代的國家:起源和統治形式》,趙蓉恒譯,北京:北京大學出版社,1998 年。

42. 〔美〕路易士‧亨利‧摩爾根:《古代社會》,楊東蓴、馬雍、馬巨譯,北京:商務印書館,1977 年。

M

43. 馬克思:《摩爾根〈古代社會〉一書摘要》,北京:人民出版社,1956 年。

44. 馬曜、繆鸞和:《西雙版納份地制與西周井田制比較研究》,昆明:雲南人民出版社,2001 年。

45. 馬世力:《世界經濟史》,北京:高等教育出版社,2001 年。

P

46. 〔美〕普雷斯科特著:《秘魯征服史》,周葉謙、劉慈忠、吳蘭芳、劉言譯,北京:商務印書館,1996 年。

Q

47. 祁美芹:《清代內務府》,北京:中國人民大學出版社,1998 年。

48. 錢宗範：《周代宗法制度研究》，南寧：廣西師範大學出版社，1989 年。

49. 〔美〕喬治・彼得・穆達克：《我們當代的原始民族》，童恩正譯，成都：四川省民族研究所，1980 年。

50. 〔美〕喬納森・哈斯著：《史前國家的演進》，羅林平等譯，北京：求實出版社，1988 年。

51. 曲英傑：《古代城市》，北京：文物出版社，2003 年。

52. 全春元：《早期東亞文化圈中的朝鮮》，延邊：延邊大學出版社，1995 年。

S

53. 沈長雲、張渭蓮著：《中國古代國家起源與形成研究》，北京：人民出版社，2009 年。

54. 沈小榆：《失落的文明・印加》，上海：華東師範大學出版社，2001 年。

55. 《神秘古國》創作組編著：《打開千年古墓》，長春：吉林文史出版社，2008 年。

56. 蘇秉琦：《中國文明起源新探》，北京：三聯書店，1999 年。

57. 孫曜：《春秋時代之氏族》，上海：中華書局，1931 年。

T

58. 童恩正：《人類與文化》，重慶：重慶出版社，1998 年。

59. 童書業：《春秋左傳研究》，北京：中華書局，2006 年。

60. 童書業：《春秋史》，上海：上海古籍出版社，2003 年。

W

61. 王暉：《商周文化比較研究》，北京：人民出版社，2000 年。

62. 王震中：《中國文明起源的比較研究》，西安：陝西人民出版社，1994 年。

63. 王宇信、楊升南：《甲骨學一百年》，北京：社會科學文獻出版社，1999 年。

64. 王國維：《觀堂集林》，北京：中華書局，2006 年。

65. 王國維：《古史新證：王國維最後的講義》，北京：清華大學出版社，1994 年。

66. 吳廷璆主編：《日本史》，天津：南開大學出版社，1994 年。

X

67. 〔日〕西嶋定生：《中國古代帝國的形成與結構：二十等爵制研究》，武尚清譯，北京：中華書局，2004 年。

68. 謝維揚：《中國早期國家》，杭州：浙江人民出版社，1995 年。

69. 徐中舒：《先秦史論稿》，成都：巴蜀書社，1992 年。

70. 徐喜臣：《井田制度研究》，長春：吉林人民出版社，1984 年。

71. 許倬雲：《西周史》（增訂本），北京：三聯書店，2001 年。

Y

72. 嚴汝嫻、宋兆麟：《永寧納西族的母系制》，昆明：雲南人民出版社，1981 年。

73. 楊寬：《古史新探》，北京：中華書局，1965 年。

74. 楊寬：《西周史》，上海：上海人民出版社，2003 年。

75. 楊寬：《戰國史》，上海：上海人民出版社，2003 年。

76. 〔日〕伊藤道治著：《中國古代王朝的形成：以出土資料爲主的殷周史研究》，江藍生譯，北京：中華書局，2002 年。

77. 易建平：《部落聯盟與酋邦──民主·專制·國家：起源問題比較研究》，北京：社會科學文獻出版社，2004 年。

78. 于省吾：《甲骨文字詁林》，北京：中華書局，1996 年。

79. 于省吾：《雙劍誃諸子新證》，北京：中華書局，1962 年。

80. 袁林：《兩周土地制度新論》，長春：東北師範大學出版社，2000 年。

81. 袁祖亮主編；焦培民著：《中國人口通史·先秦卷》，北京：人民出版社，2007 年。

Z

82. 張小萌：《滿族由部落到國家的發展》，北京：中國社會科學出版社，2007 年。

83. 張光直：《中國青銅時代》，北京：三聯書店，1999 年。

84. 張光直：《商文明》，瀋陽：遼寧教育出版社，1989 年。

85. 張亞初、劉雨：《西周金文官制研究》，北京：中華書局，1986 年。

86. 趙伯雄：《西周國家形態研究》，長沙：湖南教育出版社，1990 年。

87. 趙世超：《周代國野制度研究》，西安：陝西人民出版社，1991 年。

88. 朱鳳瀚：《商周家族形態研究》，天津：天津古籍出版社，2004 年。

89. 中共中央馬克思恩格斯列寧史達林著作編譯局譯：《資本論》，北京：人民出版社，2004 年。

90. 中共中央馬克思恩格斯列寧史達林著作編譯局編：《馬克思恩格斯選集》，北京：人民出版社，1995 年。

91. 中共中央馬克思恩格斯列寧史達林著作編譯局編：《馬克思恩格斯全集》，北京：人民出版社，1972 年。

92. 中國科學院歷史研究所翻譯組編譯：《宮崎市定論文選集》，北京：商務印書館，1963 年。

93. 中國歷史研究會編：《中國歷史簡編》，北京：華北新華書店，1948 年。

94. 中國科學院歷史研究所編：《馬克思恩格斯列寧史達林論資本主義以前諸社會形態》，北京：文物出版社，1979 年。

論 文

A

1. A・M 哈贊諾夫：《關於早期國家研究的一些理論問題》，中國世界古代史學會編：《古代世界城邦問題譯文集》，北京：時事出版社，1987 年。

B

2. 寶雞市考古工作隊：《寶雞市益門村二號春秋墓發掘簡報》，《文物》1993 年第 10 期。

3. 北京大學考古實習隊、河南省南陽市文物研究所：《河南鄧州八里崗遺址 1992 年的發掘與收穫》，《考古》1997 年第 12 期。

4. 北京大學考古實習隊、河南省南陽市文物研究所：《河南鄧州八里崗遺址發掘簡報》，《文物》1998 年第 9 期。

5. 北京市文物研究所、北京大學考古學系：《1995 年琉璃河遺址墓葬區發掘簡報》，《文物》1996 年第 6 期。

6. 北京市文物研究所、北京大學考古文博院、中國社會科學院考古研究所：《1997 年琉璃河遺址墓葬發掘簡報》，《文物》2000 年第 11 期。

7. 北京大學考古系、山西省考古研究所：《1992 年春天馬——曲村遺址墓葬發掘簡報》，《文物》1993 年第 3 期。

8. 北京大學考古系、山西省考古研究所：《天馬——曲村遺址北趙晉侯墓地第二次發掘》，《文物》1994 年第 1 期。

9. 北京大學考古系、山西省考古研究所：《天馬——曲村遺址北趙晉侯墓地第五次發掘》，《文物》1995 年第 7 期。

10. 北京大學考古文博院、山西考古研究所：《天馬——曲村遺址北趙晉侯墓地第六次發掘》，《文物》2001 年第 8 期。

C

11. 晁福林：《從士山盤看周代「服」制》，《中國歷史文物》2004 年第 6 期。

12. 陳英傑：《士山盤銘文再考》，《中國歷史文物》2004 年第 6 期。

13. 种建榮：《周原遺址齊家北墓葬分析》，《考古與文物》2007 年第 6 期。

D

14. 鄧輝:《論土家族土司制度下的兵制「旗」》,《中南民族學院學報》(人文社會科學版) 2000 年第 3 期。

15. 董珊:《談士山盤銘文的「服」字義》,《故宮博物院館刊》2004 年第 1 期。

G

16. 〔日〕宮崎市定:《中國古代史概論》,中國科學院歷史研究所翻譯組編譯:《宮崎市定論文選集》,北京:商務印書館,1963 年。

17. 顧頡剛:《鳥夷族的圖騰崇拜及其氏族集團的興亡》,西安半坡博物館:《史前研究》,西安:三秦出版社,2000 年。

18. 顧頡則《春秋時代的縣》,《禹貢半月刊》1937 年第 6、7 期。

19. 顧頡剛:《畿服》,《史林雜識初編》,北京:中華書局,1963 年。

20. 顧頡剛:《職貢》,《史林雜識初編》,北京:中華書局,1963 年。

21. 郭沫若:《殷彝中圖形文字之一解》,郭沫若著作編輯出版委員會編,《郭沫若全集·考古編·第四卷》,北京:科學出版社,2002 年。

22. 郭沫若:《矢簋銘考釋》,《考古學報》1956 年第 1 期。

23. 郭沫若:《長安縣張家坡銅器群銘文彙釋》,《考古學報》1962 年第 1 期。

24. 郭大順、張克舉:《遼寧省喀左縣東山嘴紅山文化建築群址發掘簡報》,《文物》1984 年第 11 期。

H

25. 河南省文物研究所:《鄭州商代二里崗期鑄銅基址》,《考古學集刊》(第 6 輯),北京:中國社會科學出版社,1989 年。

26. 河北省文化局文物工作隊:《1958 年邢臺地區古遺址古墓葬的發現與清理》,《文物》1959 年第 9 期。

27. 河南省信陽地區文管會、河南省羅山縣文化館:《羅山天湖商周墓地》,《考古學報》1986 年第 2 期。

28. 何耀華:《論涼山彝族的家支制度》,《中國社會科學》1981 年第 2 期。

29. 河北省文物管理委員會:《河北石家莊市市莊村戰國遺址的發掘》,《考古學報》1957 年第 1 期。

30. 洪家義:《從古代職業世襲看青銅器中的徽號》,《東南文化》1992 年第 3、4 期。

31. 湖北省文物考古研究所、隨州市博物館:《湖北隨州葉家山西周墓地發掘簡報》,《文物》2011 年第 11 期;

32. 黃錫全:《士山盤銘文別議》,《中國歷史文物》2003 年第 2 期。

33. 黃愛梅：《士山盤銘補義》，《中國歷史文物》2006 年第 6 期。

34. 黃展岳：《近年出土的戰國兩漢鐵器》，《考古學報》1957 年第 3 期。

35. H・J・M・克列遜（克賴森），P・斯卡爾尼克：《關於早期國家的各種學說和假說》，中國世界古代史學會編：《古代世界城邦問題譯文集》，北京：時事出版社，1987 年。

J

36. 江蘇省文物工作隊：《江蘇邳縣劉林新石器時代遺址第一次發掘》，《考古學報》1962 年第 1 期。

37. 巨萬倉：《岐山流龍嘴村發現西周陶窯遺址》，《文博》1989 年第 2 期。

L

38. 雷興山：《論周原遺址西周時期手工業者的居與葬：兼談特殊器物在聚落結構研究中的作用》，《華夏考古》2009 年第 4 期。

39. 李學勤等：《山東高青縣陳莊西周遺址筆談》，《考古》2011 年第 2 期。

40. 李卓：《部、部民及其區別》，《日本論壇》1986 年第 2 期。

41. 遼寧省文物考古研究所：《遼寧牛河梁紅山文化「女神廟」與積石塚群發掘簡報》，《文物》1986 年第 8 期。

42. 林澐：《對早期銅器銘文的幾點看法》，《古文字研究》（第五輯），北京：中華書局，1981 年。

43. 林澐：《甲骨文中的商代方國聯盟》，《古文字研究》（第六輯），北京：中華書局，1981 年。

44. 林薇：《成吉思汗的守陵人》，《華夏地理》2007 年第 8 期。

45. 劉敦願：《古史傳說與典型龍山文化》，《山東大學學報》（哲學社會科學版）1963 年第 2 期。

46. 盧連成：《西周夨國史跡考略及其相關問題》，人文雜誌編輯部：《西周史研究》，1984 年。

47. 盧中陽：《民族資料中所見指定服役制度研究》，《雲南民族大學學報》（哲學社會科學版）2011 年第 4 期。

48. 盧中陽：《說「事」》，《趙光賢先生百年誕辰紀年文集》，北京：社會科學出版社，2011 年。

49. 盧中陽：《由服役到官職——中國古代官職起源的新認識》，《長江・三峽古文化學術研討會暨中國先秦史學會第九屆年會論文集》，重慶：重慶出版社，2011 年。

50. 盧中陽：《商代王畿千里駁議》，《殷都學刊》2011 年第 2 期。

51. 盧中陽：《再論貢、助、徹：孟子的理想與現實》，《暨南史學》（第七輯），

暨南：暨南大學出版社，2011 年。

52. 盧中陽：《從清華簡〈楚居〉多郢看先秦時期的異地同名現象》，《簡帛語言文字研究》（第六輯），成都：巴蜀書社，2012 年。

53. 羅華柱：《指定服役制度的興衰》，陝西師範大學碩士學位論文，2009 年。

54. 洛陽博物館：《洛陽北窯村西周遺址 1974 年度發掘簡報》，《文物》1981 年第 7 期。

55. 洛陽市文物工作隊：《1975～1979 年洛陽北窯西周鑄銅遺址的發掘》，《考古》1983 年第 5 期。

56. 洛陽市文物工作隊：《1975～1979 年洛陽北窯西周鑄銅遺址的發掘》，《考古》1983 年第 5 期。

57. 洛有倉：《商周青銅器族徽文字綜合研究》，陝西師範大學博士學位論文，2006 年。

N

58. 南京博物院：《江蘇邳縣劉林新石器時代遺址第 2 次發掘》，《考古學報》1965 年第 2 期。

Q

59. 裘錫圭：《甲骨卜辭中所見的「田」「牧」「衛」等職官的研究》，《文史》（第十九輯），北京：中華書局，1987 年。

60. 裘錫圭：《釋秘》，《古文字研究》（第三輯），北京：中華書局，1980 年。

61. 曲英傑：《散盤圖說》，《西周史研究》，《人文雜誌》（叢刊）第 2 期，1984 年。

S

62. 山西省考古研究所、靈石縣文化局：《山西靈石旌介村商墓》，《文物》1986 年第 11 期。

63. 山西省考古研究所、北京大學考古系：《天馬——曲村遺址北趙晉侯墓地第三次發掘》，《文物》1994 年第 8 期。

64. 山西省考古研究所、北京大學考古系：《天馬——曲村遺址北趙晉侯墓地第四次發掘》，《文物》1994 年第 8 期。

65. 山西省考古研究所、曲沃縣文物局：《山西曲沃羊舌晉侯墓地發掘簡報》，《文物》2009 年第 1 期。

66. 山西省考古研究所、運城市文物工作站、絳縣文化局：《山西絳縣橫水西周墓地》，《考古》2006 年第 7 期。

67. 山西省考古研究所、運城市文物工作站、絳縣文化局：《山西絳縣橫水西周墓發掘簡報》，《文物》2006 年第 8 期。

68. 山西省考古研究所大河口墓地聯合考古隊:《山西翼城縣大河口西周墓地》,《考古》2011 年第 7 期。

69. 陝西周原考古隊:《扶風雲塘西周骨器製造作坊遺址試掘簡報》,《文物》1980 年 4 期。

70. 陝西周原考古隊:《扶風雲塘西周墓》,《文物》1980 年第 4 期。

71. 陝西周原考古隊:《扶風雲塘西周骨器製造作坊遺址試掘簡報》,《文物》1980 年第 4 期。

72. 商艷濤:《西周金文中的族軍》,《考古與文物》2009 年第 3 期。

73. 沈長雲:《說殷墟卜辭中的「王族」》,《殷都學刊》1998 年第 1 期。

74. 斯維至:《兩周金文所見職官考》,《斯維至史學文集》,西安:陝西師範大學出版社,2009 年。

75. 石興邦:《中國文化與文明發展和形成史的考古學探討》,《中國考古學與歷史學之整合研究》(中央研究院歷史語言研究所會議論文集之四),1997 年。

76. 宋恩常:《西雙版納傣族封建社會的手工業和集市貿易》,《雲南少數民族研究文集》,昆明:雲南人民出版社,1986 年。

77. 宋恩常:《滄源佤族社會封建因素的產生》,《雲南少數民族研究文集》,昆明:雲南人民出版社,1986 年。

78. 宋恩常:《西雙版納自然概況》,《西雙版納傣族社會綜合調查》(一),昆明:雲南民族出版社,1983 年。

79. 宋恩常:《西盟佤族氏族制度的解體》,《雲南少數民族研究文集》,昆明:雲南人民出版社,1986 年。

80. 宋恩常:《雲南少數民族的刀耕火種農業》,《雲南少數民族研究文集》,昆明:雲南人民出版社,1986 年。

81. 宋恩常:《西雙版納傣族封建土地制度》,《雲南少數民族研究文集》,昆明:雲南人民出版社,1986 年。

82. 孫周勇:《西周手工業者「百工」身份的考古學觀察:以中原遺址齊家製塊作坊墓葬資料爲核心》,《華夏考古》2010 年第 3 期。

T

83. 唐嘉弘:《試論夏商周三代帝王的稱號及其國家政體》,《歷史研究》1985 年第 6 期。

84. 唐際根、荊志淳:《安陽的「商邑」與「大邑商」》,《考古》2009 年第 9 期。

85. 田昌五:《中國歷史發現體系的新構想》,《歷史研究》2000 年第 2 期。

W

86. 王玉哲：《兩周社會形態的探討》，《中國的奴隸制與封建制分期問題論文選集》，北京：三聯書店，1956 年。

87. 王玉哲：《殷商疆域史中的一個重要問題——點和面的概念》，《鄭州大學學報》（哲學社會科學版）1982 年第 2 期。

88. 王震中：《邦國、王國與帝國：先秦國家形態的演進》，《河南大學學報》（社會科學版）2003 年第 4 期。

89. 王巍：《聚落形態研究與中華文明探源》，《文物》2006 年第 5 期。

90. 王巍：《新中國考古六十年》，《考古》2009 年第 9 期。

91. 王毓銓：《爰田（轅田）解》，《歷史研究》1957 年第 4 期。

92. 王恩田：《臨沂竹書〈田法〉與爰田制》，《中國史研究》1989 年第 2 期。

93. 王增新：《遼寧撫順市蓮花堡遺址發掘簡報》，《考古》1964 年第 6 期。

94. 王學榮、何毓靈：《安陽殷墟孝民屯遺址的考古新發現及相關認識》，《考古》2007 年第 1 期。

95. 王國維：《說玨朋》，《觀堂集林》，北京：中華書局，2006 年。

96. 王貴民：《說御史》，胡厚宣：《甲骨探史錄》，北京：三聯書店，1982 年。

97. 王金林：《日本古代部民的性質——兼論日本未經歷奴隸制社會》，《歷史研究》1981 年第 3 期。

98. 王暉：《西周蠻夷「要服」新證：兼論「要服」與「荒服」、「侯服」的區別》，《民族研究》2003 年第 1 期。

99. 汪寧生：《從原始記事到文字發明》，《考古學報》1981 年第 1 期。

100. 魏興興、李亞龍：《陝西扶風齊鎮發現西周煉爐》，《考古與文物》2007 年第 1 期。

101. 韋心瀅：《殷墟卜辭中的「商」與「大邑商」》，《殷都學刊》2009 年第 1 期。

102. 吳榮曾：《有關西周「六師」、「八師」的若干問題》，《西周文明論集》，北京：朝華出版社，2004 年。

X

103. 夏商周斷代工程朝歌遺址調查組：《1998 年鶴壁市、淇縣晚商遺址考古調查報告》，《華夏考古》2006 年第 1 期。

104. 肖楠：《試論卜辭中的「工」與「百工」》，《考古》1981 年第 3 期。

105. 肖楠：《試論卜辭中的師和旅》，《古文字研究》（第六輯），北京：中華書局，1981 年。

106. 信陽地區文管會、羅山縣文化館：《羅山莽張後李商周墓地第三次發掘簡

報》,《中原文物》1988 年第 1 期。

107. 邢穎:《早期國家的結構、發展與衰落》,《世界歷史》2006 年第 5 期。

108. 徐中舒:《試論周代田制及其社會性質——並批判胡適井田辨觀點和方法的錯誤》,《四川大學學報》(哲學社會科學版) 1955 年第 2 期。

109. 徐中舒:《論西周是封建制社會——兼論殷代社會性質》,《歷史研究》1957 年第 5 期。

110. 徐中舒:《巴蜀文化緒論》,《四川大學學報》(哲學社會科學版) 1960 年第 1 期。

111. 徐中舒、唐嘉弘:《論殷周的外服制——關於中國奴隸制和封建制分期的問題》,《人文雜誌》(增刊) 1982 年 5 月。

Y

112. 嚴文明,《東亞文明的黎明——中國文明起源的探索》,《農業發生與農業文明》,北京:科學出版社,2000 年。

113. 嚴文明:《中國新石器時代聚落形態的考察》,《慶祝蘇秉琦考古五十五年論文集》編輯組:《慶祝蘇秉琦考古五十五年論文集》,北京:文物出版社,1989 年

114. 楊樹達:《釋御》,《積微居甲文說》,上海:上海古籍出版社,1986 年。

115. 楊樹達:《釋述》,《積微居甲文說》,上海:上海古籍出版社,1986 年。

116. 楊樹達:《釋犬》,《積微居甲文說》,上海:上海古籍出版社,1986 年。

117. 楊樹達:《井侯彝跋》,《積微居金文說》(增訂本),北京:中華書局,1997 年。

118. 楊樹達:《矢令彝三跋》,《積微居金文說》,北京:中華書局,1997 年。

119. 楊樹達:《積微居小學述林》,北京:中華書局,1983 年。

120. 楊寬《再論西周金文中「六𠂤」和「八𠂤」的性質》,《考古》1965 年第 10 期。

121. 楊向奎:《試論先秦時代齊國的經濟制度》,《文史哲》1954 年第 11、12 期。

122. 楊升南:《卜辭所見諸侯對商王室的臣屬關係》,胡厚宣主編:《甲骨文與殷商史》,上海:上海古籍出版社,1983 年。

123. 殷墟孝民屯考古隊:《河南安陽市孝民屯商代墓葬 2003～2004 年發掘簡報》,《考古》2007 年第 1 期。

124. 俞偉超:《中國古代都城規劃的發展階段性》,《文物》1985 年第 2 期。

125. 于省吾:《略論西周金文中的「六𠂤」和「八𠂤」及其屯田制》,《考古》1964 年第 3 期。

Z

126. 張國慶：《遼代社會基層組織及其功能考探——遼代鄉村社會史研究之一》，《中國史研究》2002 年第 2 期。

127. 張政烺：《卜辭裒田及其相關諸問題》，《考古學報》1973 年第 1 期。

128. 張政烺：《釋甶》：《古文字研究》（第六輯），北京：中華書局，1981 年。

129. 張懋鎔：《試論商周青銅器族徽文字獨特的表現形式》，《文物》2000 年第 2 期。

130. 張懋鎔：《周人不用族徽說》，《考古》1995 年第 9 期。

131. 張光裕：《𤔲簋銘文與西周史事新證》，《文物》2009 年第 2 期。

132. 張君：《陝西扶風縣周原遺址莊李西周墓出土人骨鑒定》，《考古》2008 年第 2 期。

133. 張亞初：《商代職官研究》，《古文字研究》（第十三輯），北京：中華書局，1986 年。

134. 〔日〕增淵龍夫：《說春秋時代的縣》，劉俊文主編，黃金山、孔繁敏等譯：《日本學者研究中國史論著選譯》，北京：中華書局，1993 年。

135. 浙江省文物考古研究所反山考古隊：《浙江余杭反山良渚墓地發掘簡報》，《文物》1988 年第 1 期。

136. 鄭若葵：《殷墟「大邑商」族邑佈局研究》，《中原文物》1995 年第 3 期。

137. 鄭紹宗：《熱河興隆發現的戰國生產工具鑄範》，《考古通訊》1956 年第 1 期。

138. 趙世超：《晉「和戎狄」評議》，《史學月刊》1985 年第 2 期。

139. 趙世超：《西六師、成周八師不是常備軍》，《洛陽師專學報》（哲學社會科學版）1991 年第 2 期。

140. 趙世超：《說「室」》，《考古與文物》1992 年第 3 期。

141. 趙世超：《西周爲早起國家說》，《陝西師範大學學報》（哲學社會科學版）1992 年第 4 期。

142. 趙世超：《指定服役制度略述》，《陝西師大大學學報》（哲學社會科學版）1999 年第 3 期。

143. 趙世超：《中國古代引禮入法的得與失》，《陝西師大大學學報》（哲學社會科學版）2011 年第 1 期。

144. 周瑗：《矩伯、裘衛兩家族的消長與周禮的崩壞》，《文物》1976 年第 6 期。

145. 周文：《新出土的幾件西周銅器》，《文物》1972 年第 7 期。

146. 周書燦：《殷代外服制探討》，《河北大學學報》（哲學社會科學版）2003

年第 2 期。

147. 周原考古隊：《陝西周原遺址發現西周墓葬與鑄銅遺址》，《考古》2004 年第 1 期。

148. 周原考古隊：《周原遺址（齊家村）發掘簡報》，《考古與文物》2003 年第 4 期。

149. 周原考古隊：《陝西扶風縣周原遺址莊李西周墓發掘簡報》，《考古》2008 年第 12 期。

150. 朱鳳瀚：《士山盤銘文初釋》，《中國歷史文物》2002 年第 1 期。

151. 中國社會科學院考古研究所安陽工作隊：《1969～1977 年殷墟西區墓葬發掘報告》，《考古學報》1979 年第 1 期。

152. 中國科學院考古研究所灃西發掘隊：《陝西長安戶縣調查與試掘簡報》，《考古》1962 年第 6 期。

153. 中國社會科學院考古研究所灃鎬工作隊：《陝西長安縣灃西新旺村西周製骨作坊遺址》，《考古》1992 年第 11 期。

154. 中國科學院考古研究所豐鎬考古隊：《1961～1962 年陝西長安灃東試掘簡報》，《考古》1963 年第 8 期。

155. 中國科學院考古研究所灃西發掘隊：《陝西長安灃西客省莊西周夯土基址發掘報告》，《考古》1987 年第 8 期。

156. 中國科學院考古研究所豐鎬考古隊：《1979～1981 年陝西長安灃西、灃東試掘簡報》，《考古》1986 年第 3 期。

157. 中國社會科學院考古研究所內蒙古考古工作隊：《內蒙古敖漢旗興隆窪遺址發掘簡報》，《考古》1985 年第 10 期。

158. 中國社會科學院考古研究所內蒙古考古工作隊：《內蒙古敖漢旗興隆窪聚落遺址 1992 年發掘簡報》，《考古》1997 年第 1 期。

159. 中國社會科學院考古研究所二里頭工作隊：《河南偃師市二里頭遺址中心區的考古新發現》，《考古》2005 年第 7 期。

160. 中國社會科學院考古研究所、北京市文物研究所琉璃河考古隊：《1981～1983 年琉璃河西周燕國墓地發掘簡報》，《考古》1984 年第 5 期。

161. 中國社會科學院考古研究所、北京市文物研究所琉璃河考古隊：《北京琉璃河 1193 號大墓發掘簡報》，《考古》1990 年第 1 期。

162. 中國社會科學院考古研究所山西工作隊、臨汾地區文物局：《1978～1980 年山西襄汾陶寺墓地發掘簡報》，《考古》1983 年第 1 期。

引用甲骨文、金文著錄書籍簡稱

1. 《大系》，郭沫若：《兩周金文辭大系圖錄考釋》，郭沫若著作編輯出版委員會編：《郭沫若全集・考古編・第八卷》，北京：科學出版社，2002 年。

2. 《粹》，郭沫若：《殷契粹編》，郭沫若著作編輯出版委員會編：《郭沫若全集・考古編・第三卷》，北京：科學出版社，2002 年。

3. 《合集》，郭沫若主編，胡厚宣總編輯：《甲骨文合集》，北京：中華書局，1978～1983 年。

4. 《花東》，中國社會科學院考古研究所：《殷墟花園東地甲骨》，昆明：雲南人民出版社，2003 年。

5. 《集成》，中國社會科學院考古研究所：《殷周金文集成》（修訂增補本），北京：中華書局，2007 年。

6. 《近出》，劉雨、盧岩：《近出殷周金文集錄》，北京：中華書局，2002 年。

7. 《甲》，董作賓：《殷虛文字甲編》，北京：國立中央研究院歷史語言研究所出版，1948 年。

8. 《單氏》，陝西省考古研究院、寶雞市考古研究所、眉縣文化館等編：《吉金鑄華章：寶雞眉縣楊家村單氏青銅器窖藏》，北京：文物出版社，2008 年。

9. 《屯南》，中國社會科學院考古研究所：《小屯南地甲骨》，北京：中華書局，1980 年。

10. 《天理》，伊藤道治：《天理大學附屬天理參考館甲骨文字》，天理時報社出版，1987 年。

11. 《新收》，鍾柏生、陳昭容、黃銘崇、袁國華編：《新收殷周青銅器銘文暨器影彙編》，台北：藝文印書館，2006 年。

12. 《佚》，商承祚：《殷契佚存》，南京：金陵大學中國文化研究所，1933 年。

13. 《珠》，金祖同：《殷契遺珠》，台灣：藝文印書館，1933 年。

14. 《總集》，嚴一萍：《金文總集》，杭州：浙江古籍出版社，1989 年。

15. 《周原銅》，曹瑋：《周原出土青銅器》，成都：巴蜀書社，2006 年。

附　錄

附錄一　先秦服制對照表

服制	出處	服　制　對　照　表								備　註
內、外服	《尚書·酒誥》	越在外服，侯、甸、男、衛邦伯	越在內服，百僚、庶尹、惟亞、惟服、宗工、越百姓、里居							
三服	《逸周書·王會解》	方千里之內為比服	方二千里之內為要服	方三千里之內為荒服						「比服」僅此一見，「要服」、「荒服」順序與《國語·周語上》和《尚書·禹貢》相反。
五服	《國語·周語上》	邦內甸服	邦外侯服	侯、衛賓服	蠻、夷要服	戎、狄荒服				
	《尚書·禹貢》	五百里甸服	五百里侯服	五百里綏服	五百里要服	五百里荒服				《尚書·禹貢》之「綏服」，《國語·周語上》稱「賓服」，其他均同。
七服	《周禮·秋官·大行人》	邦畿方千里	其外方五百里，謂之侯服	又其外方五百里，謂之甸服	又其外方五百里，謂之男服	又其外方五百里，謂之采服	又其外方五百里，謂之衛服	又其外方五百里，謂之要服	九州之外，謂之蕃國	「侯服」、「甸服」的位置與五服制不同，出現了「男」服、「采服」、「衛服」和「蕃國」，保留了「要服」，沒有「比服」、「荒服」、「賓服」和「綏服」。

九服	《周禮·夏官·大司馬》	方千里曰國畿	其外方五百里曰侯畿	又其外方五百里曰甸畿	又其外方五百里曰男畿	又其外方五百里曰采畿	又其外方五百里曰衛畿	又其外方五百里曰蠻畿	又其外方五百里曰夷畿	又其外方五百里曰鎮畿	又其外方五百里曰蕃畿	
	《周禮·夏官·職方氏》	方千里曰王畿	其外方五百曰侯服	又其外方五百里曰甸服	又其外方五百里曰男服	又其外方五百里曰采服	又其外方五百里曰衛服	又其外方五百里曰蠻服	又其外方五百里曰夷服	又其外方五百里曰鎮服	又其外方五百里曰藩服	
	《逸周書·職方解》	方千里曰王圻	其外方五百里為侯服	又其外方五百里為甸服	又其外方五百里為男服	又其外方五百里為采服	又其外方五百里為衛服	又其外方五百里為蠻服	又其外方五百里為夷服	又其外方五百里為鎮服	又其外方五百里為藩服	三者除個別字的稱法不同外，其他均同。

附錄二　少皥氏部落內部的分工

部落	胞族	氏　族　及　其　職　事
少皥氏	鳳鳥氏	鳳鳥氏（曆正）、玄鳥氏（司分）、伯趙氏（司至）、青鳥氏（司啓）、丹鳥氏（司閉）
	祝鳩氏	祝鳩氏（司徒）、雎鳩氏（司馬）、鳲鳩氏（司空）、爽鳩氏（司寇）、鶻鳩氏（司事）
	鶻雉氏	鶻雉氏（攻木）、鷷雉氏（搏埴）、翟雉氏（攻金）、鷂雉氏（攻皮）、翬雉氏（設色）〔註1〕
	春扈氏	春扈氏（耕種）、夏扈氏（耘苗）、秋扈氏（收斂）、冬扈氏（蓋藏）、棘扈氏（為果驅鳥）、行扈氏（晝驅鳥）、宵扈氏（夜驅獸）、桑扈氏（為蠶驅雀）、老扈氏（收麥）〔註2〕

附錄三　金文中的賜「田」

器　名	時　代	分授者	受封者	銘　文　內　容	備　註
旂鼎	西周早期	王姜	旂	田三田于待劗	《集成》2704
永盂	西周中期	周王（由益公代賜）	永	滰（陰）易（陽）洛，彊（疆）眔（遝）師俗父田	《集成》10322
卯簋蓋	西周中期	周王（由榮伯代賜）	卯	于乍一田，于图一田，于隊一田，于鼓一田	《集成》4327
大克鼎	西周中期後段	周王	膳夫克	田于埜，田于渒，田于畯，田于康，田于匽，田于陣原（原），田于寒山	《集成》2836

〔註1〕據賈逵注。
〔註2〕據賈逵注。

十月敱簋	西周晚期	周王	敱	于敔（拎）五十田，于早五十田	《集成》4323
多友鼎	西周晚期	武公	多友	易（賜）女（汝）土田	《集成》2835
卅二年逨鼎	西周晚期	周王	逨	田于鄭卅田，于陣廿田	《新收》745
不嬰簋	西周晚期	伯氏	不嬰	田十田	《集成》4328
季姬尊	西周中期前段	君（王母）	季姬	折易（賜）乑（厥）田	《新收》364

附錄四　金文中的「六師」與「八師」

名　稱	器　名	時　代	相　關　內　容	備　註
六師	鼓霥簋	西周早期後段	隹（惟）巢來迕，王令東宮追以六師之年	《集成》4047
	呂服余盤	西周中期	王曰：「服（服）余，令（命）女（汝）敱（更）乃祖考事，疋（胥）備中（仲）司六師服（服）	《集成》10169
	㝬戒鼎	西周晚期	辭白（伯）慶易（賜）㝬戒賷弢（弼）、鱻雁（膺）、虎裘、豹裘。用正（政）于六師	《近出》347
	南宮柳鼎	西周晚期（夷王世）	王乎（呼）作冊尹冊令（命）柳：司六師牧陽（場）大客（友），司羲夷陽（場）佃史（事）	《集成》2805
	子犯鐘（甲套）	春秋中期（晉）	子軋（犯）及晉公迖（率）西之六師，博（搏）伐楚刜（荊）	《近出》10
八師	旨壺蓋	西周中期	王乎（呼）尹氏冊令（命）旨，曰：敱（更）乃祖考作塚司土于成周八師	《集成》9728
	小克鼎	西周晚期	王命膳夫克舍（捨）令（命）于成周，遹正八師之年	《集成》2796
	小臣謎簋	西周早期	叡東尸（夷）大反，白（伯）懋父以殷八師征東尸（夷）	《集成》4238
六師與八師	禹鼎	西周晚期（夷王世）	王迺命西六師、殷八師，曰：「剗（撲）伐噩（鄂）侯馭（馭）方，勿遺壽幼……吏（惟）西六師、殷八師伐噩（鄂）侯馭（馭）方，勿遺壽幼	《集成》2833
	盠方尊、彝	西周早期後段到中期前段（昭王、穆王世）	王令（命）盠曰：誐司六師眔八師执（執、藝）	《集成》6013、《集成》9899、《集成》9900

附錄五　商、周金文中的賜「朋」與賜「貝」

	器　名	時　代	著　錄	相關賞賜	作　器	備　註
賜朋	德鼎	西周早期	王易（賜）祐（德）貝廿朋		從用作寶鼎	《集成》2405
	德方鼎	西周早期	王易（賜）祐（德）貝廿朋		用作寶尊彝	《集成》2661
	德簋	西周早期	王易（賜）祐（德）貝廿朋		用作寶尊彝	《集成》3733
	從鼎	西周中期前段	白（伯）姜易（賜）從貝卅朋		用作祖癸寶鼎	《集成》2435
	中鼎	西周早期	侯易（賜）中貝三朋		用作祖癸寶鼎	《集成》2458
	斉鼎	西周早期	尹商（賞）斉貝三朋		用作父丁尊彝	《集成》2499
	復鼎	西周早期	侯賞復貝三朋		復用作父乙寶尊彝	《集成》2507
	小臣虘鼎	西周早期前段	休于小臣虘（攖）貝五朋		用作寶尊彝	《集成》2556
	雙方鼎	商代晚期	商（賞）雙貝二朋		用作雙尊彝	《集成》2579
	豊鼎	商代晚期	王商（賞）宗庚豊貝二朋		豊用作父丁鼎	《集成》2625
	燕侯旨鼎	西周早期	王賞旨貝廿朋		用作又妠（有姒）寶尊彝	《集成》2628
	新邑鼎	西周早期後段	王□貝十朋		用作寶彝	《集成》2682
	戍𤰒鼎	商代晚期	王賞戍𤲊𤰒貝二朋		用作父乙甗（齋）	《集成》2694
	叟方鼎	商代晚期	在穆朋二百		用作母己尊甗（煋）	《集成》2702
	師眉鼎、師眉簋	西周中期前段	易（賜）貝五朋		用爲宝（寶）器鼎二、簋二	《集成》2705、《集成》4097
	戍嗣子鼎	商代晚期	王商（賞）戍嗣子貝廿朋		用作父癸寶甗（餗）	《集成》2708
	旅鼎	西周早期後段	公易（賜）旅貝十朋		旅用作父丁尊彝	《集成》2728

不栺方鼎	西周早期後段	不栺易（賜）貝十朋		用作寶鬲（鬹）彝	《集成》2735
塑方鼎	西周早期	公賞塑貝百朋		用作尊鼎	《集成》2739
庚嬴鼎	西周中期前段	貝十朋	易（賜）尃斿（裸璋）	用作寶鼎（鼎）	《集成》2748
呂方鼎	西周中期	貝卅朋	王易（賜）呂鬯（秬）三卣（卣）	用作寶齍	《集成》2754
我方鼎	西周早期後段	秝貝五朋		用作父己寶尊彝	《集成》2763
剌鼎	西周中期前段	王易（賜）剌（剌）貝卅朋		用作黃公尊鬲（鬹）彝	《集成》2776
伯姜鼎	西周中期前段	易（賜）貝百朋		用作寶尊彝	《集成》2791
昌鼎	西周中期	貝十朋	侯釐（賚）昌虢（皋）胄、冊、戈、弓、矢束	用作寶簋	《近出》352
孟員鼎	西周中期前段	易（賜）貝十朋		孟員剢用作乓（厥）寶旅彝	《近出》338
孟員甗	西周中期前段	易（賜）貝十朋		孟鼎（員）界（界）用作乓（厥）寶斿（旅）彝	《近出》164
伯唐父鼎	西周早期後段	貝五朋	易（賜）矩鬯一卣（卣）	用作安公寶尊彝	《近出》356
小臣伯鼎	西周早期後段	王姜易（賜）小臣伯貝二朋		用作寶鼎	《近出》340
臣高鼎	西周早期前段	王商（賞）臣高貝十朋		用作文父丁寶尊彝	《近出》335
遽伯睘簋	西周早期	用貝十朋又四朋		遽白（伯）睘作寶尊簋	《集成》3763
𥼀簋	西周早期	𥼀（蛭）□易（賜）𥼀貝廿朋		𥼀用作父丁尊彝	《集成》3905
攸簋	西周早期	侯賚（賞）攸貝三朋		攸用作父戊寶尊彝	《集成》3906

寢秖簋	商代晚期	賞帚（寢）秖□貝二朋		用作祖癸寶尊	《集成》3941
叔德簋	西周早期前段	貝十朋	王易（賜）弔祐（叔德）臣嬕十人、羊百	用作寶尊彝	《集成》3942
聽簋	商代晚期	邁易（賜）貝二朋		用作大（太）子丁〔寶尊彝〕	《集成》3975
史䟒簋	西周早期後段	廼易（賜）史䟒貝十朋		䟒古于彝，叏（其）于之朝夕監（鑒）	《集成》4030
易旁簋	西周中期前段	趩弔（叔）休于小臣貝三朋	臣三家	用作父丁尊彝	《集成》4042
敔簋	西周中期	貝五朋	易（賜）敔（橫）弓、矢束、馬匹		《集成》4099
榮簋	西周早期	貝百朋	王休易（賜）乐（厥）臣父燊嵩（榮瓚）、王羣（祼）	用作寶尊彝	《集成》4121
敖叔微簋蓋	西周晚期	恭（益、賜）貝十朋		用作寶簋	《集成》4130
小子網簋	商代晚期	婌商（賞）小子網貝十朋		用作文父丁尊彝	《集成》4138
繁簋殘底	西周早期	貝十朋	賓（儐）柀廿	用作祖戊寶尊彝	《集成》4146
鼂簋	西周中期	易（賜）貝五朋	公易鼂（賜蝈）宗彝一隬（肆）、易（賜）鼎二	用作辛公簋	《集成》4159
章伯取簋	西周早期後段	易（賜）章白叔（郭伯捏）貝十朋		用作朕（朕）文考寶尊簋	《集成》4169
穆公簋蓋	西周中期前段	兮（呼）宰□易（賜）穆公貝廿朋		用作寶皇簋	《集成》4191
師遽簋蓋	西周中期	王乎（呼）師朕（朕）易（賜）師遽貝十朋		用作文考旄弔（叔）尊簋	《集成》4214
作冊夨令簋	西周早期	姜商（賞）令貝十朋	臣十家、鬲百人	用作丁公寶簋	《集成》4300

十月敔簋	西周晚期	契貝五十朋	事（使）尹氏受贅（授賫）敔：圭、鬲（瓚）；易（賜）田于敔（拎）五十田，于旱五十田	用作尊簋	《集成》4323
冉簋	西周中期前段	易（賜）貝卅朋	馬四匹	用作文考釐公尊彝	《近出》485
鮮簋	西周中期前段	貝廿朋	王䣟鬯（祼）玉三品	用作	《集成》10166
夷伯夷簋	西周晚期	恭（益）貝十朋		用作尹姞寶簋	《近出》481
菁簋	西周中期前段	貝五朋	楷（楷）侯𤔲（釐）菁馬四匹、臣一家	用作楷中（楷仲）好寶	《新收》1891
羋簋	西周早期	易（賜）玕（芌、羿）貝五朋		用作父辛尊彝	《集成》10581
夾簋	西周中期前段	貝廿朋	易（賜）玉十又二瑴	用作寶簋	《新收》1958
宰楋角	商代晚期	易（賜）貝五朋		用作父丁尊彝	《集成》9105
庶觶	西周早期	公中（仲）易（賜）庶貝十朋		庶用作寶尊彝	《集成》6510
小臣單觶	西周早期前段	周公易（賜）小臣單貝十朋		用作寶尊彝	《集成》6512
小臣邑斝	商代晚期	王易（賜）小臣邑貝十朋		用作母癸尊彝	《集成》9249
小子夫尊	商代晚期	妣商（賞）小子夫貝二朋		用作父己尊彝	《集成》5967
蔡尊	西周中期前段	希（蔡）易（賜）貝十朋		用作宗彝	《集成》5974
𤔲刧尊、𤔲刧卣	西周早期	易（賜）堅（𤔲）刧貝朋		用作朕（朕）莽（高）祖缶（寶）尊彝	《集成》5977、《集成》5383
歔尊	西周中期	受貝二朋		用作考付父尊彝	《集成》5981
能匋尊	西周早期	久亩（稟、稟）五朋		能匋用作㝅（文）父日乙寶尊彝	《集成》5984

鳴士卿尊	西周早期	王易（賜）敂（鳴）士卿貝朋		用作父戊尊彝	《集成》5985
臣衛尊	西周早期	公易（賜）臣衛宋𨚵（𨚵）貝四朋		用作父辛寶尊彝	《集成》5987
遣尊、遣卣	西周早期後段	易（賜）貝五朋	易趞（賜遣）采曰趞	用作姞寶彝	《集成》5992、《集成》5402
商尊、商卣	西周早期前段	帝后賞（賞）庚姬貝卅朋	迖丝（絲）廿寽（鋝）	商用作文辟日丁寶尊彝	《集成》5997、《集成》5404
子黃尊	商代晚期	貝百朋	王商（賞）子黃鬲（瓚）一	用作己寶盨（盤）	《集成》6000
效尊、效卣	西周早期後段	王易（賜）公貝五十朋，公易（賜）氒（厥）𡬠（世）子，效王休貝廿朋		用作寶尊彝	《集成》6009、《集成》5433
何尊	西周早期前段	㺇（何）易（賜）貝卅朋		用作囟（庾）公寶尊彝	《集成》6014
彔𢦚尊、彔𢦚卣	西周中期前段	易（賜）貝十朋		用作文考乙公寶尊彝	《集成》5419、《集成》5420、《新收》1961
竅卣	商代晚期	王易（賜）竅貝朋		用作母乙彝	《集成》5367
呂壺蓋	西周早期	貝三朋	呂易（賜）鬯一卣（卣）	用作寶尊彝	《新收》1894
小子省卣	商代晚期	子商（賞）小子眚（省）貝五朋		用作父己寶彝	《集成》5394
宰甫卣	商代晚期	王姿（光）宰甫貝五朋		用作寶齋	《集成》5395
盂卣	西周早期	貝十朋	兮公室盂鬯束	用作父丁寶尊彝	《集成》5399
二祀𠨘其卣	商代晚期	宓（賓）貝五朋			《集成》5412
小子畬卣	商代晚期	子光商（賞）畬貝二朋		用作母辛彝	《集成》5417
庚嬴卣	西周中期前段	易（賜）貝十朋	又丹一㭒（管）	用作氒（厥）文姑寶尊彝	《集成》5426
僕麻卣	西周早期	王休二朋		用作父辛尊	《近出》604
小臣靜卣	西周早期	王易（賜）貝五十朋		用作父丁寶尊彝	《新收》1960
康方彝	商代晚期	𪔁商（賞）貝十朋	丏豚	用宔（鑄）丁宗彝	《集成》09894

	守宮盤	西周中期前段	枲（琭）朋	易（賜）守宮絲束、蘆襪（苴幕）五、蘆苢（苴宦、幕）二、馬匹、霝爷（布）三、畀俸（專、團蓬）三	用作祖乙尊	《集成》10168
	義盉蓋	西周中期前段	易（賜）貝十朋		用作寶尊盉	《集成》9453
賜貝	易貝鼎	西周早期	易（賜）貝		用作女（母）辛彝	《集成》2327
	乙未鼎	商代晚期或西周早期	王〔易〕貝	妽（姒）〔易（賜）〕巾（亦有可能爲帛）	用作〔寶〕彝	《集成》2425
	鼻姒方鼎	西周早期	鼻姁（姒）商易（賞賜）貝于后		作父乙彝	《集成》2433、《集成》2434
	㲃父方鼎	西周早期	休王易（賜）㲃（翳）父貝		用作乓（厥）寶尊彝	《集成》2453、《集成》2454、《集成》2455
	交鼎	西周早期	易（賜）貝		用作寶彝	《集成》2459
	作冊憲鼎	西周早期	以（賜）作冊憲貝		用作寶彝	《集成》2504
	圉方鼎	西周早期前段	匽（燕）侯易（賜）圉貝		用作寶尊彝	《集成》2505
	黑鼎	西周早期	王易（賜）黑貝		用作祖乙尊	《集成》2506
	戲隱馬方鼎	商代晚期	易（賜）貝		用作父丁尊彝	《集成》2594
	獻侯鼎	西周早期	商（賞）獻侯顯貝		用作丁侯尊彝	《集成》2626、《集成》2627
	小子𤔲鼎	商代晚期	子易（賜）小子𤔲（𤔲）王商（賞）貝		𤔲（𤔲）用作父己寶尊	《集成》2648
	征人鼎	西周早期	天君賞乓（厥）征人斤貝		用作父丁尊彝	《集成》2674
	堇鼎	西周早期前段	太保賞堇貝		用作大（太）子癸尊鬹（煋）	《集成》2703
	遱方鼎	商代晚期	尚（賞）貝		用作父丁彝	《集成》2709
	帶晨鼎	商代晚期	作冊友史易（賜）賁（曠）貝		用作父乙尊	《集成》2710

作冊般鼎	商代晚期	王商（賞）作冊豐貝，大（太）子易（賜）東大貝		用作父己寶彝（餗）	《集成》2711
雪鼎	西周早期	雪孚（俘）貝		雪用作襄公寶尊鼎	《集成》2740、《集成》2741
憲鼎	西周早期後段	侯易（賜）寓（憲）貝	金	用作罷白（召伯）父辛寶尊彝	《集成》2749
小臣夌鼎	西周早期	小臣夌易（賜）貝	易（賜）馬丙（兩）	用作季娟（妘）寶尊彝	《集成》2775
亞魚鼎	商代晚期	王易（賜）亞魚貝		用作兄癸尊	《近出》339
叔方鼎	商代晚期	王商（賞）貝		用作父丁寶尊彝	《新收》1566
瀕吏鬲	西周早期前段	姒（姒）休易（賜）乓（厥）瀕事（吏）貝		用作隣寶彝	《集成》643
伯矩鬲	西周早期前段	匡（燕）侯易（賜）白（伯）矩貝		用作父戊尊彝	《集成》689
卿鬲、卿簋	商代晚期	王光商（賞）卿（傭）貝		用作父乙彝	《集成》741、《集成》3990
圉甗、圉簋、圉卣	西周早期前段	王易（賜）圉貝		用作寶尊彝	《集成》935、《集成》3824、《集成》3825、《集成》5374
作冊般甗	商代晚期	王商（賞）作冊般貝		用作父己尊	《集成》944
保侃母簋蓋	西周早期	保侃母易（賜）貝于庚宮		作寶簋	《集成》3743、《集成》3744
作父己簋	商代晚期	王易（賜）貝		用作父己尊彝	《集成》3861
小子𤔲簋	商代晚期	卿旌（事）易（賜）小子𤔲貝二百		用作父丁尊簋	《集成》3904
征簋	西周早期	商（賞）貝，乓（厥）征斤貝		用作父丁尊彝	《集成》4020
奢簋	西周早期	公奚（姒）易（賜）奢貝		用作父乙寶彝	《集成》4088
妊小簋	西周晚期	又（有）顯貝		用作妊小寶簋	《集成》4123

緯簋	商代晚期	弜師易（賜）緯曺戶賓貝		用作父乙寶彝	《集成》4144
小臣謎簋	西周早期	白（伯）懋父承王令（命）易（賜）師遂（率）征自五齵貝，小臣謎（諫）蔑厤（曆），冩易（賜）貝		用作寶尊彝	《集成》4238、《集成》4239
寢魚簋、寢魚爵	商代晚期	王易（賜）帚（寢）魚貝		用作父丁彝	《近出》454、《集成》9101
保侎母簋	西周早期	保侎（如）母易（賜）貝于庚姜		用作旅彝	《集成》10580
望爵	西周早期	公易（賜）望貝		用作父甲寶彝	《集成》9094
御正良爵	西周早期	公太保賞御正良貝		用作父辛彝尊彝	《集成》9103
盂爵	西周早期	賓（儐）貝		用作父寶尊彝	《集成》9104
征角	商代晚期	玊商（賞）征貝		用作父辛彝	《集成》9099
天黽靴角	商代晚期	子易（賜）天黽靴（坒）貝		用作父癸尊彝	《集成》9100
匍亞嚻角	商代晚期	王易（賜）匍（箙）亞嚻（虎）夒貝		用作父癸彝	《集成》9102
龏妸瓢	西周早期前段	龏妸（如）易（賜）商貝于妸（如）		用作父乙彝	《集成》7311
厝觶	西周早期	厝易（賜）貝于公中（仲）		用作寶尊彝	《集成》6509
鬲尊	西周中期前段	鬲易（賜）貝于王		用作父甲寶尊彝	《集成》5956
啓尊	商代晚期	子光商（賞）（教）啓貝		用作文父辛尊彝	《集成》5965
微尊	西周早期	公易徺（微）貝		用作父乙寶尊彝	《集成》5975
復尊	西周早期前段	貝	冂（冋）衣、臣妾	用作父乙寶尊彝	《集成》5978
叔毗方尊、叔毗方彝	西周早期	弔毗（叔貔）易（賜）貝于王妟（如）		用作寶尊彝	《集成》5962、《集成》9888

作冊睘尊、作冊睘卣	西周早期後段	尸白（夷伯）賓用貝	布	用作朕（朕）文考日癸旅寶	《集成》5989、《集成》5407
小臣艅犀尊	商代晚期	王易（賜）小臣艅夒貝			《集成》5990
作冊翢尊、作冊翢卣	西周早期	公易（賜）作冊翢（申）貝	昌（鬯）	用作父乙寶尊彝	《集成》5991、《集成》5400
登尊、登卣	西周中期前段	大矩易（賜）登貝	金	用作父辛寶尊彝	《集成》5996、《集成》5403
士上尊、士上卣、士上盉	西周早期	貝	彗百生（姓）豚，罗賞卣、昌	用作父癸尊彝	《集成》5999、《集成》5421、《集成》5422、《集成》9454
保侃母壺	西周早期	王奻（姒）易（賜）保侃母貝		用作寶壺	《集成》9646
史懋壺蓋	西周中期	王乎（呼）伊伯易（賜）懋（懋）貝		用作父丁寶壺	《集成》9714
小臣豐卣	西周早期	商（賞）小臣豐貝		用作父乙彝	《集成》5352
寓卣	商代晚期	子易（賜）寓貝		用作凡彝	《集成》5353
孝卣	商代晚期	訊易（賜）孝貝		用作祖丁彝	《集成》5377
息伯卣蓋	西周早期	息白（伯）易（賜）貝于姜		用作父乙寶尊彝	《集成》5385、《集成》5386
巂卣	商代晚期	王易（賜）巂⚉（分）貝		用作兄癸彝	《集成》5397
四祀𠨔其卣	商代晚期	𠨔𡨄（其）易（賜）貝			《集成》5413
遺方彝蓋	商代晚期	王賞遺（趞）貝		用作父癸寶尊	《集成》9890
文嬘己觥	商代晚期	子易（賜）□貝		用作文歕（嬘）己寶彝	《集成》9301
乃孫𡪍罍	商代晚期	〔賓〕貝		𡨄（其）作彝	《集成》9823
士山盤	西周中期前段	賓（儐）貝	金	用作文考釐中（仲）寶尊般（盤）盉	《新收》1555
亞盉	西周早期	匽（燕）侯易（賜）亞貝		作父乙寶尊彝	《集成》9439

附錄六　《周禮・冬官・考工記》工種的劃分

工　種	分　　類					
攻木之工	輪人（爲輪、爲蓋）	輿人（爲車）	弓人（爲弓）	廬人（爲廬器）	匠人（建國、營國）	車人（爲車、爲耒）	梓人（爲筍簴、爲飮器、爲侯）
攻金之工	築氏（爲削）	冶氏（爲殺矢）	鳧氏（爲鐘）	□（栗）氏（爲量）	段氏（原文闕）	桃氏（爲劍）	
攻皮之工	函人（爲甲）	鮑人（縫革）	韗人（爲皋陶）	韋氏（原文闕）	裘氏（原文闕）		
設色之工	畫	繢（原文僅存畫繢之事）	鐘氏（染羽）	筐人（原文闕）	巾荒氏（湅絲）		
刮磨之工	玉人（治圭璧琮璋）	榔人（原文闕）	雕人（原文闕）	磬氏（爲磬）	矢人（爲矢）		
搏（搏）埴之工	陶（爲甀）	瓬（爲簋）					

後　記

　　我自中學時代起就對歷史產生了濃厚的興趣，便於 2002 年考入了吉林師範大學歷史文化學院。讀大學時有幸結識了馮慶餘先生，他主要致力於先秦史的研究。我是先生家裏的常客，他經常拿一些書讓我讀。還要我定期與其交流看書過程中的心得體會，從那時起就逐漸喜歡上了先秦史。

　　2006 年大學畢業後，我順利地考上了陝西師範大學先秦史方向的研究生，並有幸受教於趙世超先生門下。先生剛從校長的職務上退下來，便一心撲到學術研究上。入學伊始，先生給我開列了一大堆必讀書目，從此便每天給自己規劃一定的閱讀量。兩年多的時間下來，我於是基本通讀了先秦典籍。先生經常在我最困惑的時候給予關鍵性的指導，並引領我跨入了先秦史研究的殿堂。2008 年 5 月我被批准在本校上碩博連讀，在導師的鼓勵下初步選定了本書的這個題目。然而論文在初期的進展並不順利，在與導師的交流中，先生反覆強調民族資料在歷史研究中的作用，他指出：「如果我們算作一個學派的話，我們學派的特點就是運用少數民族材料！」先生一席話如春風化雨般融入我的胸中，也為日後擺脫這一困境指明了正確的路徑。我於是翻閱了大量的民族資料，發現了這一制度在人類歷史上存在的普遍性。將這些民族材料諳熟於心後，再回過頭來反觀許多歷史問題，疑惑便迎刃而解了。那時感覺自己就像是在解決一個歷史學上的哥德巴赫猜想，興奮和喜悅之餘又頓感肩上的擔子重了許多。後來為了配合論文的寫作，又在先生的支持下赴北京大學和雲南大學進行了為期一年的訪問學習，這段生活豐富了我的學術視野，也完成了論文資料的積累。在經歷了一次大的修改後，論文最終在 2012年 4 月底定稿，並於 2012 年 6 月順利通過了答辯。論文從選題、寫作、修改

到學術觀點的論證，無不滲透著趙世超先生的辛勞和汗水。

朱鳳瀚教授是我在北京大學學習期間的導師，先生在北大及以後的學習和生活上給予了我很多幫助。何明教授於我在雲南大學訪學期間，給了我許多關照和指導。本書甲骨文和金文資料的運用得到了王暉教授的啓蒙和悉心指點。袁林教授在治學方法上給了我很多啓迪。臧振教授在巫術方面給了我許多靈感。商國君教授在思想文化方面給了我很多啓發。尹盛平教授、詹子慶教授、晁福林教授、陳絜教授、謝揚舉教授和胡新生教授，爲論文提出許多中肯的建議。還有很多教授我知識的老師，如于鵬翔教授、孫賓來教授、劉緒教授、林超民教授，等等，先生們對相關知識的傳授奠定了我學術研究的基礎。楊衛東、韓旭輝、郭旭東、衛崇文、郭妍莉、劉曉東、龐慧、王向輝、沈斌、羅新慧等兄長和師姐在學習和生活上給予我許多關心和支持，畢經緯、趙曉龍、李春利、王志國、李裕杓、張雨龍、宋小林、羅華柱等學友給了我很多幫助。在論文即將出版之際，借此向師友們和我的家人表示崇高的敬意和衷心的感謝！還要感謝花木蘭出版社的楊嘉樂女士與叢書的策劃和編輯人員所付出的辛勞和努力。

這本書主要是在我的博士論文的基礎上修改而成，在觀點和文字上可能還有很多不足之處，還請學界前輩和同仁多多批評指正。

2012 年 11 月 8 日於陝西師範大學圖書館